普通高等教育“十二五”金融学专业规划教材
西安交通大学“十一五”规划教材

总主编 李 成

商业银行会计

【第二版】

主　编 程婵娟
副主编 杨丽荣 李纪建
梁爱芳 李 静

西安交通大学出版社
XI'AN JIAOTONG UNIVERSITY PRESS

内 容 提 要

本书以新的《企业会计准则》和《金融企业会计制度》为依据，贯穿国际会计准则和风险管理思想，以商业银行产品为核算对象，系统介绍了商业银行会计核算的内容，是一部融历史性、现实性和前瞻性、理论性和实用性为一体的教材。全书共包括十四章内容：第一章和第二章介绍了商业银行会计的基本理论和基本方法；第三章到第十三章介绍了商业银行业务核算手续及会计决算；第十四章介绍了商业银行会计内部控制。此外，还特别增加了商业银行对新产品、衍生金融工具的处理等内容。

本书内容丰富，适用面广，内容安排循序渐进，由浅入深；在全面介绍商业银行会计核算内容的基础上，突出重点，可操作性强；在习题设计上，注重培养学生独立思考能力，增强手工操作技能训练，提升创造能力等。通过本书的学习，读者能在了解商业银行全部业务核算和会计处理过程的基础上，掌握会计核算的基本理论、基本方法和基本技能，进而提高业务经营和管理水平。

本书既可供高等院校经济类、管理类、金融工程及经济法专业学生使用，又可供监管机构、人民银行、政策性银行、商业银行及各大企业相应在职人员参考使用，以帮助其系统掌握商业银行的经营及会计核算业务，同时还对理论研究者具有一定的参考价值。

总　序

现代市场经济中，金融已经成为整个经济的核心。第一，金融在市场资源配置方面发挥着核心作用，是连接商品市场和其他要素市场的枢纽，在价值规律作用下，金融机构将资金投向效益好、前景好的产业和企业，使社会资源得到优化配置。第二，金融在宏观经济调控中发挥着核心作用，是宏观经济调控的重要杠杆。国家运用利率、汇率等多种金融手段，调节货币供应量，争取经济的总量平衡，实现物价稳定、经济增长、充分就业和国际收支平衡，促进经济又好又快发展。第三，金融在维护国家经济安全方面发挥着核心作用。经济发展中最大的不安全因素之一是金融危机，要保证国家经济安全发展，首先必须掌握金融发展状况，保证金融业的健康运行。第四，金融在决定国家经济综合竞争力中发挥着核心作用。发达的金融业能给科技创新、实业发展、政府公共支出等提供源源不断的低成本资金，带动投资、消费的增长，推动社会经济的繁荣和居民生活的改善。没有现代化的金融，不可能有现代化的经济。掌握和控制国际银行系统、拥有硬通货以及主宰国际资本市场，被视为西方强国控制世界的三大战略手段。美国之所以能够称霸世界，美元的霸主地位和金融业的高度发展是重要因素。根据洛桑国际管理发展学院发布的2007年世界竞争力年度报告，名列前6位的美国、新加坡、香港、卢森堡、丹麦和瑞士，都具有十分发达的金融业，其中有的是世界的金融中心。

在经济全球化趋势加快的背景下，金融在经济中的核心地位将越来越突出。谁能率先实现产业结构的调整和升级，优先发展金融为主的服务业，尽快建立发达的金融体系，谁就能站在全球竞争的最前面。

近些年来，发达国家开始放松对金融业的管制。美国在1999年颁布《金融服务现代化法》以后，取消了银行、证券、保险业之间传统的跨业经营限制。俄罗斯、印度等一些新兴市场经济国家也纷纷加快了金融自由化步伐，放松或取消金融管制，为金融发展创造更加宽松的制度和条件。与此同时，世界金融业的并购、整合加快，创新能力和风险管理能力提升，金融格局正在发生重大变化。这种变化主要表现在三个方面：第一，全球金融资产迅速膨胀。美国和日本等长期的低利率政策，造成了全球货币的超额供给和流动性过剩，大量资金涌入金融市场，扩大了金融市场的规模。反过来，金融市场的快速扩张，又刺激了全球流动性的进一步膨胀。据国际权威机构统计，目前全球金融业核心资产总额已达 140 万亿美元，占全球 GDP 总额之比，由 1980 年的 109%提高到 316%；全球金融衍生产品的名义价值已达 370 多万亿美元，超过全球 GDP 的 7 倍。第二，资本市场进一步成为金融市场的主体。全球银行资产占金融资产的比重，由 1980 年的 42%下降为 2005 年的 27%。第三，新型金融投机资本迅速兴起。全球对冲基金、私人股权投资基金数量增加很快，拥有的资产数额急剧膨胀，世界金融业的风险增加。

我国改革开放以来，充分发挥金融在现代经济中的核心作用，果断推出了一系列重大金融改革措施，不失时机地实施国有商业银行股份制改革，推进建立现代金融制度，大力推进以深化农村信用社改革为重点的农村金融改革，发挥金融在支持社会主义新农村建设中的重要作用。积极推行互利共赢的开放战略，不断提高金融对外开放水平。强调金融创新的重要位置，全面提升银行业的竞争力和服务水平。坚持把金融监管作为金融工作的重中之重，维护金融体系稳健、安全运行。由于采取了一系列强有力措施，我国金融业取得长足进步，发生了历史性的剧变。金融体系不断完善，金融资产迅速增加；金融企业的公司治理加强，盈利能力提高，财务状况和资产质量明显改善；金融改革迈出重大步伐，商业银行改革、农村信用社改革取得了阶段性进展；人民币汇率形成机制和利率市场化改革进展顺利；资本市场基础性制度建设全面加强；保险业改革成效显著，保险公司整体实力和承保能力提高较大；金融监管明显加强，防范和处置金融风险力度加大；金融对外开放水平不断提高。截至 2006 年底，中国金融资产总量已突破 60 万亿元，其中，银行业金融机构资产为 44 万亿元。中国的经济货币化程度（M2/GDP），已由改革初期 1978 年的 30%跃升至当前的 180%强。至 2007 年 7 月底，沪深两市股票市值 20 万亿元，占 GDP 的比重达 98%。金融业在推动我国经济转型、支持经济发展方面发挥了重要作用。当然，同国际先进水平相比，中国金融业的发展水平还不算高，结构仍然不够合理，区域发展不平衡，创新能力、服务水平与实际需求还有差距等。必须进一步深化金融改革，加快金融发展，扩大金融开放，加强金融监管，提升我国金融业的水平。

金融大业，人才为本。面对新形势新任务，迫切需要一大批经济、金融理论基础扎实、对现代金融业务熟悉、能适应国际竞争需要的高级专业人才。只有培养和造就一大批这样的人才，才能应对国际竞争和挑战，更好地服务经济、服务社会。

金融业的发展依靠人才，人才培养依靠教育，发展教育离不开高质量的教材。作为知识载体和教学工具，教材质量关系教育质量和人才质量。西安交通大学李成教授组织编写的这套金融学专业系列教材，适应新形势对培养金融人才的需要，以面向世界、面向未来，体现学术性、系统性和前瞻性为宗旨，注重培养学生的创新能力和实践能力，为塑造高素质、创造性、复合型人才提供了条件。教材编写者，大都是具有扎实经济金融理论基础和较丰富的教学经验的年轻学者。他们思维活跃，思路开阔，善于学习和借鉴国内外研究成果，具有宽广的国际视野。在吸收国内外重要专业文献、教材内容的同时，有不少创新。我相信，这套系列教材的推出，必将有助于我国金融教学和金融研究水平的提高。

赵海宽

2007 年 7 月 28 日
于北京

注：赵海宽先生是我国老一辈著名金融专家、中国金融理论和金融改革的开拓者、中国人民银行研究生院创始人之一。曾任中国金融学会副会长、中国人民银行研究所所长、《金融研究》主编等职。现任国家政治协商委员会委员，中国人民银行研究生院博士生导师、教授，国内多家著名大学特聘教授。

第二版前言

伴随着商业银行改革的进一步深化以及金融全球化和自由化的到来，商业银行的新产品大量涌现，同时新的《企业会计准则》对商业银行的经营管理及会计报表也带来了巨大影响。所以，急需要一本融历史性、现实性与前瞻性为一体，将风险管理寓于会计核算之中的商业银行会计教材。本教材正是在这样的背景下产生的，具有一定的迫切性和现实指导意义。

本教材第一版被批准立项为西安交通大学“十一五”规划教材，并得到资助，这无疑为其顺利出版奠定了基础平台，同时也发挥了巨大的推动作用。同时，应广大读者的要求，我们对第一版进行了全面修订，推出第二版。

本教材以《中华人民共和国会计法》、《企业会计准则》及相关法规为依据，以商业银行产品为核算对象，比较全面地介绍了我国商业银行会计的基本理论、基本知识和基本技能，除继承和发扬第一版的优点外，还着重在实务性和风险管理方面下工夫，旨在规范商业银行会计核算，加强会计监督，提高财会人员业务素质和职业道德水准，防范商业银行经营风险。

本书由西安交通大学经济与金融学院程婵娟老师编写第一章、第二章、第三章；西安建筑科技大学曹君丽老师编写第四章、第十一章；西安交通大学职继学院李静老师编写第五章、第八章；中信银行会计部李纪建博士编写第六章、第七章、第九章；西安交通大学经济与金融学院杨丽荣老师编写第十章、第十三章；农行陕西省分行黄新茹老师编写第十二章；省委教育工委、陕西省教育厅梁爱芳老师编写第十四章。全书由程婵娟老师修改、总纂并定稿。

在本书编写过程中，中国建设银行陕西省分行计财部曹全友老师、西安思源职业学院李建初老师、西安交通大学出版社魏照民编辑提供了大量的帮助，在此对他们表示感谢！同时，也得到大量专家学者的指导及许多同类教材的启发，在此也表示谢意！另外，还要对其他给予本教材编写给予过帮助和支持的部门以及领导表示感谢！

由于水平有限，书中难免有不足之处，敬请读者提出宝贵意见和建议，以便我们修订时采纳。

作　者

2014 年 8 月

目　录

第一章 导 论

本章要点

1. 商业银行会计的定义及特点
2. 商业银行会计信息质量要求
3. 商业银行会计的要素及计量
4. 商业银行会计制度

第一节 商业银行会计的含义

一、商业银行会计的定义

商业银行会计是整个会计体系的一个分支，是将会计的基本理论和实践应用于商业银行的一项经济应用科学。它是以货币作为计量单位，运用会计的基本原理与方法，对商业银行业务和财务活动进行核算、反映、控制与监督的重要信息系统和管理活动。它伴随着商业银行的产生而产生，发展而发展，并逐步形成不同于其他行业会计的具有自己特点的一套核算制度与核算方法的行业会计核算体系。

由于商业银行会计是对银行各项业务活动中的资金运动进行连续、系统、全面、综合地反映、监督、管理、分析、检查的能动过程，所以，商业银行会计的对象就是商业银行能以货币计量的各项业务活动和资金运动。具体包括：存款、贷款、结算、现金出纳、票据承兑与贴现、金银收兑、外汇买卖、证券投资、信托、租赁以及各项业务收支与费用开支等，都是通过货币资金的收支来实现的。而这些货币资金的收支又必须通过会计来进行记录、计算、检查与分析，且财务成果和经营业绩也要依靠会计来进行核算和监督。因此，商业银行会计就成为商业银行经营管理的重要信息系统。同时，商业银行会计是商业银行各项业务活动的基础环节，处在商业银行业务活动的第一线。商业银行会计除具有基本职能之外，还具有参与该行经营过程的控制、预测、决策等能动管理活动功能，所以是商业银行经营管理工作的重要组成部分。

二、商业银行会计的特点

商业银行会计与其他企业会计既有相同点又有不同点。商业银行会计与一般会计相比较其相同点在于：两种会计核算都是经营过程和经营成果的货币反映。商业银行会计与一般会计相比较的不同点集中体现在：商业银行会计核算本身既是商业银行经营活动，又是完成社会经济活动货币支付过程的必要手段。具体特点如下。

(一)会计信息综合性

会计信息的内容取决于会计核算的内容。一般企业会计核算的内容只涉及本企业的业务活动和财务收支活动,所提供的会计信息仅限于本企业或与本企业有关的局部信息。而商业银行是联结国民经济的纽带,是社会资金活动的总枢纽,和每个企业或个人都发生着密切联系,因而商业银行会计核算内容,不仅记录与反映商业银行自身的业务活动与财务收支活动,而且记录和反映着整个国民经济各部门、各单位的业务活动所引起的资金收支与货币结算等信息。从整个社会再生产过程来考察,商业银行的业务活动是由国民经济各部门、各单位的经济活动引起的,商业银行会计核算的内容是全国范围的商品生产、流通与分配的情况,提供的会计信息具有综合性。从单个企业来考察,由于每个企业都与商业银行有着千丝万絮的联系,大到企业的整个经营过程,小到每一笔资金的收入和付出,都可以在商业银行账户上得到及时、灵敏的反映。所以,只要进行归纳便可获得国民经济的综合资金信息。因此,商业银行会计信息既反映着各个经济单位的微观经济情况,又反映着全国宏观经济情况,发挥着社会总会计、总出纳的职能作用。这就决定了商业银行会计信息具有综合性的特点。

(二)业务直接完成性

商业银行这个特殊行业,其业务的实现是通过会计核算最终完成的。这与其他行业有着明显的区别。如工业与农业的业务实现过程要经过供、产、销三个阶段,产品的生产是由生产部门直接完成的;商业企业要实现商品流通,则要经过购进与销售两个过程,并由业务部门直接完成。在这些企业中,会计部门处于第二线,生产与业务部门处于第一线。但商业银行则不同,它是经营货币与信用业务的经济组织,其业务活动直接表现为货币资金的运动,各项业务的办理都要通过会计部门来实现。例如,各种存款业务都要通过会计办理存取手续才能完成;各项贷款业务都要通过会计办理放收手续才能实现;各种结算业务也要通过会计办理资金划拨与结算手续才能了结。因此,商业银行会计核算过程也就是直接办理和完成商业银行业务以及实现商业银行职能作用的过程,商业银行会计处于商业银行经营活动的第一线,具有业务直接完成性的显著特点。

(三)监督范围广泛性

反映与监督是会计的两大基本职能。由于商业银行是国民经济中资金活动的总枢纽,肩负着社会公共簿记的职能。所以,作为商业银行会计,它一方面要对自身的业务活动、计划执行和财务收支等情况进行反映与监督;另一方面还要对国民经济各部门、各单位的经营活动与资金运动情况进行反映与监督,以促进各单位微观经济活动服从国家宏观经济决策,保证宏观经济正常运行和国民经济协调持续发展,履行"总会计""总出纳"的职责。如果将这两个方面归纳起来,不难看出:商业银行既要为自身记账;同时又要站在同客户相反的角度为客户记账。因此,商业银行会计的监督范围比一般企业会计反映与监督的范围要广泛得多。

(四)核算方法特殊性

商业银行会计作为整个会计体系的一个分支,其基本核算方法和其他行业会计没有根本区别。但由于商业银行的经营内容与职能作用和一般企业不同,因而在某些具体核算方法上也有一定的特殊性。

1. *在会计凭证上*

商业银行会计采用单式记账凭证,并多以单位提交的原始凭证代替记账凭证。其主要原因在于商业银行不仅每天业务量大,而且还要当日结账并做到账平钱对,如果都要根据原始凭证逐一填制记账凭证，不仅耗费大量人力，还会影响会计核算的及时性，况且由单位提交的原始凭证都是套写的，一证几联，还盖有单位预留印鉴，其合法性、有效性比商业银行自制凭证更强。因此以这些原始凭证代替记账凭证，不仅省时省力，还可避免多一道工序可能出现的差错。

2.在账务组织和核算程序上

商业银行会计具有严密的内部监督机制。由于商业银行是社会资金的总枢纽，要求其会计核算必须准确、及时、真实、完整，为此商业银行会计采取严密的内部控制和监督方法，如双线核算、双线核对、换人复核、内外对账、当日轧平账务等等，以保证账务核算的正确性。

3.在账务处理上

商业银行是经营他人资金的企业，及时处理账务是商业银行会计核算的重要原则。为了保证商业银行会计账务处理及时和正确，在每日营业终了时，必须把当天全部账务核对轧平。

4.在报表编制上

商业银行会计不仅要按月、按季、按半年和年编制会计报表，还要按日编制不对外提供的日报表(日计表)，以便准确、及时、完整地反映当日的业务及财务收支情况，保证每日账务核对平衡，为主管领导提供所需要的静态及动态资金数据指标。

研究和掌握以上特点，有利于商业银行会计部门根据这些特点，制定科学的会计制度和操作规程，提高会计工作质量和效率，更好地发挥商业银行会计的职能作用。

第二节 商业银行会计的基本假设

会计核算的基本假设是会计核算整体结构的基础，是会计计量、记录和报告的前提条件。是对会计核算所处的时间、空间环境所作的合理设定。会计核算对象的确定、会计政策的选择、会计数据的搜集都要以这一系列的基本假设条件为依据。依据2006年中华人民共和国财政部制定和颁布的《企业会计准则》的精神，商业银行会计的基本假设条件包括：会计主体假设、持续经营假设、会计分期假设、货币计量假设、权责发生制假设。

一、会计主体假设

会计主体是指会计工作为之服务的特定单位或者组织，它规范着会计工作的空间范围。会计主体这一基本假设，为会计人员在日常的会计核算中对各项交易或事项作出正确判断，为会计处理方法和会计处理程序作出正确选择提供了依据。在会计主体假设下，商业银行的会计核算应当以实际发生的交易或事项为对象，记录和反映商业银行自身的各项经营活动。具体应当把握以下三点。

(一)商业银行本身的经济活动

只有那些影响商业银行本身经济利益的各项交易或事项才能加以确认和计量，那些不影响商业银行本身经济利益的各项交易或事项则不能加以确认和计量。因此，商业银行在会计核算工作中，不仅要将商业银行本身的经济活动与其他特定会计主体的经济活动区分开来，而且还必须将商业银行本身的经济活动与商业银行所有者的经济活动区分开来。

(二)会计主体不同于法律主体

一般来说，法律主体必然是一个会计主体，而会计主体不一定是法律主体，它只要求有能力拥有资源、承担义务。会计主体可以根据管理需要人为地划分。如，按照我国《中华人民共和国商业银行法》的规定，商业银行分支机构不具有法人资格。但在实际工作中，为加强对分支机构的管理，各商业银行都采用了划小核算单位的做法，将其分支机构作为会计主体处理。

（三）正确把握会计处理立场

商业银行作为一个会计主体，应该站在本位立场反映和核算各会计要素的增减变化情况；同时，它又作为一个中介机构，应该站在同客户相反的角度为客户记账。如在发放贷款时，一方面导致贷款资产增加，另一方面导致债务（企业或单位存款）增加；发放贷款按期收息时，一方面形成一笔利息收入，同时增加一笔资产（应收利息或现金）或减少一笔负债（企业或单位存款）。所以，会计处理立场不同，所提示的经济含义也不同。

二、持续经营假设

持续经营是指会计主体的经营活动在可以预见的将来将延续下去。《企业会计准则——基本准则》第一章第6条规定："企业会计确认、计量和报告应当以持续经营为前提。"《金融企业会计制度》第3条规定："金融企业的会计核算应当以持续、正常的经营活动为前提。"根据这一假设前提，商业银行所拥有的资产将在正常的经营过程中被耗用、出售或转换，而它所承担的债务将在正常的经营过程中得到补偿。

也正是在持续经营前提的基础之上，商业银行所采用的会计原则、会计方法和会计程序才得以保持稳定，并按正常的基础反映商业银行的财务状况、经营成果、现金流量，为决策者提供有用的信息。由此可见，持续经营假设是划分会计期间，确定商业银行成本费用和经营成果，处理债权债务等一系列问题的理论依据。

值得注意的是，持续经营前提并不意味着商业银行将永远存在下去，也不意味着商业银行的资产永远不能以清算价值计量。如果有种种迹象表明商业银行将不能继续下去时，则所有以这一前提为基础的资产、负债与收益的确认和计量标准、会计处理程序和会计方法就不宜再用，而要采用其他合乎情理的标准、方法和程序来反映其真实的财务状况、经营成果和现金流量，并在财务会计报告中作相应披露。如以清算价值反映商业银行资产的价值。

三、会计分期假设

会计分期是指将一个企业持续经营的生产经营活动人为划分成连续、相等的期间，据以结算盈亏，以便于及时向各方面提供有关企业财务状况、经营成果和现金流量的信息。我国以日历年度作为企业的会计年度，即公历1月1日起至12月31日止。在年度内再划分若干较短的期间，如季度、月份等。如《企业会计准则—基本准则》第一章第7条规定："企业应当划分会计期间，分期结算账目和编制财务报告。会计期间分为年度和中期。中期是指短于一个完整的会计年度的报告期间。"《金融企业会计制度》第4条规定，"金融企业的会计期间分为年度、半年度、季度和月度。年度、半年度、季度和月度均按公历起讫日期确定。半年度、季度和月度均称为会计中期。"

会计分期和持续经营假设前提奠定了营业收入确认、收入和费用配比、划分收益性支出和资本性支出等会计原则的理论基础。

四、货币计量假设

货币计量是指会计主体在会计核算过程中采用货币作为计量单位，计量、记录和报告会计主体的生产经营活动。在货币计量假设前提下，商业银行的会计核算以人民币为记账本位币。业务收支以人民币以外的货币为主的商业银行，可以选定其中一种货币作为记账本位币，但是编报的财务会计报告应当折算为人民币。在境外设立的中国银行机构向国内报送的财务会计报告，应当折算为人民币。货币计量前提包括以下三个方面的内容。

(一)只有货币计量单位才能充当会计核算的主要计量单位

虽然会计核算可采用多种计量。如实物计量单位、劳动时间单位、物理单位、货币计量单位等，但会计核算中，只有货币计量单位能全面、连续、系统地反映商业银行的资产、负债、所有者权益、收入、费用和利润等，它是反映各种经济业务的统一标准。这样，会计日常核算和报表所表述的内容，只限于货币这一基本的会计计量单位，其他计量单位都是辅助性质的。

(二)币种的惟一性标准

在多种货币存在的条件下，或某些业务是用外币结算时，就需要确定某一种货币作为记账本位币。当编制分录和登记账簿时，就需要采用某种汇率折算为记账本位币单位登记入账。所谓记账本位币就是指会计核算中所采用的基本货币单位。记账本位币一经确定，商业银行的现金流量、盈利能力以及其资本保值程度，都将以这一货币作为计量尺度，从而出现汇兑损益概念。根据《金融企业会计制度》的规定，我国商业银行的会计核算以人民币为记账本位币。

(三)币值的稳定性标准

货币价值稳定的假定，是世界各国的惯例。即在市价经常变动的情况下，正常的会计程序和基本的账表体系中不考虑币值变动因素。正是由于在会计核算中有了这样一个前提的界定，资产计价就可以采用历史成本，大大方便了核算。

五、权责发生制假设

权责发生制又称应收应付制，是指以权责的发生为基础来确定本期收入和费用。凡是当期已经实现的收入和已经发生或应当负担的费用，不论款项是否收付，都应当作为当期的收入和费用；凡是不属于当期的收入和费用，即使款项已在当期收付，也不应当作为当期的收入和费用。《企业会计准则——基本准则》第一章第9条规定："企业应当以权责发生制为基础进行会计确认、计量和报告。"按照权责发生制假设条件，商业银行除现金流量表以收付实现制(或现收现付制)为基础外，在会计确认、计量和报告时，均应采取应收应付制进行收入与成本费用的核算，以便准确地反映特定会计期间真实的财务状况及经营成果。

综上所述，会计核算基本假设条件的意义在于：限定了会计工作的空间范围，按每个会计主体进行核算；限定了会计工作的时间范围，对持续经营的业务活动进行分期核算；限定了会计工作的内容，只对可以用货币进行计量的业务进行核算；限定了收入、费用的记账基础。因此，会计核算基本假设条件奠定了商业银行会计的理论基础和实务结构。

第三节　商业银行会计信息质量要求

为了使商业银行会计如实提供有关商业银行财务状况、经营业绩和现金流量等方面的有用信息，以满足有关各方的信息需要，有助于使用者做出经济决策，并反映管理层受托责任的履行情况，依据《企业会计准则——基本准则》，对商业银行会计信息质量提出以下要求。

一、可靠性

可靠性要求商业银行的会计核算应当以实际发生的交易或事项为依据进行会计确认、计量和报告，如实反映符合确认和计量要求的各项会计要素及其他相关信息，保证会计信息真实可靠、内容完整。一方面要保证会计所反映的结果与商业银行实际的财务状况和经营成果一致；另一方面提供的会计信息应当能够经受验证。可靠性是会计信息质量的最主要特征。

应该指出的是，可靠性不等于精确性，会计不可能提供绝对精确的信息，这是因为经济活动存在着不确定性因素。例如，某银行资产负债表中列示应收利息 90 万元，这笔应收利息是否真实存在，可通过一系列的方法证实，但它们能否全部收回却不能证实。因此，会计核算不可能完全排除会计人员的主观判断。但为了保证会计信息的客观性，会计人员在作估计前，必须尽可能获得现实的、可靠的数据。

二、相关性

相关性要求商业银行提供的会计信息应当与财务会计报告使用者的经济决策需要相关，有助于财务会计报告使用者对商业银行过去、现在或者未来的情况作出评价或者预测。信息的价值在于其与决策相关，有助于决策。相关的会计信息，有助于会计信息使用者评价过去的决策，证实或修正某些预测，具有反馈价值功能；有助于会计信息使用者合理预计未来的发展，具有预测价值功能。因此，商业银行在收集、加工、处理和提供会计信息过程中，必须充分考虑会计信息使用者的需求。

三、可理解性

可理解性要求商业银行提供的会计信息应当清晰明了，便于财务会计报告使用者理解和使用。会计信息要对使用者有用，首先应为使用者理解，这就要求会计核算和财务会计报告必须清晰明了。为此，商业银行在会计核算工作中必须做到：一会计记录准确、清晰，填制会计凭证、登记会计账簿合法有据、账户对应关系清楚、文字摘要完整；二报表项目勾稽关系清楚、项目完整、数字准确。

值得注意的是，会计信息能否被理解，不仅取决于信息本身是否清晰易懂，而且与使用者的理解能力和知识前提有关。因此，会计信息的可理解性也要求会计信息使用者具备一定的经济、金融知识，并在可能的情况下尽可能多地学习一些会计专业及相关知识。

四、可比性

可比性要求不同商业银行发生的相同或者相似的交易或者事项，应当采用规定的会计政策，确保会计信息口径一致、相互可比，如在会计处理方法、会计科目的设置上应当口径一致、相互可比，保证相同的交易或事项采用相同的会计处理方法，使所有商业银行的会计核算都建立在相互可比的基础上。

商业银行会计科目是对银行会计对象的具体内容进行分类的标志，是会计核算的基础。根据商业银行在国民经济中的地位以及商业银行会计核算的特点，商业银行会计科目和核算方法应当口径一致。

商业银行应统一使用财政部制定的会计科目，各行如有需要可补充少量会计科目，但在汇总报表时，应归并到统一会计科目中去，以保证全国各行核算口径统一，便于上级主管部门对会计资料进行审核汇总和分析利用。

五、一致性

同一商业银行对于不同时期发生的相同或者相似的交易或者事项，应当采用一致的会计政策，不得随意变更。确需变更的，应当将变更的内容和理由、变更的累积影响数以及累积影响数不能合理确定的理由等，在会计报表附注中予以说明。另外，同一商业银行在不同时期的会计报表信息要具有连贯性。否则，将会削弱会计报表的作用，甚至造成误解。所以，一致性的要求是商业银行会计信息质量的根本保证，也是相关性的基础。

由于商业银行发生的交易或事项具有复杂性，呈现多样化，对于某些交易或事项可以有多种会计核算方法。例如，贷款损失准备、坏账准备的计提，可采用未来现金流量法、余额比例法、账龄分析法、公允价值计量法；固定资产折旧方法可以采用平均年限法、工作量法、年数总和法、双倍余额递减法等。有了一致性的原则要求，商业银行会计核算便减少了盲目性，也给各方信息使用者减少了很多麻烦。

但这并不意味着会计核算方法不能作必要的变动。如果会计核算方法的变更，符合经济环境的变化，有利于提供更加正确和更加有效的会计信息，那么这种变更就成为必要。鉴于此，在符合前述条件的情况下，商业银行可以变更会计核算方法，并应在财务报告中作相应的披露。

六、实质重于形式

实质重于形式要求商业银行应当按照交易或事项的经济实质进行会计确认、计量和报告，而不应当仅仅以交易或者事项的法律形式作为会计核算的依据。实际工作中，交易或者事项的外在法律形式或人为形式并不总能完全反映其实质内容。如商业银行以融资租赁方式租入的资产，从法律形式上讲，承租企业不拥有该资产的所有权，但由于其租赁期接近于该资产的使用寿命，租赁期结束时承租企业又有优先购买权，租赁期内承租企业有权支配资产并从中受益，所以，从其经济实质来看，企业能够控制其创造的未来经济利益。因此，《金融企业会计制度》规定，以融资租赁方式租入的资产应视为承租企业的资产。

七、重要性

重要性要求商业银行提供的会计信息应当反映与商业银行财务状况、经营成果和现金流量等有关的所有重要交易或者事项。如对资产、负债、损益等有较大影响，进而影响财务会计报告使用者据以作出合理判断的重要会计事项，必须按照规定的会计方法和程序进行处理，并在财务会计报告中予以充分的披露；对于次要的会计事项，在不影响会计信息真实性和不至于误导会计信息使用者作出正确判断的前提下，可适当简化处理。

这一原则的意义在于：在会计处理和财务报表中，应当考虑费用（成本）与效用的约束条件。重要的交易、事项及其数据必须严格确认、计量、记录和报告，不重要或次要的事项与数据则可以适当简化或省略。这样既可以保证会计信息的效用，又可以节省财务报表编制的费用（成本）。

八、谨慎性

商业银行的经营活动充满着风险和不确定性，在会计核算工作中坚持谨慎性准则，要求商业银行对交易或者事项进行会计确认、计量和报告时保持应有的谨慎，不应高估资产或者收益、低估负债或者费用。一方面可以保证商业银行经营建立在稳妥可靠的基础上，不至于因变幻莫测的市场风险而轻易发生财务危机，同时也可增强商业银行的应变能力；另一方面按照这一原则所提供的会计信息，不至于使会计信息使用者产生盲目乐观思想，而造成难以挽回的损失。

值得注意的是，商业银行的各项资产减值准备应当合理地计提，但不得设置秘密准备。如有确凿证据表明商业银行不恰当地运用了谨慎性准则设置秘密准备的，应当作为重大会计差错予以更正，并在会计报表附注中说明事项的性质、调整金额以及对商业银行财务状况、经营成果的影响。

九、及时性

及时性要求商业银行对于已经发生的交易或者事项，应当及时进行会计确认、计量和报告，不得提前或延后。会计信息的价值在于帮助信息使用者作出经济决策，具有时效性。为此，必须及时收集会计信息；及时对会计信息进行加工处理；及时传递会计信息。另外，由于商业银行会计的核算过程，是实现其业务的过程，因此准确、及时进行会计核算和账务处理，一方面可以提高商业银行在整个社会中的信誉；另一方面，会计核算质量的好坏，速度的快慢，也直接影响着社会资金的周转速度和资源的有效利用。这就要求商业银行的会计部门在办理各项业务中，对每笔资金必须准确核算、及时收付、按时清算，并不断改进结算方式，从而加速企业资金周转，促进国民经济健康发展。

第四节　商业银行会计要素及计量

会计要素是会计对象的具体化。商业银行应当按照交易或者事项的经济特征确定会计要素并进行计量。因为，会计要素仅是会计对象的定性分析，只能回答是什么，并不能回答是多少。而会计要素的计量恰恰弥补了这一不足。依照我国财政部 2006 年 2 月 25 日颁布的《企业会计准则——基本准则》第一章第 10 条规定，商业银行会计要素包括资产、负债、所有者权益、收入、费用和利润。其中资产、负债和所有者权益是企业财务状况的静态反映，属存量要素；收入、费用和利润则从动态方面来反映企业的经营成果，属增量要素。

一、会计要素

(一)资产

1. 资产的定义

资产是指商业银行过去的交易或者事项形成的、由商业银行拥有或者控制的、预期会给商业银行带来经济利益的资源。但预期在未来发生的交易或者事项不形成资产。

由商业银行拥有或者控制，是指商业银行享有某项资源的所有权，或者虽然不享有某项资源的所有权，但该资源能被商业银行所控制。

预期会给商业银行带来经济利益，是指直接或者间接导致现金和现金等价物流入商业银行的潜力。

资产的定义强调资产的三个特征：

(1)过去的交易和事项形成的。也就是说，资产必须是现实的资产，而不能是预期的资产，是商业银行在过去一个时期里，通过交易或事项所形成的，是过去已经发生的交易或事项所产生的结果。至于未来交易或事项以及未发生的交易或事项可能产生的结果，则不属于现在的资产，不得作为资产确认。例如，商业银行通过购买、自行建造等方式形成某项固定资产，或因对外贷款而形成一项短期贷款或长期贷款等等，都是商业银行的资产；但商业银行预计在未来某个时点将要对外的贷款，因其相关的交易或事项尚未发生，就不能作为商业银行的资产。

(2)必须由商业银行拥有或控制。一般来说，一项资源要作为商业银行的资产予以确认，应该拥有此项资源的所有权，可以按照自己的意愿使用或处置资产，其他企业或个人未经同意，不能擅自使用本企业的资产。但在某些情况下，对于一些特殊方式形成的资产，企业虽然对其不拥有所有权，但能够实际控制的，按照实质重于形式的原则，也应当确认为企业的资产，如融资租入固定资产。

(3)预期会给企业带来经济利益，是资产最重要的特征。是指直接或者间接导致现金和现金等价物流入企业的潜力。这种潜力在某些情况下可以单独产生净现金流入，而某些情况下则需与其他资产结合起来才可能在将来直接或间接地产生净现金流入。预期不能带来经济利益的，就不能确认为企业的资产。某项支出如果具有未来的经济利益的全部或一部分，它就可以作为企业的资产；否则，就只能作为费用或损失。同样，企业已经取得的某项资产，如果其内含的未来经济利益已经不复存在，就应该将其剔除。预计不能收回的贷款或应收利息，它们已经不能给企业带来经济利益，就不能再作为资产，出现在资产负债表中。

2. 资产的确认

满足资产定义的同时，又满足下列两个条件的资源可确认为资产。

(1)与该资源有关的经济利益很可能流入商业银行。能否带来经济利益是资产确认的必要条件。

(2)该资源的成本或者价值能够可靠地计量。即要有交易发生或完成时所形成的各种交易价格。

符合资产定义和资产确认条件的项目，应当列入资产负债表；仅符合资产定义但不符合资产确认条件的项目，不应当列入资产负债表，应当在附注中作相关披露。

(二)负债

1. 负债的定义

负债是指商业银行过去的交易或者事项形成的、预期会导致经济利益流出该商业银行的现时义务。

现时义务是指商业银行在现行条件下已承担的义务。未来发生的交易或者事项形成的义务，不属于现时义务，不应当确认为负债。

2. 负债的确认

符合负债定义的义务。同时满足下列两个条件的义务可确认为负债。

(1)与该义务有关的经济利益很可能流出商业银行。

(2)未来流出的经济利益的金额能够可靠地计量。

符合负债定义和负债确认条件的项目，应当列入资产负债表；仅符合负债定义、但不符合负债确认条件的项目，不应当列入资产负债表，应当在附注中作相关披露。

(三)所有者权益

所有者权益是指商业银行资产扣除负债后由所有者享有的剩余权益。商业银行的所有者权益又称为股东权益。它包括:所有者投入的资本、直接计入所有者权益的利得和损失、留存收益等。

直接计入所有者权益的利得和损失,是指不应计入当期损益、会导致所有者权益发生增减变动的、与所有者投入资本或者向所有者分配利润无关的利得或者损失。

利得是指由商业银行非日常活动所形成的、会导致所有者权益增加的、与所有者投入资本无关的经济利益的流入。

损失是指由商业银行非日常活动所形成的、会导致所有者权益减少的、与向所有者分配利润无关的经济利益的流出。

所有者权益金额取决于资产和负债的计量。

(四)收入

收入是指商业银行在日常活动中形成的、会导致所有者权益增加的、与所有者投入资本无关的经济利益的总流入。

商业银行提供金融商品服务、提供劳务以及让渡资产使用权等日常活动,所形成的经济利益的总流入,主要包括营业收入和其他营业收入。营业收入由利息收入、金融企业往来收入、中间业务收入、投资收益、汇兑收益所构成;其他营业收入包括租赁收入、补贴收入、中途转让投资收入、追偿款收入、房地产开发收入、金银买卖收入、无形资产转让净收入、抵押物、质物的拍卖、变卖净收入(在取得抵押物、质物次日起1年内处分)等等。

商业银行在取得营业收入的同时,还会发生一些与其业务经营活动无直接关系的各项收入,称为营业外收入。主要包括固定资产盘盈、处置固定资产净收益、处置无形资产净收益、处置抵债资产净收益、罚款收入等。商业银行应当根据收入的性质,按照收入确认的条件,合理地确认和计量各项收入。

收入只有在经济利益很可能流入从而导致商业银行资产增加或者负债减少且经济利益的流入额能够可靠计量时才能予以确认。

符合收入定义和收入确认条件的项目,应当列入利润表。

(五)费用

费用是指商业银行在日常活动中发生的、会导致所有者权益减少的、与向所有者分配利润无关的经济利益的总流出。具体包括利息支出、金融企业往来支出、手续费支出、汇兑损失、营业费用等。

费用只有在经济利益很可能流出从而导致商业银行资产减少或者负债增加、且经济利益的流出额能够可靠计量时才能予以确认。

商业银行为生产产品、提供劳务等发生的可归属于产品成本、劳务成本等的费用,应当在确认产品销售收入、劳务收入等时,将已销售产品、已提供劳务的成本等计入当期损益。

商业银行发生的支出不产生经济利益的,或者即使能够产生经济利益但不符合或者不再符合资产确认条件的,应当在发生时确认为费用,计入当期损益。

商业银行发生的交易或者事项导致其承担了一项负债而又不确认为一项资产的,应当在发生时确认为费用,计入当期损益。

符合费用定义和费用确认条件的项目,应当列入利润表。

（六）利润

利润是指商业银行在一定会计期间的经营成果，利润包括收入减去费用后的净额、直接计入当期利润的利得和损失等。利润项目应当列入利润表。

直接计入当期利润的利得和损失，是指应当计入当期损益的、会导致所有者权益发生增减变动的、与所有者投入资本或者向所有者分配利润无关的利得或者损失。

利润是衡量商业银行在经营过程中自身经济效益的一个综合性指标，也是据以测定商业银行经营管理水平的重要标志。同时，商业银行的损益同资产、负债和所有者权益的数值的增减变化息息相关，也是商业银行经营状况好坏的具体反映。不仅直接影响投资者的利益，而且也是影响商业银行偿债能力以及商业银行社会信誉的一个重要因素。主要包括营业利润、利润总额和净利润。

（七）各要素之间的关系

利润金额取决于收入和费用、直接计入当期利润的利得和损失金额的计量。本期利润的数量会对下期的所有者权益造成影响。

六大要素的关系式为：

资产＝负债＋所有者权益

利润＝收入－费用

二、会计要素的计量属性

依据《企业会计准则——基本准则》第九章，企业在将符合确认条件的会计要素登记入账并列报于会计报表及其附注时，应当按照规定的会计计量属性进行计量，确定其金额。但对资产和负债在取得时应当按照实际成本计量。除法律、行政法规和会计准则允许采用重置成本、可变现净值和公允价值等计量外，企业一律不得自行调整其账面价值。通常所讲的会计计量属性主要包括五方面的内容。

（一）历史成本

在历史成本计量下，资产按照购买时支付的现金或者现金等价物的金额，或者按照购置资产时所付出的对价的公允价值计量。负债按照因承担现时义务而实际收到的款项或者资产的金额，或者承担现时义务的合同金额、或者按照日常活动中为偿还负债预期需要支付的现金或者现金等价物的金额计量。

（二）重置成本

在重置成本计量下，资产按照现在购买相同或者相似资产所需支付的现金或者现金等价物的金额计量。负债按照现在偿付该项债务所需支付的现金或者现金等价物的金额计量。

（三）可变现净值

在可变现净值计量下，资产按照其正常对外销售所能收到现金或者现金等价物的金额扣减该资产至完工时估计将要发生的成本、估计的销售费用以及相关税费后的金额计量。

（四）现值

在现值计量下，资产按照预计从其持续使用和最终处置中所产生的未来净现金流入量的折现金额计量。负债按照预计期限内需要偿还的未来净现金流出量的折现金额计量。

（五）公允价值

在公允价值计量下，资产和负债按照在公平交易中，熟悉情况的交易双方自愿进行资产交换或者债务清偿的金额计量。

商业银行在对会计要素进行计量时，一般应当采用历史成本，采用重置成本、可变现净值、现值、公允价值计量的，应当保证所确定的会计要素金额能够取得并可靠计量。

第五节 商业银行会计的组织管理

商业银行会计工作是商业银行经营管理的重要组成部分和基础环节。为了完成商业银行会计的任务，更好地发挥商业银行会计的职能作用，就必须按照一定的原则和形式，对会计工作进行组织和管理。商业银行会计的组织管理，就是在商业银行内部设置相应的会计机构，配备必要的会计人员，明确其职责权限，并建立各项会计制度，以便把会计工作科学地组织起来，使其有条不紊地进行运转。同时在组织管理中要贯彻节约、效能和优质原则，在保证核算质量的前提下，减少核算程序和手续，节约劳动消耗和工作处理时间，提高工作效率，以便更好地发挥银行会计的职能作用。

一、商业银行会计机构及组织

(一)商业银行会计机构

商业银行会计机构是由商业银行专职会计人员组成，负责组织领导和直接从事会计工作的职能部门，它是商业银行内部管理机构的主要组成部分。在商业银行内部设置健全的会计机构，对于加强会计工作的组织领导，保证会计工作顺利进行和整个商业银行工作任务的完成，充分发挥商业银行的职能作用有着十分重要的意义。

商业银行会计机构的设置，一般应同商业银行的管理体制、任务要求和业务量大小相适应。以四家国有商业银行为例，总行设会计司(部)，分行设会计处，中心支行设会计科，支行设会计股(或科)。这四级会计机构又分为两种类型。一种是不直接对外办理业务的商业银行会计机构，如总行、分行和中心支行的会计部门，其主要职责是组织领导辖区内的会计工作，制定有关会计规章制度并组织实施，监督检查制度执行情况，组织会计检查，帮助解决下级会计部门存在的问题，并办理有关会计报表的汇总工作。另一种是既负责管理全行的会计工作，又直接办理对外业务的基层行处的会计部门，如县支行的会计股(科)。至于县支行以下的商业银行机构，一般是非独立核算单位，不单设会计机构，只配专职会计人员，负责办理会计业务。各级商业银行会计机构，都要在行长的统一领导下，严格遵守会计法与有关会计制度，认真履行职责，搞好业务工作。同时，要积极主动地同其他职能部门密切协作，相互配合与支持，共同完成商业银行工作任务。在商业银行会计机构内部，要实行科学的劳动分工和协作，建立与健全经营责任制和其他有关制度，提高工作效率与工作质量。要加强调查研究，总结与推广会计工作先进经验，交流会计工作信息，并做好对所辖行、处的会计指导与检查工作，不断提高商业银行会计工作水平。

(二)商业银行会计内部管理

商业银行会计的内部管理是一种自律行为，是保证核算质量，确保科学经营、防范风险、保障资金安全而必须执行的相互制约的方法、措施和程序。商业银行会计内部管理涉及会计工作的各个方面，其主要的内容有：

1. 建立会计岗位责任制，层层负责

会计工作在主管行长的领导下，按照岗位需要，建立岗位责任制。主管行长对行长负责，会计主管对主管行长负责，一般会计人员对主管会计负责，一般会计人员按岗位分工明确责任，如分设接柜岗位、记账岗位、复核岗位、联行岗位、事后监督岗位等。按照相互制约的原则明确每个岗位的职责，每个会计人员在本职岗位要认真履行职责，同时，不得超越权限范围处理会计账务，也不得一人兼岗或独自操作会计核算的全过程。

2. 建立规范化的会计操作程序

会计操作程序是根据会计工作规律并为防止出现会计风险而制订的。建立规范化的会计操作程序并严格组织执行，对于内部管理十分重要。如必须取得有效会计凭证方能计账；现金付出业务，先记账后付款；转汇业务，先付款后汇出；手工核算必须坚持综合核算与明细核算双线控制的原则；计算机处理会计业务必须制订和执行严密的管理规定和操作程序；同城票据交换必须完善管理控制制度；各项任务的账务处理必须遵守相应的会计核算手续等等。

3. 建立重要岗位定期轮换和离任交接制度

对于联行岗位、记账岗位、同城票据交换及财务等重要会计岗位的人员要定期轮换，不得搞一贯制。会计人员调动工作、离职或换岗，还必须与接管人员办理交接手续，并实行监交。

4. 建立重大会计事项授权制

凡涉及重大会计事项，须经过会计主管或主管行长审批、授权后方能处理。如错账冲正、调整计息积数、开销户、内部资金划拨、补记账务、改变计息方法、应收与应付款等事项，未经授权，一般会计人员不得自行处理。会计人员加班还须经会计主管批准，会计主管加班须报主管行长批准。

5. 建立会计业务事后监督制

会计部门设置事后监督岗，对每天处理的会计业务于次日进行全面检查，按月进行全面核查，会计主管重点抽查，以便及时发现和纠正误差，堵塞漏洞。

（三）商业银行会计工作的劳动组织

劳动组织是指经办业务的基层行处会计部门人员的分工和组织形式。由于各行处的业务范围大小不一，业务数量有多有少，会计人员的业务水平高低不一，工作手段有手工操作处理和计算机处理，因此劳动组织也有所不同。一般有以下几种形式。

1. 营业专柜

是指办理对外业务的劳动组织形式，主要适用于业务量较大且实行手工操作记账的会计机构。通常由3～5人组成，分设记账员和复核员。记账员负责受理和审查凭证及编制记账凭证，登记有关账簿；复核员负责组织全组工作，审核和复核记账员办理的业务和账务，并对客户提出的查询作出答复。现金收付业务则由出纳部门统一办理。

2. 柜员制

是指柜员在接办业务的同时，也兼办出纳、记账、复核等项工作的劳动组织形式。这种形式适用于电算化设备齐全的行处。

3. 接柜员与操作员相结合

这种劳动组织形式是设置专职接柜员接受和审查凭证，然后由电子计算机操作人员处理数据。其实质是手工操作和电子计算机操作有机结合。目前我国商业银行的会计工作劳动组织大都采用这种形式。

二、商业银行会计人员

商业银行的各级会计机构都是由一定的专业会计人员组成的。商业银行的会计工作任务，也是通过他们的劳动具体完成的。因此，配备一定数量和素质的专业会计人员，是做好商业银行会计工作的基础。不仅在于此，商业银行会计工作还是商业银行的窗口业务，处在业务活动的第一线，而会计人员素质的高低对商业银行的声誉将会有重大的影响。所以，为了使会计工作人员在工作中有明确的方向和办事准则，《会计法》中制定了会计人员应负的职责和履行职责所行使的权限。

（一）会计人员的职责

（1）认真组织、推动和保证会计工作及各项规章制度、办法的贯彻执行；

（2）按照规章制度，正确组织会计核算，认真记账、算账、对账、报账，做到手续完备，内容真实合法，数字准确，账目清楚，反映及时；

（3）加强会计服务与监督，认真办理资金收付与划拨清算；

（4）贯彻“勤俭建国”的方针，加强财务管理，努力增收节支，提高经济效益；

（5）开展会计检查与会计分析，不断提高核算质量，为金融决策提供信息；

（6）遵守并宣传《中华人民共和国会计法》，维护国家财经纪律，同一切违法乱纪行为作斗争；

（7）讲究职业道德，履行岗位责任制，文明服务，严守信用，优质高效，廉洁奉公，努力完成各项任务。

（二）会计人员的权限

为了保证会计人员能够顺利地履行职责，根据国家有关规定，赋予其下列权限：

（1）对违反财经纪律和金融企业规章制度、办法者，会计人员有权拒绝给其办理业务。发现弄虚作假，营私舞弊，欺骗上级等违法乱纪行为，会计人员有权制止，并向有关领导报告。

（2）有权参加有关的金融业务会议。

（3）会计人员在行使职权过程中，对是否违反国家政策、财经纪律、财务制度的事项，同领导人意见不一致时，如领导人坚持办理，会计人员可以执行，但同时有权向上级领导提出书面报告，请求处理。如会计人员不向上级领导提出报告反映，也应负有责任。如有人对会计人员坚持原则反映情况进行刁难和打击报复，上级机关要严肃处理。

各级商业银行领导人需加强对会计工作的领导，保障会计人员依法、按制度行使职权。对坚持原则，忠于职守，工作成绩显著，技术上有发明创造的，应当予以奖励；对工作不负责任、失职或违法的，要按情节轻重给予批评教育或依法追究责任。要加强对会计人员的政治思想教育、职业道德教育和专业技术教育，有计划地组织他们进行政治学习、专业培训和技术考核，并根据其政治思想、学识水平、业务能力和工作业绩，授予相应的专业技术职称，不断提高银行会计人员的政治素质和业务素质。

三、商业银行会计制度

商业银行的财务会计活动贯穿于业务经营的全过程，渗透到银行业务的各个方面。财务会计管理的好坏对于商业银行的业务状况和经营成果将会产生重要影响。《商业银行法》第54条规定：“商业银行应当依照法律和国家统一的会计制度以及国务院银行业监督管理机构的有关规定，建立、健全本行的财务会计制度。”据此，我国商业银行应当以《商业银行法》、《会计法》、《金融企业会计制度》、《金融企业财务规则》等法律、法规、规章的规定，以及国务院银行业监督管理机构对全国结算、联行等业务确定的统一制度和办法为依据，建立、健全本行的财务会计制度及实施细则，从而保证商业银行财务会计活动的正确组织、保证商业银行财务会计资料的完整统一。

另外，针对我国各商业银行分支行制的特性，《商业银行法》第22条规定："商业银行对其分支机构实行全行统一核算，统一调度资金，分级管理的财务制度。"这一规定明确了总行唯一的法人地位，各分支机构不具有法人资格，由总行对其实行统一的核算，统一调度资金。同时，总行对分支机构的财务制度实行分级管理的办法。

综上所述，目前我国商业银行内部会计制度体系主要包括三个层次，即会计基本规定、会计核算制度和会计管理制度、会计操作规程。

(一)会计基本规定

会计基本规定在商业银行会计制度体系中居于最高层次，是商业银行会计核算和会计管理的基本规范，是商业银行会计核算的基本制度。会计基本规定主要是明确商业银行会计核算和会计管理中应坚持的基本原则和要求，如会计账务体系、会计核算体制、会计政策的选择、会计确认和计量的基本标准、会计机构和会计人员的设置等。会计基本规定对会计核算制度和会计管理制度的制定具有直接的指导作用，其基本特点应该是抽象的、原则性的。

(二)会计核算制度和会计管理制度

会计核算制度和会计管理制度是商业银行会计制度体系的核心。会计核算制度主要是规范会计事项的具体确认、计量、记录和报告的方法；会计管理制度主要是为保证会计核算有序进行所制定的各项规范，是会计核算制度顺利实施的必要保障。会计核算制度和会计管理制度之间是平行的、相辅相成的关系。

1.会计核算制度的内容

会计核算制度主要包括会计科目、会计凭证、会计账簿和会计报表。四部分内容相互联系，具有一定的逻辑关系。我们知道，会计核算的主要程序包括三个重要环节，一是填制会计凭证；二是登记会计账簿；三是编制财务会计报告。这三个环节相互衔接，基本上覆盖了会计核算的全过程。其中会计科目主要规范会计科目代号、会计科目名称、具体的会计确认和计量方法、账务处理方法和明细账户的设置等；会计凭证和会计账簿主要规范会计凭证和会计账簿的种类、要素、规格及使用方法等。财务会计报告主要规范会计报表的种类、格式和编制方法等。

2.会计管理制度的内容

会计管理制度是为了保证会计核算的有效进行所制定的各项规范。从会计核算角度来看，会计管理制度主要包括：

(1)会计科目授权管理办法：是为了规范会计科目的制定权限以及不同业务和不同机构的科目使用范围，避免超越权限使用会计科目，保证会计科目的有效使用，提高会计信息质量。

(2)会计凭证和会计账簿管理办法：主要是为了规范填制会计凭证和登记会计账簿的具体方法、要求及会计账簿的打印要求等。

(3)重要单证和物品的管理办法：主要用来明确重要空白凭证、有价单证、重要物品的范围、计价和管理方法等。

(4)会计印章管理方法：主要明确会计印章的种类、用途以及大小尺寸等。

(5)对账办法:主要规范各类业务(如客户账、同业往来账、系统内往来账等)的对账方法和时间要求等。

(6)电算化管理办法:主要规范电算化的组织形式、安全控制等。

当然除上述制度以外,会计管理制度还包括会计机构和会计人员组织管理制度、稽核制度等。

(三)会计操作规程

会计操作规程主要是在会计制度和业务管理规定的基础上,结合计算机系统而面向会计操作人员制定的具体操作规范。会计操作规程是前台会计人员的直接操作指南,它实际上属于用户手册。严格意义上说,会计操作规程不属于会计制度范畴。但由于它是会计人员的直接操作指南,因此在商业银行内部会计规范体系中具有极其特殊的意义。在满足操作和管理要求的前提下,会计操作规程应该是越简单越好,对于固化在计算机应用系统中的有关会计制度的内容,完全可以不体现在会计操作规程中,以减轻前台会计人员的压力。同时,为提高会计操作规程的适用性,其最好是活页式的,并根据业务的变化定期进行修订和梳理。

需要说明的是,在实际执行中,会计核算制度和会计管理制度在转化成计算机软件业务需求后,一部分内容通过程序开发固化在计算机系统中,由系统自动进行判断和实现;另一部分内容要通过前台人员操作完成。会计核算规程实际上主要包括了会计核算制度和会计管理制度中与前台操作有关的内容,另外还包括了部分与计算机画面特点有关的业务管理规定。因此,会计操作规程与会计核算制度、会计管理制度之间是既相互联系,又有所区别的。

本章小结

本章主要介绍商业银行会计的基本理论。具体包括:商业银行会计的定义、商业银行会计的特点、商业银行会计反映和监督的对象;商业银行会计的基本假设;商业银行会计信息质量要求;商业银行会计的要素和商业银行会计的组织管理等内容。通过本章的学习,将会对商业银行会计的基本理论和商业银行会计与其他企业会计的区别有一个概括的了解;理解商业银行会计的基本假设和信息质量要求的原则;掌握商业银行会计的要素及核算处理手续。

关键术语

商业银行会计　会计主体　货币计量　权责发生制　营业专柜　柜员制

思考练习题

1. 什么是商业银行会计？商业银行会计与其他企业会计比较有哪些特点？
2. 商业银行会计的基本假设条件是什么？
3. 简述商业银行会计信息质量要求标准。
4. 试述“诚信”和商业银行会计提供真实信息之间的关系。
5. 现行商业银行会计从业人员应具备哪些条件？
6. 简述商业银行会计要素及各要素之间的关系。
7. 简述商业银行会计要素的计量属性。
8. 谈谈商业银行会计制度的演变及与环境变化的关系。

第二章　基本核算方法

本章要点

1. **商业银行会计科目的设置及分类**
2. **商业银行会计记账方法包括的内容**
3. **商业银行会计凭证的编制及传递(手工和计算机两种手段)**
4. **商业银行会计账簿的填制及结转**
5. **商业银行会计报告的种类**

第一节　会计科目

会计科目基本核算方法处在会计循环系统的第一个环节，其目的是为了总括反映商业银行各项业务和财务活动情况。所以，科学设置会计科目，建立完整的会计科目体系，是正确组织会计核算，提高会计核算质量和效率的前提。

一、会计科目的意义

(一)会计科目的概念

会计科目就是将会计对象的具体要素，按照不同性质和管理要求进行分类的名称。它是总括、分类反映会计要素状况，统一会计核算内容和核算口径，明确财务收支成果，获取信息资料的工具。

现行商业银行会计科目是按照资金性质、业务特点、经营管理和核算要求以及国际通行的会计原则设置的。改变了原来计划经济体制下按统计需要设置会计科目的作法，从而有利于商业银行自身的经营管理，充分反映商业银行资产负债以及资产负债业务全貌。但从准确核算商业银行经营成果出发，并适当考虑各商业银行转轨阶段的现实情况，有些行仍保留或增设了部分过渡性科目和表外科目。

(二)会计科目的作用

会计科目是商业银行会计核算的基础，它在会计核算过程中起着重要的作用。其作用主要有以下几点：

1. 会计科目是联结核算方法的纽带

在运用复式记账原理填制凭证，登记账簿，编制会计报表等一系列账务处理中，都涉及设置和使用会计科目。也就是说，它能把各种业务与财务的账务核算内容联结起来，形成一个科学的有机整体，发挥它的纽带作用。

2.会计科目是取得信息资料的保证

在日常的业务与会计核算中，各种经济与金融信息资料成千上万而且错综复杂。会计科目作为会计核算的基础和区分会计要素具体内容的标志，就起到了科学组织和归类核算的作用，使商业银行全部信息资料进入预定的系统与控制程序，并从中取得人们所需要的数据，加以分析利用与考核。

3.会计科目是统一核算口径的基础

在商业银行会计科目的设置中，体现了按商业银行会计要素的要求来划分。《金融企业会计制度——商业银行会计科目和会计报表》设置了银行业统一会计科目。这就要求各商业银行在全国各地区的各个基层行处，必须通过银行业统一会计科目进行反映和核算，并对涉及资金增减变动的经济业务加以归类上报。最后通过逐级审核汇总和分析，使会计资料能够反映一个地区乃至全国的经济与金融状况，从而保证了全国银行核算口径的统一，也便于各级领导和有关方面掌握情况，进行决策与指导工作。

二、会计科目的分类

商业银行会计核算使用的会计科目很多，它们之间相互联系共同组成了完整的会计科目体系。要正确使用这些会计科目就要对其进行分类。《金融企业会计制度——商业银行会计科目和会计报表》将银行会计科目按其与资产负债表的关系划分为表内和表外两大类型。

(一)表内科目

表内科目是反映在资产负债表内的，用来核算直接关系到商业银行资金实际增减变化情况的科目。这一类科目要求按复式记账法下的借贷记账法进行核算，使用统一货币量度，并要求借贷平衡。

表内科目按性质可分为：资产类、负债类、所有者权益类和损益类科目。

1.资产类科目

资产类科目是反映商业银行被占用资金以及应收未收资金的科目。包括现金、贵金属、存放同业款项、短期贷款、中期贷款、长期贷款、贴现、应收利息、短期投资、固定资产、在建工程、无形资产、递延资产等科目。其共性是：在账户中反映时，增加记借方，减少记贷方，余额反映在借方。

2.负债类科目

负债类科目是反映商业银行欠人资金以及应付未付资金的科目。包括活期存款、定期存款、联行存放款项、保证金、应付利息、长期借款、应付债券、外汇买卖等科目。其共性是：在账户中反映时，增加记贷方，减少记借方，余额反映在贷方。

3.所有者权益类科目

所有者权益类科目，是反映商业银行的投资者对企业净资产的所有权的科目。它包括实收资本、资本公积、盈余公积、利润分配等科目。其共性是：在账户中反映时，增加记贷方，减少记借方，余额反映在贷方。

4.损益类科目

损益类科目，是反映商业银行在经营过程中收入、成本和费用的科目。包括利息收入、手续费及佣金收入、金融企业往来收入、投资收益、利息支出、金融企业往来支出、资产损失、营业税金及附加、所得税等科目。在账户中反映时，收入类科目，增加记贷方，减少记借方，期末结转于“本年利润”的贷方；成本和费用类科目，增加记借方，减少记贷方，期末结转于“本年利润”的借方。

5. 资产负债共同类科目

资产负债共同类科目是用来反映和核算商业银行发生的资金往来业务的科目，适用于联行往来、外汇买卖、同城票据清算等业务。主要包括清算资金往来、辖内往来、外汇买卖、同城票据清算、资金调拨、外汇营运资金等科目。其共性是：在账户中反映时，属于负债记贷方，属于资产记借方，余额轧差反映。总之，本类科目经过借贷方轧差后，可根据差额方向归并于资产负债表内科目，参加试算平衡。

(二)表外科目

表外科目是不纳入资产负债表内的，用来反映并不涉及或尚未涉及商业银行资金增减变化情况但又发生了权责关系，或用以反映和控制商业银行重要业务事项及数字资料的会计科目。记账时采用单式记账法，增加记“收”，减少记“付”。

表外科目核算的业务，虽然当时不引起商业银行资金的实际收付，不通过账内核算，但商业银行对外已经承担了经济责任，也需要另外设置一些表外科目进行登记和反映。如或有资产、或有负债、有价单证、空白重要凭证以及实物管理的核算内容就是用表外科目进行登记和反映的。表外科目采用单式记账法，不完全用货币量度，也不要求平衡。

三、会计科目的内容

依据《金融企业会计制度——商业银行会计科目和会计报表》，商业银行会计科目包括的具体内容如表 2－1 所示。

表 2－1 银行业会计科目名称和编号

一、资产类					
顺序号	编号	会计科目名称	顺序号	编号	会计科目名称
1	1001	现金	29	1442	拨付周转金
2	1005	贵金属	30	1451	存出保证金
3	1101	存放中央银行款项	31	1501	短期投资
4	1110	存放银行同业	32	1505	短期投资跌价准备
5	1111	存放非银行同业	33	1511	长期股权投资
6	1112	存放境外同业	34	1512	长期债券投资
7	1113	存放系统内款项	35	1515	长期投资减值准备
8	1121	拆放同业	36	1521	买入返售证券
9	1122	系统内借出	37	1611	其他应收款
10	1131	短期贷款	38	1621	坏账准备
11	1132	中长期贷款	39	1701	固定资产
12	1134	银团贷款	40	1702	累计折旧
13	1140	打包放款	41	1703	经营租入固定资产改良
14	1150	转贷款	42	1705	固定资产减值准备

续表 2-1

顺序号	编号	会计科目名称	顺序号	编号	会计科目名称
15	1160	贴现	43	1711	在建工程
16	1161	买入返售票据	44	1715	在建工程减值准备
17	1201	进口押汇	45	1721	固定资产清理
18	1202	出口押汇	46	1801	无形资产
19	1211	议付信用证款项	47	1805	无形资产减值准备
20	1241	买入外币票据	48	1811	待摊费用
21	1251	协议透支	49	1815	未确认融资费用
22	1261	信用卡透支	50	1821	长期待摊费用
23	1302	垫款	51	1901	抵债资产
24	1402	非应计贷款	52	1905	抵债资产减值准备
25	1404	贷款损失准备	53	1911	待处理财产损溢
26	1411	应收利息	54	1921	委托贷款
27	1421	应收股利	55	1931	代理业务占款
28	1441	拨付营运资金			
二、负债类					
顺序号	编号	会计科目名称	顺序号	编号	会计科目名称
56	2110	银行同业存款	76	2303	应解汇款
57	2111	非银行同业存款	77	2304	保证金存款
58	2112	境外同业存款	78	2311	应付债券
59	2113	系统内存放款项	79	2321	应付利息
60	2121	同业拆入	80	2331	应付工资
61	2122	系统内借入	81	2332	应付福利费
62	2134	银团贷款拨来资金	82	2341	应交税费
63	2150	转贷款资金	83	2342	应付利润
64	2160	票据融资	84	2345	其他应交款
65	2201	单位活期存款	85	2361	预提费用
66	2205	单位定期存款	86	2373	待转资产价值
67	2211	活期储蓄存款	87	2381	预计负债
68	2212	定期储蓄存款	88	2431	递延收益
69	2221	基金存款	89	2451	长期应付款
70	2223	信用卡存款	90	2461	递延税款
71	2225	特种存款	91	2521	卖出回购证券款
72	2231	向中央银行借款	92	2611	其他应付款
73	2251	拨入营运资金	93	2921	委托贷款资金
74	2301	汇出汇款	94	2925	委托投资资金
75	2302	开出本票	95	2931	代理业务资金

续表 2－1

顺序号	编号	会计科目名称	顺序号	编号	会计科目名称
三、资产负债共同类					
顺序号	编号	会计科目名称	顺序号	编号	会计科目名称
96	3101	清算资金往来	100	3201	外汇买卖
97	3111	辖内往来	101	3202	外汇结售
98	3121	资金调拨	102	3211	外汇营运资金
99	3131	同城票据清算			
四、所有者权益类					
顺序号	编号	会计科目名称	顺序号	编号	会计科目名称
103	4101	实收资本	106	4131	盈余公积
104	4111	资本公积	107	4141	本年利润
105	4121	一般准备	108	4151	利润分配
五、损益类					
顺序号	编号	会计科目名称	顺序号	编号	会计科目名称
109	5101	利息收入	119	5403	金融企业往来支出
110	5102	手续费及佣金收入	120	5501	业务及管理费
111	5103	金融企业往来收入	121	5502	折旧费用
112	5201	投资收益	122	5503	资产减值损失
113	5211	汇兑损益	123	5505	营业税金及附加
114	5221	贵金属损益	124	5507	其他营业支出
115	5231	其他营业收入	125	5601	营业外支出
116	5301	营业外收入	126	5701	所得税
117	5401	利息支出	127	5801	以前年度损益调整
118	5402	手续费支出			
六、表外科目					
顺序号	编号	会计科目名称	顺序号	编号	会计科目名称
128	6101	开出信用证	135	6515	开出凭证式债券
129	6102	开出保函	136	6231	未发行债券
130	6105	衍生金融工具	137	6531	冻结及诉讼中财产
131	6301	未收贷款利息	138	7201	重要空白凭证
132	6311	待收委托贷款利息	139	7205	代保管有价值品
133	6401	贷款承诺	140	7225	有价单证
134	6501	银行承兑汇票			

四、会计科目运用的有关要求

根据《金融企业会计制度——商业银行会计科目和会计报表》的规范，对商业银行运用会计科目提出以下要求。

1.商业银行应按规定对会计科目编号

凡制度统一规定的会计科目的编号,商业银行不应随意打乱重编,以便于编制会计凭证,登记账簿,查阅账目,实行会计电算化。若需增设,因制度在某些会计科目之间留有空号,可供增设有关会计科目时使用。

2.商业银行应按制度的规定,设置和使用会计科目

在不影响会计核算要求和会计报表指标汇总,以及对外提供统一会计报表的前提下,可以根据实际情况自行增设、减少或合并某些会计科目。

明细科目的设置,除制度已有规定之外,在不违反统一会计核算要求的前提下,商业银行可以根据需要,自行规定。

3.商业银行应按规定填写会计科目名称

在填制会计凭证、登记账簿时,应填制会计科目的名称,或者同时填列会计科目的名称和编号,不应只填编号,不填科目名称。

第二节 记账方法

一、记账方法的沿革

记账方法是会计基本核算方法的重要内容。它是根据一定的规则,运用一定的符号,按照会计科目对发生的经济业务进行整理、分类和登记账簿的一种专门方法。根据记录方式的不同,分为单式记账法和复式记账法。自1948年12月中国人民银行成立以来,我国银行曾先后多次变更记账方法。建行之初,采用复式收付记账法;1949年11月第一届全国会计工作会议制定了全国银行统一会计制度,规定银行统一采用借贷记账法;1950年又改用以科目为主的收付记账法;1954年再次改为借贷记账法;1965年又改为不设现金科目的“现金收付记账法”;1979年则改为以资金为主体的“资金收付记账法”;1987年4月,人民银行总行颁布“全国银行统一会计基本制度”规定,银行的记账方法根据复式记账原理,采用资金收付记账法或借贷记账法。因此出现了中国银行、交通银行及新成立的商业银行,采用“借贷记账法”,而其余专业银行包括信用社均采用“资金收付记账法”的格局;但随着金融改革的进一步深化,会计核算方法与国际惯例接轨已势在必行。所以1993年颁布的《金融企业会计制度》规范从1994年1月1日起,全银行统一采用借贷记账法。至此,银行记账方法得以固定。

二、单式记账法

所谓单式记账方法就是对每一项经济业务所引起的资金变化只在一个账户中进行登记,以现金或人欠、欠人为中心的一种记账方法。这种记账方法虽然具有手续简便的优点,但由于账户设置不完整,各账户之间没有直接联系,也没有资金来源和资金运用的平衡关系,所以不能全面、系统地反映银行的经营情况,更难以满足管理和核算的要求,因而在实际工作中表内科目的记账方法被复式记账法所替代。而表外科目仍保留单式记账法,即目前我国对表外科目采用单式记账法。以收和付作为记账符号,账簿设“收”、“付”和“余额”三栏。当业务发生或增加时记收;当注销或减少时记付;余额则表示结存或未结清的业务事项。其记账金额一般按业务发生额或凭证票面额记载,有些控制实物数量的科目,则按假定价格记载。表外科目记账方法的特点是:各科目只单方面反映自身的增减变化,不涉及其他科目,不存在平衡关系。

三、复式记账法

复式记账法是相对单式记账法而言，它是由单式记账法发展演变而来的。所谓复式记账法是以复式记账原理为依据，对每笔经济业务都要以相等的金额同时在两个或两个以上账户中进行登记的记账方法。它不仅能全面、清晰地反映经济业务的内容，还能通过对各会计要素具体项目增减变动情况的观察，了解经济业务的来龙去脉，同时也便于运用试算平衡原理来检查账户记录的正确性。

由于复式记账原理是多种多样的，所以，我国银行曾采用过资金收付记账法、借贷记账法等多种复式记账法，而借贷记账法是目前世界各国(包括我国在内)通用的一种复式记账法。

(一)资金收付记账法

资金收付记账法是复式记账法的一种，是以资金为主体，以收付作为记账符号，以“有收必有付，收付必相等”为记账规则，并采用“资金来源总额＝资金运用总额”为平衡等式进行试算平衡的记账方法。

在资金收付记账法下，资金来源类科目，增加记“收”，减少记“付”，余额反映在收方；资金运用类科目，增加记“付”，减少记“收”，余额反映在付方。“库存现金”科目属于资金运用类科目，所以，增加记“付”，减少记“收”。

【例2－1】 客户甲向某商业银行存入100元活期储蓄存款。会计分录为：

收：活期储蓄存款　　100

　付：库存现金　　100

(二)借贷记账法

借贷记账法是以“借”、“贷”作为记账符号，以“资产＝负债＋所有者权益”会计恒等式作为理论依据及平衡公式，以“有借必有贷，借贷必相等”作为记账规则，来记录和反映会计要素增减变动和结果的一种复式记账法。借贷记账法有如下几个基本要点。

1. 记账符号及方向

借贷记账法以“借”和“贷”作为记账符号，并把每个账户分为左右两方，左方为借方，右方为贷方。根据会计恒等式和复式记账原理，若一项资产增加，只能是由于另一项资产的减少；或是一项负债的增加；或是所有者权益的直接增加；或是企业收入增加；或是费用的减少而引起。同理，可推出“借”、“贷”符号所表示的账户增减变化情况，也就是各类账户的记账方向。如表2－2所示。

表2－2　科目与记账符号的关系

借　方	贷　方
资产增加	资产减少
负债减少	负债增加
所有者权益减少	所有者权益增加
收入减少	收入增加
费用增加	费用减少

2.会计恒等式

会计恒等式也称为会计方程式。即“资产＝负债＋所有者权益”或“资产＝权益”。这个恒等式反映了会计的基本要素之间的基本数量关系。其含义分析如下：

资产和权益是同一资金的两个不同方面。资产表明商业银行拥有哪些经济资源，其数额是多少；权益则是表明是谁提供了这些经济资源。所以，权益是对资产的要求权，有一定数额的资产就必然有一定数额的权益。反之，有一定数额的权益，也必须有一定数额的资产。资产与权益是相互依存的。权益是债权人和投资者对于商业银行所拥有的资产可主张的权利，没有资产就没有权益；同样，商业银行所拥有的资产也不能脱离权益而存在。因此，从数量上看，一个商业银行所有资产的总额与所有权益的总额一定相等。我们将资产与负债和所有者权益之间的这种客观存在的恒等关系称为会计恒等式。

3.记账规则

记账规则，是记账规律的高度概括。“有借必有贷，借贷必相等”的记账规则，是复式记账原理在借贷记账法中的具体运用。由于借贷记账法是以“资产＝负债＋所有者权益”会计恒等式为理论依据，而收入和费用又会引起等式两端的变化。所以，无论四类账户中哪两类账户资金的不同账户之间增减变化或某一类账户资金的增减变化登记入账后，必然会有“有借必有贷，借贷必相等”，且使“资产＝负债＋所有者权益”恒等。其变化形式无外乎会出现以下几种情况：

(1)某项业务涉及资产和负债两类账户，则有：资产增加(或负债减少)记借方，负债增加(或资产减少)记贷方，“有借必有贷，借贷必相等”。

(2)某项业务涉及资产和所有者权益两类账户，则有：资产增加(或所有者权益减少)记借方，所有者权益增加(或资产减少)记贷方，“有借必有贷，借贷必相等”。

(3)某项业务涉及资产类账户之间有增有减，则有：资产增加记借方，资产减少记贷方，“有借必有贷，借贷必相等”。

(4)某项业务涉及负债类账户之间有增有减，则有：负债增加记贷方，负债减少记借方，“有借必有贷，借贷必相等”。

(5)某项业务涉及收入和负债两类账户，则有：负债(或收入)增加记贷方，收入(或负债)减少记借方，“有借必有贷，借贷必相等”。

(6)某项业务涉及成本、费用和负债两类账户，则有：成本、费用增加(或负债减少)记借方，负债增加(或成本、费用减少)记贷方，“有借必有贷，借贷必相等”。

(7)某项业务涉及成本、费用和资产两类账户，则有：成本、费用(或资产)增加记借方，资产(或成本、费用)减少记贷方，“有借必有贷，借贷必相等”。

(8)某项业务涉及所有者权益类账户之间有增有减，则有：所有者权益增加记贷方，所有者权益减少记借方，“有借必有贷，借贷必相等”。

(三)资金收付记账法与借贷记账法的比较

两种记账方法，从其共性来说，都是应用复式记账原理的记账方法。两种记账方法的差别，不仅在于记账符号的差异，更在于将账表的方向颠倒过来。在资金收付记账法下，“库存现金”收进来记“付”，付出去记“收”，这与人们的习惯不一致，也难以理解，给对账工作也带来了一定的麻烦。借贷记账法，以“借”和“贷”作为记账符号比较抽象，且与国际惯例接轨。所以，现行固定于借贷记账法。

四、复式记账法的试算平衡

试算平衡，就是以“资产＝负债＋所有者权益”的平衡公式为依据，并运用“试算平衡表”，为平衡工具来检查和平衡账务的方法。商业银行在复式记账法下主要采用借贷记账法进行核算，所以，下面以借贷记账法为例介绍资金的试算平衡问题。

（一）试算平衡表的概念

试算平衡表是反映商业银行各一级科目余额和发生额情况的报表。

由于试算平衡表是分项目按一级科目排列的，反映每一个项目和科目的期初、期末余额及本期发生额情况，因此，试算平衡表实质上是动态地反映了商业银行财务状况和经营成果的明细情况。通过试算平衡表，可以清楚地看出各项资产、负债、股东权益、收入、支出等的明细情况，可以为报表审查和分析提供第一手资料。

需要特别说明的是，试算平衡表虽然是编制资产负债表、利润表及有关管理层报表的主要基础，但单纯依靠试算平衡表并不能完全满足报表编制的需要，如在确定资产负债表“存放同业款项”、“拆放同业”、“买入返售资产”等项目时，还需要借助于部分二级科目。

（二）试算平衡表的编制

试算平衡表根据各一级科目的余额和发生额情况直接编制而成。

1. 余额及发生额的填列

（1）期初余额，即报告期内期初余额，按总账科目期初余额填列。元月份的期初数为上年度结转数，其余月份的期初数为上月月末余额。

（2）本期发生额，即报告期内各科目借、贷方发生额，月份试算平衡表按总账科目“月计”数填列。

（3）期末余额，即报告期期末余额，按总账科目月末余额填列，共同类科目余额按照借贷双方余额反映。

2. 试算平衡表的基本平衡关系

（1）期初借方余额（贷方）＋（－）本期借方发生额－（＋）本期贷方发生额＝本期借方余额（贷方）

（2）期初借方余额合计＝期初贷方余额合计

（3）本期借方发生额合计＝本期贷方发生额合计

（4）期末借方余额合计＝期末贷方余额合计

在编制试算平衡表时，要特别注意本期“期初余额”应与上月各科目的“期末余额”相互衔接。

（5）表内有关会计科目的平衡关系。属于共同类科目的，因其余额方向不固定，编表时，基层行以该科目期末余额方向填列，期初余额必须与上月的期末余额一致；汇总行出现借贷方均有余额的，不作扎抵处理，应全数反映，由总行统一扎抵。

如因上月错账、串行等原因确需在本月调整的，一律通过本期发生额调整，不得更改期初余额（另有规定除外）。

（三）试算平衡表的格式

试算平衡表由表内科目、表外科目和补充资料三部分组成，每一部分又分为横向栏和纵向栏。表内科目是试算平衡表的主体，在纵向上，它包括35个项目及按项目归类的所有一级科目；在横向上，主要包括行次、科目或项目代号、科目或项目名称、期初借方或贷方余额、本期借方或贷方发生额、期末借方或贷方余额等内容。表外科目主要列示表外科目代号、科目名称及期末余额。补充资料主要列示项目代号、项目名称和期末数。

在设置试算平衡表格式时，应符合以下基本要求：

(1)打印输出时，应在每页页脚中间加注“共　页，第　页”字样。

(2)“行次栏”填列顺序号，每页单独编制，按行次顺序编排，每页行次数量由打印程序确定。

(3)新增科目直接按其科目代号大小插入相应位置，其余科目位置顺序后延。

(4)表外科目及补充资料单独设置为一页。

【例 2-2】 现以某商业银行业务举例说明借贷记账法的记账规则，要求写出会计分录并编制试算平衡表。

案例行试算平衡表

××年×月×日

科目编号	科目名称	上日余额		本日发生额		本日余额	
		借方	贷方	借方	贷方	借方	贷方
1001	现金	441 200		1 000	500	441 700	
1131	短期贷款	1 100 000		2 000	1 000	1 101 000	
2101	单位活期存款		800 000	2 500	2 000		799 500
1701	固定资产	850 000		30 000	5 000	875 000	
4111	资本公积		8 000	5 000	30 000		33 000
3101	清算资金往来		3 000		2 000		5 000
5601	营业外支出	15 000		5 000		20 000	
5701	所得税	5 000			2 000		7 000
2241	应交税金		200		2 000		2 200
4101	实收资本		1 500 000		23 000		1 523 000
2211	发行债券		100 000	18 000			82 000
	合计	2 411 000	2 411 000	65 500	65 500	2 444 700	2 444 700

(1)商业银行以现金收回短期贷款 1 000 元。

借：现金　　1 000(资产增加)

　贷：短期贷款　　1 000(资产减少)

(2)发放给某企业短期贷款一笔 2 000 元，转入企业存款户。

借：短期贷款　　2 000(资产增加)

　贷：单位活期存款　　2 000(负债增加)

(3)商业银行接受捐赠固定资产价值 30 000 元。

借：固定资产　　30 000(资产增加)

　贷：资本公积　　30 000(所有者权益增加)

(4)个体户李平提取活期存款 500 元。

借：单位活期存款　　500(负债减少)

　贷：现金　　500(资产减少)

(5)某企业以账户活期存款 2 000 元委托银行汇出。

借:单位活期存款 2 000(负债减少)

贷:清算资金往来 2 000(负债增加)

(6)商业银行无偿调出固定资产价值5 000元。

借:营业外支出 5 000(费用增加)

贷:固定资产 5 000(资产减少)

(7)商业银行计提应交所得税款2 000元。

借:所得税 2 000(费用增加)

贷:应交税金 2 000(负债增加)

(8)经上级批准将5 000元资本公积转入资本金。

借:资本公积 5 000(所有者权益减少)

贷:实收资本 5 000(所有者权益增加)

(9)商业银行发行股票18 000元,更换以前发行的可转换受益债券。

借:发行债券 18 000(负债减少)

贷:实收资本 18 000(所有者权益增加)

第三节 会计凭证

一、会计凭证的意义

会计凭证是记录各项经济业务与财务活动的书面证明,是办理资金收付和账务处理的依据,也是进行账务核算、核对、登账、结账和进行事后稽核,以明确经济责任的原始记录。

填制和审核会计凭证是会计核算的起点和基础。根据各种不同业务与财务性质,科学地设计和使用记账凭证,认真审核凭证的各项要素,做到填写正确,手续齐全,传递及时,使各项账务的核算、记载、结账、检查有条不紊地进行。

会计凭证在会计核算中发挥着重要的作用。其主要作用有以下几个方面。

(一)会计凭证是经济业务发生的书面证明

在会计核算过程中,任何经济业务的发生,都要填制合理、合法和有效的会计凭证,作为记账的依据。严格按照《中华人民共和国会计法》第十五条“会计账簿登记,必须以经过审核的会计凭证为依据,并符合有关法律、行政法规和国家统一的会计制度的规定”的规范操作。会计凭证对经济业务的发生和完成起着无可替代的证明作用。

(二)会计凭证是反映业务与组织核算的重要工具

商业银行的业务活动和财务收支过程也就是会计核算过程。在会计核算过程中,通过会计凭证可以把业务处理和会计核算过程中的各个环节联系起来,使会计核算工作有条不紊地进行,从而成为组织会计核算的工具。

(三)会计凭证是监督经济业务和事后查考的依据

会计凭证上记载了每笔经济业务的全貌,而且在各项业务的办理过程中,各经办人员必须在会计凭证上签章,以明确经济责任。所以通过对凭证的审查,就可以了解该笔业务是否合理、合法,手续是否完备以及责任人的情况。

二、会计凭证的种类

凭证的种类繁多。为了具体地认识、掌握和运用会计凭证，就要对它加以分类。会计凭证一般有以下几种分类方法。

(一)按凭证的使用范围分类

会计凭证按使用的范围来划分，可以分为基本凭证和特定凭证两大类。

1. 基本凭证

基本凭证是商业银行根据有关原始凭证或业务事项自行编制的通用记账凭证。一般有10种：

(1)现金收入传票(表2-3)。

表2-3 现金收入传票

(贷)______　　　　年　　月　　日　　　　总字第　　号
(借) 现金　　　　　　　　　　　　　　　　　　字第　　号

户名或账号	摘　要	金额								
		百	十	万	千	百	十	元	角	分
合　计										

复核　　记账　　收款复核　　收款

(2)现金付出传票(表2-4)。

表2-4 现金付出传票

(贷) 现金　　　　年　　月　　日　　　　总字第　　号
(借)______　　　　　　　　　　　　　　　　字第　　号

户名或账号	摘　要	金额								
		百	十	万	千	百	十	元	角	分
合　计										

复核　　记账　　收款复核　　收款

(3)转账借方传票(表 2－5)。

表 2－5　转账借方传票

总字第　　号
字第　　号

年　　月　　日

科目（借）		对方科目（贷）								
户名或账号	摘　　要	金　　额								
		百	十	万	千	百	十	元	角	分
合　　计										

附件　　张

复核　　　　　记账

(4)转账贷方传票(表 2－6)。

表 2－6　转账贷方传票

总字第　　号
字第　　号

年　　月　　日

科目（贷）		对方科目（借）								
户名或账号	摘　　要	金　　额								
		百	十	万	千	百	十	元	角	分
合　　计										

附件　　张

复核　　　　　记账

(5)特种转账借方传票(表2-7)。

表2-7 特种转账借方传票

年 月 日

总字第 号
字第 号

<table>
<tr><td rowspan="3">付款单位</td><td>全　称</td><td colspan="3"></td><td rowspan="3">收款单位</td><td>全　称</td><td colspan="9"></td><td rowspan="7">附件

张</td></tr>
<tr><td>账号或地址</td><td colspan="3"></td><td>账号或地址</td><td colspan="9"></td></tr>
<tr><td>开户银行</td><td></td><td>行号</td><td></td><td>开户银行</td><td colspan="3"></td><td>行号</td><td colspan="5"></td></tr>
<tr><td rowspan="2">金额</td><td colspan="6" rowspan="2">人民币
(大写)</td><td>百</td><td>十</td><td>万</td><td>千</td><td>百</td><td>十</td><td>元</td><td>角</td><td>分</td></tr>
<tr><td></td><td></td><td></td><td></td><td></td><td></td><td></td><td></td><td></td></tr>
<tr><td colspan="5">原凭证金额¥______赔偿金¥______
原凭证名称　　　　号　码</td><td colspan="11" rowspan="2">科目(借)______
对方科目(贷)______

会计　　复核　　记账</td></tr>
<tr><td>转账原因</td><td colspan="4">

银行盖章</td></tr>
</table>

(6)特种转账贷方传票(表2-8)。

表2-8 特种转账贷方传票

年 月 日

总字第 号
字第 号

<table>
<tr><td rowspan="3">收款单位</td><td>全　称</td><td colspan="3"></td><td rowspan="3">付款单位</td><td>全　称</td><td colspan="9"></td><td rowspan="7">附件

张</td></tr>
<tr><td>账号或地址</td><td colspan="3"></td><td>账号或地址</td><td colspan="9"></td></tr>
<tr><td>开户银行</td><td></td><td>行号</td><td></td><td>开户银行</td><td colspan="3"></td><td>行号</td><td colspan="5"></td></tr>
<tr><td rowspan="2">金额</td><td colspan="6" rowspan="2">人民币
(大写)</td><td>百</td><td>十</td><td>万</td><td>千</td><td>百</td><td>十</td><td>元</td><td>角</td><td>分</td></tr>
<tr><td></td><td></td><td></td><td></td><td></td><td></td><td></td><td></td><td></td></tr>
<tr><td colspan="5">原凭证金额¥______赔偿金¥______
原凭证名称　　　　号　码</td><td colspan="11" rowspan="2">科目(贷)______
对方科目(借)______

会计　　复核　　记账</td></tr>
<tr><td>转账原因</td><td colspan="4">

银行盖章</td></tr>
</table>

(7)表外科目收入传票(表 2－9)。

表 2－9　表外科目收入传票

总字第　　号
字第　　号

年　　月　　日

表外科目(收)______

户　名	摘　要	金					额					
		亿	千	百	十	万	千	百	十	元	角	分

附件　张(白纸红油墨)

会计　　出纳　　复核　　记账

(8)表外科目付出传票(表 2－10)。

表 2－10　表外科目付出传票

总字第　　号
字第　　号

年　　月　　日

表外科目(付)______

户　名	摘　要	金					额					
		亿	千	百	十	万	千	百	十	元	角	分

附件　张(白纸红油墨)

会计　　出纳　　复核　　记账

(9)外汇买卖借方传票(表 2－11)。

表 2－11 外汇买(卖)借方传票

(借)外汇买卖　　　　年　月　日　　　　总字第　号
字第　号

<table>
<tr><td colspan="11">外币金额</td><td rowspan="3">牌价</td><td colspan="11">人民币金额</td><td rowspan="4">附件
张</td></tr>
<tr><td>亿</td><td>千</td><td>百</td><td>十</td><td>万</td><td>千</td><td>百</td><td>十</td><td>元</td><td>角</td><td>分</td><td>亿</td><td>千</td><td>百</td><td>十</td><td>万</td><td>千</td><td>百</td><td>十</td><td>元</td><td>角</td><td>分</td></tr>
<tr><td></td><td></td><td></td><td></td><td></td><td></td><td></td><td></td><td></td><td></td><td></td><td></td><td></td><td></td><td></td><td></td><td></td><td></td><td></td><td></td><td></td><td></td></tr>
<tr><td colspan="5">摘要</td><td colspan="7"></td><td colspan="11">会计
复核
记账
制票</td></tr>
</table>

(10)外汇买卖贷方传票(表 2－12)。

表 2－12 外汇买(卖)贷方传票

(贷)外汇买卖　　　　年　月　日　　　　总字第　号
字第　号

<table>
<tr><td colspan="11">外币金额</td><td rowspan="3">牌价</td><td colspan="11">人民币金额</td><td rowspan="4">附件
张</td></tr>
<tr><td>亿</td><td>千</td><td>百</td><td>十</td><td>万</td><td>千</td><td>百</td><td>十</td><td>元</td><td>角</td><td>分</td><td>亿</td><td>千</td><td>百</td><td>十</td><td>万</td><td>千</td><td>百</td><td>十</td><td>元</td><td>角</td><td>分</td></tr>
<tr><td></td><td></td><td></td><td></td><td></td><td></td><td></td><td></td><td></td><td></td><td></td><td></td><td></td><td></td><td></td><td></td><td></td><td></td><td></td><td></td><td></td><td></td></tr>
<tr><td colspan="5">摘要</td><td colspan="7"></td><td colspan="11">会计
复核
记账
制票</td></tr>
</table>

由于这些记账凭证在商业银行内部经办业务的各个柜组之间进行传递，因而商业银行习惯上称其为“传票”。

通常这十种基本凭证在使用时分为三种情况。前四种主要用于商业银行内部资金和财务收支的业务处理和核算，一般不对外使用；凡发生涉及外单位的转账业务，又系商业银行主动代为收款进账或扣款时，分别使用第 5 种、第 6 种传票作为收款或支款通知；第 7 种、第 8 种两种传票主要使用于表外业务，凡表外科目发生“增加”时，编制表外科目收入传票，“减少”时，编制表外科目付出传票，并采用单式记账法进行核算；当涉及外汇、外币兑换的转账业务时使用第 9 种、第 10 种传票。

2. 特定凭证

特定凭证是根据各项业务的特殊需要而编制的各种专用凭证。它一般都是兼顾客户和商业银行的需要一次多联套写的。如各种结算凭证、借款凭证、国库凭证、联行报单等，一般是由联行、代理行寄来，或是客户按规定从银行购买填写，并提交商业银行代替记账凭证进行账务核算。在商业银行的会计核算中，特定凭证使用的数量最多，格式也不相同。具体内容将在以后有关章节中介绍。

(二)按凭证的填制程序和用途分类

按凭证的填制程序和用途分类，可将凭证分为原始凭证和记账凭证两大类。

1.原始凭证

原始凭证是根据经济或金融业务直接取得或填制的，具有法律效力的书面证明。它是进行会计核算的原始资料和重要依据。如发货票、提货单、银行结算凭证以及各种报销单据等。

原始凭证按其来源不同，分为自制原始凭证和外来原始凭证两种。

自制原始凭证是指由本单位经办业务的部门和人员执行或完成某项经济业务时自行填制的。例如银行的出入库单等。

外来原始凭证是在经济业务完成时，从其他单位或个人取得的原始凭证。例如，供货单位开来的发货票，单位提交的各种结算凭证（支票、汇票等），火车、轮船及市内交通工具的票据都属于外来的原始凭证。

2.记账凭证

记账凭证是财会部门根据审核合格的原始凭证编制的、作为直接记账依据的会计凭证。记账凭证可以根据原始凭证直接填制，也可以根据若干同类的原始凭证汇总填制。还可以以单位提供的原始凭证代替记账凭证记账。在实际业务处理过程中视具体情况而定。

(三)按凭证的形式分类

会计凭证按形式分类可分为单式凭证和复式凭证。单式凭证即一张凭证上只填列所涉及的会计科目中的一个。它必须由两张或两张以上的单式凭证组合成套，才能反映出一笔经济业务的全貌。由于单式凭证具有传递方便、便于分工记账、综合整理及装订保管的优点，所以，银行多采用单式记账凭证。复式凭证是将一笔账务所涉及的两个或两个以上的会计科目，都填列在一张凭证上（含一借多贷，或一贷多借），并据以登记有关账户。其优点是科目对应清楚，一张凭证内保持借贷两方平衡相等。但除不具有单式凭证的优点外，还容易发生错记和漏记。

三、会计凭证的基本内容及特征

(一)会计凭证的基本内容

各种会计凭证，随着业务的性质不同而有所区别，但都必须具备一些基本的内容。会计凭证的基本内容（基本要素）主要有：

(1)年、月、日（以特定凭证代替记账凭证时，必须注明记账日期）；

(2)本、外币名称、符号及大、小写金额；

(3)收、付款人的户名和账号；

(4)收、付款单位开户行的行名和行号；

(5)会计科目及会计分录；

(6)业务摘要、用途及附件张数；

(7)凭证编号（总号或分号）；

(8)客户与银行及经办人员印章。

(二)会计凭证的特征

如前所述,商业银行会计凭证主要有两大特征:

(1)商业银行会计采取单式记账凭证;

(2)商业银行会计多以客户提交的凭证代为记账凭证。

四、会计凭证的处理

会计凭证的处理,是指从受理或编制凭证开始,经过审查、记账、传递,直到整理、装订、保管为止的全过程。为了提高管理水平,促进会计工作顺利进行,必须采用科学的凭证传递程序,保证凭证传递畅通无阻,避免无人负责和迟滞现象的发生。并且做到先外后内,先急后缓,以适应各种业务不同的需要。

(一)会计凭证的编制

编制会计凭证是会计核算工作的起点,是办理收付和记账的根据。所以编制会计凭证,必须要素齐全,数字正确,内容真实,字迹清楚。

1.现金传票的编制

客户到商业银行存、取现金,都必须填制有关的现金缴款单或现金支票(存款凭条或取款凭条)。商业银行内部发生的现金收付业务也应分别填制现金收入传票或现金付出传票。这些凭证只记载现金的对方科目,对于现金科目本身的传票则可以省略。由于现金收入(付出)传票本身就代表的是(借)或(贷)现金科目,因而不再编制现金科目传票。每日营业终了后,再将全部现金收入和现金付出总数填写在现金科目日结单上,据以登记现金科目总账。

2.转账传票的编制

对转账业务,由于它每笔业务至少要涉及两个科目,所以对所发生的每笔转账业务,要分别编制转账借方传票和转账贷方传票,即一个科目填制一张传票,以借方科目与贷方科目对转。对同一笔经济业务涉及的一套转账传票,应相互填写对方科目及编制传票号码,以防散失和便于事后查考。如第一套传票共三张,分别在各张传票上编列$1\frac{1}{3}$,$1\frac{2}{3}$,$1\frac{3}{3}$的分号,以便需要时拼凑还原。

(二)会计凭证的审核

审核会计凭证是发挥会计监督作用的重要手段。商业银行在受理会计凭证时,应认真审查凭证的真实性、正确性、完整性和合法性。审核的具体内容主要有以下几点:

(1)是否应为本行受理的凭证;

(2)凭证种类是否正确,基本要素、联数及附件是否完整齐全,是否超过了有效期限;

(3)账号与户名是否相符;

(4)大、小写金额是否一致,字迹有无涂改;

(5)印鉴、密押是否真实齐全;

(6)支付金额是否超过存款余额或放款额度和拨款限额,用途是否符合有关规定;

(7)计息、收费、罚金等计算是否正确;

(8)会计科目的名称、代号是否使用正确等。

凡经过商业银行审核符合要求并处理后的凭证,必须加盖有关人员的名章,并分别加盖“现金收讫”、“现金付讫”或“转讫”章。对于各种原始单据,如规定作为传票附件时,均应加盖

"作附件"戳记。经审查,对不符合要求的凭证,应拒绝受理。

(三)会计凭证的传递

会计凭证的传递,是指会计凭证从填制或取得起,经审查、记账到装订保管的全过程。

1.会计凭证传递的一般程序

商业银行会计凭证的传递过程,既是处理业务和会计核算的过程,也是实现会计监督的过程,它关系着商业银行会计的核算质量和国民经济各部门的资金周转效率。因此,一切会计凭证的传递,必须准确及时,手续严密,先外后内,先急后缓,防止积压、丢失等错、乱、慢等现象发生,具体程序如图2-1所示。

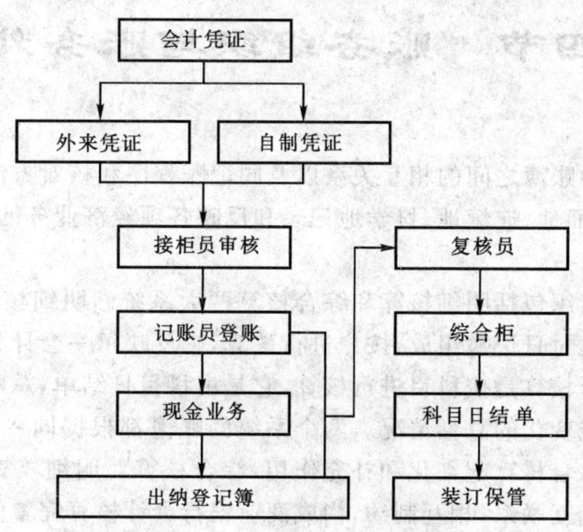

图2-1 会计凭证传递程序图

2.会计凭证传递的基本原则

(1)对于现金收入传票必须先收款,后记账;对现金付出传票必须先记账,后付款,以保证会计出纳账款一致和防止差错;

(2)对转账业务,必须先记付款人账户,后记收款人账户;

(3)对于清算票据要收妥进账,以防止透支和贯彻银行不垫款的原则。

实行电子计算机核算的各行,在凭证编制、审核、输入等环节,必须责任分明,手续严密。联网处理业务,凭证应回归原开户行保管,并与代理收付清单勾对相符。

(四)会计凭证的装订与保管

为了保证会计核算资料完整无缺,便于事后查考,每日营业终了账务清理完毕后,要对会计凭证按日整理装订。在装订前,要认真检查凭证和附件张数及有关戳记是否完整齐全。装订时要按照有关规定顺序排列,另加传票封面和封底,在装订绳处加封,并加盖有关人员名章,以明确经济责任。如传票过多,可分册装订。

对于已装订成册并加封盖章的传票,应及时登记《会计档案保管登记簿》入库保管,未经批准,不得任意拆开,也不准外借、摘录。会计凭证均应按规定的年限妥善保管。

(五)有价单证及重要空白凭证的管理

有价单证是指待发行的印有固定面额的存单、票据和证券,如国库券、金融债券、定额存单、定额本票、定额支票等。这些有价单证如一经商业银行签发就有支款效力，应视同现金一样加强管理。对有价单证的管理应实行“证账分管，证印分管”的原则，即会计管账，出纳管证，相互制约，相互核对。建立有价单证登记簿，通过表外科目核算，按单证种类和面额立户，以便反映和监督各种单证的领发结存等情况。

重要空白凭证是指由商业银行印制、具有特定用途但尚未填写和签章的空白凭证，如空白支票、汇票，不定额本票、存折、存单、联行报单等。对重要空白凭证通过表外科目核算，设置登记簿，按品种立户，并登记凭证起讫号码，由专人负责管理，对出售、领用、运送、注销有严格手续，并定期对账面结余和库存数字进行核对。

第四节　账务组织与账务处理

一、账务组织

账务组织是指各种账簿之间的相互关系以及同记账程序和核对方法的有机结合。账簿是以会计凭证为依据，全面地、连续地、科学地记录和反映各项经济业务的簿籍，它由具有专门格式的账页所组成。

商业银行的账务组织包括明细核算和综合核算两大系统。明细核算由各种分户账、登记簿（卡）、余额表、现金收付日记簿组成，按户进行核算，它反映每一会计科目下各账户资金增减变化的详细情况。综合核算是按科目进行核算，它是由科目日结单、总账、日计表组成，它反映每一会计科目资金增减变化的总括情况。两个系统的账簿都根据同一会计凭证平行登记，双线核算。明细核算对综合核算起细化和补充作用，综合核算对明细核算起统驭作用。它们相互配合，相互补充，又相互联系，相互制约，构成商业银行会计核算完整的账务组织体系。

（一）明细核算

明细核算是对每个会计科目分户账的核算，用来反映各个账户资金增减变化的详细情况，是综合核算的补充和具体化。它是由分户账、登记簿（卡）、余额表和现金收付日记簿所组成。其核算程序如图 2-2 所示。

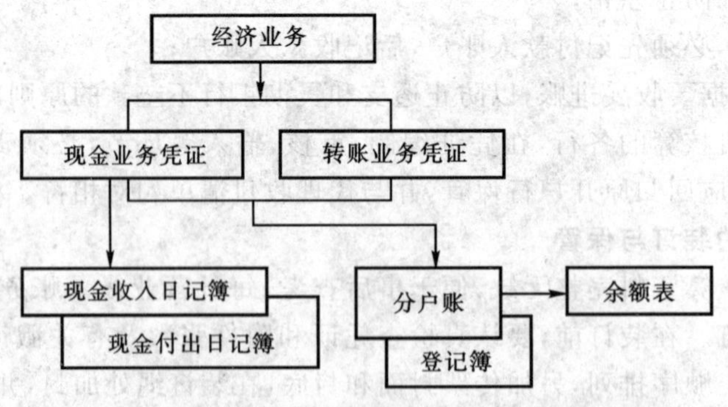

图 2-2　明细核算程序图

1. 分户账

分户账是明细核算的主要账簿，是总账各科目的详细记录，也是与单位对账的依据。分户账中又分别设置甲、乙、丙、丁四种账簿格式。

甲种账(见表 2－13),设有借方、贷方发生额和余额三栏,适用于不计息或使用余额表计息的账户,以及商业银行内部财务核算的账户。

表 2－13　甲种账

______账

本账总页数
本户页数

户名：　账号　领用凭证记录

年		摘要	凭证号码	对方科目代号	借方	贷方	借或贷	余额	复核盖章
月	日				(位数)	(位数)		(位数)	

会计　记账

乙种账(见表 2－14),设有借方、贷方、余额、积数四栏,适用于在账面上加计积数,并计算利息的账户。

表 2－14　乙种账

______账

本账总页数
本户页数

户名：　账号　领用凭证记录：　利率：

年		摘要	凭证号码	对方科目代号	借方	贷方	借或贷	余额	日数	积数	复核盖章
月	日				(位数)	(位数)		(位数)		(位数)	

会计　记账

丙种账(见表 2－15),设有借方、贷方发生额和借方、贷方余额四栏,适用于借、贷双方反映余额的存贷往来账户。

表 2－15 丙种账

＿＿＿＿＿账

本账总页数
本户页数

户名： 账号 领用凭证记录 利率：

年		摘要	凭证号码	对方科目代号	发生额		余额		复核盖章
					借方	贷方	借方	贷方	
月	日				（位数）	（位数）	（位数）	（位数）	

会计 记账

丁种账（见表 2－16），设有借方、贷方发生额、余额和销账四栏，适用于逐笔销账的一次性业务，并兼有分户核算的作用。

表 2－16 丁种账

＿＿＿＿＿账

本账总页数
本户页数

年		账号	户名	摘要	凭证号码	对方科目代号	借方	销账			贷方	借或贷	余额	复核盖章
月	日						（位数）	年	月	日	（位数）		（位数）	

会计 记账

2.登记簿

它是适应于某些业务需要而设置的账簿，是分户账的补充，主要用来登记账户中未能记载的各种业务事项以及对重要空白凭证、有价单证的控制等，是具有统驭卡片账功能的辅助账簿。

3.余额表

是核对总账与分户账余额和计算利息的重要工具，是明细核算的重要组成部分。它包括计息余额表和一般余额表两种。计息余额表(见表2-17)适用于计息科目，一般单位的存、贷款业务凡用甲种账记载的，均可使用计息余额表计息。一般余额表适用于不计息科目。

表2-17　计息余额表

科目名称：　　　　　　　　　　　　　　　　　　　　　　　　　　共　页
科目代号：　　　　　　　　　　利率：　　　　　　　　　　　　　第　页

账　　号					复核盖章
户　　名					
余额 日期	（位数）	（位数）	（位数）	（位数）	
至上月底累计未计息积数					
日期 1 ⋮ 10天小计 11 ⋮ 20天小计 21 ⋮					
本月合计 （本月计息积数）					
应加积数					
应减积数					
本期累计应计息积数					
结息时计算利息数					
备注					

会计　　　　复核　　　　　记账

余额表是根据各账户的每日最终余额抄列。当日未发生借贷的账户，应根据上一日的最终余额抄列，以便同总账余额核对和计算积数及利息。

4.现金收入(付出)日记簿(见表2-18)

这是一种序时和分类相结合的账簿，是现金收入和现金付出的明细记录，业务发生后，依据现金收入或现金付出传票分别序时、逐笔记载。库存现金当日的收付总数应与“现金”科目的借、贷方发生额核对一致。

表 2-18　现金收入日记簿

柜组名称：　　　　　　　　年　　月　　日　　　　　　第　页　共　页

凭证号数	科目代号	户名或账号	计划项目代号	金额（位数）	凭证号数	科目代号	户名或账号	计划项目代号	金额（位数）

复核　　　　　　出纳

(二)综合核算

综合核算又叫总分类核算，是按会计科目进行的核算。它反映各部门一切交易事项、业务活动及资金、财产变化的总括情况，是明细核算的概括和综合。通过综合核算，可以全面反映、监督商业银行业务和财务活动情况，是编制各种会计报表的依据，也为考核政策、法规的贯彻执行情况提供数据信息。它是由科目日结单、总账和日计表所组成。其核算程序如图 2-3 所示。

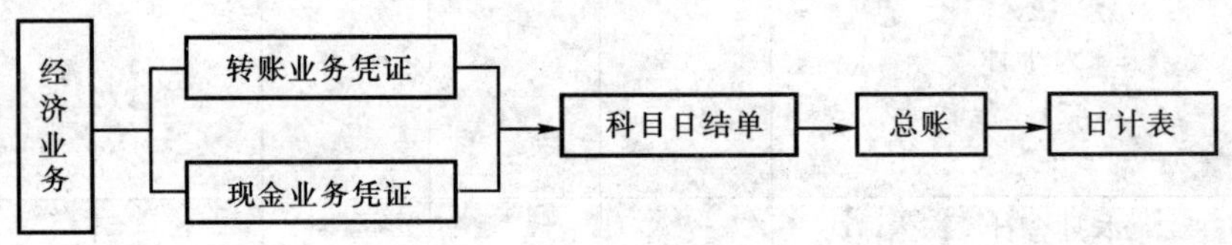

图 2-3　综合核算程序图

1. 科目日结单(见表 2-19)

科目日结单也叫汇总传票，是按日根据同一科目的传票，分别将现金、转账、借方、贷方各自相加填入有关栏内，并注明传票及附件张数。现金科目日结单应根据各科目日结单的现金借方和贷方数各自相加填列。每日营业终了，根据当日各科目的传票分别编制科目日结单，它是轧平当日账务和登记总账的依据。科目日结单全部相加的借方、贷方合计数必须相等。

表 2-19　科目日结单

年　　月　　日

借方		贷方		
传票张数	金额（位数）	传票张数	金额（位数）	
现金　张		现金　张		附件　张
转账　张		转账　张		
合计　张		合计　张		

事后监督　　　　复核　　　　记账　　　　制单

2. 总账(见表 2-20)

总账是按科目设置和登记的账簿,是各科目的总括记录,是综合核算与明细核算相互核对及统驭分户账的工具,也是编制日计表等会计报表的依据。

表 2-20　总　账

年　月

科目名称:

科目代号:

<table>
<tr><td rowspan="2">年　月</td><td colspan="3">借方</td><td colspan="2">贷方</td></tr>
<tr><td colspan="3">(位数)</td><td colspan="2">(位数)</td></tr>
<tr><td>上年底余额</td><td colspan="3"></td><td colspan="2"></td></tr>
<tr><td>本年累计发生额</td><td colspan="3"></td><td colspan="2"></td></tr>
<tr><td>上月底余额</td><td colspan="3"></td><td colspan="2"></td></tr>
<tr><td>至上月底累计未计息积数</td><td colspan="3"></td><td colspan="2"></td></tr>
<tr><td rowspan="3">日　期</td><td colspan="2">发生额</td><td colspan="2">余额</td><td>复核盖章</td></tr>
<tr><td>借方</td><td>贷方</td><td>借方</td><td>贷方</td><td rowspan="2">复核员</td></tr>
<tr><td>(位数)</td><td>(位数)</td><td>(位数)</td><td>(位数)</td></tr>
<tr><td>1
⋮
10 天小计</td><td></td><td></td><td></td><td></td><td></td></tr>
<tr><td>11
⋮
20 天小计</td><td></td><td></td><td></td><td></td><td></td></tr>
<tr><td rowspan="3">日　期</td><td colspan="2">发生额</td><td colspan="2">余额</td><td>复核盖章</td></tr>
<tr><td>借方</td><td>贷方</td><td>借方</td><td>贷方</td><td rowspan="2">复核员</td></tr>
<tr><td>(位数)</td><td>(位数)</td><td>(位数)</td><td>(位数)</td></tr>
<tr><td>21
⋮
31</td><td></td><td></td><td></td><td></td><td></td></tr>
<tr><td>月　计</td><td></td><td></td><td></td><td></td><td></td></tr>
<tr><td>自年初累计</td><td></td><td></td><td></td><td></td><td></td></tr>
<tr><td>应加应减积数</td><td></td><td></td><td></td><td></td><td></td></tr>
<tr><td>本期累计计息积数</td><td></td><td></td><td></td><td></td><td></td></tr>
<tr><td>本月累计未计息积数</td><td></td><td></td><td></td><td></td><td></td></tr>
</table>

会计　　　　复核　　　　　　记账

总账设有借、贷方发生额和借、贷方余额四栏。账页每月更换一次。其记载方法是:每日营业终了,根据各科目日结单的借、贷方发生额合计数填记,并结出余额。当日未发生账务的计息科目,应将上日余额填入当日余额栏内,以便与余额表核对积数。

3.日计表(见表2-21)

日计表按日编制,是反映当天业务活动情况和轧平当天账务的主要工具。日计表的各科目当日发生额和余额根据总账填记,当日未发生借贷业务的科目根据上日余额填记。日计表借、贷方发生额和借、贷方余额的合计数,必须各自平衡。

表2-21 日 计 表

年 月 日

科目代号	科目名称	发生额		余额		科目代号
		借方	贷方	借方	贷方	
		(位数)	(位数)	(位数)	(位数)	
合计						

行长(主任) 会计 复核 制表

二、账务处理

账务处理是指从办理业务,编制和审查凭证开始,经过账务记载和账务核对,直到轧平账务,编制日计表的全过程。它主要包括记账、结账和对账三个环节。

(一)记账

记账是会计核算的主要内容。当业务发生时编制或审查凭证,一方面根据凭证记入分户账,按分户账的余额编制余额表;另一方面编制科目日结单登记总账,并根据总账编制日计表。

(二)结账

结账是指商业银行在会计期末将各科目余额结清或结转下期,使各科目记录暂时先告一段落的过程,也是会计核算的重要环节。账务记载到一定时期后,必须进行结账。商业银行的结账工作分为日结、月结和年度结转三种。其中日结是结账的基础,也是商业银行会计的一个重要特征。

(三)对账

对账是保证账务记载正确的一项必要措施。通过对账,达到账账、账款、账据、账实、账表和内外账务六相符。

商业银行账务核对分为每日核对和定期核对。下面以手工操作为主介绍账务核对的内容。

1.每日核对

每日核对包括总分核对和账款核对。要求达到账账和账款两相符。

(1)总分核对。各科目的分户账或余额表的合计数应与同一科目总账余额核对相符。

储蓄、农贷各科目由于账户较多,每日通打各分户账余额有困难,通过核打变动户余额的方法进行总分核对。其核对公式为:

某变动户昨日余额±某变动户今日借贷方发生额=某变动户今日借方余额

上式计算结果核对无误后,再核对该科目今日余额。

该科目今日借方余额＝该科目昨日借方余额＋变动户今日借方发生额合计
－变动户今日贷方发生额合计

(2)账款核对。现金收入、付出日记簿的总数，应与“现金”科目总账的借方、贷方发生额核对相符；现金库存登记簿的库存数，应与“现金”科目总账借方余额核对相符，并与实际库存现金核对一致。

2. 定期核对

定期核对主要是核对未纳入每日核对的账务，目的是达到账据、账实、账表以及内外账务相符。

(1)余额表上的计息积数，按旬、按月、按结息期同该科目总账的10天、20天小计、月末合计和结息期累计积数核对相符。

(2)使用丁种账页记载的账户，按旬加计未销各笔金额，同该科目总账的余额核对相符。

(3)储蓄科目必须按月或按季通打一次全部分户账余额，并与该科目总账余额核对相符。

(4)贷款各科目至少每季通打一次全部分户账余额并与总账余额核对相符，还要与借据逐笔勾对相符。

(5)各卡片账每月与该科目总账或有关登记簿核对相符。

(6)贵金属分户账，每月与出纳部门金银保管登记簿核对相符。

(7)各种有价单证、重要空白凭证等，每月账实核对相符。房屋、器具等固定资产及低值易耗品，应在年终决算前账实核对相符。

(8)内外账务核对相符。存折户坚持账折见面。按月或按季填发“余额对账单”与单位对账，限期收回。

(9)同业往来账户核对。应经常与同业单位进行核对，每月保持双方余额一致，并且送对账单对账。

商业银行每日账务处理程序与核对关系如图2－4所示。

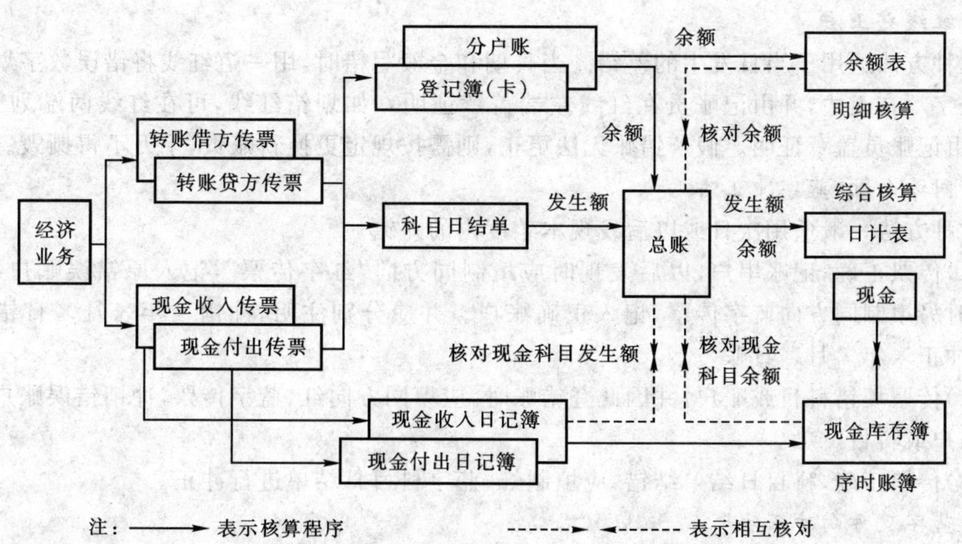

图2－4　商业银行每日账务处理程序与核对关系图

具体程序为：

①根据会计业务编制凭证；

②根据凭证登记分户账或现金收付日记簿；

③根据分户账编制余额表；

④根据凭证按科目编制科目日结单；

⑤根据科目日结单登记总账；

⑥根据总账编制日计表；

⑦将总账与分户账或与余额表进行余额核对；

⑧总账与现金收付日记簿和现金库存簿进行核对；

⑨现金库存簿与库存现金核对。

三、记账规则和错账冲正方法

(一)记账规则

登记账簿是会计核算的一项重要内容，也是会计核算的基础工作。按照统一的规则记账才能准确、及时、真实、完整地提供核算资料。所以，在登记账簿时必须严格执行以下规则：

(1)账簿的各项内容，必须根据传票的有关事项记载，做到内容完整，数字准确，摘要简明扼要，字迹清晰。传票内容有错误或遗漏，应更正或补充后再登记。

(2)记账须用规定书写工具书写。红色墨水只用于划线和冲正以及按规定用红字批注的有关文字说明。

(3)账簿上所写文字与金额，一般应占全格的二分之一。摘要栏文字若一格写不完可在下一格连续填写，金额应填于末一行文字的金额栏内。

(4)账簿上的一切记载，不许涂改、挖补、刀刮、皮擦和用药水销蚀。

(二)错账冲正的方法

处理账务必须严肃认真，做到正确无误。万一出现差错，应分别按规定办法进行改正和冲正。

1.红线更正法

这种方法适用于当日发生的差错。当日期和金额写错时，用一道红线将错误数字划掉，将正确数字写在上边，并由记账员在红线左端盖章证明。如划错红线，可在红线两端划“×”销去，并由记账员盖章证明。假若错账无法更正，则需按规定更换新账页，千万不得撕毁。

2.同方向红、蓝字冲正法

这种方法一般适用次日或以后发现本年度内的差错。

(1)传票正确，记账串户，以后发现时应填制同方向“红字传票”，记入原错误账户纠正错误，同时另填制同方向蓝字传票，记入正确账户。并应分别注明“冲销×年×月×日错账”和“补记冲正×年×月×日账”。

(2)传票填错科目或账户，并因此登错账时，应填同方向红、蓝字传票，冲销错误账户，补记正确账户或科目。

(3)传票正确，科目日结单结错，应填制红、蓝字科目日结单进行冲正。

3.蓝字反方向冲正法

这种方法一般用于本年度发现上年度的差错。更正时，可在本年度账户上，将原记的借改为贷(编制蓝字传票)、贷改为借即可(编制蓝字传票)。但不得更改上年度的决算表。

凡因冲正错账而影响利息计算时，应计算应加、应减积数，并在余额表或乙种账上调整计息积数。其计算公式如下：

应加(应减)本金 × 时期(错记日至改正前1日)＝应加(应减)积数

四、计算机操作的记账、对账和错账处理

(一)记账

使用计算机记账，必须严格执行以下规定：

(1)数据输入，必须由指定的操作员进行，非操作人员不得输入数据。

(2)输入数据的要求同手工记账一样，不合法凭证不得进行操作。

(3)操作人员不得自制凭证上机处理，更不准无凭证输入，且各项业务应序时输入。

(4)红字凭证的输入，按同方向负数处理，以"－"表示，并在摘要栏打印冲账代码。

(5)自助式设备(包括电话银行、网上银行、ATM、POS等)，由客户按章程自行输入业务数据。

(6)计算机自动生成的凭证(如利息凭证)，其转账数据必须经有关人员复核，并核对份数、金额及平衡关系，先核对后记账。

(二)对账

计算机操作的账务核对，和手工操作的账务核对在"六相符"的要求上是一样的，而且也分为每日核对和定期核对。

每日核对的内容和要求如下：

(1)手工核对科目日结单的发生额与平衡表相互勾对相符；

(2)总轧平衡：各科目日结单的借、贷方发生额合计相符，并与当日计算机打印的日计表勾对相符；总账的各科目发生额，余额借、贷方平衡并与计算机打印出的日计表各相应数字勾对相符；

(3)遇有开、销户，调增、调减积数时，除当日按规定核对外，次日复核员必须依据开销户、调增或调减积数通知单，再与计算机打印出的余额表有关内容勾对相符。

计算机定期核对内容与手工操作相同。

(三)错账处理

(1)输入数据发生差错，应由经办人员运用计算机功能，将错误数据删除，再输入正确数据。对所删除的数据，应打印删除记录，以便核对查考。

(2)因凭证填制错误而发生的错账，应先更正凭证，并按照上款办法更正错账。

第五节 会计报告

财务会计报告是商业银行会计核算的重要环节，是向信息使用者提供相关经营信息的重要途径。

一、财务会计报告及目的

(一)财务会计报告的概念

财务会计报告是指反映银行财务成果(或损失)的报告，由会计报表、会计报表附注(是会

计报表的补充说明)所组成(据2006年2月15日财政部颁布的39项企业会计准则第30号)。而会计报表是指商业银行对外提供的反映某一特定日期财务状况和某一会计期间经营成果、现金流量的文件。由资产负债表、利润表、利润分配表、所有者权益增减变动表所构成。所以,我国财务报告至少由六部分组成。

(二)商业银行财务会计报告的目的

商业银行会计与报告系统提供的财务报表信息主要包括,财务状况、经营业绩、现金流量。其目的有以下四个方面:

(1)向债权人和投资者提供有用信息;

(2)向商业银行高级管理层提供对决策有用的相关信息;

(3)满足银行业监督管理委员会的要求;

(4)满足政府及其有关部门和社会公众的要求。

二、财务会计报告的种类

(一)按信息使用者分

由于现代商业银行一般采取股份制形式,其经营权与所有权分离,因此,商业银行经营管理人员必须定期向银行所有者及银行监管部门提交财务报告,以反映银行的经营状况及自己的工作业绩。相关的商业银行财务报告按信息使用者分为通知报告、董事会报告、股东大会报告。其目的是满足各方信息使用者的要求。

1.通知报告

通知报告是商业银行向各有关金融管理机构呈报的一些基本财务报表。由会计报表、会计报表附注(会计报表的补充说明)及一些附属资料所组成。商业银行的财务报表主要由资产负债表、利润表、现金流量表、所有者权益变动表等构成。

2.董事会报告

董事会报告包括一系列能反映银行经营成果的报表,它们一般按月编制和上报。编制这些财务月报一方面为了满足银行内部管理者的需要;一方面便于董事们了解银行是如何实现某项目标的。这些报表包括:

(1)资产负债表。反映前期的资产总量和比率并且与报告期相比,或者报告期与基期相比,或者与本期计划相比,以评价现状和预测本行未来发展趋势。

(2)利润表。反映报告期损益与基期之比,以及计划完成状况。

(3)净利息收入分析。反映过去的和本年度的净利息收入,以及计划收入与实际差距。

(4)股东产权表。反映本年度和过去3年股东权益变动情况。

(5)财务状况变动表。反映上年度和本年度银行现金流量变动情况。

(6)证券投资表。反映持有证券的收益和期限状况。

(7)贷款期限结构和对利率变化的敏感程度。反映不同期限的贷款余额和利率结构,一年内到期的贷款余额以及利率的走势。

(8)不良贷款状况表。该表反映不正常履约的、逾期的或重新签定协议的贷款数量、应收利息及实际收息情况。

(9)贷款损失情况。

(10)其他一些重要比率指标。

董事会报告在董事会召开前邮寄给董事，或在会议召开时分发，其内容对外保密，银行董事根据报告内容了解到银行财务经营状况并讨论和制订未来经营计划。

3.股东大会报告

提供给股东的财务报告资料，其内容应十分完备。要求提供重要信息，反映银行实际经营状况。股东大会报告有时还附有银行董事长或总经理就当前经营状况的分析和未来计划的展望。

（二）按报送时间分

1.中期财务报告

中期财务报告，是指以中期为基础编制的财务报告。中期是指短于一个完整的会计年度的报告期间。一般而言，半年度、季度和月度财务会计报告统称为中期财务会计报告。

中期财务报告至少应当包括资产负债表、利润表、现金流量表和附注。

中期资产负债表、利润表和现金流量表应当是完整报表，其格式和内容应当与上年度财务报表相一致。

2.年度财务会计报告

年度财务会计报告除包括中期财务报告的内容外，还应该包括：利润分配表、所有者权益增减变动表、合并财务报表等内容。

三、商业银行财务会计报告的报送

（一）商业银行财务会计报告报送的对象

（1）商业银行的财务会计报告应当报送当地财政机关、税务部门、银行业监督机构、人民银行以及其他财务会计报告法定使用者。

（2）股份制商业银行应按有关规定向股东提供财务会计报告。其年度财务会计报告应当在召开股东大会年会的 20 日以前置备于本银行，供股东查阅。

（二）商业银行财务会计报告的时间

（1）商业银行月度中期财务会计报告应当于月度终了后 6 天内（节假日顺延，下同）对外提供。

（2）季度中期财务会计报告应当于季度终了后 15 天内对外提供。

（3）半年度中期财务会计报告应当于半年度中期结束后 60 天内（相当于两个连续的月份）对外提供。

（4）年度财务会计报告应当于年度终了后 4 个月内对外提供。法律、法规另有规定的从其规定。

本章小结

本章主要介绍商业银行会计的基本核算方法和基本核算技能。具体包括：商业银行会计科目的设置和分类；商业银行会计的记账方法及运用技术；商业银行会计凭证的填制及传递处理过程；商业银行账务组织及错账冲正的方法。其中包括手工和计算机操作两种处理。对于会计报表，本章仅介绍会计报表的种类及会计报表的报送等内容，会计报表的编制及说明将在本书第十二章详细介绍。通过本章的学习，使学生能够了解商业银行会计核算的循环过程；理解会计科目的作用和分类；掌握会计科目的使用、记账方法、账务处理手续等内容。

关 键 术 语

会计科目　期收款项　期付款项　记账方法　复式记账法　借贷记账法
试算平衡　会计凭证　账务组织　账簿　明细核算　综合核算

思考练习题

1. 商业银行会计科目包括哪些类型？各类型有什么特点？
2. 简述我国银行会计记账方法的演变过程及原因。
3. 商业银行会计凭证主要有哪些特点？
4. 简述商业银行会计凭证的传递原则和传递程序。
5. 商业银行的账务组织包括哪些内容？
6. 设计并勾画商业银行每日账务处理和账务核对程序图。
7. 谈谈商业银行错账冲正时，手工操作和计算机操作的区别。
8. 简述商业银行会计报告的种类。
9. 商业银行会计报告应向哪些部门提供？

第三章　负债业务

本章要点

1. 负债的概念及特征
2. 负债的计价方法
3. 存款负债业务的核算
4. 发行债券业务的核算
5. 其他负债业务的核算

第一节　负债业务概述

一、负债的概念和特征

负债是指商业银行过去的交易或者事项形成的、预期会导致经济利益流出该商业银行的现时义务。

从负债的定义可以看出，负债至少具有四大特征。

(一)负债是基于过去的交易或事项而产生的

也就是说，导致负债的交易或事项必须已经产生，例如，接受客户存款会产生活期存款或定期存款。只有源于已经发生的交易或事项，会计上才有可能确认为负债。正在筹划的未来交易或事项，如商业银行的业务计划，不会产生现时义务，所以不构成负债。

(二)负债是银行承担的现时义务

由于具有约束力的合同或法定要求、义务在法律上可能是强制执行的，但应该注意的是，“现时义务”不等同于“未来承诺”，如果仅仅是管理层决定今后某一时间发行债券，其本身并不产生现时义务。

(三)现时义务的履行将会导致经济利益流出

现时义务的履行通常关系到商业银行放弃含有经济利益的资产，以满足对方的要求。现时义务的履行，可采取若干种方式，例如：支付现金；转让其他资产；提供服务；以其他义务替换该项义务；将该项义务转换为所有者权益等等。

(四)负债通过清偿后才能消失

负债通常是在未来某一时日通过交付资产(包括现金和其他资产)或提供服务来清偿。负债只有经过清偿后才能消失，以债抵债是原有负债的延期，不构成新的负债。

二、负债的计价

为了保证会计信息的质量,需要对负债进行正确的计价,以客观公正地反映商业银行所承担的债务,为报表使用者预测商业银行未来现金流量和财务风险等提供相关的会计信息。按照会计准则的规范,负债按照因承担现时义务而实际收到的款项或者资产的金额,或者承担现时义务的合同金额、或者按照日常活动中为偿还负债预期需要支付的现金或者现金等价物的金额计量。通常采用的方法有两种。

(一)按照现值法计价

现值法要求,负债按现时存在的、需在未来偿付的金额或现金等价物的现值计量。例如:商业银行借入 1 年期、年利率 4%、到期一次还本付息的借款 100 000 元。该笔借款到期时,商业银行应偿付 104 000 元。假设当时的市场利率为 6%,则该笔借款到期时商业银行应偿付金额的现值为 98 089 元。按照现值法核算,会计上应反映负债 98 089 元。

(二)历史成本法计价

历史成本法要求,负债应按照发生时的实际金额(上例中为 100 000 元)入账,不考虑折现因素,利息计算按权责发生制原则核算。

西方国家对负债普遍使用现值核算法。而我国会计实务中采用历史成本入账的方法,其理由主要是:第一,对流动负债而言,考虑其偿还期短,到期值与其现值相差很小。对长期负债而言,主要是为了简化核算手续。第二,现值的计算须以“复利”为前提,而我国利息的计算一般采用“单利”政策,采用历史成本法虽然会高估负债,但符合重要性原则和稳健性原则。

第二节 存款业务

一、存款业务概述

(一)商业银行吸收存款的意义

存款是商业银行吸收社会暂时闲置资金的信用活动,是商业银行重要的负债业务。商业银行的自有资金,无论数额如何庞大,也是有限的,商业银行只有积极地吸收各项存款,才能增强商业银行的经营业务来源,才能增强银行信贷资金力量。在社会主义市场经济的条件下,商业银行按照客观经济规律的要求,组织和运用存款,为经济建设筹措资金,对促进经济发展、调节货币流通、稳定市场物价、促进经济核算、推动勤俭节约、增加社会财富等,具有十分重要的意义。

(二)存款账户的开立与管理

为规范人民币银行结算账户的开立和使用,维护经济金融秩序稳定,中国人民银行 2003 年 4 月 10 日制定颁布了《人民币银行结算账户管理办法》,并于 2003 年 9 月 1 日起施行。

该办法所称银行结算账户,是指银行为存款人开立的办理资金收付结算的人民币活期存款账户。它按存款人分为单位银行结算账户和个人银行结算账户。而存款人则是指在中国境内开立银行结算账户的机关、团体、部队、企业、事业单位、其他组织(以下统称单位)、个体工商户和自然人。

1. 单位存款账户的开立

存款人以单位名称开立的银行结算账户为单位银行结算账户。单位银行结算账户按用途分为基本存款账户、一般存款账户、专用存款账户、临时存款账户。个体工商户凭营业执照以字号或经营者姓名开立的银行结算账户纳入单位银行结算账户管理。

(1)基本存款账户。基本存款账户是存款人因办理日常转账结算和现金收付需要开立的银行结算账户。存款人日常经营活动的资金收付及其工资、奖金和现金的支取,应通过该账户办理。凡开立基本存款账户的单位,必须是独立核算的单位。单位银行结算账户的存款人只能在银行开立一个基本存款账户。基本存款账户是存款人的主办账户。

存款人申请开立基本存款账户,应符合下列条件:

一是企业法人,应出具企业法人营业执照正本。

二是非法人企业,应出具企业营业执照正本。

三是机关和实行预算管理的事业单位,应出具政府人事部门或编制委员会的批文或登记证书和财政部门同意其开户的证明;非预算管理的事业单位,应出具政府人事部门或编制委员会的批文或登记证书。

四是军队、武警团级(含)以上单位以及分散执勤的支(分)队,应出具军队军级以上单位财务部门、武警总队财务部门的开户证明。

五是社会团体,应出具社会团体登记证书,宗教组织还应出具宗教事务管理部门的批文或证明。

六是民办非企业组织,应出具民办非企业登记证书。

七是外地常设机构,应出具其驻在地政府主管部门的批文。

八是外国驻华机构,应出具国家有关主管部门的批文或证明;外资企业驻华代表处、办事处应出具国家登记机关颁发的登记证。

九是个体工商户,应出具个体工商户营业执照正本。

十是居民委员会、村民委员会、社区委员会,应出具其主管部门的批文或证明。

十一是独立核算的附属机构,应出具其主管部门的基本存款账户开户登记证和批文。

十二是其他组织,应出具政府主管部门的批文或证明。

另外,存款人为从事生产、经营活动纳税人的,还应出具税务部门颁发的税务登记证。

(2)一般存款账户。一般存款账户是存款人因借款或其他结算需要,在基本存款账户开户银行以外的银行营业机构开立的银行结算账户。一般存款账户用于办理存款人借款转存、借款归还和其他结算的资金收付。该账户可以办理现金缴存,但不得办理现金支取。

存款人申请开立一般存款账户,应向银行出具其开立基本存款账户所规定的证明文件、基本存款账户开户登记证和下列证明文件:

一是因向银行借款需要开立一般存款账户,应出具借款合同。

二是因其他结算需要开立一般存款账户,应出具有关证明。

(3)临时存款账户。临时存款账户是存款人因临时需要并在规定期限内使用而开立的银行结算账户。因异地临时经营活动需要时,可以申请开立异地临时存款账户,用于资金的收付。存款人可以通过该账户办理转账结算和根据国家现金管理的规定办理少量现金收付。

临时存款账户需要确定有效期,在使用中需要延长期限的,应在有效期限内向开户银行提出申请。

注册验资的临时存款账户在验资期间只收不付。注册验资核准后,应按规定向开户银行申请办理账户用途变更手续。

存款单位开立临时存款账户,应向银行出具下列证明文件:

一是临时机构,应出具其驻在地主管部门同意设立临时机构的批文。

二是异地建筑施工及安装单位,应出具其营业执照正本或其隶属单位的营业执照正本,以及施工及安装地建设主管部门核发的许可证或建筑施工及安装合同和基本存款账户开户登记证。

三是异地从事临时经营活动的单位,应出具其营业执照正本以及临时经营地工商行政管理部门的批文和基本存款账户开户登记证。

四是注册验资资金,应出具工商行政管理部门核发的企业名称预先核准通知书或有关部门的批文。

(4)专用存款账户。专用存款账户是存款人按照法律、行政法规和规章,对其特定用途资金进行专项管理和使用而开立的银行结算账户。

申请开立专用存款账户,应向银行出具其开立基本存款账户规定的证明文件、基本存款账户开户登记证和下列证明文件:

一是基本建设资金、更新改造资金、政策性房地产开发资金、住房基金、社会保障基金,应出具主管部门批文。

二是财政预算外资金,应出具财政部门的证明。

三是粮、棉、油收购资金,应出具主管部门批文。

四是单位银行卡备用金,应按照中国人民银行批准的银行卡章程的规定出具有关证明和资料。

五是证券交易结算资金,应出具证券公司或证券管理部门的证明。

六是期货交易保证金,应出具期货公司或期货管理部门的证明。

七是金融机构存放同业资金,应出具其证明。

八是收入汇缴资金和业务支出资金,应出具基本存款账户存款人有关的证明。

九是党、团、工会设在单位的组织机构经费,应出具该单位或有关部门的批文或证明。

十是其他按规定需要专项管理和使用的资金,应出具有关法规、规章或政府部门的有关文件。

十一是合格境外机构投资者在境内从事证券投资开立的人民币特殊账户和人民币结算资金账户纳入专用存款账户管理。其开立人民币特殊账户时应出具国家外汇管理部门的批复文件,开立人民币结算资金账户时应出具证券管理部门的证券投资业务许可证。

2.个人存款账户的开立

存款人凭个人身份证件以自然人名称开立的银行结算账户为个人银行结算账户。同时,个人还可以在银行开立储蓄账户。储蓄账户仅限于办理现金存取业务,不得办理转账结算。

个人银行结算账户是自然人因投资、消费、结算等而开立的可办理个人转账收付和现金存取业务的存款账户。如使用支票、信用卡等信用支付工具;或办理汇兑、定期借记、定期贷记、借记卡等结算业务的,均可办理个人银行结算账户。

自然人可根据需要申请开立个人银行结算账户,也可以在已开立的储蓄账户中选择并向开户银行申请确认为个人银行结算账户。

存款人申请开立个人银行结算账户时,根据《个人存款账户实名制规定》及《人民币银行结算账户管理办法》的相关规定,应向银行出具下列证明文件:

一是中国居民,应出具居民身份证或临时身份证。

二是中国人民解放军军人，应出具军人身份证件。

三是中国人民武装警察，应出具武警身份证件。

四是香港、澳门居民，应出具港澳居民往来内地通行证；台湾居民，应出具台湾居民来往大陆通行证或者其他有效旅行证件。

五是外国公民，应出具护照。

六是法律、法规和国家有关文件规定的其他有效证件。

另外，根据需要还可要求申请人出具户口簿、驾驶执照、护照等有效证件。

3. 账户管理

对单位开立的存款账户要加强管理，以强化信贷、结算监督和现金管理。

(1)一个单位只能选择一家银行的一个营业机构开立基本存款账户，不允许在多家银行开立基本存款账户。

(2)实行开户许可证制度。单位开立基本存款账户，应凭当地人民银行分支机构核发的开户许可证办理。银行不能对未持有开户许可证或已开立基本账户的存款人开立基本存款账户。

(3)存款人的账户只能办理存款人本身的业务活动，不得出租、出借银行结算账户，不得利用银行结算账户套取银行信用。

(三)会计科目的设置及使用

1. “单位活期存款”科目

本科目属负债类科目，用来核算银行吸收单位（包括企业、事业单位、机关、社会团体等，下同）存入的活期存款。

商业银行收到单位存入的活期存款时，借记“存放中央银行款项”、“现金”等科目，贷记本科目；支取款项时，借记本科目，贷记“存放中央银行款项”等科目。

商业银行按规定计付利息时，借记“利息支出”科目，贷记“应付利息”科目；结息时，借记“应付利息”科目，贷记本科目。

商业银行办理活期存款转户时，按应结清的应付利息，借记“利息支出”、“应付利息”科目，贷记本科目；按存款余额，借记本科目，贷记“清算资金往来——联行往账”、“辖内往来——联行往账”等科目。

商业银行办理活期存款销户时，应按结清的应付利息，借记“利息支出”、“应付利息”科目，贷记本科目；按存款余额，借记本科目，贷记“存放中央银行款项”等科目。

本科目应按存款种类及存款单位进行明细核算。

2. “单位定期存款”科目

本科目属负债类，用来核算银行吸收单位存入的定期款项，包括单位大额可转让定期存单。

商业银行收到单位存入的定期存款时，借记“单位活期存款”等科目，贷记本科目；到期支取款项时，借记本科目，贷记“单位活期存款”等科目。

商业银行按规定计付利息时，借记“利息支出”科目，贷记“应付利息”科目；结息时或存款到期支取利息时，借记“应付利息”科目，贷记“单位活期存款”、“单位定期存款”等科目。

本科目应按存款种类及存款单位进行明细核算。

3. “活期储蓄存款”科目

本科目属于负债类，用来核算吸收的居民个人活期储蓄存款。

储户存入款项时,借记“现金”科目,贷记本科目;储户支取款项时,借记本科目,贷记“现金”科目。

商业银行在结息日结息时,借记“利息支出”,贷记“活期储蓄存款”科目。本科目按储户进行明细科目核算。

4.“定期储蓄存款”科目

本科目属负债类,用来核算银行吸收的居民个人定期储蓄存款,包括整存整取、零存整取、整存零取、存本取息、大额可转让个人定期存单等定期储蓄存款。银行吸收的个人通知存款也在本科目核算。

储户存入定期存款时,借记“现金”、“活期储蓄存款”等科目,贷记本科目;储户支取存款时,借记本科目,贷记“现金”等科目。

商业银行计付利息时,借记“利息支出”等科目,贷记“定期储蓄存款”科目。

本科目应按存款种类及储户进行明细核算。

5.“利息支出”科目

本科目属损益类,用来核算银行在进行存款、借款以及发行金融债券等业务中按国家规定的适用利率向债权人支付的利息。

商业银行与金融机构之间发生拆借、存款等业务以及再贴现、转贴现资金的利息支出,在“金融企业往来支出”科目中核算,不在本科目核算。

商业银行定期计提应付利息时,借记本科目,贷记“应付利息”、“应付债券(应付利息)”科目,贷记“单位活期存款”、“活期储蓄存款”、“存放中央银行款项”等科目。

期末应将本科目余额结转利润,借记本年利润科目,贷记本科目,结转后本科目应无余额。

本科目应按利息支出项目进行明细核算。

6.“应付利息”科目

本科目属负债类,用来核算银行吸收的存款及各种借款发生的当期应付而未付的利息。

商业银行计算应付利息时,借记“利息支出”,“金融企业往来支出”等科目,贷记本科目。实际支付利息时,借记本科目,贷记“单位活期存款”、“单位定期存款”等科目。

本科目应按存款,借款的种类进行明细核算。

二、单位存款业务的核算

(一)单位活期存款业务的核算

单位活期存款方式主要有两种,即存取现金和转账存取。其中,转账存取款项主要是通过办理各种结算方式和运用支付工具而实现的,具体方法按本书第五章所述内容办理,本节只叙述存取现金的处理方法。

1.存入现金的核算

单位存入现金时,应填写一式二联现金缴款单(表3-1),连同现金交商业银行出纳部门。出纳部门经审查凭证点收现金,登记现金收入日记簿,并复核签章后,在第一联加盖“现金收讫”章并作为回单退交存款人,第二联送交会计部门,凭以代现金收入传票登记单位存款分户账。会计分录为:

借:现金

　贷:单位活期存款——××存款户

表 3－1 现金缴款单(收入凭证)

<table>
<tr><td colspan="8" rowspan="2">年　月　日</td><td colspan="10">总字第　　　　号</td></tr>
<tr><td colspan="10">现金日记账顺序　　号</td></tr>
<tr><td rowspan="2">缴款人</td><td>全称</td><td colspan="6"></td><td colspan="4">款项来源</td><td colspan="6"></td></tr>
<tr><td>账号</td><td colspan="6"></td><td colspan="4">缴款部门</td><td colspan="6"></td></tr>
<tr><td colspan="8" rowspan="2">人民币
（大写）：</td><td>千</td><td>百</td><td>十</td><td>万</td><td>千</td><td>百</td><td>十</td><td>元</td><td>角</td><td>分</td></tr>
<tr><td></td><td></td><td></td><td></td><td></td><td></td><td></td><td></td><td></td><td></td></tr>
<tr><td>券别</td><td>张数</td><td>十</td><td>万</td><td>千</td><td>百</td><td>十</td><td>元</td><td>券别</td><td>张数</td><td>十</td><td>万</td><td>千</td><td>百</td><td>十</td><td>元</td><td colspan="2" rowspan="7">会计分录：
（贷）________
对方科目(借)…………

会　复　记　出
计　核　账　纳</td></tr>
<tr><td>一百元</td><td></td><td></td><td></td><td></td><td></td><td></td><td></td><td>一元</td><td></td><td></td><td></td><td></td><td></td><td></td><td></td></tr>
<tr><td>五十元</td><td></td><td></td><td></td><td></td><td></td><td></td><td></td><td>五角</td><td></td><td></td><td></td><td></td><td></td><td></td><td></td></tr>
<tr><td>二十元</td><td></td><td></td><td></td><td></td><td></td><td></td><td></td><td>二角</td><td></td><td></td><td></td><td></td><td></td><td></td><td></td></tr>
<tr><td>十元</td><td></td><td></td><td></td><td></td><td></td><td></td><td></td><td>一角</td><td></td><td></td><td></td><td></td><td></td><td></td><td></td></tr>
<tr><td>五元</td><td></td><td></td><td></td><td></td><td></td><td></td><td></td><td>分币</td><td></td><td></td><td></td><td></td><td></td><td></td><td></td></tr>
<tr><td>二元</td><td></td><td></td><td></td><td></td><td></td><td></td><td></td><td></td><td></td><td></td><td></td><td></td><td></td><td></td><td></td></tr>
</table>

2. 支取现金的核算

支票户向商业银行支取现金时，应签发现金支票，并在支票上加盖预留印鉴，由收款人背书后送交会计部门。会计部门接到现金支票后，应重点审查：支票大小写金额是否相符；是否超过付款期；印鉴与预留印鉴是否相符；出票人账户是否有足够支付的存款；是否背书等。经审查无误后，将出纳对号单交给收款人，凭此到出纳部门取款。同时，以现金支票代现金付出传票登记分户账。会计分录为：

借：单位活期存款——××存款户

　贷：现金

会计人员签章、复核，出纳员根据现金支票登记现金付出日记簿，配款复核后，凭对号单向取款人支付现金。

(二)单位定期存款业务的核算

单位定期存款，是商业银行为吸收单位长期闲置资金而开办的存款业务。全民、集体所有制企业，事业、机关、团体、学校等单位按有关规定提留归单位所有的短期不用的资金，均可在当地开户银行办理整存整取定期存款。目前，定期存款的存期有 3 个月、6 个月、1 年、2 年、3 年、5 年六个档次，由单位根据需要选择。存款的金额起点为100 000元，多存不限，一次存入，到期支取，只能转账，不能支取现金。单位定期存款一般不能提前支取，过期支取的过期部分，按活期利率计息。定期存单一般不能流通转让。

1. 单位存入款项的核算

单位申请办理定期存款时，应签发基本账户或一般账户的转账支票。

商业银行接到单位交来的办理定期存款的转账支票，应审核支票正面的印章和各项要素以及支票背面单位、负责人和会计主管人员印章无误后，送付款单位专柜记账，收妥以后据以填写三联定期存单。

以转账支票代借方传票，办理转账。会计分录为：

借:单位活期存款——××存款户

贷:单位定期存款——××存款户

在登记开户登记簿后,应将存单的第三联作为卡片账留存保管,第二联加盖业务公章作为存单交存款单位收执。如果单位要求凭印鉴支取,应在存单第一联、第三联加盖预留银行印鉴,并在第二联存单上注明"凭印鉴支取"字样。

2.单位支取款项的核算

存款到期,单位持定期存单要求商业银行支取本息时,商业银行应验明是否为本行签发的存单,然后抽出该户卡片账,核对存单号码、单位全称、大小写金额、印鉴、利率、存期、到期日等内容后,对原存入本金分别按不同情况处理。如单位继续转存时,按开户手续另开新存单;如不续存,应将款项转入单位的基本账户或一般账户。

对不再续存的单位,在存单上加盖"结清"戳记,以收回的存单作借方传票,卡片账作附件,另填制两联特种转账贷方传票,一联作贷方传票,另一联代收账通知,根据存款人的要求,进行转账,登记销户登记簿。会计分录为:

借:单位定期存款——××存款户

贷:单位活期存款——××存款户

定期存款的利息,采取利随本清的办法。所以,在转存存款的同时,还应根据计算的利息,填制利息付出传票一式三联,一联代付出传票,一联代收账通知。会计分录为:

借:利息支出

贷:单位活期存款——××存款户

复核员复核无误后,将有关收账通知联交单位。

(三)单位存款利息计算

存款利息是商业银行使用存款人资金而支付的代价。会计部门应按结息期和计算方法的有关规定,准确计算利息。对于应付而未付的存款利息按权责发生制进行核算。

1.利息计算的一般规定

(1)计息范围的规定。凡独立核算的企业单位流动资金存款、城镇居民个人的储蓄存款,以及机关、团体、部队、学校等事业单位的预算外资金存款均应计付利息。各单位存入的党费、团费、工会经费存款一律计付利息。

(2)计息时间的规定。单位活期存款按季度计算利息,于每季度末月20日结息。单位定期存款利息的计算根据存款的档次,于存款到期日"利随本清"。

(3)利息计算公式。

利息=本金×存期×利率

本金、存期、利率称为计息的"三要素",它们与利息成正比,当本金越大,存期越长利率越高时,利息也就越多。存期是存款人的存款时间,存期"算头不算尾",也就是存入日计算利息,支取日不计算利息,其计算方法是存入日至支取的前一日为止。在计算存期时,应注意与利率在计算单位上的一致性,即存期以天数计算时,用日利率;存期以月计算时,用月利率;存期以年计算时,用年利率。利率是指一定存款的利息与存款本金的比率。利率用年利率%、月利率‰、日利率表示。在运用利率时应注意相互关系:

年利率÷12=月利率　　月利率÷30=日利率

(4)本金元位起息,元位以下不计息。计算的利息保留到分位,分位以下四舍五入。

2. 活期存款利息计算

(1)余额表计息法。此种方法适用于存款余额变动频繁的存款账户。使用这种方法计算积数时，只需将结息期间的每日余额累加，求出季度计息积数。利息＝季度计息积数×日利率。其计算方法举例如表 3－2 所示。

【例 3－1】 根据表 3－2 资料核算过程如下：

①应加、应减积数是为解决账务记载中出现的差错，随之更正积数而设置的。表中数字来源：结息日(20 日)经核对账务发现，6 月 8 日转收款项一笔，金额 15 000 元，误记入其他单位账户。对此项错误在 20 日更正账簿的基础上，应计算 6 月 8 日至 6 月 20 日共 12 天的应加积数，即 15 000×12＝180 000(元)

②至结息日累计应计息积数

＝至上月底累计未计息积数＋20 天小计＋应加积数

＝22 000 000＋1 572 000＋180 000＝23 752 000(元)

③至本月底未计息积数＝本月合计－20 天小计

＝2 506 750.40－1 572 000＝934 750.40(元)

④甲企业二季度利息＝23 752 000×0.6‰×1÷30

＝23 752×0.02＝ 475.04(元)

⑤根据利息数额编制利息记账传票进行账务处理。会计分录为：

借：利息支出——活期存款利息支出户　　475.04

　贷：单位活期存款——甲企业存款户　　475.04

表 3－2　计息余额表

××年 6 月份

科目名称：活期存款　　利率：月 0.6‰　　共　页第　页

账号 / 户名 / 余额 / 日期	221006 甲企业			
至上月底累计未计息积数	22 000 000	00		
1	73 000	00		
2	45 000	00		
3	56 000	00		
4	56 000	00		
5	56 000	00		
6	82 000	00		
7	48 000	00		
8	48 000	00		
9	89 000	00		
10	89 000	00		
10 天小计	642 000	00		

续表 3-2

账号/户名/余额/日期	221006 甲企业			
11	93 000	00		
⋮	⋮			
⋮	⋮			
20 天小计	1 572 000	00		
21	93 475	04		
⋮	⋮			
本月合计	2 506 750	40		
应加积数	180 000	00		
应减积数				
至结息日累计应计息积数	23 752 000	00		
至本月底未计息积数	934 750	40		

(2)分户账计息法。此种方法适用于存取款次数比较少且采用乙种账计息的客户。采用该种计息方法，当存款人存款账户发生资金收付后，按前一次最后余额乘以该余额的实存天数计算出积数，记入账页的"日数"和"积数"栏内。更换账页时，将旧账页的累计未计息积数过入新账页的第一行内。结息日(季末月 20 日)营业终了后，加计本结息期内的累计天数和累计积数，然后计算利息。利息＝季度计息积数×日利率；积数＝存款余额×存款天数。其计算方法举例如表 3-3 所示。

表 3-3 分户账

户名：甲企业　　　　账号 221006　　　　利率：月 0.6‰

年		摘要	借方		贷方		借或贷	余额		日数	积数	
月	日											
6	1	承前页								72	22 000 000	00
							贷	73 000	00	1	73 000	00
6	2	转借	28 000	00			贷	45 000	00	1	45 000	00
6	3	转贷			11 000	00	贷	56 000	00	3	168 000	00
6	6	转贷			26 000	00	贷	82 000	00	1	82 000	00
6	7	转借	34 000	00			贷	48 000	00	2	96 000	00
6	9	转贷			41 000	00	贷	89 000	00	2	178 000	00
6	11	转贷			4 000	00	贷	93 000	00	10	930 000	00
6	20	结息								92	23 572 000	00
6	21	转息			471	44	贷	93 471	44			00

【例 3－2】 据表 3－3 数据资料计算可得：

①甲企业第二季度利息＝23 572 000×0.6‰÷30＝471.44(元)

②每季度的天数都应该和日历天数相一致。如，第一季度从上年的 12 月 21 日至本年的 3 月 20 日，平年 90 天；闰年 91 天。第二季度从 3 月 21 日至 6 月 20 日 92 天。第三季度从 6 月 21 日至 9 月 20 日 92 天。第四季度从 9 月 21 日至 12 月 20 日 91 天。

③20 日结计的利息作为 21 日的存款，存入本金起息。

3. 定期存款利息计算

单位定期存款利息的计算，其存期按对年、对月、对日计算，对年按 360 天，对月按 30 天，如有零头天数的按实际天数。如过期支取，其过期部分按支取日挂牌公告的活期存款利率计息。

按照权责发生制原则，对单位定期存款应按期计算应付利息，一般为按季计算预提利息，单位支取定期存款时，再冲减应付利息。

应付利息的计算方法是按定期存款不同存期档次设立计息余额表，逐日抄制。结息日累计各存期档次的计息积数后，乘以同档次存款的日利率。根据计算的利息额，汇总编制转账借方、贷方传票转账。会计分录为：

借：利息支出——定期存款利息支出户

　　贷：应付利息——定期存款利息户

单位支取存款时，按应付该单位利息直接列支利息支出。会计分录为：

借：应付利息——定期存款利息户

借：利息支出——单位定期存款利息支出户

　　贷：单位活期存款

现举例说明单位定期存款利息计算。

(1)全额到期支取的利息计算。

【例 3－3】 某单位于 2002 年 5 月 6 日来行支取到期存款200 000元，该存款起存日为 2001 年 5 月 6 日，存期一年，利率为年 2.25%，则该单位的利息为：

①2001 年 5 月 6 日至 2001 年 6 月 20 日，共 45 天，应付利息为：

200 000×45×2.25%÷360＝562.50(元)

会计分录为：

借：利息支出　　562.50

　　贷：应付利息　　562.50

②2001 年 6 月 21 日至 2002 年 3 月 20 日，三个季度共提取应付利息 3 375 元，则每个季度提取利息为：

200 000×3×2.25%÷12＝1 125(元)

三个季度里每个季度的会计分录为：

借：利息支出　　1 125

　　贷：应付利息　　1 125

③存款到期后，商业银行计算 2002 年 3 月 21 日至 2002 年 5 月 6 日的存款利息后，连同以前提取的利息与本金一并转入该单位活期存款账户。

2002 年 3 月 21 日至 2002 年 5 月 6 日，共 47 天的利息为：

200 000×47×2.25%÷360＝587.50(元)

会计分录为：

借：应付利息 3 937.50

借：利息支出 587.50

借：单位定期存款 200 000

　贷：单位活期存款 204 525

转账后将利息清单及收账通知交存款人。

(2)全额提前支取的利息计算。

【例3-4】 引上例，某单位于2002年3月26日来行提前支取存款200 000元，该存款起存日为2001年5月6日，存期一年，利率为年2.25%，当日活期存款利率为年0.72%。

①2001年5月6日至2001年6月20日，共45天，应付利息为：

200 000×45×0.72%÷360＝180(元)

②2001年6月21日至2002年3月20日，三个季度共提取应付利息1 080元，每个季度提取利息为：

200 000×3×0.72%÷12＝360(元)

③2002年3月21日至2002年3月26日计算存款的利息后，连同以前提取的利息与本金一并转入该单位活期存款账户。

2002年3月21日至2002年3月26日，共5天的利息为：

200 000×5×0.72%÷360＝20(元)

会计分录为：

借：应付利息 1 260

借：利息支出 20

借：单位定期存款 200 000

　贷：单位活期存款 201 280

转账后将利息清单及收账通知交存款人。

(3)过期支取的利息计算。

【例3-5】 引上例，某单位于2002年6月6日来行支取过期存款200 000元，该存款起存日为2001年5月6日，存期1年，利率为年2.25%，当日活期存款利率为年0.72%。

①从2001年5月6日至2002年5月6日的利息计算及账务处理同于例3-3，共计算利息4 525元。

②从2002年5月6日至2002年6月6日的利息计算为：

200 000×1×0.72%÷12＝120(元)

③会计分录为：

借：应付利息 3 937.50

借：利息支出 707.50

借：单位定期存款 200 000

　贷：单位活期存款 204 645

(4)部分提前支取的利息计算。单位定期存款，若有急需可办理提前支取。按照商业银行的规定，单位部分提前支取时，若支取款项后的剩余定期存款不低于定期存款起存金额

(100 000元)时,则部分提前支取金额按支取日挂牌公告的活期存款利率计算利息,剩余定期存款按原存日、存期、利率另开新定期存单;若部分支取后的剩余定期存款低于定期存款起存金额(100 000 元)时,商业银行应按支取日活期存款利率计算利息,并对该项存款予以清户。其会计处理同于全额提前支取。

(四)对账与销户

1.对账

对账是指商业银行的存款账与单位存款账进行核对,以保证双方存款账户一致的方法。一般来讲,商业银行同开户单位的存款账户数字应该是一致的,但由于双方记账时间有先有后,所以,在同一笔业务中,记账的不一致性也是存在的。加之双方在记账过程中由于种种因素影响也会发生账务差错。因此,商业银行及时与单位对账,不仅有利于双方及时查清未达账项,保证双方账务记载一致;而且,也是加强双方账务监督,保护国家资金安全,维护社会财产不受侵犯的一项重要举措。

商业银行与单位的对账,是对支票存款户而言的。对存折存款户,因在账务处理时就已做到账折见面,保证账折相符,故不再对账。商业银行与支票存款户的对账,可分为定期对账和随时对账两种形式。

(1)随时对账。商业银行为支票存款户记账,采用两联套写账页。当会计记满一页时,就将账页的对账联交单位对账;单位以对账联与其商业银行往来账逐笔进行勾对,发现未达账项,应及时更正。这种对账形式,适用于逐笔核对发生额,可防止双方账务记载中的错误。

(2)定期对账。商业银行按照规定,每季度末向所有开户单位发送"余额对账通知单"两联,同单位对账。单位核对时,应按要求在对账单上填入相应数字,并分别加计合计数进行核对。核对相符,单位应将对账单第二联退还商业银行。核对不符时,应及时到商业银行查明更正。对长期与商业银行账务不符的单位,商业银行应帮助查找原因,限期查清。商业银行对单位退还的对账单回单,应妥善保管,以备查考。

2.销户

存款单位因迁移、合并、停产等原因不再使用原存款账户时,应及时到商业银行办理销户手续。商业银行办理销户时,应首先与销户单位核对存款账户余额,相符后,对应计利息的存款账户,要结清利息;对支票存款户,应收回所有空白专用凭证;对存折存款户,应收回存折注销。然后将原存款账户的余额转入其他存款户或其他地区商业银行。撤销后的账户停止使用。

三、储蓄存款业务的核算

(一)储蓄存款的有关规定

储蓄存款指居民个人将手持待用、闲置或结余的货币资金存入银行,将货币使用权让渡给银行的一种信用行为。储蓄存款不仅是商业银行资金来源的一个重要组成部分,而且对推迟社会购买力,调节货币流通和稳定市场具有重要作用。

1.储蓄存款的原则

为了正确执行国家保护和鼓励人民储蓄的政策,银行对个人储蓄存款,实行"存款自愿,取款自由,存款有息,为储户保密"的原则。

(1)存款自愿。它是指存款存多少,存期长短,存入哪家银行,何时存取,都由储户自己决定。商业银行处于被动地位。

(2)取款自由。客户将钱存入商业银行仅是使用权的暂时让度,并未改变所有权,所以,什么时间取款,完全由储户自己决定。

(3)存款有息。它是指商业银行对储户的各种储蓄存款,都应该按照规定付给利息。

(4)为储户保密。它是指商业银行有责任对储户的存款情况保密。它既体现宪法保护公民储蓄所有权的法规要求,也是贯彻银行储蓄政策的具体体现,因此,既符合公众心理,也有利于保护存款的安全。但法律另有规定的除外。

2.储蓄存款《实名制》的规定

2000年4月1日国务院颁布实施《个人储蓄存款实名制规定》,要求在金融机构开立个人存款账户的个人,应当遵守《实名制》规定。所谓实名,是指符合法律、行政法规和国家有关规定的身份证件上使用的姓名。从根本上否定了匿名账户存在的合法性。同时也规定,金融机构及其工作人员负有为个人存款账户的情况保守秘密的责任。金融机构不得向任何单位或者个人提供有关个人存款账户的情况,并有权拒绝任何单位或者个人查询、冻结、扣划个人在金融机构的款项;但是,法律另有规定的除外。

3.储蓄存款交纳利息税的规定

国务院颁布实施的《对储蓄利息所得征收个人所得税的实施办法》规定:“储蓄存款在1999年10月31日前孳生的利息所得,不征收个人所得税;储蓄存款在1999年11月1日后孳生的利息所得,应当依照本办法征收个人所得税。”税率为20%。为了增加储户的直接收益,对冲物价上扬的压力,国务院决定,自2007年8月15日将利息税税率从20%调减为5%。2008年10月9日,为减少金融危机对储户的影响,暂时停征个人利息所得税。商业银行代扣代缴利息税的方式主要有以下几种。

(1)整存整取定期储蓄、定活两便储蓄、零存整取储蓄、通知存款扣税方式。按照每次储户取得的利息所得额由储蓄机构代扣代缴储户应缴纳的个人利息所得税税款,并在交给储户的利息结付清单上注明,该利息清单即视同完税证明。

(2)存本取息定期储蓄存款扣税方式。该储种在其存款到期清户时,或储户提前支取本金时,统一由银行一次性代扣代缴个人利息所得税,不再在其存期内分次支取利息时分次扣缴。

(3)活期储蓄存款和银行卡储蓄扣税方式。该储种在结息日结息并同时由银行代扣代缴个人利息所得税。对于活期储蓄存款,当储户下次办理业务时,银行应在存折上注明已扣税款的数额;而对于银行卡结息时,应在其对账单上注明已扣税款的数额。

(二)储蓄存款的种类

根据居民个人经济收入和消费的特点以及商业银行聚集和运用资金的需要,设置的基本储蓄存款种类有以下几种。

1.活期储蓄

活期储蓄是1元起存,由储蓄机构发给存折,凭存折存取,开户后可以随时支取的一种储蓄存款。它虽然不受时间限制,但利率最低。适用于居民经常性生活用款或一般开支。

2.定期储蓄

定期储蓄是在存款时约定存款期限,一次或在存期之内分次存入本金,到期整笔或分期平均支取本金和利息的一种储蓄存款。

一般50元起存,存期分3个月、6个月、1年、2年、3年、5年,本金一次性存入,由储蓄机构发给存单，到期凭存单支取本息。它虽然利率较高，但受时间限制，一旦提前支取，损失较大。它适用于居民有预见性使用的资金或长期不用的资金存储。

定期储蓄根据其款项存取特点又可以划分为：整存整取、零存整取、存本取息、整存零取四种。

(1)整存整取储蓄存款是一次存入一定数额本金，约定期限，到期一次支取本息的储蓄存款。适用于节余款项的存储。

(2)零存整取储蓄存款是开户时约定期限，存期内按月存入，中途如有漏存，应在次月补齐，未补齐者，到期支取时按实存金额和实际存期计算利息的储蓄存款。适用于工薪族为将来的开支积累资金进行的储蓄。

(3)存本取息储蓄存款是一次存入本金，存期内分次支取利息，到期一次支取本金的储蓄存款。一般5 000元起存，存期分为 1 年、3 年、5 年，由储蓄机构发给存款凭证，到期一次支取本金，利息凭存单分期支取，可以一个月或几个月取息一次，由储户与储蓄机构协商确定。如到取息日未取息，以后可以随时取息。如果储户需要提前支取本金，应按定期存款提前支取的规定计算存期内利息，并扣回多支付的利息。适用于照顾对象的消费。如：离退休人员固定支出的储蓄。

(4)整存零取储蓄存款是一次存入，约定期限，存期内分次提取本金，到期一次计付利息的储蓄存款。一般1 000元起存，存期分 1 年、3 年、5 年，由储蓄机构发给存单，凭存单分期支取本金，支取期分 1 个月、3 个月、6 个月一次，由储户与储蓄机构协商确定，利息于期满结清时支取。适用于固定开支，如对专门用途的基金等的储蓄。

3. 定活两便储蓄

定活两便储蓄是开户时不确定存期，本金一次存入，由储蓄机构发给存单，储户凭存单可以随时提取，利率随存期长短而变动的一种储蓄存款。一般 50 元起存，存单分为记名和不记名两种。记名式可挂失，不记名式不能挂失，存期不限，利息按同档次整存整取利率打六折计算。如：存期不满 3 个月的，按天数计付活期利息；存期在 3 个月以上(含 3 个月)不满 6 个月的，整个存期按支取日定期整存整取 3 个月存款利率打六折计息；存期 6 个月以上(含半年)不满 1 年的，整个存期按支取日定期整存整取 6 个月期存款利率打六折计息；存期在 1 年以上(含 1 年)，不论存期多长，整个存期一律按支取日整存整取 1 年期定期存款利率打六折计息。这种储蓄既有活期储蓄之便，又有定期储蓄之利，适用于不可预见开支的存储。

4. 华侨(人民币)定期储蓄

这是华侨、港澳台同胞由国外或港澳地区汇入或携入的外币、外汇(包括黄金、白银)售给中国人民银行和在各商业银行兑换所得人民币存款。该存款为定期整存整取的一种，存期分为 1 年、3 年、5 年，存款利息按规定的优惠利率计算。开户时凭“外汇兑换证明”或“侨汇证明书”在规定的时间内办理存储手续，由储蓄机构发给存单，存款到期凭存单支取存款，如存款时有加凭印鉴的约定，支取时还必须加凭印鉴。如提前支取，则按人民币整存整取定期储蓄规定处理。该种储蓄支取时，只能支取人民币，不能支取外汇。不能汇往港澳台地区或国外，存款到期后可以办理转期手续，支付的利息也可加入本金一并存储。这种储蓄利率比定期较高，受时间和范围限制，一旦提前支取，损失较大。仅适用于港澳台同胞。

除上述储蓄存款种类以外，为了适应客户的需要，商业银行还推出很多拓展产品和创新产品，这里不一一介绍。

(三)活期储蓄存款的核算

1.存入活期储蓄存款

存入活期储蓄存款包括开户和续存的处理。

(1)开户。储户第一次存入活期储蓄存款亦即开户,应由储户填写"活期储蓄存款凭条",连同现金、身份证一并交由接柜人员办理手续。经审查凭条、清点现金无误后,登记"活期储蓄开销户登记簿"并编列账号;开立"活期储蓄存款分户账"和"活期储蓄存折"。根据存款金额,查出应计息积数,记入分户账与存款凭条的积数余额栏,以存款凭条代现金收入传票。会计分录为:

借:现金

　贷:活期储蓄存款——××人户

经复核各项内容并复点现金无误后,存款凭条加盖"现金收讫"章和名章后留存,分户账加盖复核名章后专夹保管,存折加盖业务公章及名章后交储户,作为以后存取款的依据。

对上述账、折的登记以及计息积数的查算(详见以下利息计算方法),在手工操作情况下,由人工填写,在电子计算机操作情况下,则由电子计算机处理。凭印鉴和密码支取的,应在分户账上预留印鉴和密码,凭条和账折盖"凭印(密码)支取"戳记,以备事后监督。

(2)续存。储户续存时,亦应开具存款凭条,并连同现金、存折一并交予接柜人员,经审核无误后,除不再另开账户及存折外,其余收款、记账、登折等处理方法基本与前述开户手续相同。只是应按续存金额查出应计算积数相加,求出积数余额。

2.支取活期储蓄存款

储户支取存款时,应填写活期储蓄取款凭条。凭印鉴、密码支取的还要在凭条上加盖印鉴,输入密码,连同存折交接柜人员。

接柜人员根据凭条核对账、折及印鉴、密码无误后,按支取金额查出积数,由原积数中减去,结出积数余额并记账、登折,以取款凭条代现金付出传票。会计分录为:

借:活期储蓄存款——××人户

　贷:现金

经复核账折内容无误,配款,并在取款凭条上加盖"现金付讫"及名章后,将现金及存折交储户。

3.清户

所谓清户就是指储户将存款全部取清并销户。储户应根据存折上的最后余额填写取款凭条,经办员除按一般支取手续办理外,还应根据最后支取的金额查出应扣积数,结出积数余额并计算出利息,同时按规定代扣储蓄利息所得税。同时,填制两联利息清单,一联留存,于营业终了后,据以汇总编制利息支出科目传票,另一联连同本、息交给储户。会计分录为:

借:活期储蓄存款——××人户

　利息支出——活期储蓄利息支出户

　　贷:现金

代扣利息所得税的会计分录为:

借:现金

　贷:其他应付款——应交利息税户

清户时,还应在取款凭条及账、折上加盖"结清"戳记,作为取款凭条附件,同时销记开销户登记簿，结清户账页另行保管。

4. 活期储蓄存款的利息计算

对储蓄存款计算利息，是贯彻储蓄原则的具体体现。储蓄存款的利率由中国人民银行制定、经国务院批准后公布，或由国务院授权中国人民银行制定、公布。储蓄存款利率根据“定期高于活期、长期高于短期”的原则，实行差别利率。

活期储蓄存款是一种储户可以随时存款，存期不受限制的储蓄种类。因此，其利息不是逐笔计算，而是以每季度末月的20日为结算日，按当日挂牌活期存款利率计算利息，并把利息作为21日的存款并入存款本金起息。如果不到结息日储户全部提取活期储蓄存款，应按清户日银行挂牌活期储蓄利率计算利息，算至清户前一天止。其处理除科目用“活期储蓄存款”和代扣利息税外，其余同与单位活期存款的处理。其计算和处理方法举例说明。

【例3-6】 某商业银行2006年第二季度结息时，M储户上季末的存款余额为8 500元，且当日挂牌公告的活期储蓄存款利率为0.72%。账务处理如下：

第二季度M储户的利息＝8 500×92×0.72%÷360＝15.64(元)

代扣利息税额＝15.64×20%＝3.13(元)

会计分录为：

借：利息支出　15.64

　贷：活期储蓄存款——活期储蓄利息支出户　12.51

　贷：其他应付款——应交利息税户　3.13

(四)整存整取定期储蓄存款的核算

1. 存入整存整取储蓄存款

储户申请办理整存整取定期储蓄时，应填写“整存整取定期储蓄存款开户书”并连同现金一起交经办员。

经点收现金并审核开户书无误后，填写三联“整存整取定期储蓄存单”。第一联存款凭条；第二联存单加盖业务公章交与储户执存，凭以取款；第三联卡片账留存。采用计算机操作的，存单用计算机打印。如储户要求凭印鉴或密码支取，应在卡片账上加盖预留印鉴或预留密码。然后，登记“定期储蓄存款开销户登记簿”，以第一联存款凭条代现金收入传票。会计分录为：

借：现金

　贷：定期储蓄存款——整存整取××人户

2. 支取整存整取储蓄存款

定期整存整取支取时，储户可以根据自己的实际情况选择到期支取、过期支取、提前支取等方式。经储户在存单背面背书后，商业银行经办人员办理支取手续。具体核算手续基本同与单位定期存款的核算。会计分录为：

借：定期储蓄存款——整存整取××人户

　贷：现金

借：利息支出——定期储蓄利息支出户

　贷：其他应付款——应付利息税户

　贷：现金

3. 整存整取储蓄存款利息计算

(1)到期支取。整存整取储蓄存款在原定存期内的利息，一律按存入日(开户日)约定的利率计付利息,存期内遇利率调整,亦不分段计息。

【例3-7】 某储户2000年3月25日存入定期2年的存款5 000元,于2002年3月25日到期支取。存入时2年期存款利率为2.70%。

利息=5 000×2×2.70%=270(元)

代扣利息税=270×20%=54(元)

扣除20%的储蓄利息所得税,应向客户支付利息:

税后利息=270-54=216(元)

会计分录为:

	借方	贷方
借:定期储蓄存款——整存整取某储户	5 000	
贷:现金		5 000
借:利息支出——定期储蓄利息支出户	270	
贷:其他应付款——应付利息税户		54
贷:现金		216

(2)过期支取。过期支取时利息包括两部分:一部分是按原定利率计算的到期利息;另一部分是按活期利率计算的过期利息。

【例3-8】 引上例,某储户2000年3月25日存入定期2年的存款5 000元,于2002年5月25日支取。存入时2年期存款利率为2.70%。支取时活期利率为0.72%。

到期利息=5 000×2×2.70%=270(元)

过期利息=5 000×2×0.72%÷12=6(元)

代扣利息税=(270+6)×20%=55.2(元)

税后利息=276-55.2=220.8(元)

(3)提前支取。整存整取储蓄存款未到期,如储户全部提前支取,按支取日挂牌公告的活期储蓄存款利率计付利息;部分提前支取的,提前支取部分,按支取日挂牌公告的活期存款利率计付利息,其余部分到期时,按原存入日挂牌公告的定期储蓄存款利率计付利息。

【例3-9】 某储户2001年5月5日存入整存整取储蓄存款10 000元,定期3年,存入时3年期利率3.24%。该储户于2003年5月5日要求提前支取5 000元,当日活期储蓄存款年利率为0.72%,剩余5 000元于2004年5月5日到期支取。

①2003年5月5日计息:

利息=5 000×2×0.72%=72(元)

代扣利息税=72×20%=14.4(元)

税后利息=72-14.4=57.6(元)

②2004年5月5日计息:

利息=5 000×3×3.24%=486(元)

代扣利息税=486×20%=97.2(元)

税后利息=486-97.2=388.8(元)

(五)零存整取储蓄存款的核算

1.存入零存整取储蓄存款

开户存入零存整取储蓄存款时,储户需填写"零存整取定期储蓄存款凭条",连同现金一并交经办员。经办员审查存款凭条和点收现金无误后,登记"开销户登记簿",编列账号,开立零存整取分户账。如凭印鉴或密码支取，应在分户账上预留印鉴和密码，并在存折和分户账上加盖“凭印（密码）支取”戳记。复核无误后，以存款凭条代现金收入传票。会计分录为：

借：现金

　贷：定期储蓄存款——零存整取××人户

存折加盖业务公章后交储户，分户账按账号顺序保管。

储户续存时，亦应填制“零存整取定期储蓄存款凭条”，与存折、现金一并交经办员以分户账与存折核对并点收现金无误后，登记存折、分户账，手续与开户基本相同。

2. 支取零存整取储蓄存款

（1）到期支取。到期支取时，储户应将存折交与经办员，经办员验明存折确系本所签发并已到期，经账、折核对后，计算利息，注销存折、登记分户账及销记开销户登记簿，并在存折和分户账上加盖“结清”戳记，以存折代现金付出传票。会计分录为：

借：定期储蓄存款——零存整取××人户

　利息支出——定期储蓄利息支出户

　贷：现金

借：现金

　贷：其他应付款——应付利息税户

（2）过期支取。储户持过期零存整取存折前来支取存款，除按规定计算到期利息和过期利息外，其余手续与到期支取相同。

（3）提前支取。储户提前支取零存整取储蓄存款时，应提交身份证件，经办员审查无误后，办理提前支取手续，在存折和分户账上加盖“提前支取”戳记，按提前支取的计算规定计算利息，其余手续与到期支取相同。零存整取储蓄存款只能全部提前支取，不能部分提前支取。

3. 零存整取储蓄存款的利息计算

定期零存整取储蓄存款是逐月存入，余额逐月增加而不是固定余额，因而存款到期通常可用两种方法计息，即月积数计息法与固定基数计息法。此外，还有其他计算方法，不再详述。至于利息计息的规定，《储蓄管理条例》生效之前和生效之后，与整存整取储蓄的规定相同。

（1）月积数法。这种方法是根据零存整取储蓄分户账余额，按月算出月积数，并加计累计积数，乘以规定的月利率，即为到期利息数。也可采用下列公式计算：

利息＝（第一个月存款余额＋最后一个月存款余额）×存入次数/2×月利率

这种方法适用于每月不固定存额的客户。

【例 3－10】 某储户 2000 年 9 月 2 日开户存入零存整取储蓄存款，每月固定存入 50 元，存期一年，存入时月利率为 1.65‰，于 2001 年 9 月 2 日支取。月积数计算如表 3－4 所示。

到期利息＝3 900×1.65‰＝6.44（元）

或者套用公式：到期利息＝（50＋600）×12÷2×1.65‰

＝ 3 900×1.65‰＝6.44（元）

零存整取储蓄存款过期支取，需分别计算到期利息和过期利息，过期部分利息按实存余额和活期利率计算。

零存整取储蓄存款提前支取的，按活期利率计算。

（2）固定基数计息法。是把事先算出的每元存款到期时应计的利息作为计息基础数，到期支取时，以最后存款余额乘以每元存款计息基数，即得出应付的利息数。它适用于每月固定存额的储户。计算公式为：

每元固定利息基数＝1(元)×(存入总次数＋1)÷2×月利率

某储户每月存入20元，存期一年逐月存入，到期支取。余额240元，月息6‰，要求计算应付利息。

每元固定利息基数＝1(元)×(12＋1)÷2×6‰＝0.039(元)

应付利息＝240×0.039＝9.36(元)

表3－4

日期			次数	存入（位数）	结存（位数）	月数	积数（位数）
年	月	日					
00	9	2	1	50	50	1	50
	10	8	2	50	100	1	100
	11	23	3	50	150	1	150
	12	11	4	50	200	1	200
01	1	9	5	50	250	1	250
	2	15	6	50	300	1	300
	3	1	7	50	350	1	350
	4	10	8	50	400	1	400
	5	25	9	50	450	1	450
	6	27	10	50	500	1	500
	7	16	11	50	550	1	550
	8	19	12	50	600	1	600

(六)存本取息储蓄存款的核算

1.开户

开户时由储户填写开户申请书，注明姓名、存期及每次取息的日期，审核无误后，根据开户申请书套写一式三联“定期存本取息储蓄存款存单”，计算每次支取的利息，填入凭证有关栏内，其中第二联作为存单交给储户，第三联卡片账留存保管，第一联凭证凭以收款，其余手续同其他定期储蓄存款。会计分录为：

借：现金

　　贷：定期储蓄存款——存本取息××人户

2.支取利息

储户在存期内按约定时间来商业银行支取利息时，应持存单并按每次应支取利息数填写一联“定期存本取息储蓄取息凭条”，经审核无误后凭以登记账卡、存单并支付现金。会计分录为：

借：利息支出——定期储蓄利息支出户

　　贷：现金

如到取息日储户未来行支取，以后随时可以支取利息；另外，对利息税的交纳在到期时一次计算扣收。

3. 到期支取

存款到期，储户除凭存单支取本金外，还应该支取最后一次利息和扣收所有利息税。同时在存单及账卡上加盖“结清”戳记，并据以销记开销户登记簿。会计分录为：

借：定期储蓄存款——存本取息××人户

　贷：现金

借：利息支出——定期储蓄利息支出户

　贷：其他应付款——应付利息税户

　贷：现金

4. 提前支取

储户如果要求提前支取本金时，可凭有关身份证件来行办理。存本取息储蓄存款只允许全部提前支取，不办理部分提前支取。提前支取的利息按规定计算。但对于以前多支取的利息应从本金中扣减。

(1)当已支付利息大于按活期计算的应付利息时，应从本金中扣回多付利息及应交的利息税。会计分录为：

借：定期储蓄存款——存本取息××人户

　贷：利息支出——定期储蓄利息支出户

　贷：其他应付款

　贷：现金

(2)当已支付利息小于按活期计算的应付利息时，应按利息计算利息税后，将剩余利息连同本金一并付给储户。会计分录为：

借：利息支出——定期储蓄利息支出户

　贷：应付利息

　贷：现金

借：定期储蓄存款——存本取息××人户

　贷：现金

5. 利息计算

存本付息定期储蓄存款的利息计算，按所存本金和存期，照规定利率先算出应付利息金额，然后根据付息次数求出每次付息数。其公式为：

每次支取利息数＝本金×存期×利率÷支取利息的次数

储户如提前支取本金时，应按照实际存期及规定的提前支取利率，计算应付利息，并扣除已支付的利息和利息税。

【例 3－11】 某储户 2000 年 5 月 18 日存入存本取息定期储蓄存款 50 000 元，期限 3 年，利率为 3%，约定每半年支付一次利息。但在 2002 年 5 月 18 日提前支取，且当日挂牌公告的活期利率为 0.72%，要求办理结清手续。

(1)2000 年 5 月 18 日存入时的处理。

利息总额＝50 000×3×3%＝4 500(元)

每次付息额＝4 500÷6＝750(元)

会计分录：

借:现金 50 000

贷:定期储蓄存款——存本取息××人户 50 000

(2)2000 年 5 月 18 日到 2002 年 5 月 18 日每次支取利息的处理。

借:利息支出 750

贷:现金 750

(3)2002 年 5 月 18 日提前支取的处理。

应付活期利息＝50 000×2×0.72％＝720(元)

应交纳利息税＝720×20％＝144(元)

实际付息额＝720－144＝576(元)

已付利息＝4×750＝3 000(元)

多付利息＝3 000－720＝2 280(元)

实付现金＝50 000＋576－3 000＝47 576(元)

会计分录为:

借:定期储蓄存款——存本取息××人户 50 000

贷:利息支出 2 280

贷:其他应付款 144

贷:现金 47 576

(七)整存零取储蓄存款的核算

1.开户

开户时应由储户提出申请,根据储户姓名、存入金额、期限以及支取的次数和时间填写三联"整存零取定期储蓄存单",第一联代收款凭证,第二联存单交储户收执,第三联卡片账留存。如凭印鉴支取,还须在第一、三联上加盖预留印鉴,并在各联上加盖"凭印鉴支取"戳记。以第一联代现金收入传票。会计分录为:

借:现金

贷:定期储蓄存款——整存零取××人户

2.分次支取

储户按约定时间来行取款,应填写"定期整存零取储蓄取款凭条",连同存单一同交接柜人员,经登记存单和卡片账后办理付款手续。会计分录为:

借:定期储蓄存款——整存零取××人户

贷:现金

若储户要求部分提前支取,可提前支取一至二次,但须在以后月份内停支一至二次。其余支取日期按原定不变。如果提前支取全部余额,则根据实存金额及实存日期按规定利率计算。

3.结清

储户于存款期满最后一次取款时,除按分次取款手续处理外,还应计付利息,并在原存单上加盖"结清"戳记作为取款凭条附件。如过期支取按规定利率加付过期利息。

4.利息计算

整存零取储蓄存款的利息计算,因本金分次支取逐月递减,因此要先计算出按本金存期等差级数平均值,然后再计算出到期应付的利息。计算公式为:

到期应付利息＝(全部本金＋每次支取本金数)÷2×支取本金次数×每次支取的间隔

(月)期×利率

【例 3-12】 某储户 2004 年 5 月 18 日在 F 银行整存零取储蓄存款本金 3 600 元，存期 1 年，月息 5.1‰，每月支取本金 300 元，到期结清。

应付利息＝(3 600＋300)÷2×12×1×5.1‰＝119.34(元)

代扣利息税＝119.34×20%＝23.87(元)

实付利息＝119.34－23.87＝95.47(元)

借：定期储蓄存款——整存零取某户　　300
　贷：现金　　300

借：利息支出　　119.34
　贷：其他应付款　　23.87
　贷：现金　　95.47

(八)定活两便储蓄存款的核算

定活两便储蓄存款 50 元起存，由储蓄机构发给存单，分为记名和不记名两种，记名式可挂失，不记名式不办理挂失，存期不限。实际存期 1 年以内的，利息按实际存期的整存整取储蓄存款利率打一定折扣计算。实际存期 1 年以上的，一律按 1 年期整存整取利率打折扣计算。在《储蓄管理条例》实施后存入的定活两便储蓄存款，存期不满 3 个月的，按实存天数计付活期利息；存期 3 个月以上(含 3 个月)不满 6 个月的，按支取日整存整取 3 个月存款利率打六折计算；存期满半年不满 1 年的，按支取日整存整取 6 个月存款利率打六折计算；存期在 1 年以上，无论存期多长，整个存期一律按支取日整存整取 1 年期存款利率打六折计算。《储蓄存款条例》实施以前存入的定活两便储蓄存款，在上述的存期内按整存整取储蓄利率计息，遇有利率调整的亦需分段计息。

(九)储蓄事后账务处理

1.储蓄所的结账及账务核对

每日营业终了，储蓄所要将一天的储蓄业务进行结账。一方面根据储蓄业务登记有关账簿，另一方面也要对账务进行核对，以保证账务正确。账务处理的程序如下：

(1)按储蓄种类，分别存、取款凭条，编制有关储蓄科目现金或转账借、贷方传票。

(2)汇总所有利息清单，编制利息支出科目现金借方传票。

(3)编制营业汇总储蓄日报表(表 3-5)。营业汇总储蓄日报表是反映当日全部储蓄业务情况的报表，是轧平和核对账务的有力工具。编制方法如下：根据有关科目日结单分别填入有关储蓄类别发生额借、贷栏，并结出余额；根据开销户的传票，登记开、销户栏，计算结存户数；核对开销户情况。储蓄日报表中的储蓄开销户数，应与新开户的账户及收回的存单(折)核对相符。

(4)核对空白重要凭证。储蓄日报表中的空白重要凭证的本日结存数，应与本日各种重要凭证的实际结存数相符。

(5)定期(最少 1 个月)通过各种储蓄分户账余额与储蓄有关科目余额核对相符，以保证账务的正确。

2.管理行的账务处理和事后监督

(1)账务处理。基层储蓄所的业务是管理行业务的一部分，每日营业终了，应将储蓄所的业务并入管理行储蓄业务中，账务合并方式有并账式和并表式两种。①并账式的处理。管理

表 3-5 储蓄所营业汇总日报表

年 月 日

业务种类	本日发生额		余额	储蓄户数		
	借方	贷方		本日开户	本日销售	结存户数
整存整取						
零存整取						
小　计						
活期储蓄						
各种储蓄合计						
营业支出						
库存现金						
合　计						

			空白重要凭证			
昨日库存			种类	本日收进	本日支出	本日结存
今日库存			整整			
传票	张数		整零			
种类	本日数	本月累积数	取息			
整存整取			活期			
零存整取						
活期储蓄						
其　　他						
合　　计						

会计主管　　　　事后监督员　　　　复核　　　　记账

行收到储蓄所填送的传票和储蓄日报表，经审核无误，对各储蓄存款科目应按储蓄所分别立账，并根据储蓄传票登记在有关账户内。管理行轧账时，将储蓄传票视同本身传票一起处理。②并表式的处理。有些储蓄所由于业务量大，并账有困难，也可采用并表方式。采用并表式的储蓄所，自己有一套独立完整的账务体系。管理行对储蓄所账务不设分户账，将日报表同管理行同日的日报表合并，编制全行汇总日计表。

(2)储蓄账务事后复核监督。对储蓄账务进行事后复核监督，是保证账务正确的有效方法。其基本内容如下：①审核凭证、报表。对各基层储蓄所报送的凭证、报表应认真审查，包括凭证内容是否完整，金额有无错误，账簿记载是否正确，利息计算有无错误，签章是否齐全等。②逐笔事后复核监督。具体内容包括：一是对整存整取定期储蓄的复核。复核新开户传票内容是否完整正确；复核后，将收入传票按顺序排列代替卡片账。对清户账户的复核，应逐笔核对内容，审核利息计算是否正确。未清户收入传票的总余额应与日报表整存整取储蓄余额相符。二是对零存整取储蓄的复核。将开户的存款凭条按账号排列放入卡片账，根据续存凭条抽出该户上一张存款凭条，核对账号、户名、发生额、余额无误后，将续存凭条放入卡片箱，将抽出的凭条装订保管。销户账户根据销户存折，抽出该户上一张凭条，核对无误后，将两张凭条联在一起，一并装订保管。未抽凭条的余额数，应同日报表零存整取定期储蓄存款余额相符。三是对活期储蓄的复核。具体操作与零存整取的基本相同。

事后复核监督做法复杂，工作量大，但因监督严密，且能逐户逐笔监督，对于提高储蓄核算质量、维护储蓄存款安全具有一定作用。

(十)存单、存折的挂失

储户将存单、存折遗失，可向其开户行申请挂失。为了保护储户切身利益和国家财产安全，商业银行应慎重处理。存单、存折挂失的处理程序如下：

储户遗失存单、存折来商业银行申请挂失时，应填写挂失申请书一式三联，并提供本人身份证明。商业银行查明确没有支付时，以挂失申请书第一联留存备查；第二联加盖公章后交给储户，作为日后换取新存单(折)的凭证；第三联凭以登记"储蓄挂失登记簿"。并在挂失卡片账上用红笔注明"×年×月×日挂失"字样，以防冒领。

商业银行在挂失 7 天后，经过核对查实，没有发现问题和异议，储户可凭申请书第二联于七日后来行办理补发新存单(折)手续。补发时，应注销原户，另开新户。新存单(折)仍按原起息日计息，并在原账页及开销后登记簿上注明"挂失结清"字样，以便日后查考。

第三节　发行债券业务

一、发行债券的种类

债券是一种表明债权、债务关系的有价证券，是发行人向投资人出具的，在一定时期内按约定的条件，按期支付利息和本金的凭证。商业银行发行的债券一般称为金融债券。它是商业银行作为债务人为筹集中长期资金而发行的一种债务凭证。

按不同标准，金融债券可以划分为很多种类。最常见的分类有以下两种：

(一)按利息的支付方式划分

金融债券可分为附息金融债券和贴现金融债券。如果金融债券上附有多期息票，发行人定期支付利息，则称为附息金融债券；如果金融债券是以低于面值的价格贴现发行，到期按面值还本付息，利息为发行价与面值的差额，则称为贴现债券。比如票面金额为1 000元，期限为 1 年的贴现金融债券，发行价格为 900 元，1 年到期时支付给投资者1 000元，那么利息收入就是 100 元，而实际年利率就是 11.11%。按照国外通常的做法，贴现金融债券的利息收入要征税，并且不能在证券交易所上市交易。

(二)按发行条件划分

金融债券可分为普通金融债券和累进利息金融债券。普通金融债券按面值发行，到期一次还本付息，期限一般是 1 年、2 年和 3 年。普通金融债券类似于银行的定期存款，只是利率略高。累进利息金融债券的利率不固定，在不同的时间段有不同的利率，并且一年比一年高，也就是说，债券的利率随着债券期限的增加累进，比如面值1 000元、期限为 5 年的金融债券，第一年利率为 9%，第二年利率为 10%，第三年为 11%，第四年为 12%，第五年为 13%。投资者可在第一年至第五年之间随时去银行兑付，并获得规定的利息。

此外，金融债券也可以像企业债券一样，根据期限的长短划分为短期债券、中期债券和长期债券；根据是否记名划分为记名债券和不记名债券；根据担保情况划分为信用债券和担保债券;根据可否提前赎回划分为可提前赎回债券和不可提前赎回债券;根据债券票面利率是否变动划分为固定利率债券、浮动利率债券和累进利率债券;根据发行人是否给予投资者选择权划分为附有选择权的债券和不附有选择权的债券等。

债券从投资者角度分析具有流动性、安全性和盈利性特征。

二、债券发行价格的确定

发行债券一般具有较长的还本期,但到期时仍按照面值归还本金。这一面值实质上是债券到期时清偿的价值,即债券的终值。由于债券发行时的市场利率与票面利率往往不相等,所以债券的面值(终值)一般不等于债券发行时的实际价值(现值)。所以,在债券终值既定的条件下,发售时就应该按照货币的时间价值(即同一金额的货币在不同时间上的价值)将其终值折算为现值发售。现值是指将来支付或收到的既定款额按一定利率折算的现在价值。

债券发售价格由两部分所构成,一部分是按市场利率计算的票面未来本金偿还的现值;另一部分是按市场利率计算的票面未来债券利息的现值,下面分别加以说明。

(一)按市场利率将债券面值折算为现值

由于市场利率是发行公司实际负担的利率,所以,折算时必须按市场利率(实际利率)折算,而不是按票面利率(名义利率)折算。

假设债券面值为 P,债券面值的现值为 S,市场利率为 i,债券计息期数为 n。

复利计算公式为:$S = P(1+i)^{-n}$

单利计算公式为:$S = P(1+ni)^{-1}$

其中$(1+i)^{-n}$,$(1+ni)^{-1}$ 均称为现值系数。

(二)按市场利率将以票面利率计算的各期利息折算为现值

根据货币的时间价值,定期按票面利率计付的相等数额的利息类似于年金。发行价格的计算中应将票面利息按照年金现值的原理折算为现值,作为发行价格的一部分。

假设债券面值 P,票面利率为 r,市场利率为 i,债券计息期数为 n,票面利息的现值为 R。

复利计息公式为:

$$R = P \cdot r \cdot \frac{1-(1+i)^{[-n]}}{i}$$

单利计息公式为:

$$R = P \cdot r \cdot \frac{1-(1+ni)^{[-1]}}{i}$$

其中,$\frac{1-(1+i)^{[-n]}}{i}$、$\frac{1-(1+ni)^{[-1]}}{i}$ 均为年金现值系数。

综上所述,债券发行的价格为债券面值的现值与债券票面利息的现值之和。其计算公式为:

$$债券发行价格 = P \cdot (1+i)^{-n} + P \cdot r \cdot \frac{1-(1+i)^{-n}}{i}$$

或者

$$= P \cdot (1+ni)^{-1} + P \cdot r \cdot \frac{1-(1+ni)^{-1}}{i}$$

三、普通金融债券的核算

(一)会计科目的设置

商业银行为了能核算和反映发行债券业务的实际情况，专门设置“应付债券”负债类科目。用来核算商业银行为筹措长期资金而发行的金融债券及应付的利息。同时，考虑到发债时票面利率和市场利率的差异，以及导致的发行价格差异，本科目下设四个明细科目：债券面值、债券溢价、债券折价、应计利息。

(1)当发债时票面利率等于市场利率时，按面值发行，用“应付债券——债券面值”科目核算。

(2)当发债时票面利率高于市场利率时，发债人为了降低筹资成本，按溢价发行，溢价部分用“应付债券——债券溢价”科目核算。

(3)当发债时票面利率低于市场利率时，为了降低投资人的成本，按折价发行，折价部分用“应付债券——债券折价”科目核算。

(4)本科目应按债券种类进行明细核算。

(5)商业银行在发行债券时，应将待发行债券的票面金额、债券票面利率、还本期限与方式、发行总额、发行日期和编号、委托代售部门等情况在备查簿中进行登记。

(6)本科目的期末贷方余额，反映商业银行尚未偿付的债券本息数。

(二)债券发行时的账务处理

1. 按面值发行的处理

商业银行按面值发行债券时，会计分录为：

借：存放中央银行款项(或现金等)

　贷：应付债券——债券面值

2. 按溢价发行的处理

商业银行溢价发行债券时，会计分录为：

借：存放中央银行款项(或现金等)

　贷：应付债券——债券面值

　贷：应付债券——债券溢价

3. 按折价发行的处理

商业银行折价发行债券时，会计分录为：

借：存放中央银行款项(或现金等)

借：应付债券——债券折价

　贷：应付债券——债券面值

【例3-13】 假设M商业银行于某年1月1日发行5年期长期债券，面值为1 000万元，票面利率为10%，每年1月1日和7月1日各付息一次。要求分别下列三种情况计算债券发行价格并写出会计分录。

(1)若债券发行时，市场利率为10%；

(2)若债券发行时，市场利率为8%；

(3)若债券发行时，市场利率为12%。

解答：(1)据公式计算，发行1 000万元债券的价格是：

$$1\ 000\times7.721\ 734+1\ 000\times0.613\ 933=1\ 000(\text{万元})$$

会计分录为：

借：现金（或有关科目） 10 000 000

　贷：应付债券——债券面值 10 000 000

(2)据公式计算，发行 1 000 万元债券的价格是：

1 000×8.110 9+1 000×0.675 6=1 081.1(万元)

溢价=1 081.1−1 000=81.1(万元)

会计分录为：

借：现金（或有关科目） 10 811 000

　贷：应付债券——债券面值 10 000 000

　贷：应付债券——债券溢价 811 000

(3)据公式计算，发行 1 000 万元债券的价格是：

1 000×7.360 1+1 000×0.558 4=926.6(万元)

折价=1 000−926.4=73.6(万元)

会计分录为：

借：现金（或有关科目） 9 264 000

借：应付债券——债券折价 736 000

　贷：应付债券——债券面值 10 000 000

(三)债券发行费用的账务处理

支付的债券代理发行手续费及印刷费等发行费用，借记“业务及管理费”、“待摊费用”、“长期待摊费用”等科目，贷记“存放中央银行款项”等科目。

1.发债费用由本期负担

会计分录为：

借：业务及管理费

　贷：存放中央银行款项

2.发债费用由本期和不超过 1 年的以后各期负担

费用发生时，会计分录为：

借：待摊费用

　贷：存放中央银行款项

按受益期限分期摊销时，会计分录为：

借：业务及管理费

　贷：待摊费用

3.发债费用由超过 1 年的以后各期负担

费用发生时，会计分录为：

借：长期待摊费用

　贷：存放中央银行款项

按受益期限分期摊销时，会计分录为：

借：业务及管理费

　贷：长期待摊费用

【例 3-14】 引例 3-13，若发行债券时支付印刷费、手续费 1 000 元，要求写出会计分录。

会计分录为：

借：业务及管理费　1 000

　贷：现金（或有关科目）　1 000

（四）债券预提应付利息时的账务处理

商业银行发行的债券应按期计提利息；溢价或折价发行的债券，其实际收到的金额与债券票面金额的差额，应在债券存续期内分期摊销。摊销方法可以采用实际利率法，也可以采用直线法。

分期计提利息及摊销溢价、折价时，按以下情况处理：

1. 按面值发行计提利息的处理

按面值发行的债券计提利息时，会计分录为：

借：利息支出

　贷：应付债券——应计利息

2. 按溢价发行计提利息的处理

溢价发行债券计提利息时，会计分录为：

借：应付债券——债券溢价（应摊销的溢价金额）

利息支出（应计利息与溢价摊销额的差额）

　贷：应付债券——应计利息（按面值乘以票面利率计算应计利息）

3. 按折价发行计提利息的处理

折价发行的债券计提利息时，会计分录为：

借：利息支出（应摊销的折价金额应计利息之和）

　贷：应付债券——债券折价（应摊销的折价差额）

　　应付债券——应计利息（按面值乘以票面利率计算的应计利息）

（五）债券到期还本付息的账务处理

银行发行债券到期，支付债券本息时，会计分录为：

借：应付债券——债券面值

　应付债券——应计利息

　贷：存放中央银行款项（或现金等）

四、可转换债券的核算

为了吸引投资者，发行债券的商业银行允许债券持有者在将来一定日期后将其债券转换为普通股票，这种债券被称为可转换债券，可转换债券具有债券和股票两重性质：未转换之前是债券，转换后是股票。目前我国批准发行的可转换债券采用记名式无纸化发行方式，债券最短期限是3年，最长期限为5年。

商业银行发行可转换债券，在发行以及转换为股份之前，应按一般发行债券进行处理。当可转换债券持有人行使转换权利，将其持有的债券转换为股份或资本时，应按其账面价值结转；可转换债券账面价值与可转换股份面值之间的差额，减去支付现金后的余额，作为资本公积处理。

1. 可转换债券发行的核算

(1)可转换债券按面值发行时，会计分录为：

借:存放中央银行款项

贷:应付债券——可转换债券(债券面值)

(2)可转换债券溢价发行时,会计分录为:

借:存放中央银行款项

贷:应付债券——可转换债券(债券面值)

贷:应付债券——可转换债券(债券溢价)

(3)可转换债券折价发行时,会计分录为:

借:存放中央银行款项

借:应付债券——可转换债券(债券折价)

贷:应付债券——可转换债券(债券面值)

转换债券计提利息,摊销溢价折价的核算同一般债券。

2. 可转换债券持有人行使转换权利的核算

可转换债券持有人行使转换权利时,会计分录为:

借:应付债券——可转换债券(债券面值)

贷:实收资本(股本)

贷:资本公积——股本溢价

五、发行债券借款费用资本化的核算

(一)基本概念

1. 借款费用

借款费用,是指企业因借款而发生的利息及其相关成本。包括借款利息、折价或者溢价的摊销、辅助费用以及因外币借款而发生的汇兑差额等。

2. 符合资本化条件的资产

商业银行发生的借款费用,可直接归属于符合资本化条件的资产的购建或者生产的,应当予以资本化,计入相关资产成本;其他借款费用,应当在发生时根据其发生额确认为费用,计入当期损益。符合资本化条件的资产,是指需要经过相当长时间的购建或者生产活动才能达到可使用或者可销售状态的资产,包括固定资产和需要经过相当长时间的购建或者生产活动才能达到可使用或可销售状态的存货、投资性房产等。

3. 符合资本化条件的借款费用

符合资本化条件的借款费用是指商业银行为购建固定资产而借入的专门借款所发生的借款费用。其他借款费用均应于发生当期确认为费用,直接计入当期损益。

(二)借款费用资本化的相关规定

1. 借款费用资本化的条件

当同时满足以下三个条件时,商业银行为购建某项固定资产而借入的专门借款所发生的利息、折价或溢价的摊销应当开始资本化,计入所购建固定资产的成本:

(1)资产支出已经发生(只包括为购建固定资产而以支付现金、转移非现金资产或者承担带息债务形式发生的支出);

(2)借款费用已经发生;

(3)为使资产达到预定可使用状态所必要的购建活动已经开始。

2. 专门借款辅助费用的处理原则

对专门借款发生的辅助费用应按以下原则处理：

(1)专门借款发生的辅助费用，在所购建或者生产的符合资本化条件的资产达到预定可使用或者可销售状态之前发生的，应当在发生时根据其发生额予以资本化，计入符合资本化条件的资产成本；

(2)在所购建或者生产的符合资本化条件的资产达到预定可使用或者可销售状态之后发生的，应当在发生时根据其发生额确认为费用，计入当期损益。

一般借款发生的辅助费用，应当在发生时根据其发生额确认为费用，计入当期损益。

3. 借款费用停止资本化的规定

(1)当商业银行所购建的固定资产达到预定可使用状态时，应当停止借款费用的资本化；以后发生的借款费用应于发生当期直接计入当期损益。

“达到预定可使用状态”，是指固定资产已达到购买方或建造方预定的可使用状态。当存在下列情况之一时，可认为所购建的固定资产已达到可使用状态：①符合资本化条件的资产的实体建造(包括安装)或者生产工作已经全部完成或者实质上已经完成。②所购建或者生产的符合资本化条件的资产与设计要求、合同规定或者生产要求基本相符，即使有极个别与设计、合同或者生产要求不相符的地方，也不影响其正常使用或销售。③继续发生在所购建或生产的符合资本化条件的资产上支出的金额很少或者几乎不再发生。④购建或者生产的符合资本化条件的资产需要试生产或者试运行的，在试生产结果表明资产能够正常生产出合格产品、或者试运行结果表明资产能够正常运转或者营业时，应当认为该资产已经达到预定可使用或者可销售状态。

(2)购建或者生产的符合资本化条件的各部分分别完工，且每部分在其他部分继续建造过程中可供使用或者可对外销售，且为使该部分资产达到预定可使用或可销售状态所必要的购建或者生产活动实质上已经完成的，应当停止与该部分资产相关的借款费用的资本化。

(三)借款费用资本化的计算公式

1. 每一会计期间利息资本化金额的确定

商业银行每一会计期间利息资本化金额的计算公式如下：

每一会计期间利息的资本化金额

＝至当期末止购建固定资产累计支出加权平均数×资本化率

累计支出加权平均数

＝∑[每笔资产支出金额×每笔资产支出实际占用的天数/会计期间涵盖的天数]

为简化计算，也可以月数作为计算累计支出加权平均数的权数。

2. 专门借款资本化率的确定

资本化率的确定原则为：商业银行为购建固定资产只借入一笔专门借款时资本化率为该项借款的利率；商业银行为购建固定资产借入一笔以上的专门借款时，资本化率为这些借款的加权平均利率。加权平均利率的计算公式如下：

加权平均利率

＝专门借款当期实际发生的利息之和/专门借款本金加权平均数×100％

专门借款本金加权平均数

＝∑[每笔专门借款本金×每笔专门借款实际占用的天数/会计期间涵盖的天数]

为简化计算，也可以月数作为计算专门借款本金加权平均数的权数。

注意：商业银行每期的利息和折价或溢价摊销的资本化金额不得超过当期为购建固定资产的专门借款实际发生的利息和折价或溢价的摊销金额。

3.一般借款资本化率的确定

商业银行为购建或者生产符合资本化条件的资产而占用了一般借款的，应当根据累计资产支出加权平均数超过专门借款的部分乘以所占用一般借款的资本化率，计算确定一般借款利息中应予资本化的金额。一般借款的资本化率应当根据一般借款加权平均利率确定，其计算方法与专门借款加权平均利率计算方法相同。

(三)借款费用资本化的账务处理

1.发生在固定资产购建过程中应予资本化的借款费用

记录发生在固定资产购建过程中应予资本化的借款费用，会计分录为：

借：在建工程

　贷：银行存款(辅助费用)

　　预提费用(一般借款利息)

　　长期借款(专门借款利息、外汇借款利息及汇兑差额)

　　应付债券(应付债券利息及溢价折价的摊销)

在固定资产达到预定可使用状态后，会计分录为：

借：固定资产

　贷：在建工程

2.发生在投资性房地产购建过程中应予资本化的借款费用

记录发生在投资性房地产购建过程中应予资本化的借款费用，会计分录为：

借：开发成本

　贷：银行存款(辅助费用)

　　预提费用(一般借款利息)

　　长期借款(专门借款利息、外汇借款利息及汇兑差额)

　　应付债券(应付债券利息及溢价折价的摊销)

在投资性房地产达到预定可使用状态后，会计分录为：

借：投资性房地产

　贷：开发成本

3.不予资本化的借款费用

记录不予资本化的借款费用，会计分录为：

借：利息支出

　贷：银行存款

　　长期借款

　　应付债券

【例 3-15】 某公司于 2005 年 1 月 1 日采取出包方式开始建造厂房，到 12 月 31 日发生支出如下表。该公司于 2005 年 1 月 1 日发行 3 年期债券，票面价值为 1 000 万元，票面利率为 5%，每年年末支付利息，到期还本。债券发行价格为 1 100 万元，不考虑发行费用。另外在 2005 年 4 月 1 日又专门借款 500 万元，借款期为 4 年，年利率为 8%。该公司还有流动资金借款 500 万元,借款年利率为 4%。要求:按年度计算应予资本化的利息金额。

建造厂房发生支出 单位:万元

日期	每期资产支出金额	资产支出累计
1 月 1 日	150	150
2 月 1 日	200	350
3 月 1 日	130	480
4 月 1 日	100	580
5 月 1 日	130	710
6 月 1 日	160	870
7 月 1 日	120	990
8 月 1 日	100	1 090
9 月 1 日	150	1 240
10 月 1 日	280	1 520
11 月 1 日	160	1 680
12 月 1 日	140	1 820

计算 2005 年累计支出加权平均数

该公司 2005 年度为建造固定资产共支出 1 820 万元,而专门借款金额为1 500万元。截至 2005 年 10 月,支出总额开始超过专门借款金额,应考虑占用的一般借款。

2005 年累计支出计算表 单位:万元

日期	支出金额	资本化期间	累计支出加权平均数
1 月	150	360/360	150
2 月	200	330/360	183.33
3 月	130	300/360	108.33
4 月	100	270/360	75
5 月	130	240/360	86.67
6 月	160	210/360	93.33
7 月	120	180/360	60
8 月	100	150/360	41.67
9 月	150	120/360	50
10 月	280	90/360	70
11 月	160	60/360	26.67
12 月	140	30/360	11.67
合计	1 820		956.67

计算资本化率

专门借款 2005 年度实际发生的利息为:

债券利息=1 000×5%=50(万元)

债券溢价摊销金额=100÷3=33.3(万元)

专门借款利息＝500×8%×9÷12＝30(万元)

一般借款利息＝320×4%×3÷12＝3.2(万元)

借款本金加权平均数＝1 000＋500×9÷12＋320×3÷12＝1 455(万元)

资本化率＝(50＋33.33＋30＋3.2)÷1 455＝8%

应予资本化的利息金额＝956.67×8%＝76.5336(万元)

会计分录为：

借：在建工程 765 336

借：利息支出 399 664

　贷：长期借款 300 000

　　应付债券——应计利息 500 000

　　　　　——债券溢价 333 000

　　银行存款 32 000

第四节　其他负债业务

商业银行的其他负债主要包括各种应付预收款、或有负债及其他。实质上属于商业银行的流动负债范畴。

一、应付利息

应付利息是指商业银行吸收的存款及各种借款发生的当期应付未付的利息。商业银行计算应付利息时，借记“利息支出”、“金融企业往来支出”等科目，贷记“应付利息”。实际支付利息时，借记“应付利息”科目，贷记“活期存款”、“定期存款”、“联行往来——联行往账”等科目。“应付利息”科目应按存款、借款的种类进行明细核算。

在预提定期存款利息时，会计分录为：

借：利息支出

　贷：应付利息

实际支付时，会计分录为：

借：应付利息

　贷：单位活期存款(或现金等)

二、应付工资

应付工资是指商业银行应付给职工的工资总额。主要包括在工资总额内的各种工资、奖金、津贴等，但不包括在工资总额内的职工福利方面的费用和劳动保险以及劳动保护等的各种支出，如医药费、福利补助、退休费等。

为了核算工资的结算和分配情况，商业银行专门在负债类科目中设置了“应付工资”科目。银行行政部门按规定向银行会计部门提取现金发放工资时，借记“拨付周转金”科目，贷记“费用周转金”科目，同时，借记“费用周转金”科目，贷记“现金”科目。

当支付工资时，借记“应付工资”科目，贷记“拨付周转金”科目。从应付工资中扣还的各种款项(如代垫的房租、家属药费、个人所得税等)，借记“应付工资”科目，贷记“其他应收款”、“应交税金—应交个人所得税”等科目。职工在规定期限内未领取的工资，由发放单位及时交回会计部门，借记“现金”科目，贷记“其他应付款”科目。

月份终了，应将本月应发的工资进行分配：

(1)业务经营部门的人员工资，借记“业务及管理费”科目，贷记“应付工资”。

(2)应由在建工程负担的人员工资，借记“在建工程”科目，贷记“应付工资”科目；

(3)应由工会经费开支的工会人员的工资，借记“其他应付款”科目，贷记“应付工资”科目。

(4)应由职工福利费开支的人员工资，借记“应付福利费”科目，贷记“应付工资”科目。

商业银行应设置“应付工资明细账”，按照职工类别分设账页，按照工资的组成内容分设专栏，根据“工资单”或“工资汇总表”进行登记。

【例 3－16】 某商业银行按规定计算6月份业务经营部门职工工资，工资总额为250 000元。

实际发放时，会计分录为：

借：应付工资　　250 000

　贷：现金　　250 000

月份终了，对该月应发的工资进行分配时，会计分录为：

借：业务及管理费　　250 000

　贷：应付工资　　250 000

三、应付福利费

应付福利费是指商业银行按工资总额的一定比例提取的职工福利费，用于职工福利方面的开支。按现行财务制度规定，职工福利费按工资总额的14%计提。其主要用于职工的医药费、医护人员的工资、医务经费，职工因公负伤赴外地就医的路费，职工生活困难补助，职工浴室、理发室、幼儿园、托儿所人员的工资，以及国家规定开支的其他职工福利支出。

为了核算职工福利费的提取和支用情况，商业银行专门在负债类科目中设置了“应付福利费”科目。

外资银行按规定从税后利润中提取的职工奖励及福利基金，用于支付职工的非经常性奖金(如特别贡献奖、年终奖等)和职工集体福利的，也通过“应付福利费”科目核算。

商业银行提取福利费时，借记“业务及管理费”科目，贷记“应付福利费”科目。商业银行发生福利费支出后，行政部门向会计部门报销时，借记“应付福利费”科目，贷记“拨付周转金”科目。同时，借记“拨付周转金”科目，贷记“费用周转金”科目。

【例 3－17】 引【例 3－16】，该商业银行按职工工资总额的14%提取职工福利费。

会计分录为：

借：业务及管理费　　35 000

　贷：应付福利费　　35 000

四、应交税金

应交税金是指商业银行应交纳的各种税金，如营业税、所得税、房产税、车船使用税、土地增值税、城市维护建设税、土地使用税、个人所得税等。

商业银行交纳的印花税、耕地占用税、燃油税等不属于应交税金范畴。

"应交税费"科目下设:应交营业税、应交所得税、应交土地增值税、应交城市维护建设税、应交房产税、应交土地使用税、应交车船使用税、应交个人所得税明细科目。

(1)期末,银行计算出应交纳的营业税和城市维护建设税时,会计分录为:

借:营业税金及附加

　贷:应交税费——应交营业税

(2)银行计算出应交纳的所得税时,会计分录为:

借:所得税

　贷:应交税费——应交所得税

(3)按规定计算应交的房产税、土地使用税、车船使用税时,会计分录为:

借:业务及管理费

　贷:应交税费——应交房产税

　　应交税费——应交土地使用税

　　应交税费——应交车船使用税

(4)银行计算出应交土地增值税时,会计分录为:

借:固定资产清理

　在建工程

　贷:应交税费——应交土地增值税

(5)商业银行按规定计算应代扣代交的职工个人所得税时,会计分录为:

借:应付工资

　贷:应付税费——应交个人所得税

(6)商业银行交纳各种税金时,会计分录为:

借:应交税费

　贷:存放中央银行款项(或现金)

【例 3-18】 某银行建业支行一月份营业收入为 638 000 元,其中:金融企业往来收入为 120 000 元,按 5%税率计提营业税,按 7%的税率计提城市维护建设税。

营业收入应纳营业税额=(638 000-120 000)×5%=25 900(元)

应纳城市维护建设税额=25 900×7%=1 813(元)

会计分录为:

借:营业税金及附加　　27 713

　贷:应交税费——应交营业税　　25 900

　　应交税费——应交城市维护建设税　　1 813

五、应付利润

应付利润是指商业银行应支付给投资者的利润,包括应付国家、其他单位以及个人的投资利润。

期末,商业银行计算应付利润时,借记"利润分配"科目,贷记"应付利润"科目。实际支付利润时,借记"应付利润"科目,贷记"存放中央银行款项"等科目。

"应付利润"科目按投资者进行明细核算。在股份制银行使用"应付股利"科目,核算方法不变。

【例 3-19】 某银行江海支行全年实现净利润为 667 000 元，按 60%的比例计提分配给投资者的利润。

会计分录为：

借：利润分配　　400 200

　贷：应付利润　　400 200

六、暂收款

暂收款是指商业银行已经收到的需在短期内付出的临时性款项，其期限由商业银行总行统一确定。超出规定期限的应转入其他应付款科目核算。

商业银行收入款项时，借记"联行往来——联行来账"等科目，贷记"暂收款"科目；付出款项时，借记"暂收款"科目，贷记"联行往来——联行往账"等科目。超出规定期限转入"其他应付款"科目时，借记"暂收款"科目，贷记"其他应付款"科目。

"暂收款"科目按业务种类进行明细核算。

【例 3-20】 某银行金州支行收到建业支行寄来的贷方报单，金额为23 000元，经审核为暂收款。

会计分录为：

借：联行往来——联行来账　　23 000

　贷：暂收款　　23 000

七、其他应交款

其他应交款是指商业银行除应交税金、应付利润等以外的其他各种应交的款项，包括应交的教育费附加、应交住房公积金等。

商业银行按规定计算出应交纳的各种款项，借记"营业税金及附加"等科目，贷记"其他应交款"科目；交纳时，借记"其他应交款"科目，贷记"存放中央银行款项"等科目。

"其他应交款"科目应按其他应交款的种类进行明细核算。

【例 3-21】 某银行按规定计提应交的教育费附加，金额为 5 720 元。

会计分录为：

借：营业税金及附加　　5 720

　贷：其他应交款——应交教育费附加　　5 720

八、其他应付款

其他应付款是指商业银行应付其他单位或个人的款项，包括应付其他债权人和追索权人的各类款项、应付不在本行开户的客户的款项、应付委托贷款或投资资金的利息、投资收益、应付代收的委托贷款和投资的利息、投资收益、收取的保管箱押金、工会经费、职工教育经费等。

发生其他应付款项时，借记"存放中央银行款项"、"利息支出"、"业务及管理费"等科目，贷记"其他应付款"科目。支付时，借记"其他应付款"科目，贷记"存放中央银行款项"、"现金"等科目。

"其他应付款"科目应按应付款项的类别和单位或个人进行明细核算。

【例 3－22】 某行全年工资总额为 40 万元，按规定计提工会经费 8 000 元，计提职工教育经费 6 000 元。

会计分录为：

借：业务及管理费——工会经费 8 000

——职工教育经费 6 000

贷：其他应付款——工会经费 8 000

——职工教育经费 6 000

九、预提费用

预提费用是指商业银行按规定从营业费用中预先提取但尚未支付的费用，如预提的租金、保险费等。

商业银行按规定预提计入本期营业费用的各项支出时，借记“业务及管理费”等科目，贷记“预提费用”等科目。实际的支出大于预提的数额，应视同待摊费用，分期摊入营业费用。

“预提费用”科目应按照费用种类进行明细核算。

【例 3－23】 某银行会城支行于 2006 年 10 月预提本月保险费 13 000 元。

会计分录为：

借：业务及管理费 13 000

贷：预提费用 13 000

本章小结

负债是商业银行的主要资金来源，属于债权人权益。商业银行能否正常经营，这部分资金起着决定性作用，所以它是商业银行会计核算的主要要素。通过本章的学习，使学生能够全面了解商业银行负债的种类；理解商业银行负债的过程；掌握负债的概念及特征、负债的计价方法、存款负债业务核算、发行债券业务核算及其他负债业务核算等内容。

关键术语

负债　存款负债　一般存款账户　临时存款账户　专用存款账户

储蓄存款　借款费用

思考练习题

1. 简述负债的概念及其特征。
2. 简述负债的计价原则。
3. 银行为单位开立的各种存款账户，其办理业务范围是怎样规定的？
4. 单位活期存款如何核算？
5. 单位存款利息计算的基本规定如何？如何计算利息？
6. 储蓄存款的政策和原则是什么？
7. 储蓄存款利息应如何计算？
8. 债券的发行价格如何确定？
9. 如何对债券的溢价、折价进行摊销？

10. 简述可转换债券及核算。

11. 某支行6月20日结息时，1年期单位存款累计应计息积数17 500 000元，2年期单位定期存款累计应计息积数18 200 000元。假设1年期存款月利率为1.875‰，2年存款月利率为2.025‰。要求计算预提利息，并写出会计分录。

12. 某储户2000年2月1日存入整存整取储蓄存款10 000元，定期1年，该储户于2002年2月1日来行支取本息，存入时1年期存款月利率1.875‰，2002年2月1日挂牌活期月利率0.825‰。

13. 某商业银行2000年1月1日开始建造一项固定资产，专门借款有两项：

(1)2000年1月1日借入的3年期借款100万元，年利率为6%；

(2)2000年1月1日发行的3年期债券200万元，票面年利率为5%，债券发行价格为170万元，折价30万元(不考虑发行债券发生的辅助费用)。

假定资产建造从1月1日开始，截至3月31日，计算得出的累计支出加权平均数为90万元，截至6月30日，计算得出的累计支出加权平均数为150万元，债券折价采用直线法摊销。要求计算该商业银行2000年第一季度和第二季度应予资本化的利息金额，并写出账务处理分录。

第四章　资产业务

本章要点

1. 资产的分类与计量
2. 贷款的概念、种类与业务核算
3. 证券资产业务的分类与业务核算
4. 固定资产的概念、分类与业务核算
5. 无形资产的概念、分类与业务核算

第一节　资产业务概述

一、资产的分类

资产是指商业银行过去的交易或者事项形成的、由商业银行拥有或者控制的、预期会给商业银行带来经济利益的资源。

(一)按资产的流动性划分

1. 流动资产

资产满足下列条件之一的，应当归类为流动资产：

(1)预计在一个正常营业周期中变现、出售或耗用。

(2)主要为交易目的而持有。

(3)预计在资产负债表日起1年内(含1年，下同)变现。

(4)在资产负债表日起1年内，交换其他资产或清偿负债的能力不受限制的现金或现金等价物。

2. 非流动资产

流动资产以外的资产应当归类为非流动资产。即不准备在一年内变现，为盈利目的而持有的资产，如中、长期贷款，固定资产投资、证券投资等。

(二)按资产的形式划分

1. 有形资产

商业银行有占用形式的资产为有形资产。主要包括：现金资产、贷款资产、证券资产、固定资产及其他资产。

2. 无形资产

无形资产相对于有形资产而言。是指企业拥有或者控制的没有实物形态的可辨认非货币性资产。包括专利权、非专利技术、商标权、著作权、土地使用权等。企业自创的商誉，以及未满足无形资产确认条件的其他项目,不能作为企业的无形资产。

二、资产的计量

资产的计量,是指入账的资产应按什么样的金额予以记录和报告。目前可供选择的计量方法主要有历史成本计量法、重置成本计量法、公允价值计量法、可变现净值和未来现金流量现值计量法等。

(一)历史成本计量法

历史成本是指按照购置时支付的现金或现金等价物的金额,或者按照购置资产时所付出的对价的公允价值计量。一般情况下,资产的历史成本越高,其原始价值就越大;反之,资产的原始价值就越小。

【例 4-1】 2007 年 1 月 5 日,某股份制银行在公开交易的股市上购买了 T 投资银行的 1 500 000股股票,价值为 4 500 000 元,相关交易费用 80 000 元。则该股份制银行在进行账务处理时,长期股权投资初始成本(历史成本)为:

初始投资成本＝实际支付的购买价款＋与其相关的费用、税金及其他必要支出

＝4 500 000＋80 000

＝4 580 000(元)

(二)重置成本计量法

重置成本是指按照现在购买相同或者相似资产所需支付的现金或者现金等价物的金额计量,分为复原重置成本和更新重置成本。适用的前提是资产处于在用状态,一方面反映资产已经投入使用,另一方面反映资产能够继续使用,对所有者具有使用价值。如:评估一项银行目前正在使用的固定资产或无形资产的价值,需要利用重置成本减去贬损价值。

更新重置成本计算公式为:更新重置成本＝直接成本＋间接成本。其中,直接成本＝现行市场购置价＋相关税费;间接成本是购置资产时所花费的不能直接计入购置成本中的那部分成本,如专项的管理费用等。

(三)公允价值计量法

公允价值是指按照在公平交易中,熟悉情况的交易双方自愿进行资产交换或债务清偿的金额计量。采用该模式时,应满足:某资产存在活跃的交易市场;能够从交易市场取得同类或类似资产的市场价格及相关信息作为参照,从而对该资产的公允价值做出科学合理的估计。

公允价值法下计量的资产,不计提折旧或进行摊销,公允价值与原账面价值的差额计入当期损益。如:交易性金融资产、直接指定为以公允价值计量且其变动计入当期损益的资产、采用公允价值模式计量的投资性房地产、衍生工具和套期业务等,其后续计量按照公允价值进行,意味着账面价值一直处于变动之中。

(四)可变现净值计量法

可变现净值是指资产按照其正常对外销售所能收到现金或者现金等价物的金额扣减该资产至完工时估计将要发生的成本、估计的销售费用以及相关税费后的金额计量。

【例 4-2】 2007 年 3 月 14 日,甲银行库存的原来为组装信息系统设备 X 而购入的原材料——A 材料——市场销售价格下降,市场上用 A 材料组装的设备 X 的市场销售价格也发生了相应下降,下降了 10%(从 90 000 元跌至 81 000 元)。假设估计销售费用及税金为 3 000 元,将 A 材料组装成 X 设备尚需投入 48 000 元。

则X设备的可变现净值为：

X可变现净值＝X设备估计售价－估计的销售费用及相关税金

＝81 000－3 000

＝78 000(元)

A材料的可变现净值为：

A可变现净值＝X设备的估计售价－将A材料组装成X设备尚需投入的成本－估计的销售费用及相关税金

＝81 000－48 000－3 000

＝30 000(元)

(五)现值计量法

现值是指按照预计从其持续使用和最终处置中所产生的未来净现金流入量的折现金额计量。如：银行在计提某些资产减值准备时，要将预计未来现金流现值与账面原值的差额计入减值准备。因此，现值是资产计量的重要标准之一。

【例4－3】 2007年12月31日，A银行对经营过程中使用的某项固定资产进行减值测试时，先要确定预计未来现金流量的现值。预计尚可使用5年，其在未来5年内每年年末产生的现金流量分别如下所示。假定折现率为5%，有关计算过程如下：

年　度	预计未来现金流量(元)	现值系数	预计未来现金流量现值(元)
2008年	400 000	0.9524	380 960
2009年	360 000	0.9070	326 520
2010年	320 000	0.8638	276 416
2011年	250 000	0.8227	205 675
2012年	200 000	0.7835	156 700
合　计			1 346 271

第二节　现金资产业务

一、现金资产业务概述

(一)现金资产业务的内涵

现金资产是商业银行持有的库存现金以及与现金等同的可随时用于支付的银行资产。商业银行的现金资产一般包括以下几类：

(1)库存现金。是指商业银行保存在金库中的现钞和硬币，用于日常零星开支。

(2)在中央银行存款。是指商业银行存放在中央银行的资金，即存款准备金。在中央银行存款由两部分构成：一是法定存款准备金；二是超额准备金。

(3)存放同业存款。是指商业银行存放在代理行和相关银行的存款。即指银行之间由于日常资金往来而发生的存入境内、境外其他银行或非银行金融机构及本系统内其他银行机构的往来款项。

(4)在途资金。也称托收未达款，它是指本行通过对方银行向外地付款单位或个人收取的票据款。

(二)现金资产业务的科目设置

1."现金"科目

本科目核算银行库存的人民币和外币现金以及运送中的外币现金。收到现金时,借记本科目,贷记"活期存款"等科目;支出现金,做相反的会计分录。

2."拨付周转金"科目

银行内部行政部门周转使用的备用金,通过本科目核算。

3."待处理财产损溢"科目

每日终了结算现金收支、财产清查等发现的有待查明原因的现金短缺或溢余,通过本科目核算。属于现金短缺,按实际短缺金额,借记"待处理财产损溢——待处理流动资产损溢"科目,贷记本科目;属于现金溢余,做相反的会计分录。

4."存放中央银行款项"科目

本科目核算银行存放于中国人民银行(以下简称"中央银行")的各种款项,包括业务资金的调拨、办理同城票据交换和异地跨系统资金汇划、提取或缴存现金等。增加在中央银行的存款,借记本科目,贷记"清算资金往来"等科目;减少在中央银行的存款,做相反的会计分录。

5."贵金属"科目

本科目核算银行买入的黄金、白银等贵金属。银行买入贵金属时,借记本科目,贷记"现金"等有关科目;卖出贵金属时,做相反的会计分录。

6."贵金属损益"科目

本科目用来核算银行买卖黄金、白银等贵重金属发生的收益或损失。银行确认买卖贵金属收益时,借记"现金"等有关科目,贷记本科目;确认买卖贵金属损失时,做相反的会计分录。本科目应按买卖贵金属的种类进行明细核算。期末,应将本科目余额转入"本年利润"科目,结转后本科目应无余额。

二、现金收付业务核算

商业银行日常现金收入和付出的途径很多,包括公司业务和零售业务以及银行内部现金的上交和提入现金等等。以下仅以公司为例。

(一)现金收入的核算

收到现金时,借记"现金"科目,贷记相关科目。会计分录为:

借:现金

　贷:单位活期存款——××单位存款户

【例 4-4】 某银行收到福日兴电视机厂现金 20 000 元。其会计分录为:

借:现金　　20 000

　贷:单位活期存款——福日兴电视机厂存款户　　20 000

(二)现金付出的核算

单位领取现金时,其会计分录为:

借:单位活期存款——××单位存款户

　贷:现金

【例 4-5】 福日兴电视机厂凭现金支票从银行提取现金 10 000 元。其会计分录为:

借:单位活期存款——福日兴电视机厂存款户　　10 000

贷:现金 10 000

三、出纳错款的核算

出纳错款是指在办理现金收付过程中发生的现金多缺,致使账款不符。

(一)出纳长款的核算

发生长款时,如当日未能查明原因,会计分录为:

借:现金

贷:待处理财产损溢——待处理流动资产损溢

经查明原因后:

(1)如长款属于单位多交或银行少付的,应及时退还原主。会计分录为:

借:待处理财产损溢——待处理流动资产损溢

贷:其他应付款——待处理出纳长款户

实际支付给客户时,会计分录为:

借:其他应付款——待处理出纳长款户

贷:现金

(2)如属于无法查明原因的现金溢余,经批准后,可列作银行收益。会计分录为:

借:待处理财产损溢——待处理流动资产损溢

贷:营业外收入——出纳长款收入户

(二)出纳短款的核算

发生短款时,如当日未能查清和找回,会计分录为:

借:待处理财产损溢——待处理流动资产损溢

贷:现金

(1)经查明原因,追回短款。会计分录为:

借:现金

贷:待处理财产损溢——待处理流动资产损溢

(2)经过认真查找确实无法找回时,属于技术性短款或一般责任事故的,按规定的审批手续予以报损。计会分录为:

借:业务及管理费

贷:待处理财产损溢——待处理流动资产损溢

【例 4-6】 某商业银行营业终了时,发生出纳长款 100 元,后查明是银行某项业务中少支付金额。其会计分录为:

借:待处理财产损溢——待处理流动资产损溢 100

贷:其他应付款——待处理出纳长款户 100

实际支付给客户时,会计分录为:

借:其他应付款——待处理流动资产损溢 100

贷:现金 100

【例 4-7】 某商业银行营业终了时,发生出纳短款 100 元,且无法找回。其会计分录为:

借:业务及管理费 100

贷:待处理财产损溢——待处理流动资产损溢 100

第三节　贷款资产业务

贷款是指商业银行对借款人提供的按约定的利率和期限还本付息的货币资金。贷款业务是商业银行的主要资产业务之一，也是商业银行资金运用的主要形式。

一、贷款业务的科目设置与使用

1.“短期贷款”科目

本科目用来核算银行根据有关规定发放的各种短期贷款。

商业银行向借款人发放贷款时，借记本科目，贷记“活期存款”科目；收回贷款本息时，做相反的会计分录。

短期贷款到期未还转为逾期贷款时，借记“逾期贷款”科目，贷记本科目。

本科目应按贷款种类进行明细核算。

2.“中期贷款”科目

本科目用来核算银行发放的各种中期贷款。

商业银行向借款人发放中期贷款时，借记本科目，贷记“活期存款”科目；收回贷款时，做相反的会计分录。

中期贷款到期未还转为逾期贷款时，借记“逾期贷款”科目，贷记本科目。中期贷款逾期90天及以上时，借记“非应计贷款”科目，贷记“逾期贷款”科目。

本科目应按贷款种类进行明细核算。

3.“长期贷款”科目

本科目用来核算银行发放的各种长期贷款。

商业银行向借款人发放长期贷款时，借记本科目，贷记“活期存款”科目；收回贷款时，做相反的会计分录。

长期贷款逾期转为逾期贷款时，借记“逾期贷款”科目，贷记本科目。长期贷款逾期90天及以上时，借记“非应计贷款”科目，贷记“逾期贷款”科目。

本科目应按贷款种类进行明细核算。

4.“贴现”科目

本科目用来核算银行向持有未到期商业汇票的客户办理贴现的款项。对其他银行办理的转贴现资金也在本科目核算。

商业银行为客户办理贴现时，按汇票金额，借记本科目，按计算的贴现利息，贷记“利息收入”科目，按实付贴现金额，贷记“活期存款”等科目。贴现到期，收到委托收款划回的款项时，借记“联行往来——联行来账”、“辖内往来——辖内来账”等科目，贷记本科目；贴现到期，未收到付款人的票款时，借记“活期存款”、“逾期贷款”（付款人账户余额不足支付时）等科目，贷记本科目。

本科目按性质和贴现申请人进行明细核算。

5.“逾期贷款”科目

本科目用来核算银行发放的借款合同约定到期（含展期后到期，下同）未归还，但逾期未满90天的贷款，以及其他按照有关规定作为逾期贷款核算的款项。逾期满90天及以上的贷款，在“非应计贷款”科目核算,不在本科目核算。

贷款到期未归还,转为逾期贷款时,借记本科目,贷记“短期贷款”、“中期贷款”或“长期贷款”科目。收回贷款时,借记“活期存款”科目,贷记本科目。转作非应计贷款时,借记“非应计贷款”科目,贷记本科目。

本科目的明细核算应与有关贷款科目保持一致。

6.“非应计贷款”科目

本科目用来核算银行发放的逾期满90天及超过90天仍不能归还的贷款和贷款虽然未到期或逾期不到90天,但生产经营已停止、项目已停建的贷款。

逾期贷款转为非应计贷款时,借记本科目,贷记“逾期贷款”科目。收回贷款的还款时,借记“活期存款”科目,贷记本科目。非应计贷款不再计提应收利息,并且将原已入账的利息收入和应收利息予以冲销,借记“利息收入”科目,贷记“应收利息”科目,同时将待收利息转入表外科目。

本科目的明细核算应与有关贷款科目保持一致。

7.“贷款损失准备”科目

本科目用来核算银行用于补偿贷款损失的专项准备。商业银行不承担风险的委托贷款和同业拆借资金等不得提取贷款损失准备。本科目应当按照专项准备和特种准备分别设置明细科目进行核算。

提取贷款损失准备时,借记“资产减值损失——计提的贷款损失准备”科目,贷记本科目。冲减贷款损失准备时,做相反的会计分录。

商业银行用贷款损失准备金核销贷款损失时,应区分情况处理:直接使用贷款损失准备核销贷款损失时,借记本科目,贷记“非应计贷款”等科目;管辖行核拨贷款损失准备金核销的,管辖行将损失准备金拨付经办行时,借记本科目,贷记“联行往来——联行往账”、“辖内往来——辖内往账”等科目;经办行收到贷款损失准备金后,办理转账时,借记“联行往来——联行来账”、“辖内往来——辖内来账”等科目,贷记“非应计贷款”科目。

本科目期末贷方余额,反映银行已提取的贷款损失准备金。一旦计提,不得转回。

8.“应收利息”科目

本科目用来核算银行对发放贷款、存放同业、拆出资金等生息资产当期应收取而未收到的利息。按期计提应收利息时,借记本科目,贷记“利息收入”、“金融企业往来收入”等科目;收回利息时,借记“活期存款”科目,贷记本科目。

已计提的贷款应收利息逾期90天后仍未收到时,借记“利息收入”科目,贷记“应收利息”科目;同时将应收利息纳入表外核算。

已纳入表外核算的应收利息,如果以后又收回,应先冲减本金,当贷款本金全部收回后,若再收到还款时,借记“活期存款”科目,贷记“利息收入”科目。

本科目应按生息资产种类进行明细核算。

9.“利息收入”科目

本科目用来核算银行向客户发放贷款按国家规定的利率计算的利息收入,包括贷款利息收入和贴现利息收入。

商业银行按月计算应计入当期损益的应收利息时,借记“应收利息”等科目,贷记本科目、“金融企业往来收入”等科目;按季结息时,借记“活期存款”等科目,贷记“应收利息”科目。

贷款本金逾期 90 天或贷款本金尚未逾期，但应收利息逾期 90 天的贷款，其应收利息不再计入当期损益，而应在表外科目“未收贷款利息”科目核算。

本科目应按业务种类进行明细核算。

期末，应将本科目余额结转“本年利润”，借记本科目，贷记“本年利润”科目，结转后本科目应无余额。

二、信用贷款和抵押贷款的核算

(一)信用贷款的核算

信用贷款是以借款人的信誉和信用状况为基础而发放的贷款。这种贷款需逐笔申请，逐笔立据审核，确定期限，到期归还。

1. 贷款发放的核算

借款人取得信用贷款的程序，如图 4－1 所示：

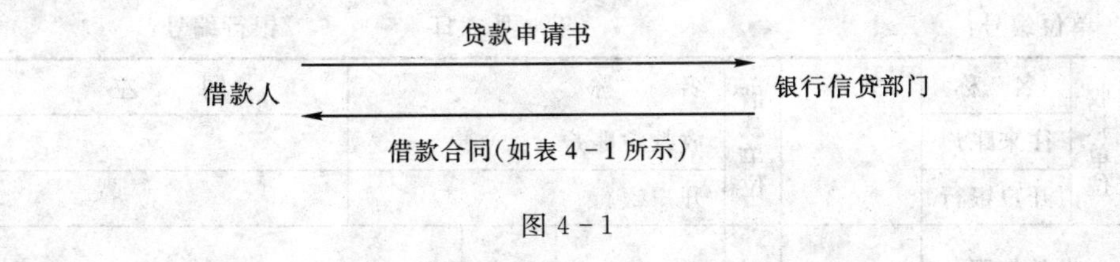

图 4－1

表 4－1　借款合同书

借款人		账号		已借贷款金额	
申请贷款金额		还款日期		借款利息(月息)	
借款用途及理由					
借款方 借款单位(章) 负责人(章)经办人(章)		借款担保方 担保方单位(章) 负责人(章)		贷款方 贷款银行(章) 经办人(章)	
银行审核意见					
上列贷款按银行核定金额，双方商定如下合同，共同遵守： 1. 贷款方应按核定的贷款金额用途，保证按计划提供贷款；否则，应按规定付给借款方违约金。 2. 借款单位保证按规定的用途使用贷款，不经贷款方同意，不得挪作他用。如转移贷款用途，贷款方有权进行罚息、提前收回贷款、停止发放新的贷款等信用制裁。 3. 上列借款，保证按期归还，如需延期，借款方最迟在贷款到期前 3 天提出延期申请，经贷款方同意办理延期手续。贷款方未同意延期或未办理延期手续的逾期贷款，按政策规定加收 20％～50％的利息。 4. 贷款到期后一个月，如借方不按期归还本息时，由担保单位负责为借款方偿还本息和逾期罚息。 5. 本合同一式三份，借贷双方各持一份，担保单位一份。					

借款单位用款时，其程序如图 4－2 所示：

借款单位 —借款凭证(如表 4-2 所示)→ 信贷部门 —借款凭证→ 会计部门

图 4-2

会计部门收到借款凭证,经审核无误后,办理放款手续。会计分录为:

借:短期贷款(或中长期贷款)——借款单位贷款户

　贷:单位活期存款——借款单位存款户

【例 4-8】 N 公司于 1999 年 7 月 25 日申请一笔 200 000 元的半年期贷款,年利率 5.472%,经审查同意发放。

借:短期贷款——N 公司　　200 000

　贷:单位活期存款——N 公司　　200 000

表 4-2　银行(贷款)借款凭证(申请书代付出凭证)

单位编号:　　　　年　月　日　　　　银行编号:

<table>
<tr><td rowspan="3">收款单位</td><td>名　称</td><td rowspan="3"></td><td rowspan="3">借款单位</td><td colspan="2">名　　称</td><td colspan="10">同　　左</td></tr>
<tr><td>往来账户</td><td colspan="2">放款户账户</td><td colspan="10"></td></tr>
<tr><td>开户银行</td><td colspan="2">开户银行</td><td colspan="10"></td></tr>
<tr><td colspan="2">借款期限
(最后还款日)</td><td></td><td>利率</td><td></td><td>起息日期</td><td colspan="10"></td></tr>
<tr><td colspan="2" rowspan="2">借款申请金额</td><td colspan="4" rowspan="2">人民币
(大写)</td><td>千</td><td>百</td><td>十</td><td>万</td><td>千</td><td>百</td><td>十</td><td>元</td><td>角</td><td>分</td></tr>
<tr><td></td><td></td><td></td><td></td><td></td><td></td><td></td><td></td><td></td><td></td></tr>
<tr><td colspan="2" rowspan="2">借款原因
及用途</td><td rowspan="2"></td><td colspan="3" rowspan="2">银行核定金额</td><td>千</td><td>百</td><td>十</td><td>万</td><td>千</td><td>百</td><td>十</td><td>元</td><td>角</td><td>分</td></tr>
<tr><td></td><td></td><td></td><td></td><td></td><td></td><td></td><td></td><td></td><td></td></tr>
<tr><td rowspan="4">银行审批</td><td colspan="3" rowspan="4">

负责人　信贷部门　信贷员</td><td>期限</td><td colspan="5">计划还款日期</td><td colspan="6">计划还款金额</td></tr>
<tr><td></td><td colspan="5"></td><td colspan="6"></td></tr>
<tr><td></td><td colspan="5"></td><td colspan="6"></td></tr>
<tr><td></td><td colspan="5"></td><td colspan="6"></td></tr>
<tr><td colspan="4">兹根据你行贷款办法规定,申请办理上述借款,请核定贷给。
此致

(借款单位预留往来户印鉴)</td><td colspan="12">会计分录:借 ________

对方科目:贷 ________

会计　　复核　　记账</td></tr>
</table>

此联由银行代放款账户付出凭证

2. 贷款正常收回的核算

商业银行会计部门在贷款(含展期)即将到期时,与信贷部门联系,提前 3 天通知借款单位准备还款资金。当借款单位主动归还贷款时,应签发转账支票及填制一式四联的还款凭证办理还款手续。还款凭证格式如表 4-3 所示。

商业银行会计部门收到还款凭证后，应做相关方面的核对，并办理转账手续。在到期日转账时，应认真核对支票的印鉴，查看借款单位存款账户是否有足够的余额等，以转账支票作为借方凭证，以还款凭证作为附件，以还款凭证第二联作为贷方凭证办理转账。第三联还款凭证，转账后由会计部门送信贷部门核销原放款记录。第四联由会计部门在办妥还款转账手续后，在回单上加盖公章，交还借款单位作为归还贷款的通知。会计分录为：

借：单位活期存款——借款单位存款户

　贷：短期贷款（或中、长期贷款）——借款单位贷款户

如借款属分次归还，则应在原借据上做分次还款记录。

表 4－3　××银行（贷款）还款凭证（借方凭证）

年　月　日　　　　合同编号：

此联代付款单位往来户借方凭证

<table>
<tr><td rowspan="3">借款单位</td><td>名称</td><td></td><td rowspan="3">付款单位</td><td>名称</td><td colspan="11"></td></tr>
<tr><td>放款户账号</td><td></td><td>往来户账号</td><td colspan="11"></td></tr>
<tr><td>开户银行</td><td></td><td>开户银行</td><td colspan="11"></td></tr>
<tr><td colspan="2">还款日期</td><td>年　月　日</td><td colspan="2">还款次序</td><td colspan="11">第　　次还款</td></tr>
<tr><td colspan="2">偿还金额</td><td colspan="3">人民币
（大写）</td><td>亿</td><td>千</td><td>百</td><td>十</td><td>万</td><td>千</td><td>百</td><td>十</td><td>元</td><td>角</td><td>分</td></tr>
<tr><td colspan="16">还款内容</td></tr>
<tr><td colspan="3">由我单位往来划转归还上述借款

（借款单位预留往来户印鉴）
（银行主动收贷时免盖）</td><td colspan="13">会计分录：
（借）…………….
对方科目：（贷）……………
会计　　复核　　记账</td></tr>
</table>

【例 4－9】　某城市商业银行支行收回短期贷款 8 000 000 元，借款单位是某冷库，贷款放款日为 2005 年 1 月 5 日，收回日为 2005 年 9 月 5 日，月利率为 9‰。

9 月 5 日－1 月 5 日＝243（天）

利息＝8 000 000×243×9‰÷30＝583 200（元）

会计分录为：

借：单位活期存款——某冷库　　8 583 200

　贷：短期贷款——某冷库　　8 000 000

　贷：利息收入——短期贷款利息　　583 200

借款人未主动归还到期贷款，而其存款账户中的存款余额又足够还款的，商业银行可对其扣款。会计部门应及时与信贷部门联系，征得同意后，由信贷部门填制“贷款收回通知单”，加盖信贷部门业务公章交会计部门。会计部门凭以填制三联特种转账传票，一联代借方传票，一联代贷方传票，一联代收账通知连同注销后的借据第一联一并交由借款单位。会计分录同上。

3. 贷款非正常收回的核算

(1)贷款逾期，后又收回。贷款到期，借款单位事先未向银行申请办理展期手续，或申请展

期未获得批准，或者已经办理展期，但展期到期日仍未能归还贷款的，即作为逾期贷款。商业银行应将贷款转入该单位的逾期贷款账户。会计分录为：

借：逾期贷款——借款单位逾期贷款户

贷：短期贷款（或中长期贷款）——借款单位贷款户

待借款单位存款账户有款支付时，一次或分次扣收，并从逾期之日起至款项还清前1日止，除按规定利率计息外，还应按实际逾期天数和中国人民银行规定的罚息率计收罚息。

【例4-10】 某银行向客户发放期限为10年的贷款，逾期100天后收回，贷款本金为1 200 000元，年利息为7.8%。按照规定，该行向客户加收40%利息作为罚息。

正常到期利息＝1 200 000×7.8%×10＝936 000（元）

罚息＝1 200 000×7.8%×（1＋40%）×100÷360＝36 400（元）

复利＝936 000×7.8%×（1＋40%）×100÷360＝28 392（元）

贷款收回时利息总额＝正常到期利息＋罚息＋复利＝1 000 792（元）

贷款逾期时，会计分录为：

借：非应计贷款　　1 200 000

贷：逾期贷款　　1 200 000

（利息转入表外）

逾期100天后收回，会计分录为：

借：单位活期存款　　2 200 792

贷：非应计贷款　　1 200 000

贷：利息收入　　1 000 792

（销记表外科目）

【例4-11】 某银行向客户发放期限为10年的贷款，逾期10天后收回，贷款本金为1 200 000元，年利息为7.8%。按照规定，该行向客户加收40%利息作为罚息。

正常到期利息＝1 200 000×7.8%×10＝936 000（元）

罚息＝1 200 000×7.8%×（1＋40%）×10÷360＝36 40（元）

复利＝936 000×7.8%×（1＋40%）×10÷360＝2 839.2（元）

贷款收回时利息总额＝正常到期利息＋罚息＋复利＝942 479.2（元）

贷款逾期时，会计分录为：

借：逾期贷款　　1 200 000

贷：长期贷款　　1 200 000

逾期10天后收回，会计分录为：

借：单位活期存款　　2 142 479.2

贷：逾期贷款　　1 200 000

利息收入　　942 479.2

（2）贷款展期收回。贷款到期，由于客观情况发生变化，借款人经过努力仍不能还清贷款的，短期贷款必须于到期日10日以前，中、长期贷款必须于到期日1个月以前，由借款人向银行提出贷款展期的书面申请，商业银行信贷部门视具体情况决定是否展期。每笔贷款原则上只能展期一次，短期贷款展期不得超过原贷款的期限，中长期贷款展期不得超过原贷款期限的一半，最长不得超过3年。贷款展期不需办理转账手续，但要在原借据注明“贷款展期到×年

×月×日”字样。

展期贷款收回，其账务处理与贷款正常收回时相同。

(3)贷款以新还旧。会计处理与一般贷款相同，因此不再复述。对于银行而言，原则上不允许客户以新贷款偿还旧贷款，因为这种情况下，银行并不了解这个企业的还款能力和还款意愿。此外，有些银行允许客户先还旧贷款，然后再贷款。这样既保留了客户资源，也可以减少贷款风险。

4.非应计贷款的核算

贷款逾期 90 天没有收回的，作为非应计贷款单独核算，会计分录为：

借：非应计贷款——借款人贷款户

　贷：逾期贷款——借款人贷款户

已计提贷款利息逾期 90 天没有收回的，应纳入“未收贷款利息”表外科目核算。会计分录为：

收：未收贷款利息

(二)抵押贷款的核算

抵押贷款是指银行对借款人以一定财产作为抵押而发放的贷款，一般采取逐笔核贷的核算方式。贷款到期时，借款单位如不能按期归还本息，银行应将其贷款转入逾期贷款科目，并按规定计收罚息。逾期 1 个月，借款单位仍无法归还贷款本息的，银行有权依据借款合同处理抵押品，并从所得价款收入中优先收回贷款本息，或以该抵押物折价冲抵贷款本息。

1.贷款发放的核算

抵押贷款的申请程序基本上与信用贷款一致。信贷部门办妥抵(质)押品保管手续后，将有关资料一并交会计部门登记保管并处理账务。会计分录为：

借：抵押贷款——借款人贷款户

　贷：单位活期存款——借款人存款户

收：代保管有价值品

登记“贷款抵押品登记簿”，出具抵押品代保管收据。

抵押贷款中，流动资金贷款最长不超过一年，固定资金贷款一般为 1～3 年，最长不超过五年。抵押贷款通常不是按抵押品价值全额贷放，而是按抵押品价值的 50%～80%发放贷款。

抵(质)押贷款的各种费用应该由借款人承担。主要包括：鉴定、保险、运输、仓储、保管、公证等费用。除此而外，商业银行还应该按抵押品总值的 3‰～5‰向借款人收取代保管手续费。

2.贷款收回的核算

抵押贷款到期，借款人应主动提交还款凭证，连同商业银行出具的抵押品代保管收据，办理还款手续。会计分录为：

借：单位活期存款——借款人存款户

　贷：抵押贷款——借款人贷款户

　贷：利息收入——抵押贷款利息收入户

付：代保管有价值品

销记“贷款抵押品登记簿”；登记表外科目，原抵押申请书作为表外科目付出传票附件。

【例 4-12】　2006 年 3 月 16 日，G 银行收回向 A 公司发放的本金 150 000 元、利息 9 000

元，期限一年的到期抵押贷款，抵押品为该公司两台设备(价值300 000元)。会计分录为：

借：单位活期存款——A公司　　159 000

　贷：抵押贷款——A公司　　150 000

　贷：利息收入　　9 000

付：代保管有价值品　　300 000

【例4-13】 发放给A公司的一笔金额为400 000元的抵押贷款(应收利息为40 000元)，超过规定的归还期限，经催收无效，将其抵押品拍卖，拍卖所得为420 000元，存放在系统内某行。

借：辖内往来　　420 000

　贷：抵押贷款——A公司　　400 000

　贷：应收利息——A公司　　20 000

3. 贷款逾期的核算

(1)抵押贷款逾期时，转入"逾期贷款"，若逾期90天(含90天)以上时转入"非应计贷款"。会计分录为：

借：逾期贷款——借款人户

　贷：抵押贷款——借款人户

借：非应计贷款——借款人户

　贷：逾期贷款——借款人户

(2)逾期抵押贷款收回的处理。经过商业银行和客户的努力，当客户在商业银行能接受的期限内归还逾期抵押贷款时，商业银行除按正常利率收取利息外，还应计算复利罚息。会计分录为：

借：单位活期存款——借款人存款户

　贷：逾期贷款——借款人户

　贷：应收利息

　贷：利息收入

(三)贷款利息的核算

商业银行发放的各种贷款，除国家有特殊规定和财政补贴外，均应按规定计收利息。正常利息采用单利计算；但对借款人不能按期支付的利息，应计收复利。贷款利息主要采用定期结息和利随本清两种计息方法，在实际工作中，多采用定期结息。

1. 定期结息的核算方法

定期结息是指按规定的结息期(一般为每季末月的20日)结计利息，并采用计息余额表或分户账页计算累计计息积数，乘以日利率的方法计算。利息计算公式如下：

应收利息＝计息积数×(月利率÷30)

利息计算出来后，编制"计收利息清单"一式三联，第一联为借方凭证，第二联为支款通知，第三联为贷方凭证。办理转账的会计分录为：

借：单位活期存款——借款单位存款

　贷：利息收入——贷款利息收入

如果借款人存款账户无款支付或存款资金不足支付，不足支付的部分作为应收利息。会计分录为：

借:应收利息——借款单位

　　贷:利息收入——贷款利息收入

已计提的贷款应收利息,在贷款到期 90 天仍未收回的,以及自结息日起贷款利息逾期 90 天(不含 90 天)以上没有收回的,不论其本金是否逾期,应冲减原已计入损益的应收利息,转入表外核算。会计分录为:

借:利息收入——贷款利息收入户

　　贷:应收利息——借款单位户

收:未收贷款利息——××户

贷款到期(含展期到期)90 天后没有收回的,贷款转作非应计贷款,其应计利息不再作为当期收益,而纳入表外科目"未收贷款利息"核算。

对于表外核算的"未收贷款利息"应按期计复利,但不计入损益,当实际收到时再计入损益。

2.利随本清的计息方法

利随本清是指按规定的贷款期限,在收回贷款的同时逐笔计收利息。贷款的起讫时间,算头不算尾,采用对年对月对日的方法计算,对年按 360 天,对月按 30 天计算,不满月的零头天数按实际天数计算。利息计算公式如下:

应收利息=本金×时期×利率

商业银行计算出利息后,应编制利息计算清单,再根据转账支票或付款委托书进行转账。会计分录为:

借:单位活期存款——借款单位存款户

　　贷:短期贷款——借款单位贷款户

　　贷:利息收入——贷款利息收入户

对逾期贷款,在利息计算上,首先应按合同利率计算到期利息,然后按逾期的天数和规定的逾期贷款利率计收复利。

三、贴现业务的核算

票据贴现是指票据持有人在票据到期以前,为获得资金而向商业银行贴付一定的利息所做的票据转让。目前,商业银行办理贴现业务的票据主要是商业汇票。商业汇票按承兑人的不同可以分为商业承兑汇票和银行承兑汇票。

(一)商业汇票贴现的核算

商业汇票持有者如急需使用资金,可持填写的一式五联贴现凭证(表 4-4)和汇票向开户银行申请贴现。汇票持有人进行贴现时的程序如图 4-3 所示:

贴现申请人 —(贴现凭证 / 汇票)→ 信贷部门 —(贴现凭证 / 汇票)→ 会计部门

图 4-3

表 4-4 贴现凭证(代申请书)

申请日期 年 月 日 第 号

<table>
<tr><td rowspan="3">贴现汇票</td><td>种类</td><td></td><td>号码</td><td></td><td rowspan="3">持票人</td><td>名称</td><td colspan="2"></td><td rowspan="7">此联银行作贴现借方凭证</td></tr>
<tr><td>出票日</td><td colspan="3">年 月 日</td><td>账号</td><td colspan="2"></td></tr>
<tr><td>到票日</td><td colspan="3">年 月 日</td><td>开户银行</td><td></td><td></td></tr>
<tr><td colspan="2">汇票承兑人</td><td colspan="3">名 称</td><td>账号</td><td></td><td>开户银行</td><td></td></tr>
<tr><td colspan="2">汇票金额</td><td colspan="5">人民币
(大写)</td><td colspan="2">千 百 十 万 千 百 十 元 角 分</td></tr>
<tr><td>贴现率</td><td>‰</td><td>贴现利息</td><td colspan="3">千 百 十 万 千 百 十 元 角 分</td><td>实付贴现金额</td><td colspan="2">千 百 十 万 千 百 十 元 角 分</td></tr>
<tr><td colspan="3">附送承兑汇票申请贴现，请审核。
持票人签字</td><td colspan="4">银行审核
负责人 信贷员</td><td colspan="2">科目:贷＿＿＿＿＿
对方科目:借＿＿＿＿＿
复核 记账</td></tr>
</table>

贴现申请人在第一联凭证上按规定签章后，将凭证及商业汇票一并送交商业银行信贷部门。信贷部门根据信贷管理办法及结算规定进行贴现审查，审查无误后，应在贴现凭证的“银行审核”栏签注“同意”字样并加盖有关人员名章后，送交会计部门。

会计部门接到贴现凭证及商业汇票后，应按照规定的贴现率，计算出贴现利息并予以扣收。贴现利息的计算方法如下：

贴现利息＝汇票金额×贴现天数×(月贴现率÷30)

实付贴现金额＝汇票金额－贴现利息

同时，办理转账手续。会计分录为：

借:贴现——商业承兑汇票或银行承兑汇票

贷:单位活期存款——贴现申请人户

贷:利息收入——贴现利息收入户

然后，按汇票金额登记表外科目。会计分录为；

收:代保管有价值品

(二)贴现放款收回的核算

贴现银行对贴现的汇票，应经常查看其到期情况。对到期的贴现汇票，应及时收回贴现放款。

1. 商业承兑汇票贴现放款收回的核算

该项放款的收回是通过委托收款方式进行的。贴现银行作为收款人，应于汇票到期前，匡算邮程，以汇票作为收款依据，提前填制委托收款凭证向付款人收取票款，并在表外科目“发出委托收款登记簿”中进行登记。

当贴现银行收到付款人开户行划回票款时，会计分录为：

借：联行往来——联行来账（或辖内往来——辖内来账）

　贷：贴现——商业承兑汇票

同时，销记“发出委托收款登记簿”。

如果贴现银行收到付款人开户行退回委托收款凭证和汇票时，对已贴现的金额应从贴现申请人账户收取，办理转账手续。会计分录为：

借：单位活期存款——贴现申请人存款户

　贷：贴现——商业承兑汇票

若贴现申请人账户余额不足时，则不足部分转做逾期贷款，会计分录为：

借：单位活期存款——贴现申请人存款户

　逾期贷款——贴现申请人贷款户

　贷：贴现——商业承兑汇票

2.银行承兑汇票贴现放款收回的核算

贴现银行在汇票到期前，以收款人的身份，填制委托收款凭证，向对方银行收取贴现款。当收到对方银行报单及划回款项时，会计分录为：

借：联行往来——联行来账（或辖内往来——辖内来账）

　贷：贴现——银行承兑汇票

【例4-14】　3月5日，东丰机械厂开出收款人为信达商场的2005年6月5日到期的商业汇票，金额100 000元，当日向开户银行申请承兑，银行承兑后，按汇票金额的1‰收取手续费。2005年3月17日，信达商场向其开户行申请贴现，银行按6‰的月贴现率扣利息并转账。6月5日汇票到期，信达商场开户行收回贴现票款并向承兑行编发报单，承兑行于6月5日将款项从东丰机械厂账户转出，6月7日收到报单时办理转账。

3月17日至6月5日＝80（天）

100 000×80×6‰÷30＝1 600（元）

3月5日承兑时，会计分录为：

借：单位活期存款——东丰机械厂	100 000	
贷：中间业务收入——承兑汇票手续费		100
收：银行承兑汇票	100 000	

3月17日贴现日，贴现银行会计分录为：

借：贴现——商业承兑汇票	100 000	
贷：单位活期存款		98 400
贷：利息收入		1 600

6月5日到期日，承兑银行会计分录为：

借：单位活期存款——东丰机械厂	100 000	
贷：应解汇款		100 000
付：银行承兑汇票	100 000	

承兑银行划款时，会计分录为：

借：应解汇款	100 000	
贷：联行往来——联行往账		100 000

6 月 7 日贴现银行会计分录为：

借：联行往来——联行来账　　100 000

　贷：贴现　　100 000

四、个人住房贷款的核算

个人住房贷款是个人消费信贷的主要形式。它是指贷款人向购买自用住房的自然人发放的贷款。贷款人发放个人住房贷款时，借款人必须提供担保，借款人到期不能偿还本息的，贷款人有权依法处理其抵押物或物质，或由保证人承担偿还本息的连带责任。目前商业银行发放的个人住房贷款主要包括：个人住房一手房按揭贷款、个人住房二手房贷款、个人住房房改房贷款、个人住房公积金委托贷款、个人住房组合贷款、个人住房质押首付款贷款等。

(一)发放贷款的核算

申请个人住房贷款时，借款人应向商业银行提供相关资料，办理相关手续，填写有关凭证。商业银行经办人员审核无误后，填写一式两联"贷款通知书"连同借款合同副本及借款人填写的"个人住房贷款支付凭证"一并交会计部门，办理放款手续。会计分录为：

借：中长期贷款——个人住房贷款××户

　贷：单位活期存款——住房经销商存款户

同时，根据贷款抵(质)押物保管合同登记"抵押及质押品"表外科目。

收：抵押及质押品

(二)收回贷款的核算

个人住房贷款的归还，伴随付息方式的不同有多种。最常见的有等额本金还款法和等额本息还款法。除计算方法有异外，每期还款的账务处理手续基本相同。会计分录为：

借：现金(或活期储蓄存款)

　贷：中长期贷款

　贷：利息收入

(三)利息的计算

个人住房贷款的付息方法包括等额本金还款法和等额本息还款法两种。

1. 等额本金还款法

该方法每月摊还的本金固定，但总额随房屋贷款余额减少，利息额也随之递减。等额本金还款额计算公式为：

每月还款额＝贷款本金÷贷款期月数＋(本金－已归还本金累计额)×月利率

【例 4－15】 某客户向银行借入个人住房贷款 24 万元，期限 20 年，利率 8%。每月还本 1 000元。则：

第一个月还款额＝240 000÷240＋240 000×8%÷12＝2 600(元)

第二个月还款额＝240 000÷240＋(240 000－1 000)×8%÷12＝2 593(元)

最后一月还款额＝240 000÷240＋1 000×8%÷12＝1 006.7(元)

2. 等额本息还款法

等额本息还款额采用复利计息法，计算公式为：

每月还款额＝贷款本金×月利率×(1＋月利率)^{贷款月数}÷[(1＋月利率)^{贷款月数}－1]

或者：

每月还款额＝(贷款本金×月利率＋贷款本金×月利率)÷[(1＋月利率)^{贷款月数}－1]

【例 4－16】 某客户向银行借入个人住房贷款 24 万元，期限 20 年，利率 8%。则：

每月还款额＝240 000×8%÷12×(1＋8%÷12)^{240}÷[(1＋8%÷12)^{240}－1]
＝2 007.05(元)

五、贷款损失准备金的核算

贷款业务是商业银行的一项主要资产业务。商业银行为增强风险意识，提高抵御风险的能力，应当在期末分析各项贷款的可收回性，并预计可能产生的贷款损失，合理计提贷款损失准备。

(一)贷款损失准备金的构成

商业银行信贷资产减值准备分为一般准备、专项准备和特种准备。贷款损失准备由银行总行统一计提。

1.一般准备

一般准备金在税后计提，是商业银行按照贷款余额的一定比例提取的贷款损失准备金，也是银行所有者权益的组成部分。我国商业银行现行的按照贷款余额 1%计提的贷款呆账准备金就相当于一般准备金。由商业银行总行提取。

2.专项准备

是指根据《贷款风险分类指导原则》，对贷款进行风险分类后，按每笔贷款损失的程度计提的用于弥补专项损失的准备；银行可参照以下比例按季计提专项准备：

对于关注类贷款，计提比例为 2%；对于次级类贷款，计提比例为 25%；对于可疑类贷款，计提比例为 50%；对于损失类贷款，计提比例为 100%。其中，次级和可疑类贷款的损失准备，计提比例可以上下浮动 20%。

3.特种准备

特种准备由银行根据不同类别(如国别、行业)贷款的特种风险情况、风险损失概率及历史经验，自行确定按季计提比例。与前两种准备金不同，特种准备不是经常提取的准备金，只有遇到特殊情况才计提。

(二)贷款损失准备金计提的核算

为了核算和监督贷款损失准备的提取和使用情况，加强呆账贷款核销的管理，应设置“贷款损失准备”科目。该科目借方反映呆账贷款的核销数，贷方反映贷款损失准备的提取数，余额在贷方，为已提取的贷款损失准备。

商业银行计提贷款损失准备时，会计分录为：

借：资产减值损失——计提的贷款损失准备

　贷：贷款损失准备

【例 4－17】 某银行期末关注类贷款余额为 100 万元，按照 2%提取专项损失准备金。会计分录为：

借：资产减值损失——计提的贷款损失准备　　20 000

　贷：贷款损失准备　　20 000

(三)贷款损失准备金核销的核算

贷款的核销要根据数额大小由上级管理部门决定，首先认定为损失类，企业发生破产的情况，经过债务的追偿还是无法追回的贷款，才能由有权部门同意核销。核销办法是：借记贷款核销账户，贷记逾期贷款或呆账。

商业银行的贷款逾期不能收回，符合下列情况，可列为贷款损失核销：

(1)借款人和担保人依法宣告破产，经法定清偿后，仍未能还清的贷款；

(2)借款人死亡，或依照《中华人民共和国民法通则》的规定，宣告失踪或死亡，以其财产或遗产清偿后未能还清的贷款；

(3)借款人遭受重大自然灾害或意外事故，损失巨大且不能获得保险补偿，确实无力偿还的部分或全部贷款，或经保险赔偿清偿后未能还清的贷款；

(4)贷款人依法处置贷款抵押物所得价款不足以补偿贷款的部分；

(5)经国务院专案批准核销的贷款。

商业银行冲减贷款损失准备时，会计分录为：

借：贷款损失准备

　贷：非应计贷款——借款单位户

付：未收回贷款利息

【例4-18】 某银行对某客户贷款100万元。期末，其中的2万元被确定为损失类贷款。进行核销时的会计分录如下：

借：贷款损失准备　　20 000

　贷：非应计贷款　　20 000

第四节 证券资产业务

一、证券资产业务概述

(一)证券资产业务的概念

证券是取得某种权益的凭证。证券资产业务是指为获取一定收益而承担一定风险，对有一定期限的资本证券的购买行为，也是银行对外投资方式之一，其基本目的是在一定风险水平下使投资收益最大化。

(二)证券资产的分类

按资产的持有意图和期限，新会计准则将其划分为以下类型：

1.交易性金融资产

交易性金融资产主要是指银行为了近期内出售的金融资产。衍生工具不作为有效套期工具的，也应当划分为交易性金融资产。

2.可供出售金融资产

可供出售金融资产是指初始确认时即被指定为可供出售的非衍生金融资产，以及没有划分为持有至到期投资、贷款和应收款项、以公允价值计量且其变动计入当期损益的金融资产。通常情况下，划分为此类的金融资产应当在活跃的市场上有报价，因此，银行从二级市场上购入的、有报价的债券投资、股票投资、基金投资等，可以划分为可供出售金融资产。

3.持有至到期投资

持有至到期投资是指到期日固定、回收金额固定或可确定，且银行有明确意图和能力持有至到期的非衍生金融资产。根据新会计准则规定，从二级市场上购入的固定利率国债、浮动利率公司债券等，符合持有至到期投资条件的，可以划分为持有至到期投资。购入的股权投资因其没有固定的到期日，不符合持有至到期投资的条件，不能划分为持有至到期投资。持有至到期投资通常具有长期性质，但期限较短(1 年以内)的债券投资，符合持有至到期投资条件的，也可将其划分为持有至到期投资。

4. 长期股权投资

长期股权投资就是指长期(至少在 1 年以上)的持有一个公司的股票或长期的投资一个公司。

(三)主要会计科目设置

1."交易性金融资产"科目

本科目核算交易性金融资产的公允价值。商业银行持有的直接指定为以公允价值计量且其变动计入当期损益的金融资产，也在本科目核算。本科目按交易性金融资产的类别和品种，分别"成本"、"公允价值变动"等进行明细核算。

商业银行接受委托采用全额承购包销、余额承购包销方式承销的证券，划分为以公允价值计量且其变动计入当期损益的金融资产的，应在本科目核算；衍生金融资产不在本科目核算。

本科目期末借方余额，反映交易性金融资产的公允价值。

2."可供出售金融资产"科目

本科目核算持有的可供出售金融资产的价值，包括划分为可供出售的股票投资、债券投资等金融资产；应当按照金融资产类别或品种进行明细核算。银行接受委托采用全额承销方式承销的股票和债券等有价证券，属于可供出售金融资产的，也应在本科目核算。

本科目期末借方余额，反映可供出售金融资产的公允价值。

3."持有至到期投资"科目

本科目核算持有至到期投资的价值。商业银行应当按照持有至到期投资的类别和品种，分为"投资成本"、"溢折价"、"应计利息"进行明细核算；应按取得该投资的公允价值与交易费用之和，借记本科目(投资成本、溢折价)，贷记"存放中央银行款项"、"应交税费"等科目。

本科目期末借方余额，反映持有至到期投资的摊余成本。

4."持有至到期投资减值准备"科目

本科目核算持有至到期投资发生减值时计提的减值准备。商业银行应当按照持有至到期投资类别和品种进行明细核算。在资产负债表日，持有至到期投资发生减值的，按应减记的金额，借记"资产减值损失"科目，贷记本科目。已计提减值准备的持有至到期投资的价值，以后又得以恢复，应在原已计提的减值准备金额内，按恢复增加的金额，借记本科目，贷记"资产减值损失"科目。

本科目期末贷方余额，反映已计提但尚未转销的持有至到期投资减值准备。

5."长期股权投资"科目

本科目核算银行持有的，采用成本法和权益法核算的长期股权投资，并且应当按照被投资单位进行明细核算。采用权益法的，应当分别对"投资成本"、"损益调整"、"投资准备"、"商誉"进行明细核算。

6."长期股权投资减值准备"

本科目核算长期股权投资的减值准备，银行可按被投资单位进行明细核算。资产负债表日，长期股权投资发生减值的，按应减记的金额，借记"资产减值损失"科目，贷记本科目。处置长期股权投资时，应同时结转已计提的长期股权投资减值准备。

本科目期末贷方余额，反映已计提但尚未转销的长期股权投资减值准备。

7.“期收款项”

本科目核算银行进行非当日交割的外汇结售和外汇买卖等交易时，到期应收取的本外币款项。本科目设置下列二级科目：即期期收款项：核算银行进行即期外汇结售和外汇买卖交易时(不含 T+0 交易)所产生的期收款项；远期期收款项：核算银行进行远期外汇结售和外汇买卖交易时所产生的期收款项。发生期收款项时，借记本科目，贷记“外汇结售”等有关科目；交割日收回款项或因违约中止交易时，借记“存放境外同业活期款项”、“××活期存款”、“存放系统内活期款项”或“外汇结售”等有关科目，贷记本科目。本科目设“即期期收款项户”和“远期期收款项户”进行明细核算。为满足个人远期外汇买卖业务直通式平盘业务需要，在“远期期收款项”科目下设置“期收个人远期款项户”。本科目属资产类科目，余额应反映在借方。

8.“期付款项”

本科目核算银行进行非当日交割的外汇结售和外汇买卖交易时，到期应支付的本外币款项。本科目设置下列二级科目：即期期付款项：核算银行进行即期外汇结售和外汇买卖交易(不含 T+0 交易)所产生的期付款项；远期期付款项：核算银行进行远期外汇结售和外汇买卖交易时所产生的期付款项。发生期付款项时，借记“外汇结售”等有关科目，贷记本科目；交割日支付款项或因违约中止交易时，借记本科目，贷记“存放境外同业活期款项”、“××活期存款”、“活期储蓄存款”、“存放系统内活期款项”或“外汇结售”等有关科目。本科目设“即期期付款项户”和“远期期付款项户”进行明细核算。为满足个人远期外汇买卖业务直通式平盘业务需要，在“远期期付款项”科目下设置“期付个人远期款项户”。本科目属负债类科目，余额应反映在贷方。

二、交易性金融资产业务核算

(一)交易性金融资产的计价方法

交易性金融资产的计价问题包括投资初始成本的确定和后续期间的计量。

1.初始计价

交易性金融资产在取得时以公允价值计量，相关交易成本应当直接计入当期损益。

2.后续计价

后续期间仍以公允价值计量，且不扣除将来该资产处置时可能发生的交易成本。期末将公允价值变动计入当期损益，并应按照价值的变动额分别填制借、贷方记账凭证。

(二)交易性金融资产的账务处理

1.交易性债券的账务处理

(1)买入交易性债券。在交易日，按买入债券净价合计数、应计利息合计数和税费分别进行账务处理。会计分录为：

借：交易债券净价

借：应收债券利息

借：交易债券差价收益

　贷：期付款项

在结算日，会计分录为：

借:期付款项

贷:存放中央银行款项

(2)持有期间确认利息收入。对于交易债券,月末按照债券应计提的利息金额,填制记账凭证。会计分录为:

借:应收债券利息

贷:交易债券利息收入

当收到利息收入时,会计分录为:

借:存放中央银行款项

贷:应收债券利息

(3)公允价值重估的处理。月末进行债券公允价值重估时,按照公允价值变动额,分别填制借、贷方记账凭证。

如果公允价值上升,会计分录为:

借:交易债券价值调整

贷:交易债券差价收益

如果公允价值下降,做相反的会计分录。

(4)出售或到期收回的处理。交易日,按结算日应收到的价款填制借方记账凭证,按卖出债券的成本和应收利息金额填制贷方记账凭证,有交易债券利息收入的,填制贷方记账凭证,按上述科目借、贷方合计数的差额,填制借或贷方记账凭证确认交易损益。会计分录为:

借:期收款项

贷:交易债券差价收益(也可能反映在借方)

贷:交易债券净价

贷:交易债券价值调整

贷:交易债券利息收入

贷:应收债券利息

在结算日,会计分录为:

借:存放中央银行款项

贷:期收款项

2.交易性证券的账务处理

(1)涉及股权的交易性证券。在购入时,按公允价值和交易费用借记“交易性证券”、“投资收益”科目,贷记“存放中央银行款项”。会计分录为:

借:交易性证券(或投资收益)

贷:存放中央银行款项

(2)在存续期间发生公允价值变动。变动金额直接计入当期损益,借记“交易性证券”科目,贷记“投资收益”科目。会计分录为:

借:交易性证券

贷:投资收益

(3)交易性证券出售。借记“存放中央银行款项”、“投资收益”科目,贷记“交易性证券”科目。会计分录为:

借:存放中央银行款项

借:投资收益

贷:交易性证券

【例 4-19】 某银行12月1日购入股票100股,打算短期持有;当时每股市价4.8元,交易费用5元。12月31日,市价为每股5元。

①12月1日,会计分录为:

借:交易性证券 480

借:投资收益 5

贷:存放中央银行款项 485

②12月31日,会计分录为:

借:交易性证券 20

贷:投资收益 20

③2002年5月1日出售,每股4.9元。会计分录为:

借:存放中央银行款项 490

借:投资收益 10

贷:交易性证券 500

三、可供出售金融资产业务核算

(一)可供出售金融资产的计价方法

1.初始计价

可供出售金融资产,取得时以公允价值计量,相关交易成本应当计入初始计量金额。

2.后续计价

后续期间仍以公允价值计量,且不扣除将来该资产处置时可能发生的交易成本。其公允价值变动形成的利得或损失,应当直接计入资本公积,并分别填制借、贷方记账凭证;直至该金融资产终止确认时再转出,计入当期损益。

此外,还应计取减值准备。

(二)可供出售金融资产的会计核算

1.可供出售债券的会计核算

(1)买入可供出售债券。在交易日,按债券成本和购入时发生的税费填制借方记账凭证,登记成本户;按结算日应收债券利息填制借方记账凭证;按结算日应支付的价款填制贷方记账凭证。会计分录为:

借:可供出售债券成本

借:应收债券利息

贷:期付款项

结算日,会计分录为:

借:期付款项

贷:存放中央银行款项

(2)持有期间确认利息收入及溢折价摊销的处理。月末计提利息收入并按照实际利率法摊销溢折价和税费,分别填制借、贷方记账凭证。

计提利息及摊销时,会计分录为:

借:应收债券利息

贷:债券投资收益

贷或借:可供出售债券成本

收到债券利息时,会计分录为:

借:存放中央银行款项

贷:应收债券利息

(3)公允价值重估的处理。进行债券公允价值重估时,按照公允价值变动额,分别填制借、贷方记账凭证。

如果公允价值上升,会计分录为:

借:可供出售债券价值调整

贷:资本公积

如果公允价值下降,做相反的会计分录。

(4)持有期间确认减值的处理。对于公允价值减少已计入资本公积,并且有证据表明债券减值损失已经发生时,将已计入资本公积的累计损失金额从资本公积转入资产减值损失。转账时,填制借、贷方记账凭证,通知书作贷方记账凭证附件。转出的金额为:买入成本(减去本金的已偿还额和摊销额)－当前公允价值－已计入资产减值损失的金额,会计分录为:

借:资产减值损失——计提的可供出售债券减值准备

贷:资本公积

借:可供出售债券价值调整

贷:可供出售债券减值准备

减值准备补提时,根据已计入资本公积、但尚未转出的累计损失金额(超过部分计入可供出售债券减值准备)填制贷方记账凭证,通知书作贷方记账凭证附件。会计分录为:

借:资产减值损失

贷:资本公积(或可供出售债券减值准备)

(5)出售或到期收回的处理。交易日,按结算日应收到的价款、已计提的减值准备填制借方记账凭证,按原直接计入资本公积的公允价值变动累计额填制借、贷方记账凭证,按卖出债券的账面余额和应收利息金额填制贷方记账凭证,按上述科目借、贷方合计数的差额,填制借或贷方记账凭证确认投资损益。会计分录为:

借:期收款项

借:可供出售债券减值准备

借:资本公积(可供出售债券公允价值变动累计额＜0 时,在贷方)

贷:可供出售债券成本

贷:可供出售债券价值调整

贷:应收债券利息

贷:债券投资收益(债券投资收益＜0 时,在借方)

在结算日,会计分录为:

借:存放中央银行款项

贷:期收款项

(6)因持有意图发生变化,或持有期限超过规定年限等因素,需将可供出售债券转为持有到期债券。按该债券以公允价值计量的账面余额分别填制借、贷方记账凭证，通知书作借方记账凭证附件。会计分录为：

借：持有到期债券成本

借：可供出售债券减值准备

　贷：可供出售债券成本

　贷：可供出售债券价值调整

对于有固定到期日的债券，将原已计入资本公积的相关公允价值变动累计额采用实际利率法摊销计入债券剩余期间的损益。按月摊销时，会计分录为：

借或贷：资本公积

　贷或借：债券投资收益

对于没有固定到期日的债券，原已计入资本公积的相关公允价值变动累计额在转换日不作调整，直至被处置或发生减值时再转入债券投资收益或资产减值损失。

2.可供出售证券的会计核算

(1)买入可供出售证券。将公允价值及交易费用一同计入成本，借记“可供出售证券”科目，贷记“存放中央银行款项”科目。会计分录为：

借：可供出售证券

　贷：存放中央银行款项

(2)存续期发生公允价值变动。如果价值上升，按变动金额借记“可供出售证券”科目，贷记“资本公积”科目。会计分录为：

借：可供出售证券

　贷：资本公积

如果公允价值下降，做相反的会计分录。

【例 4-20】 某上市银行 2006 年通过拍卖方式取得某上市公司的法人股 100 万股，打算短期持有，每股 3 元。期末市价为每股 4 元。

取得时，会计分录为：

借：可供出售证券	3 000 000	
贷：银行存款		3 000 000

期末，发生公允价值变化。会计分录为：

借：可供出售证券	1 000 000	
贷：资本公积		1 000 000

第二年期末发生了减值，可收回金额 2.5 元/股。会计分录为：

借：资本公积	1 000 000	
借：投资收益	500 000	
贷：可供出售证券		1 500 000

四、持有至到期投资业务核算

(一)持有至到期投资的计价方法

1.初始计价

持有至到期投资，取得时以公允价值计量，相关交易成本应当计入初始计量金额。

2.后续计价

后续期间按实际利率法，以摊余成本计量，且不扣除将来该资产处置时可能发生的交易成本。此外，还应计提减值准备。

实际利率法，指按金融资产或金融负债（含一组金融资产或金融负债）的实际利率计算其摊余成本及利息收入和利息费用的方法。实际利率是将金融资产或金融负债在预计期限内的未来现金流量，折现为该金融资产或金融负债当前账面价值所使用的利率。对长期债券投资溢折价采用实际利率法进行摊销时，溢折价的摊销额＝每期按票面利率计算应计利息－债券的每期期初账面价值×实际利率。

摊余成本指持有至到期投资的初始确认金额：

(1)扣除偿还的本金。

(2)加上或减去采用实际利率法将初始确认金额与到期日金额之间的差额进行摊销形成的累计摊销额。

(3)扣除该资产发生的损失或无法收回的金额。

在终止确认、发生减值或摊销时产生的利得或损失，应当计入当期损益。

(二)持有至到期投资的会计核算

1.买入持有至到期投资的处理

交易日，按债券成本和购入时发生的税费填制借方记账凭证，登记成本户；按结算日应收债券利息填制借方记账凭证；按结算日应支付的价款填制贷方记账凭证。会计分录为：

借：持有到期债券成本

借：应收债券利息

　贷：期付款项

结算日，填制借、贷方记账凭证，以人民银行回单作附件。会计分录为：

借：期付款项

　贷：存放中央银行款项（或其他科目）

2.持有期间确认利息收入及溢折价摊销的处理

月末计提利息收入并按照实际利率法摊销溢折价和税费，分别填制借、贷方记账凭证。计提利息及摊销时，会计分录为：

借：应收债券利息

　贷：债券投资收益

　贷：持有到期债券成本（也可能反映在借方）

持有期间收到的债券利息，以收账通知作借方记账凭证，另填制贷方记账凭证分别作“债券投资收益”科目和“应收债券利息”科目的记账凭证。会计分录为：

借：存放中央银行款项

　贷：应收债券利息

3.持有期间确认减值的处理

当证据表明债券减值损失已经发生，会计部门根据经审批同意的有关通知填制借、贷方记账凭证办理转账，通知书作贷方记账凭证附件。会计分录为：

借：资产减值损失——计提持有到期债券减值准备

　贷：持有到期债券减值准备

减值准备补提时，会计分录与上述相同。

4. 持有到期债券转为可供出售债券时的处理

因持有意图和能力等发生变化，需将持有到期债券转为可供出售债券时，按该持有到期债券的公允价值、已计提的减值准备，分别填制借方记账凭证，按该债券的账面余额填制贷方记账凭证，按上述科目借、贷方合计数的差额，填制借或贷方记账凭证确认资本公积，通知书作借方记账凭证附件。会计分录为：

借：可供出售债券成本

借：可供出售债券价值调整

借：持有到期债券减值准备

借：资本公积（也可能反映在贷方）

　贷：持有到期债券成本

5. 处置持有至到期投资时的处理

持有到期债券出售或到期收回本息时，交易日，按已计提的减值准备填制借方记账凭证，按卖出债券的账面余额和应收利息金额填制贷方记账凭证，按上述科目借、贷方合计数的差额，填制借或贷方记账凭证确认投资损益。会计分录为：

借：期收款项

借：持有到期债券减值准备

借：债券投资收益（也可能反映在借方）

　贷：持有到期债券成本

　贷：应收债券利息

结算日，会计分录为：

借：存放中央银行款项（或其他科目）

　贷：期收款项

【例 4-21】 M 银行 1995 年 1 月 3 日购入 B 企业 1995 年 1 月 1 日发行的五年期债券，票面利率 12%，债券面值 1 000 元，M 银行按 1 045 元的价格购入 80 张，另支付有关税费 400 元，该债券每年付息一次，最后一年还本金并付最后一次利息。假设 M 银行按年计算利息，按实际利率进行成本摊销。

投资时，投资成本＝80×1 045＋400＝84 000（元）；

债券面值＝80×1 000＝80 000（元）；

债券溢价＝84 000－80 000＝4 000（元）。

年度终了按实际利率法计算，根据插入法计算实际利率为 10.66%。

购入时会计分录为：

借：持有至到期债券　　84 000

　贷：存放中央银行款项　　84 000

第一年末（未减值）

应收利息：9 600（元）

按实际利率：84 000×10.66%＝8 954.4（元）

9 600－8 954.4＝645.6（元），会计分录为：

借：应收利息　　9 600

贷:投资收益 8 954.4

贷:持有至到期债券 645.6

第二年末(未减值)

应收利息:9 600(元)

按实际利率:(84 000—645.6)×10.66%=83 354.4×10.66%=8 885.58(元)

9 600—8 885.58=714.42(元),会计分录为:

借:应收利息 9 600

贷:投资收益 8 885.58

贷:持有至到期债券 714.42

第三年末(未减值)

应收利息:9 600(元)

按实际利率:(83 354.4—714.42)×10.66%=82 639.98×10.66%=8 809.42(元)

9 600—8 809.42=790.58(元),会计分录为:

借:应收利息 9 600

贷:投资收益 8 809.42

贷:持有至到期债券 790.58

第四年末(未减值)

应收利息:9 600(元)

按实际利率:(82 639.98—790.58)×10.66%=81 849.4×10.66%=8 725.15(元)

9 600—8 725.15=874.85(元),会计分录为:

借:应收利息 9 600

贷:投资收益 8 725.15

贷:持有至到期债券 874.85

第五年末(未减值)

应收利息:9 600(元)

按实际利率:(81 849.4—874.85)×10.66%=80 974.55×10.66%=8 631.89(元)

9 600—8 631.89=968.11(元),会计分录为:

借:应收利息 9 600

贷:投资收益 8 631.89

贷:持有至到期债券 968.11

此时,持有至到期债券账面余额:80 974.55—968.11=80 064.44(元)(注:如果实际利率非常精确和计算时很精确的话,应该是初始成本 80 000 元)

收到时,会计分录为:

借:存放中央银行款项 80 000

贷:持有至到期债券 80 000

五、长期股权投资业务核算

长期股权投资常出现于公司合并过程。通常,无论是何种合并都可分为同一控制下的合并和非同一控制下的合并。参与合并的企业在合并前后均受同一方或相同的多方最终控制且该控制并非暂时性的，为同一控制下的企业合并；参与合并的各方在合并前后不受同一方或相同的多方最终控制的，为非同一控制下的企业合并。

(一)长期股权投资的初始计价和计量方法

1. 长期股权投资的初始计价

同一控制下的通过合并取得的股权投资，合并方以支付现金、转让非现金资产或承担债务方式作为合并对价的，应当在合并日按照取得被合并方所有者权益账面价值的份额作为长期股权投资的初始投资成本。长期股权投资初始投资成本与支付的现金、转让的非现金资产以及所承担债务账面价值之间的差额，应当调整资本公积；资本公积不足冲减的，调整留存收益。非同一控制下的合并取得的股权投资，初始投资成本为投资方在购买日为取得对被购买方的控制权而付出的资产、发生或承担的负债以及发行的权益性证券的公允价值，即以付出的资产等的公允价值作为初始投资成本。非合并取得长期股权投资，以付出资产的公允价值作为初始投资成本。

2. 长期股权投资的计量方法

商业银行对于长期股权投资，分别采用成本法和权益法核算。对被投资单位无控制、无共同控制且无重大影响的，长期股权投资应当采用成本法核算。对被投资单位具有控制、共同控制或重大影响的，长期股权投资应当采用权益法核算。通常情况下，对其他单位的投资占该单位有表决权资本总额20%或20%以上，或者投资不足20%但有重大影响的，应当采用权益法核算。对其他单位的投资占该单位有表决权资本总额的20%以下，或对其他单位的投资虽占有表决权资本总额的20%或20%以上，但不具有重大影响的，应当采用成本法核算。母公司银行对子公司银行进行的股权投资，应当采用成本法计量。

(二)成本法的核算

成本法是指按投资成本计价的方法。除追加投资(例如，将应分得的现金股利或利润转为投资)或收回投资外，长期股权投资的账面价值一般应当保持不变。

1. 取得投资时的核算

商业银行获得长期股权投资，可以通过合并或者其他方式，以下仅对非合并形成的长期股权投资进行阐述。

非合并形成的长期股权投资初始投资成本的确定比较简单，分为下列几种：

(1)以支付现金取得的长期股权投资。按实际支付款额借记“长期股权投资”科目，贷记“存放中央银行款项”科目。会计分录为：

借：长期股权投资

　贷：存放中央银行款项

(2)以发行权益性证券取得的长期股权投资。借记“长期股权投资”科目，贷记“股本”、“资本公积”科目。会计分录为：

借：长期股权投资(按权益性证券的公允价值计算)

　贷：股本(权益性证券的账面价值)

　　　资本公积

(3)投资者投入的长期股权投资。应当按照投资合同或协议约定的价值作为初始投资成本，但合同或协议约定价值不公允的除外。

(4)通过非货币性资产交换取得的长期股权投资。其初始投资成本应当按照《企业会计准则第7号——非货币性资产交换》确定。

(5)通过债务重组取得的长期股权投资。其初始投资成本应当按照《企业会计准则第12号——债务重组》确定，即债权人应当将享有股份的公允价值确认为初始投资成本。

2.持有期间的核算

被投资单位宣告分派利润或现金股利，投资方按应享有的部分，确认为当期的投资收益。但是，投资企业确认的投资收益，应仅限于所获得的被投资单位在接受投资后产生的累积净利润的分配额。所获得的被投资单位宣告分派的利润或现金股利超过被投资单位在接受投资后产生的累积净利润的部分，作为清算股利，冲减投资账面成本。会计分录为：

借：应收股利

　贷：投资收益(应享有的投资收益)

　贷：长期股权投资(应冲减投资成本的金额)

3.处置时的核算

处置长期股权投资，其账面价值与实际取得价款的差额，应当计入当期损益。会计分录为：

借：存放中央银行款项

借：长期投资减值准备

借：投资收益(亏损时)

　贷：长期股权投资

　贷：投资收益(收益时)

4.成本法改为权益法的核算

因追加投资等原因对长期股权投资的核算从成本法改为权益法，应当自实际取得对被投资单位控制、共同控制或对投资单位具有重大影响时，按经追溯调整后股权投资的账面价值加上追加投资成本作为初始投资成本；初始投资成本与应享有被投资单位所有者权益份额的差额，作为股权投资差额，并按前述摊销办法，计入损益。

(三)权益法的核算

权益法，指长期股权投资最初以初始投资成本计价，以后根据投资企业享有被投资单位所有者权益份额的变动对投资的账面价值进行调整的方法。

1.投资时的核算

投资时的核心问题是投资成本的确定，又分为“初始投资成本”和“新的投资成本”两个层次：

(1)在权益法下核算的长期股权投资。其初始投资成本的确定与成本法的非合并形成的长期股权投资初始成本相同，因此不再复述。

(2)新投资成本的确定。如果长期股权投资的初始投资成本大于投资时应享有被投资单位可辨认净资产公允价值份额的，不调整长期股权投资的初始投资成本。如果长期股权投资的初始投资成本小于投资时应享有被投资单位可辨认净资产公允价值份额的，其差额应当计入当期损益，同时调整长期股权投资的成本。

【例4-22】　2005年1月1日甲银行支付现金800万元给B公司，受让B公司持有的C公司30%的股权(具有重大影响)，受让股权时C公司的可辨认净资产公允价值为2 500万元。则甲银行会计处理如下：

初始投资成本＝实际支付的购买价款＋支付的直接相关费用、税金及其他必要支出

＝800＋0＝800(万元)

且800万元＞2 500×30％＝750(万元)

借:长期股权投资 8 000 000

贷:存放中央银行款项 8 000 000

【例4-23】 2005年1月1日甲银行支付现金800万元给B公司,受让B公司持有的C公司30％的股权(具有重大影响),受让股权时C公司的可辨认净资产公允价值为3 000万元。则甲银行会计处理如下:

初始投资成本＝实际支付的购买价款＋支付的直接相关费用、税金及其他必要支出

＝800＋0＝800(万元)

且800万元＜3 000×30％＝900(万元)

借:长期股权投资 9 000 000

贷:存放中央银行款项 8 000 000

贷:投资收益 1 000 000

2.持有期间确认权益的核算

持有期间确认权益,分为两种情况:

(1)对于被投资单位实现的净利润。投资企业应按拥有的份额确认"投资收益",计入利润表。

(2)对于净利润以外引起的所有者权益的变动。投资企业应按拥有的份额确认"资本公积",直接反映在资产负债表的所有者权益中。

3.处置长期股权投资的核算

处置长期股权投资时,所收到的处置收入与长期股权投资的账面价值的差额,应在股权转让日确认为投资损益。同时,应结转已计提的减值准备。会计分录为:

借:存放中央银行款项

借:长期股权投资减值准备(已计提的减值准备)

借:投资收益(实际收到的金额小于账面余额和应收现金股利的差额)

贷:长期股权投资(账面余额)

贷:投资收益(实际收到的金额大于账面余额和应收现金股利的差额)

贷:应收股利

部分处置某项长期股权投资时,应按该项投资的总平均成本确定其处置部分的成本,并按相应比例结转已计提的减值准备和资本公积准备项目。尚未摊销的股权投资差额也应按比例结转。

4.权益法改为成本法的核算

商业银行因减少投资等原因对被投资单位不再具有控制、共同控制或重大影响时,应当终止采用权益法核算,改按成本法核算,并按投资的账面价值作为新的投资成本。其后,被投资单位宣告分配利润或现金股利时,属于已计入投资账面价值的部分,作为新的投资成本收回,冲减投资成本。

(四)减值的核算

资产负债表日,按照应减记的金额,会计分录为:

借:资产减值损失——计提的长期股权投资减值准备

贷:长期股权投资减值准备

【例 4-24】 2006 年 12 月 31 日,某银行持有 B 公司普通股股票账面价值为 380 000 元,作为长期股权投资并采用权益法进行核算;由于 B 公司当年经营不善,资金周转发生困难,使得其股票市价下跌至 310 000 元,短期内难以恢复;假设该银行本年度首次对其计提长期股权投资减值准备。会计分录为:

借:资产减值损失——计提的长期股权投资减值准备　70 000

贷:长期股权投资减值准备　70 000

第五节　固定资产业务

固定资产,是指企业使用期限超过 1 年的有形资产。如房屋、建筑物、机器、机械、运输设备以及其他与生产、经营有关的设备、器具、工具等。

满足以下条件才能确认为固定资产:该固定资产包含的经济利益很可能流入企业;该固定资产的成本能够可靠计量。

一、会计科目的设置及使用

1.“固定资产”科目

本科目属资产类,用于核算固定资产的原价。借方核算银行固定资产增加的原值,贷方核算固定资产减少的原值,余额在借方,反映银行期末各种固定资产的原值。

商业银行应设置“固定资产登记簿”,按固定资产类别和使用部门进行明细核算,并设置“固定资产卡片”,按每项固定资产进行明细核算。

2.“累计折旧”科目

本科目属资产类,用于核算固定资产的累计折旧。贷方核算按月计提的折旧金额,借方核算减少固定资产转出的已提累计折旧金额,余额在贷方,表示现有固定资产的累计折旧金额。

本科目只进行总分类核算,不进行明细分类核算。需查阅某项固定资产已提折旧额时,可查阅固定资产卡片的相关资料进行计算。

3.“固定资产减值准备”科目

本科目属资产类,用于核算银行提取的固定资产减值准备。贷方核算会计期末计提的减值准备金额,表示银行已经提取的固定资产减值准备。新的会计准则规定,已经计提的固定资产减值准备不得转回。

4.“工程物资”科目

本科目属资产类,用于核算银行为基建工程、更改工程和大修理工程准备的各种物资的实际成本,包括为工程准备的材料、尚未交付安装的需安装设备的实际成本,以及预付大型设备款和基本建设期间根据项目概算购入为生产准备的工具及器具等的实际成本。

本科目借方核算购置工程物资的实际成本和发票注明的增值税,以及工程完工后剩余物资的退库金额,贷方核算领用工程物资的实际成本,以及工程完工后转入存货的剩余物资或对外出售的剩余物资的成本;余额在借方,反映工程物资结存的实际成本。

5.“在建工程”科目

本科目属资产类，用于核算银行进行基建工程、安装工程、技术改造工程、大修理工程等发生的实际支出，包括需要安装设备的价款。借方核算实际发生的工程款、领用工程物资等的实际成本、人工费开支、劳务支出、费用开支及损失等，贷方核算完工转出的全部累计工程成本；余额在借方，反映银行尚未完工的工程发生的各项实际支出。

本科目应设置“建筑工程”、“安装工程”、“在安装设备”、“技术改造工程”、“大修理工程”、“其他支出”等明细科目，进行明细核算。

6.“在建工程——减值准备”科目

本科目属资产类，核算在建工程提取的减值准备。贷方核算银行定期计提的减值准备金额。余额在贷方，反映银行已提取的在建工程减值准备。

7.“固定资产清理”科目

本科目属资产类，核算银行因出售、报废和毁损等原因转入清理的固定资产价值及其在清理过程中所发生的清理费用和清理收入等。借方核算转入清理固定资产的账面价值、清理过程中发生的费用和转出的清理后净收益，贷方核算收回出售固定资产的价款、残料价值和变价收入、保险公司的赔偿和转出的清理后净损失；转出清理净损益后，本科目无余额。若出现期末余额，则为尚未清理完毕的固定资产的价值及清理净收入。

二、固定资产增加的核算

商业银行取得固定资产时，应按取得时的成本入账。包括买价、增值税、进口关税、运输和保险等相关费用，以及为固定资产达到预定可使用状态前所必要的支出。固定资产取得时的成本应当根据具体情况分别确定。

1.购置不需要经过建造过程即可使用的固定资产

按实际支付的买价、增值税、包装费、运输费、安装成本、缴纳的税金等作为入账价值。会计分录为：

借：固定资产

　　贷：存放中央银行款项

如果以一笔款项购入多项没有单独标价的固定资产，则应按各项固定资产公允价值的比例对总成本进行分配，以分别确定各项固定资产的入账价值。

【例4-25】 某银行2007年4月1日向乙公司一次购进了三套不同型号且功能不同的设备甲、乙、丙。该银行为该批设备共支付货款10 800 000元，增值税税额17 000元，包装费538元，全部以存放中央银行款项转账支付；假定设备甲、乙、丙均满足固定资产定义和相关确认条件，公允价值分别为2 000 000元、2 500 000元，500 000元；不考虑其他相关税费。

该银行的账务处理如下：

①确定应计入固定资产成本的金额，包括买价、包装费及增值税额等，即：

1 000 000+17 000+538=1 017 538(元)

②确定甲、乙、丙设备各自的入账价值。

甲设备入账价值：

1 017 538×2 000 000÷(2 000 000+2 500 000+500 000)×100%=407 015.2(元)

乙设备入账价值：

1 017 538×2 500 000÷(2 000 000＋2 500 000＋500 000)×100％＝508 769(元)

丙设备入账价值：

1 017 538×500 000÷(2 000 000＋2 500 000＋500 000)×100％＝101 753.8(元)

③会计分录为：

借：固定资产——甲　　407 015.2

　　　　　　——乙　　508 769

　　　　　　——丙　　101 753.8

　贷：存放中央银行款项　　1 017 538

2.自行建造的固定资产

商业银行自行建造的固定资产，按建造该项资产达到预定可使用状态前发生的必要支出，作为入账价值。

(1)对建造阶段各项开支的处理。会计分录为：

借：在建工程

　贷：存放中央银行款项

　　　工程物资

　　　应付工资

　　　其他应付款

(2)工程达到预定可使用状态经验收后交付使用。会计分录为：

借：固定资产

　贷：在建工程

3.收到投资者投入的固定资产

投资者投入的固定资产，按投资各方确认的价值，作为入账价值。会计分录为：

借：固定资产

　贷：实收资本(或股本)

　贷：资本公积

【例4-26】 2007年9月23日，A银行接受B公司以一台设备进行投资。该台设备的原价为168 000元。已计提折旧49 860元，双方经协商确认的价值为133 140元，占A银行注册资本的30％。A银行注册资本为100 000元。假定不考虑其他相关税费。A银行的账务处理如下：

借：固定资产　　133 140

　贷：股本——B公司　　30 000

　贷：资本公积——股本溢价　　103 140

4.融资租入的固定资产

融资租入的固定资产按租赁开始日租赁资产的公允价值与最低租赁付款额的现值两者中较低者，作为其入账价值。

(1)租赁开始。会计分录为：

借：固定资产(租赁开始日租赁资产的公允价值与最低租赁付款额的现值两者中较低者)

借：未确认融资费用

　贷：长期应付款——应付融资租赁款(最低租赁付款额)

贷:银行存款(发生的初始直接费用)

(2)按期分摊未确认融资费用(使用实际利率法)。会计分录为:

借:业务及管理费

贷:未确认融资费用

如果融资租赁资产占企业资产总额比例等于或小于30%的,在租赁开始日,企业也可按最低租赁付款额,作为固定资产的入账价值。会计分录为:

借:固定资产

贷:长期应付款——应付融资租赁款

5.在原有固定资产的基础上进行改建、扩建的(包括技术改造、更新改造等,下同)

按原固定资产的账面价值,加上由于改建、扩建而使该项资产达到预定可使用状态前发生的支出,减去改建、扩建过程中发生的变价收入,作为入账价值。

6.接受债务人以非现金资产抵偿债务而取得的固定资产

按照实际抵债部分的公允价值加上应付的相关税费,作为入账价值。会计分录为:

借:固定资产

贷款损失准备

贷:逾期贷款

应收利息

银行存款(支付的相关费用)

应交税费(支付的相关税金)

如有退价或补价,应相应借记或贷记"银行存款"。

7.接受捐赠的固定资产

接受捐赠的固定资产,按照会计准则的规定确定入账价值,借记"固定资产"科目,按接受捐赠资产按税法规定确定的入账价值,贷记"待转资产价值——接受捐赠非货币性资产价值"科目,按应支付的相关税费,贷记"银行存款"等科目。

【例4-27】 2005年8月1日甲公司接受捐赠一台设备,捐赠方提供的增值税专用发票上注明的价款为100万元,增值税17万元,材料已验收入库。甲公司的账务处理是:

借:固定资产 1 170 000

贷:待转资产价值——接受捐赠非货币性资产价值 1 170 000

8.盘盈的固定资产

商业银行对固定资产应当定期或者至少每年实地盘点一次,并按以下规定确定其入账价值:

(1)同类或类似固定资产存在活跃市场。按同类或类似固定资产市场的市场价格,减去按该项固定资产的新旧程度估计的价值损耗后的余额作为入账价值。

(2)同类或类似固定资产不存在活跃市场。按该项固定资产的预计未来现金流量的现值,作为入账价值。

盘盈固定资产,会计分录为:

借:固定资产(同类或类似固定资产市场的市场价格减去按该项固定资产的新旧程度估计的价值损耗后的余额)

贷:待处理财产损溢

报经批准后，会计分录为：

借：待处理财产损溢

　贷：营业外收入

【例 4-28】　盘盈验钞机一台，完全重量价值为 20 000 元，估计折旧为2 000元。会计分录为：

借：固定资产　20 000

　贷：待处理财产损溢　18 000

　　累计折旧　2 000

9. 经批准无偿调入的固定资产

按调出单位的账面价值加上发生的运输费、安装费等相关费用，作为入账价值。

(1)无偿调入需安装的固定资产。会计分录为：

借：在建工程（调入固定资产的原账面价值加上发生的包装费、运杂费等）

　贷：资本公积——无偿调入固定资产

　贷：现金（支付的包装费、运杂费等）

(2)发生其他安装费用。会计分录为：

借：在建工程

　贷：现金

　贷：应付职工薪酬

(3)安装程度达到可使用状态。会计分录为：

借：固定资产

　贷：在建工程

10. 与固定资产有关的后续支出

新的会计准则取消了后续支出的确认原则，指出固定资产后续支出和初始支出的确认原则相同，要符合固定资产确认的条件。如果后续支出不符合固定资产确认条件，就不能资本化，而应予以费用化。

三、固定资产折旧的核算

固定资产折旧是指在固定资产的使用寿命内，按照确定的方法对应计折旧额进行的系统分摊。其中，应计折旧额，是指应当计提的固定资产原价扣除其预计净残值后的余额，如果已对固定资产计提减值准备，还应当扣除已计提固定资产减值准备累计金额。

（一）固定资产折旧的影响因素

在计算固定资产折旧时，必须正确考虑影响固定资产计提折旧的因素。具体来说主要有：计提固定资产折旧的基数、固定资产的净残值、固定资产的使用寿命。

(1)计提固定资产折旧的基数。计算固定资产折旧的基数一般为固定资产的原始成本，也就是固定资产的原价。银行在具体计提固定资产折旧时，应当以当月月初应计固定资产为依据，当月增加的固定资产，当月不计提折旧，从下月起计提折旧；当月减少的固定资产，当月照提折旧，从下月起不提折旧。

(2)固定资产的预计净残值。预计净残值，是指假定固定资产预计使用寿命已满并处于使用寿命终了时的预期状态，目前从该项资产处置中获得的扣除预计处置费用后的金额。企业应当根据固定资产的性质和使用情况，合理确定固定资产的使用寿命和预计净残值。

(3)固定资产使用寿命。固定资产的使用寿命，是指固定资产预期使用的期限。固定资产使用寿命的长短，直接影响各期应计提的折旧额。在确定固定资产的使用寿命时，不仅应考虑固定资产的有形损耗即预计生产能力或实物产量；还要考虑固定资产的无形损耗和法律或者类似规定对资产使用的限制。

固定资产的使用寿命、预计净残值一经确定，不得随意变更；但是，使用寿命预计数与原先估计数有差异的，应当调整固定资产使用寿命。

(二)固定资产折旧的范围

商业银行应当对所有固定资产计提折旧；但是，已提足折旧仍继续使用的固定资产和单独计价入账的土地等除外。

(1)商业银行的下列固定资产应当计提折旧：①房屋和建筑物；②各类设备；③大修理停用的固定资产；④融资租入和以经营租赁方式租出的固定资产。银行所建造的固定资产已达到预定可使用状态之日起，按照工程预算、造价或工程实际成本等，按估计的价值转入固定资产，并按计提折旧的有关规定，计提固定资产的折旧。待办理了竣工决算手续后再作调整。

达到预定可使用状态应当计提折旧的固定资产，在年内办理竣工决算手续的，按照实际成本调整原来的暂估价值，并调整原已计提的折旧额，作为调整当月的费用处理。如果在年度内未办理竣工决算的，应当按照估计价值暂估入账，并计提折旧；待办理了竣工决算手续后，再按照实际成本调整原来的暂估价值，调整原已计提的折旧额，同时调整年初留存收益各项目。

(2)商业银行的下列固定资产不计提折旧：①以经营租赁方式租入的固定资产；②已提足折旧继续使用的固定资产；③按规定单独估价作为固定资产入账的土地。

固定资产提足折旧以后，不论能否继续使用，均不再提取折旧；提前报废的固定资产，也不再补提折旧。

(三)固定资产折旧方法

商业银行应当根据固定资产的性质和消耗方式，合理地确定固定资产的预计使用年限和预计净残值，并根据科技的发展、环境及其他原因，选择合理的固定资产折旧方法。

固定资产折旧方法可以采用年限平均法、工作量法、年数总和法、双倍余额递减法等。下面分别加以说明。

(1)年限平均法。又称直线法。该方法是指将固定资产的可折旧金额均衡地分摊于固定资产使用年限内的一种方法。这种方法假定固定资产可折旧金额是依使用年限均匀损耗。其计算公式为：

$$年折旧额=\frac{固定资产原值-预计净残值}{预计使用年限}$$

$$年折旧率=\frac{年折旧额}{固定资产原值}$$

$$月折旧额=\frac{年折旧额}{12}$$

(2)工作量法。工作量法是根据某项固定资产完成工作量来计算折旧的一种方法。这种方法适合于损耗程度与完成工作量成正比关系的固定资产或在使用年限内不能均衡使用的固定资产。其计算公式如下：

$$单位里程折旧额=\frac{固定资产原值-预计净残值}{规定总行驶里程}$$

$$单位工作台班折旧额=\frac{固定资产原值-预计净残值}{规定的总工作台班数}$$

$$单位工作小时折旧额=\frac{固定资产原值-预计净残值}{预计总工作小时}$$

(3)年数总和法。年数总和法是一种加速折旧方法。它是用变率递减的方法，计算固定资产的折旧。每期用递减的折旧率，乘以固定资产的原始价值，计算当期应提取的折旧额。其计算公式如下：

$$年折旧率=\frac{2\times(折旧年限-已使用年限)}{折旧年限\times(折旧年限+1)}\times100\%$$

或 $$年折旧率=\frac{尚可使用年限}{预计使用年限的逐年数字合计}$$

$$月折旧额=\frac{原价\times(1-预计净残率)\times年折旧率}{12}$$

【例4-29】 某项固定资产的原值为50 000元，预计使用年限为5年，预计净残值为2 000元。采用年数总和法计算的各年折旧额如下所示：

年份	尚可使用年限（年）	原值－净残值（元）	变动折旧率	年折旧额（元）	累计折旧（元）
1	5	48 000	5/15	16 000	16 000
2	4	48 000	4/15	12 800	28 800
3	3	48 000	3/15	9 600	38 400
4	2	48 000	2/15	6 400	44 800
5	1	48 000	1/15	3 200	48 000

(4)双倍余额递减法。双倍余额递减法也是一种加速折旧法。这是一种以年限平均法折旧率的双倍，乘以逐年递减的期初固定资产净值，以求得各期的折旧费用的方法。其计算公式如下：

$$年折旧率=\frac{2}{年折旧额}\times100\%$$

$$月折旧额=\frac{净值\times年折旧率}{12}$$

折旧方法一经确定，不得随意变更。如需变更，应当在会计报表附注中予以说明。

4.固定资产折旧的账务处理

计提固定资产折旧时，会计分录为：

借：折旧费用

　贷：累计折旧

四、固定资产减少的核算

固定资产的减少，主要包括投资转出固定资产、捐赠转出固定资产、以非现金资产抵偿债务方式转出固定资产、无偿调出固定资产、盘亏固定资产及出售、报废和毁损等原因转出固定资产。

(一)投资转出固定资产

(1)转出投资固定资产的账面价值和已计提减值准备。会计分录为:

借:固定资产清理(固定资产净值)

借:累计折旧(已提折旧)

贷:固定资产(账面原值)

借:固定资产减值准备

贷:固定资产清理

(2)支付相关税费。会计分录为:

借:固定资产清理

贷:现金

贷:应交税费

(3)结转投资。会计分录为:

借:长期股权投资

贷:固定资产清理

(二)捐赠转出固定资产

(1)捐赠转出固定资产的账面价值和已提减值准备的处理。会计分录为:

借:固定资产清理(固定资产净值)

借:累计折旧(已提折旧)

贷:固定资产(账面原值)

借:固定资产减值准备

贷:固定资产清理

(2)交纳应交税金。会计分录为:

借:固定资产清理

贷:应交税费

(3)结转捐赠支出。会计分录为:

借:营业外支出——捐赠支出

贷:固定资产清理("固定资产清理"科目的账面余额)

(三)以非现金资产抵偿债务方式转出的固定资产

(1)转出抵偿债务的固定资产的账面价值和已提减值准备的处理。会计分录为:

借:固定资产清理(固定资产净值)

借:累计折旧(已提折旧)

贷:固定资产(账面原价)

原已计提减值准备的,借记"固定资产减值准备"科目,按其账面余额,贷记"固定资产清理"科目。

借:固定资产减值准备

贷:固定资产清理

(2)交纳应交税金。会计分录为:

借:固定资产清理

　贷:应交税费

(3)冲减所抵偿的债务。会计分录为:

借:其他应付款

借:营业外支出——债务重组损失

　贷:固定资产清理("固定资产清理"科目的账面余额)

　贷:资本公积

(四)无偿调出固定资产

(1)结转调出固定资产的账面价值和已提折旧。会计分录为:

借:固定资产清理(账面价值)

借:累计折旧(已提折旧)

借:固定资产减值准备(已计提的减值准备)

　贷:固定资产(账面原值)

(2)调出固定资产发生清理费用。会计分录为:

借:固定资产清理

　贷:现金

(3)结转调出固定资产发生的净损失。会计分录为:

借:营业外支出

　贷:固定资产清理("固定资产清理"科目的账面余额)

(五)盘亏的固定资产

(1)发生盘亏的固定资产。会计分录为:

借:待处理财产损溢——待处理固定资产损溢(账面价值)

借:累计折旧(已提折旧)

借:固定资产减值准备(已计提的减值准备)

　贷:固定资产(账面原价)

(2)结转盘亏的固定资产。会计分录为:

借:营业外支出

　贷:待处理财产损溢——待处理固定资产损溢

【例4-30】 2007年7月4日,A银行在固定资产清查过程中,发现盘亏设备一台,其账面原价为540 000元,已计提折旧为400 000元。经批准,该盘亏固定资产作为营业外支出入账。

A银行账务处理如下:

①盘亏固定资产,会计分录为:

借:待处理财产损溢——待处理固定资产损溢　140 000

借:累计折旧　400 000

　贷:固定资产　540 000

②报经批准处理后,会计分录为:

借:营业外支出　140 000

　贷:待处理财产损溢——待处理固定资产损溢　140 000

(六)固定资产清理的核算

商业银行由于出售、报废或者毁损等原因而发生的固定资产清理净损益，计入当期营业外收支。

(1)发生出售、报废和毁损的固定资产。会计分录为：

借：固定资产清理(固定资产账面价值)

借：累计折旧(已提折旧)

借：固定资产减值准备(已计提的减值准备)

　贷：固定资产(账面原价)

(2)清理过程中发生的费用和应交税金。会计分录为：

借：固定资产清理

　贷：现金

　贷：应交税费

(3)收回出售固定资产的价款、残料价值和变价收入等。会计分录为：

借：现金

　贷：固定资产清理

(4)应由保险公司或过失人赔偿的损失。会计分录为：

借：其他应收款

　贷：固定资产清理

(5)固定资产清理后净收益的处理。

属于筹建期间的，会计分录为：

借：固定资产清理

　贷：业务及管理费用

属于经营期间的，会计分录为：

借：固定资产清理

　贷：营业外收入——处置固定资产利得

(6)固定资产清理后净损失的处理。

属于筹建期间的，会计分录为：

借：业务及管理费用

　贷：固定资产清理

属于经营期间由于自然灾害等非正常原因造成的损失，会计分录为：

借：营业外支出——非常损失

　贷：固定资产清理

属经营期间正常的处理损失，会计分录为：

借：营业外支出——处理固定资产净损失

　贷：固定资产清理

【例 4-31】 A银行有一台设备，因使用期满经批准报废。该设备原价为 559 200 元，累计已计提折旧 531 240 元，已计提减值准备为 6 900 元。在清理过程中，以现金支付清理费用 12 000 元，残料变卖收入为 16 200 元，支付的相关税金为 810 元。A银行的账务处理如下：

①固定资产转入清理，会计分录为：

借:固定资产清理　21 060
借:累计折旧　531 240
借:固定资产减值准备　6 900
　贷:固定资产　559 200

②发生清理费用和相关税费,会计分录为:

借:固定资产清理　12 810
　贷:现金　12 000
　贷:应交税费　810

③收到残料变价收入,会计分录为:

借:现金　16 200
　贷:固定资产清理　16 200

④结转固定资产净损益,会计分录为:

借:营业外支出——处置固定资产净损失　17 670
　贷:固定资产清理　17 670

第六节　无形资产及其他资产业务

一、无形资产及其他资产概述

(一)无形资产的概念及分类

1.无形资产的定义

根据《企业会计准则第6号——无形资产》的定义,商业银行的无形资产是指由商业银行拥有或控制的没有实物形态的可辨认非货币性资产。

资产在符合下列条件时,满足无形资产定义中的可辨认性标准:

(1)能够从企业中分离或者划分出来,并能单独或者与相关合同、资产或负债一起,用于出售、转移、授予许可、租赁或者交换。

(2)源自合同性权利或其他法定权利,无论这些权利是否可以从企业或其他权利和义务中转移或者分离。

资产同时满足下列条件的,才能确认为无形资产:

(1)符合无形资产的定义。

(2)与该资产相关的预计未来经济利益很可能流入企业。

(3)该资产的成本能够可靠计量。

2.无形资产的分类

无形资产可以采用多种方法来分类,通常按取得方式以及是否可确认进行分类。

(1)按取得方式分,无形资产可以分为外部取得无形资产和内部自创无形资产。

①外部取得无形资产。外部取得无形资产又分为外购无形资产、通过非货币交易换入无形资产、投资者投入无形资产、通过债务重组取得无形资产、接受捐赠取得无形资产等。

②内部自创无形资产。内部自创无形资产指企业自行研究与开发取得的无形资产。

(2)按使用寿命分,可以分为使用寿命有限的和使用寿命不确定的无形资产。无法预见无形资产为企业带来经济利益期限的,应当视为使用寿命不确定的无形资产,摊销方法与使用寿命有限的无形资产不同。

3.无形资产的内容

无形资产包括专利权、非专利技术、商标权、著作权、土地使用权等。但银行自创商誉或内部产生的品牌、报刊等，因其成本无法明确区分，不应当确认为无形资产。

(1)专利权。是指国家专利主管机关依法授予发明创造专利申请人对其发明创造在法定期限内所享有的专利权利。

(2)非专利技术。也称专有技术。它是指不为外界所知、在生产活动中已采用了的、不享有法律保护的各种技术和经验。

(3)商标权。是用来辨认特定的商品和劳务的标记。商标权是指专门在某类指定的商品或产品上使用特定的名称或图案的权利。

(4)著作权。又称版权，指作者对其创造的文学、科学和艺术作品依法享有的某些特殊权利。

(5)土地使用权。指国家准许某些企业在一定期间内对国有土地享有开发、利用、经营的权利。根据我国土地管理法的规定，我国土地实行公有制，任何单位和个人不得侵占、买卖或以其他形式非法转让。

(二)其他资产的概念及分类

1.其他资产的定义

商业银行的其他资产是指长期待摊费用、存出保证金、应收席位费、抵债资产等。

2.其他资产的主要类型

(1)长期待摊费用。指商业银行已经支出，但摊销期限在一年以上(不含一年)的各种费用，包括租入固定资产的改良支出等。应由本期负担的借款利息、租金等，不得作为长期待摊费用处理。

(2)存出保证金。指商业银行从事保险业务按规定比例缴存的、用于清算时清偿债务的保证金。

(3)应收席位费。指商业银行向法定交易场所支付的交易席位费用。

(4)抵债资产。指银行依法行使债权或担保物权而受偿于债务人、担保人或第三人的实物资产或财产权利。

二、无形资产的核算

(一)无形资产的计价

商业银行的无形资产在取得时，应按实际成本入账。取得时的实际成本应按下列方式确认：

1.购入的无形资产

其成本包括购买价款、相关税费以及直接归属于使该项资产达到预定用途所发生的其他支出。

购买无形资产的价款超过正常信用条件延期支付，实质上具有融资性质的，无形资产的成本以购买价款的现值为基础确定。实际支付的价款与购买价款的现值之间的差额，除按照《企业会计准则第17号——借款费用》应予资本化的以外，应当在信用期间内计入当期损益。

2.收到投资者投入的无形资产

收到投资者作为投入资金投入的无形资产，按投资合同或协议约定的价值确定，但合同或协议约定不公允的除外。

3. 商业银行自行开发并合法取得的无形资产

内部研究开发项目，研究阶段的支出应当于发生时计入当期损益；开发阶段的支出，同时满足下列条件的，才能予以资本化：

(1)完成该无形资产以使其能够使用或出售，在技术上具有可行性。

(2)具有完成该无形资产并使用或出售的意图。

(3)无形资产产生经济利益的方式，包括能够证明运用该无形资产生产的产品存在市场或无形资产自身存在市场，无形资产将在内部使用的，应当证明其有用性。

(4)有足够的技术、财务资源和其他资源支持，以完成该无形资产的开发，并有能力使用或出售该无形资产。

(5)归属于该无形资产开发阶段的支出能够可靠地计量。

(二)无形资产的摊销

1. 摊销的起讫时间

应当自无形资产可供使用时起，至不再作为无形资产确认时止。

2. 摊销方法

商业银行选择的无形资产摊销方法，应当反映出预期消耗该项无形资产所产生的未来经济利益的方式。无法可靠确定消耗方式的，应当采用直线法摊销。其计算公式如下：

每期摊销金额＝无形资产实际成本/摊销期限

3. 摊销金额

为其入账价值扣除残值后的金额，已经计提无形资产减值准备的，还应扣除已经提取的减值准备金额。使用寿命不确定的无形资产不应摊销。

(三)无形资产的账务处理

为了核算和监督商业银行的无形资产的形成、转让及摊销，设置“无形资产”科目核算商业银行各种无形资产的价值。商业银行可以根据具体情况，在“无形资产”科目下设置明细科目进行核算。

1. 取得无形资产的核算

(1)商业银行购入无形资产。会计分录为：

借：无形资产

　　贷：存放中央银行款项(或其他科目)

【例 4-32】　2006 年 6 月 19 日，B 银行购入一项专利技术，发票价值为236 000元，款项已通过存放中央银行款项转账支付。会计分录为：

借：无形资产　　236 000

　　贷：存放中央银行款项　　236 000

(2)投资者投入无形资产。会计分录为：

借：无形资产

　　贷：实收资本(或股本)

【例 4-33】　C 银行的注册资本为3 000 000元，2006 年 5 月 21 日，C 银行接受 A 公司以专利权进行投资。该专利权的账面价值为1 260 000元，协议价值为1 320 000元，占 C 银行注册资本的 15%。假定不考虑其他税费。会计分录为：

借：无形资产 1 320 000

贷：股本——A公司 450 000

资本公积——股本溢价 870 000

(3)自行开发并按法律程序申请取得的无形资产。会计分录为：

借：无形资产

贷：存放中央银行款项(或其他科目)

在研究过程中发生的材料费用、直接参与开发人员的工资及福利费等费用。会计分录为：

借：业务及管理费

贷：现金(或其他科目)

【例4-34】 2006年1月15日，D银行研制成功并依法申请取得了专利权，在申请专利权过程中发生专利登记费12 600元，律师费54 000元。会计分录为：

借：无形资产 18 000

贷：存放中央银行款项 18 000

(4)购入土地使用权，或以支付土地出让金方式取得的土地使用权。会计分录为：

借：无形资产(实际支付的价款)

贷：存放中央银行款项

当该土地开发时再将其账面价值转入相关在建工程。会计分录为：

借：在建工程(或其他科目)

贷：无形资产

2.处置无形资产的核算

(1)出售无形资产。按实际取得的转让收入记账。会计分录为：

借：存放中央银行款项(实际取得的转让收入)

无形资产减值准备(已计提的减值准备)

营业外支出——出售无形资产损失

贷：无形资产(账面余额)

现金(支付的相关费用)

应交税费(应交的相关税金)

营业外收入——出售无形资产收益

(2)出租无形资产。按取得的租金收入记账。会计分录为：

借：存放中央银行款项

贷：其他营业收入

结转出租无形资产的成本时，会计分录为：

借：其他营业支出

贷：无形资产

3.无形资产摊销与减值的核算

(1)无形资产的摊销采用直线法。会计分录为：

借：业务及管理费用——无形资产摊销

贷：累计摊销

(2)无形资产发生减值。计提减值准备的核算按照《企业会计准则第8号——资产减值》

的有关规定，提取减值准备。已计提的无形资产减值准备不允许转回。会计分录为：

借：资产减值损失——计提的无形资产减值准备

　贷：无形资产减值准备

三、其他资产的核算

其他资产是指除流动资产、长期资产、固定资产、无形资产等以外的资产，如长期待摊费用、存出保证金、抵债资产、应收席位费等。

（一）长期待摊费用

长期待摊费用应单独核算，在费用项目的受益期内分期平均摊销。股份有限公司委托其他单位发行股票支付的手续费或佣金等相关费用，减去股票发行冻结期间的利息收入的余额，从发行股票的溢价中不够抵消的，或者无溢价的，若金额较小的，直接计入当期损益；若金额较大的，可作为长期待摊费用，在不超过 2 年的期限内平均摊销，计入损益。除购建固定资产以外，所有筹建期间所发生的费用，先在长期待摊费用中归集，待金融企业开始经营当月起一次计入开始经营当月的损益。如果长期待摊的费用项目不能使以后会计期间受益的，应当将尚未摊销的该项目的摊余价值全部转入当期损益。

商业银行发生长期待摊费用时，会计分录为：

借：长期待摊费用

　贷：现金（或银行存款等）

摊销长期待摊费用时，会计分录为：

借：业务及管理费

　贷：长期待摊费用

（二）抵债资产

抵债资产是通过以物抵债的行为产生。银行一般会根据债务人、担保人或第三人可受偿资产的实际情况，优先选择产权明晰、权证齐全、具有独立使用功能、易于保管及变现的资产作为抵债资产。

1.取得抵债资产

商业银行应将其公允价值作为抵债资产的入账价值，并确定抵债金额，贷记“非应计贷款”等相关科目。另外，抵债资产不计提折旧或摊销，但对预计可收回金额低于账面价值的，应当按其差额计提减值准备。会计分录为：

借：抵债资产（按评估价）

借：抵债资产减值准备（预计损失）

　贷：非应计贷款——借款人户

　贷：应收利息（表内利息）

　贷：利息收入（表外利息）

借：资产减值损失——计提的抵债资产减值准备

　贷：抵债资产减值准备

商业银行在取得抵债资产时支付的抵债资产欠缴的税费、垫付的诉讼费以及发生的相关税费应计入抵债资产价值。

2.取得抵债资产后转为自用

商业银行应在相关手续办妥时，按转为自用资产的账面价值，借记“固定资产”、“长期股权投资”等科目，贷记本科目。会计分录为：

借：固定资产

　贷：抵债资产

3.保管期间收入或费用的确认

抵债资产保管期间取得收入或支出费用。会计分录为：

借：现金（或存放中央银行款项）

　贷：营业外收入

或者

借：营业外支出

　贷：现金（或存放中央银行款项）

4.处置抵债资产

如果处置抵债资产的收入大于抵债资产账面价值，会计分录为：

借：存放中央银行款项（或现金）

　贷：抵债资产

　贷：抵债资产减值准备

　贷：其他应收款（处置的各种费用）

　贷：营业外收入——处置抵债资产收入

如果处置抵债资产的收入小于抵债资产账面价值，会计分录为：

借：存放中央银行款项（或现金）

借：抵债资产减值准备

借：营业外支出——处置抵债资产支出

　贷：抵债资产

　　其他应收款（处置的各种费用）

抵债资产处置中发生的损益可用以下公式求得：

营业外收入（或营业外支出）＝实际取得的处置收入－（抵债资产账面余额－抵债资产减值准备）－变现税费－可确认为利息收入的表外利息

【例 4－35】 2005 年，C 公司因遭受自然灾害，短期内无法偿还所欠 S 银行贷款 280 000 元及利息 16 800 元。经与 S 行协商，C 公司决定以采用公允价值计量的某专利技术偿还所欠贷款。当日，该专利技术公允价值为 300 000 元。

(1)S 银行处置抵债资产时，会计分录为：

借：抵债资产	300 000	
贷：贷款		280 000
贷：应收利息		16 800
贷：营业外收入		3 200

(2)S 银行取得该抵债资产后转为自用。会计分录为：

借：无形资产	300 000	
贷：抵债资产		300 000

另外，商业银行的存出保证金应于商业银行成立后按注册资本的20%提取，在实际发生时，按实际发生额入账。商业银行的应收席位费，应当按照实际支付的金额入账，并按10年的期限平均摊销。

本章小结

资产是商业银行过去的交易或者事项形成的、由商业银行拥有或者控制的、预期会给商业银行带来经济利益的资源。资产业务是商业银行的主要业务，是会计核算要素之一。本章从会计核算的角度详细介绍商业银行是如何配置资源的，具体包括现金资产业务、贷款资产业务、证券资产业务、固定资产业务、无形资产业务和抵债资产业务的核算。通过本章的学习，应该了解商业银行资金的占用情况；了解资金运用的过程；掌握各种资产的会计核算手续。以便于科学、合理地配置稀缺资源。

关键术语

资产　现金资产业务　贷款　贷款损失准备金　证券资产业务　固定资产
无形资产　抵债资产

思考练习题

1. 简述资产的意义及其特点。
2. 资产确认的条件有哪些？
3. 什么是现金出纳？现金出纳在银行业务活动中的地位是什么？
4. 贷款与贴现有哪些区别？
5. 怎样对逾期贷款进行核算？
6. 为什么要提取贷款损失准备？贷款损失准备有哪些种类？应如何提取？
7. 何谓贴现利息？如何计算？
8. 什么是非应计贷款？其核算方法如何？
9. 持有至到期投资计价的方法是什么？计提跌价准备的方法是什么？
10. 长期股权投资有哪两种核算方法？如何确定采用成本法还是采用权益法？
11. 什么是固定资产？固定资产的标准是如何规定的？
12. 固定资产的计价原则是什么？
13. 固定资产折旧的方法有哪些？
14. 什么是无形资产？无形资产有什么特征？
15. 无形资产的计价原则是什么？
16. 什么是待处理抵债资产？应如何核算？
17. 资产的计量方法有哪些？
18. 请谈谈抵押贷款和质押贷款的区别。

第五章　国内支付结算业务

本章要点

1. 支付结算的意义、纪律与原则
2. 票据业务的内容及核算
3. 银行卡业务的内容及核算
4. 其他结算业务的内容及核算
5. 国内信用证业务的内容及核算

第一节　支付结算业务概述

一、支付结算的意义

结算是经济活动中的货币收付行为。由于结算是随着商品、货币及信用的发展而发展，并借助于货币来实现的，因此又称作“货币结算”。在市场经济条件下，它可以分为现金结算和转账结算。当货币作为支付手段发挥职能作用时，就发生了转账结算和票据流通。因此，现金结算和转账结算是货币结算的两种形式，它既是各部门、各单位日常进行的一项经济活动，也是金融机构的一项主要业务。所以，支付结算是指单位、个人在社会经济活动中使用票据、信用卡和汇兑、委托收款、托收承付、信用证等结算方式进行货币给付及其资金清算的行为。

商业银行是支付结算和资金清算的中介，也是连接国民经济各部门、各单位的纽带。根据国家有关规定，一切企事业单位之间的债权债务清算，除按现金管理条例的规定可以使用现金外，都必须通过银行办理转账结算。这对于简化结算手续、缩短结算过程、节约现金使用、扩大资金来源、保证资金安全等都具有重要作用。近年来的统计资料表明，由商品交易、劳务供应、资金调拨、借贷行为等项经济活动引起的款项结算，有90%以上是通过银行转账这一渠道实现的。因此，银行办理支付结算业务，不仅关系到银行自身的信誉，影响银行的收入，而且，更重要的是对于保证生产、流通、分配和消费的顺利进行和国民经济的健康发展具有十分重要的意义。

二、支付结算的原则与纪律

结算实行集中统一和分级管理相结合的管理体制。银行根据经济往来组织结算，准确、及时、安全办理结算，按照有关法律、行政法规和结算办法管理支付结算，以保障支付结算活动的正常进行。单位、个人和银行也应当按照《银行账户管理办法》的规定开立、使用账户，并按票据、结算办法的有关规定进行操作。

(一)支付结算的原则

单位、个人和银行办理支付结算必须遵循下列原则：

1.恪守信用，履约付款

恪守信用，履约付款，就是单位间经济往来和资金清算必须建立在信用和合同(协议)的基础上。结算的当事人必须依法承担义务和行使权利，履行付款义务，并按照双方约定的付款金额和付款日期进行支付。

2.谁的钱进谁的账，由谁支配

商业银行是资金结算的中介。办理结算时，必须遵循委托人的意愿，保证将所收款项支付给委托人确定的收益人，以保护客户的合法权益，保护客户对其资金的自主支配权，除法律规定者外，银行拒绝为任何单位或个人扣款，也不得随意停止单位、个人存款的正常支付。对在结算中收付双方发生的经济纠纷，应由其自行处理，或者向仲裁机关，人民法院申请调解或裁决。只有做到谁的钱进谁的账，由谁支配，才能既保证支付结算单位的合法权益，同时又维护了银行的信誉。

3.银行不垫款

商业银行在办理结算时，要划清银行与客户之间的资金界限。商业银行只负责客户之间的资金转移，而不能在结算中为客户垫付资金，因此，必须坚持"先付后收，收妥抵用"的原则。

(二)支付结算的纪律

在办理结算业务时，有关方面必须维护结算纪律。结算纪律是国家财经纪律的重要组成部分，是维护结算秩序，保证结算业务正常进行的必要条件，也是正确处理结算活动中各当事人之间经济关系的重要保证。

单位及个人是支付结算的重要当事人，要严格遵守支付结算纪律，按支付结算办法办理结算。这是严肃信用制度，维护结算秩序的前提条件。它包括客户应遵守的结算纪律和银行应遵守的结算纪律两个方面。

1.单位及个人应严格执行"四不准"的纪律

(1)不准出租、出借账户；

(2)不准填发空头支票和远期支票；

(3)不准套用银行信用；

(4)不准无理拒绝付款。

2.商业银行应严格执行"十不准"的纪律

商业银行应严格按照支付结算办法的规定办理业务，是维护正常结算秩序的重要环节。银行办理支付结算应严格执行结算纪律。

(1)不准以任何理由压票、任意退票、截留挪用客户和他行资金；

(2)不准无理拒绝支付应由银行支付的票据款项；

(3)不准受理无理拒付，不扣少扣滞纳金；

(4)不准违章签发、承兑、贴现票据，套取银行资金；

(5)不准签发空头银行汇票、银行本票和办理空头汇款；

(6)不准在支付结算制度之外规定附加条件，影响汇路畅通；

(7)不准违反规定为单位和个人开立账户；

(8)不准拒绝受理、代理他行正常结算业务；

(9)不准放弃对企事业单位和个人违反结算纪律的制裁；

(10)不准逃避向人民银行转汇大额汇划款项。

(三)支付结算责任

为了保证结算原则和结算纪律的执行，必须明确结算当事人各方面的结算责任。结算当事人包括出票人、背书人、承兑人、保证人、持票人、付款人、收款人、银行和邮电部门等等。凡是未按票据法规的规定处理，而影响他人利益的当事人，均应视情况不同，分别承担票据责任、民事责任、行政责任和刑事责任。

三、会计科目

(一)"汇出汇款"科目

本科目核算银行为申请人办理的委托本系统其他行或系统外其他银行解付的汇款。

银行签发银行汇票时，借记"活期存款"、"现金"科目，贷记本科目。银行收到代理付款行寄来的有关单证结清银行汇票时，按汇票金额，借记本科目，按实际结算金额，贷记"联行往来——联行来账"等科目，按汇票多余款，贷记"活期存款"(申请人在银行开立账户)、"其他应付款"(申请人未在银行开立账户)等科目；为申请人办理退款时，借记本科目，贷记"活期存款"、"现金"等科目；持票人超过付款期限不获付款，出票银行向其办理付款时，按汇票金额，借记本科目，按实际结算金额，贷记"应解汇款及临时存款"科目，按汇票多余款，贷记"活期存款"、"其他应付款"等科目。

银行签发委托中央银行代理兑付的汇票时，借记"活期存款"等科目，贷记本科目；银行向中央银行移存汇票款时，借记"委托央行清算汇票款"科目，贷记"存放中央银行款项"科目。银行收到中央银行交换来的解讫通知时，全额结清汇票的，按汇票金额，借记本科目，贷记"委托央行清算汇票款"科目；汇票有多余款的，按汇票金额，借记本科目，贷记"委托央行清算汇票款"科目，同时，按汇票多余款，借记"存放中央银行款项"科目，贷记"活期存款"等科目。

本科目应按汇票申请人进行明细核算。

(二)"开出本票"科目

本科目核算银行为申请人签发银行本票所收取的款项。

银行签发银行本票时，借记"活期存款"、"现金"等科目，贷记本科目。出票银行办理现金付款时，借记本科目，贷记"现金"科目。银行收到票据交换提入的本票，结清本票款时，借记本科目，贷记"存放中央银行款项"、"辖内往来——辖内往账"等科目。

银行为出票行为申请人办理退款时，借记本科目，贷记"活期存款"、"现金"等科目。

银行为出票行为持票人办理逾期付款时，借记本科目，贷记"活期存款"、"存放中央银行款项"、"辖内往来——辖内往账"等科目。

本科目应按银行本票的申请人进行明细核算。

(三)"应解汇款及临时存款"科目

本科目核算银行收到的其他行委托本行解付或支付给未在本行开户的单位及个人的汇款或其他临时性款项。

银行向开户单位收取由其承兑的商业汇票的票款时，借记"活期存款"、"逾期贷款"(出票人账户无款支付或不足支付时)等科目，贷记本科目；银行向持票人开户行支付票款时，借记本科目，贷记"联行往来——联行往账"、"辖内往来——辖内往账"等科目。

银行汇票的持票人超过付款期限不获付款，银行向其办理付款时，按汇票金额，借记“汇出汇款”科目，按实际结算金额，贷记本科目，按汇票多余款，贷记本科目、“活期存款”、“其他应付款”等科目。

收到异地银行汇入待解付和临时存入的款项时，借记“联行往来——联行来账”等科目，贷记本科目。解付或支付款项给收款人时，借记本科目，贷记“现金”、“存放中央银行款项”等科目。收款人要求退汇或转汇时，借记本科目，贷记“联行往来——联行往账”等科目。

本科目应按收款人等进行明细核算。

(四)“保证金存款”科目

本科目核算银行收到客户存入的作为备付期间费用、偿还债务准备以及其他保证金性质的款项，如信用证保证金、信用卡保证金、租赁保证金、担保保证金等。

收到保证金存款时，借记“活期存款”等科目，贷记本科目；退还、扣抵或没收保证金时，借记本科目，贷记“活期存款”等科目。按期计算保证金利息时，借记“利息支出”科目，贷记“活期存款”科目。

开证行收到申请人交存的保证金存款时，借记“活期存款”等科目，贷记本科目；信用证增额时，交存的增加保证金存款，借记“活期存款”等科目，贷记本科目；信用证减额时，减少的保证金存款，借记本科目，贷记“活期存款”等科目。

开证行对信用证付款时，借记本科目、“活期存款”等科目(开证申请人交存的保证金存款不足支付信用证款项时)、“逾期贷款”(开证申请人交存的保证金存款和存款账户余额不足支付信用证款项时)、“非应计贷款”(按规定处理抵押物和质押物后，不足支付信用证金额时)、“其他应收款”(向信用证担保人收取的款项)等科目，贷记“联行往来”科目。

开证行在信用证有效期内未收到任何单据，退还保证金时，借记本科目，贷记“活期存款”等科目。

本科目按保证金存款种类和客户进行明细核算。

(五)“银行卡存款”科目

本科目核算银行办理银行卡业务时，持卡人存入本行的备付金存款。持卡人按规定存入本行的银行卡保证金在“保证金存款”科目核算，不在本科目核算。

银行向单位持卡人收取备用金和手续费时，若持卡人在本行开户，借记“活期存款”，若持卡人不在本行开户，借记“存放中央银行款项”、“联行往来——联行往账”等科目，贷记本科目、“中间业务收入”科目。银行向个人持卡人收取备用金和手续费时，借记“现金”等科目，贷记本科目、“中间业务收入”科目。

银行付款时，借记本科目、“短期贷款”(持卡人账户不足支付的部分)等科目，贷记“联行往来——联行往账”、“存放中央银行款项”等科目。

银行收到付现代理行或特约单位的索权通知时，借记本科目，贷记“保证金存款”科目；收到寄来的签购单或取现单时，借记“保证金存款”科目，贷记“联行往来——联行来账”、“存放中央银行款项”等科目。

银行办理个人卡销户时，借记本科目、“利息支出”等科目，贷记“现金”等科目。银行办理单位卡销户时，借记本科目、“利息支出”等科目，贷记“活期存款”等科目。

本科目应按持卡人进行明细核算。

(六)"议付信用证款项"科目

本科目核算银行接受国内信用证收益人的申请,在延期付款信用证付款到期日前向其议付信用证的款项。

议付行按规定计算议付利息、议付手续费、实付议付金额办理转账时,按信用证金额,借记本科目,按议付利息,贷记"利息收入"科目,按议付手续费金额,贷记"中间业务收入"科目,按信用证金额扣除议付利息和议付手续费后的差额,贷记"活期存款"等科目。

议付行收到开证行划来的信用证款项后,借记"联行往来——联行来账"等科目,贷记本科目。

信用证付款日到期,开证行未划回资金,议付行从信用证受益人存款账户收取议付款项时,借记"活期存款"等科目,贷记本科目。

本科目按信用证受益人进行明细核算。

第二节　票据业务

票据,是指由出票人签名于票上,无条件约定自己或委托他人以支付一定金额为目的的特种证券。约定自己为一定金额的支付,如本票;委托他人为一定金额的支付,如汇票及支票。

票据有广义票据和狭义票据之分。广义的票据包括各种有价证券和凭证。狭义的票据是指约定由债务人按期无条件支付一定金额并可流通转让的有价证券。本节介绍的票据是指狭义的票据,包括支票、本票和汇票。

一、支票业务

(一)支票的概念

支票是出票人签发的,委托办理支票存款业务的银行在见票时无条件支付确定的金额给收款人或持票人的票据。支票分为现金支票、转账支票和普通支票三种。支票上印有"现金"字样的为现金支票,只能用于支取现金。支票上印有"转账"字样的为转账支票,只能用于转账。支票上未印有"现金"或"转账"字样的为普通支票,可用于支取现金,也可用于转账。在普通支票左上角划两条平行线的为划线支票,划线支票只能用于转账,而不得支取现金。

(二)支票的基本规定

(1)单位和个人在同一票据交换区域的各种款项结算均可使用支票。

(2)支票的出票人为在银行机构有存款账户的单位和个人。

(3)签发支票必须记载的事项有:表明"支票"的字样;无条件支付的委托;确定的金额;付款人的名称;出票日期;出票人签章。支票的付款人为支票上记载的出票人开户银行。

(4)支票的金额、收款人名称可以由出票人授权补记。未补记前不得背书转让和提示付款。

(5)支票的提示付款期限自出票日起10天,到期日遇例假日顺延。

(6)签发支票应使用碳素墨水或墨汁填写。大小写金额、日期和收款人不得更改,其他内容如有更改,必须由出票人加盖预留银行印鉴以证明合法。

(7)签发现金支票和用于支取现金的普通支票,必须符合国家现金管理的规定。用于支取现金的支票仅用于收款人向付款人提示付款,不得背书转让。

(8)出票人签发的空头支票、签章与预留银行签章不符的支票、使用支付密码错误的支票,银行应予以退票，并按票面金额处以5%但不低于1000元的罚款；持票人有权要求出票人赔偿支票金额2%的赔偿金。

(9)持票人委托开户银行收款的支票，应作委托收款背书，银行应通过票据交换收妥后入账。

(10)支票可以挂失止付。但付款人或代理人自收到挂失止付通知书之日起12日没有收到人民法院的止付通知书的，自第13日起，持票人提示付款并依法向持票人付款的，不再承担责任。

(11)存款人领购支票，必须填写"票据和结算凭证领用单"并加盖预留银行印鉴。存款账户结清时，必须将全部剩余空白支票交回银行注销。

(三)转账支票的核算

1.持票人、出票人在同一银行开户的处理

(1)银行受理持票人送交支票的处理手续。银行接到持票人送来的支票(见表5-1)和二联进账单(见表5-2)时，应认真审查下列内容：

①支票是否是统一规定印制的凭证，支票是否真实，提示付款期限是否超过；

②支票填明的持票人是否在本行开户，持票人的名称是否为该持票人，与进账单上的名称是否一致；

③出票人账户是否有足够支付的款项；

④支票的大小写金额是否一致，与进账单的金额是否相符；

⑤出票人的签章是否符合规定，与预留银行签章是否相符；使用支票密码的，其密码是否正确；

⑥支票必须记载的事项是否齐全，出票金额、出票日期、收款人名称是否更改，其他记载事项的更改是否由原记载人签章证明；

表5-1　转账支票

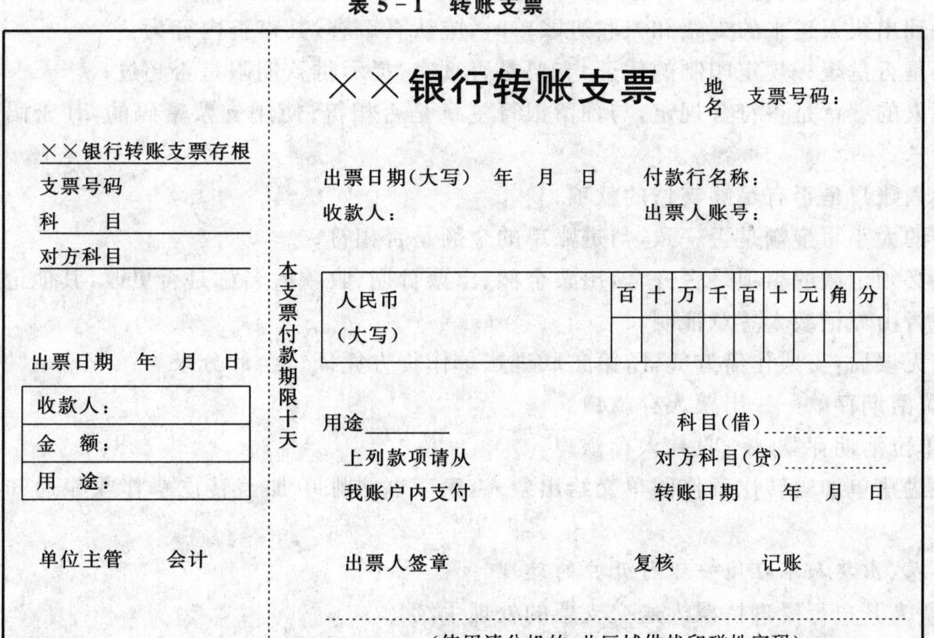
××银行转账支票存根
支票号码
科　目
对方科目
出票日期　年　月　日
收款人：
金　额：
用　途：
单位主管　会计

本支票付款期限十天

××银行转账支票　地名　支票号码：
出票日期(大写)　年　月　日　付款行名称：
收款人：　出票人账号：

人民币 (大写)	百	十	万	千	百	十	元	角	分

用途　科目(借)
上列款项请从　对方科目(贷)
我账户内支付　转账日期　年　月　日
出票人签章　复核　记账
(使用请分机的，此区域供找印磁性字码)

此联出票人开户行作借方凭证

表 5－2　进账单

××银行　**进账单**　（贷方凭证）　2

年　　月　　日

<table>
<tr><td rowspan="3">出票人</td><td>全称</td><td colspan="2"></td><td rowspan="3">收款人</td><td>全称</td><td colspan="10"></td><td rowspan="7">此联由收款人开户银行作贷方凭证</td></tr>
<tr><td>账号</td><td colspan="2"></td><td>账号</td><td colspan="10"></td></tr>
<tr><td>开户银行</td><td colspan="2"></td><td>开户银行</td><td colspan="10"></td></tr>
<tr><td colspan="6">人民币
（大写）</td><td>千</td><td>百</td><td>十</td><td>万</td><td>百</td><td>千</td><td>十</td><td>元</td><td>角</td><td>分</td></tr>
<tr><td colspan="2">票据种类</td><td></td><td colspan="13">科目（贷）……</td></tr>
<tr><td colspan="2">票据张数</td><td></td><td colspan="13">对方科目（借）……</td></tr>
<tr><td colspan="3">备注：</td><td colspan="13">转账日期　　年　　月　　日
复核　　　　记账</td></tr>
</table>

⑦背书转让的支票是否按规定的范围转让，其背书是否连续，签章是否符合规定，背书使用粘单的是否按规定在粘接处签章；

⑧持票人是否在支票的背面作委托收款背书等。

经审查无误后，支票作借方凭证，第二联进账单作贷方凭证，第一联进账单加盖转讫章作收账通知交给持票人。会计分录为：

借：单位活期存款——出票人存款户

　贷：单位活期存款——持票人存款户

(2)银行受理出票人送交支票的处理手续。

银行接到出票人送来的支票和三联进账单时，应认真审查，其审查内容为：

①支票是否是统一规定印制的凭证，支票是否真实，提示付款期限是否超过；

②出票人的签章是否符合规定，与预留银行签章是否相符；使用支票密码的，其密码是否正确；

③出票人账户是否有足够支付的款项；

④支票的大小写金额是否一致，与进账单的金额是否相符；

⑤支票必须记载的事项是否齐全，出票金额、出票日期、收款人名称是否更改，其他记载事项的更改是否由原记载人签章证明；

经审查无误后，支票作借方凭证，第二联进账单作贷方凭证。会计分录为：

借：单位活期存款——出票人存款户

　贷：单位活期存款——收款人存款户

第一联进账单加盖转讫章作回单交给出票人，第三联进账单加盖转讫章作收账通知交给收款人。

2. 持票人、出票人不在同一银行开户的处理

(1)持票人开户行受理持票人送交支票的处理手续。

①持票人开户行接到持票人送交的支票和二联进账单时，应按照 1.(1)的规定进行认真审查，经审查无误后，在第二联进账单上加盖“收妥后入账”的戳记，与第一联进账单专夹保管。

支票按票据交换规定提出交换。会计分录为：

借：存放中央银行款项（或辖内往来）

贷：其他应付款

a. 待退票时间过后，若未收到退票，则转销“其他应付款”科目，并为持票人入账。会计分录为：

借：其他应付款

贷：单位活期存款——持票人存款户

同时，将第一联进账单加盖转讫章交给持票人。

b. 退票期内，收到退票时，会计分录为：

借：其他应付款

贷：存放中央银行款项（或辖内往来）

②出票人开户行收到提入的支票时，会计分录为：

借：其他应收款

贷：存放中央银行款项（或辖内往来）

a. 按有关规定审查无误后，不予退票的，支票作借方凭证。会计分录为：

借：单位活期存款——出票人存款户

贷：其他应收款

b. 按有关规定审查时，发现支票透支、支票签章与其预留银行印鉴不符、支付密码错误等均应退票。退票时会计分录为：

借：存放中央银行款项（或辖内往来）

贷：其他应收款

(2)出票人开户行受理出票人送交支票的处理。

出票人开户行接到出票人交来的支票和三联进账单时，应按 1.(2)的规定进行审查，审查无误后，支票作借方凭证，进账单二、三联按票据交换的规定及时提出交换。会计分录为：

借：单位活期存款——出票人存款户

贷：存放中央银行款项（或辖内往来）

收款人开户行收到交换提入的二、三联进账单，经审核无误后，第二联进账单作贷方凭证，第三联进账单加转讫章交收款人。会计分录为：

借：存放中央银行款项（或辖内往来）

贷：单位活期存款——收款人存款户

(四)现金支票的核算

1. 现金支票的审核

出票人开户行接到收款人持现金支票支取现金时，应认真审查下列内容：

(1)支票是否是统一规定印制的凭证，支票是否真实，提示付款期限是否超过。

(2)支票填明的收款人是否是该收款人，收款人是否在支票背面“收款人签章”处签章，其签章是否与收款人名称一致。

(3)出票人账户是否有足够支付的款项。

(4)支票的大小写金额是否一致。

(5)出票人的签章是否符合规定，并折角核对其签章与预留银行签章是否相符；使用支票密码的，其密码是否正确。

(6)支票必须记载的事项是否齐全，出票金额、出票日期、收款人名称是否更改，其他记载事项的更改是否由原记载人签章证明。

(7)支取的现金是否符合国家现金管理的规定。

收款人为个人的，还应审查其身份证件，是否在支票背面“收款人签章”处注明身份证件的名称、号码及发证机关。审查无误后，发给铜牌或对号单，交收款人凭以向出纳取款。

2.现金支票的会计核算手续

现金支票(见表5-3)审核无误后，经办人应从出票人账户付出资金，然后将支票送出纳凭以付款后作借方凭证。会计分录为：

借：单位活期存款——出票人存款户

　贷：现金

表5-3 现金支票

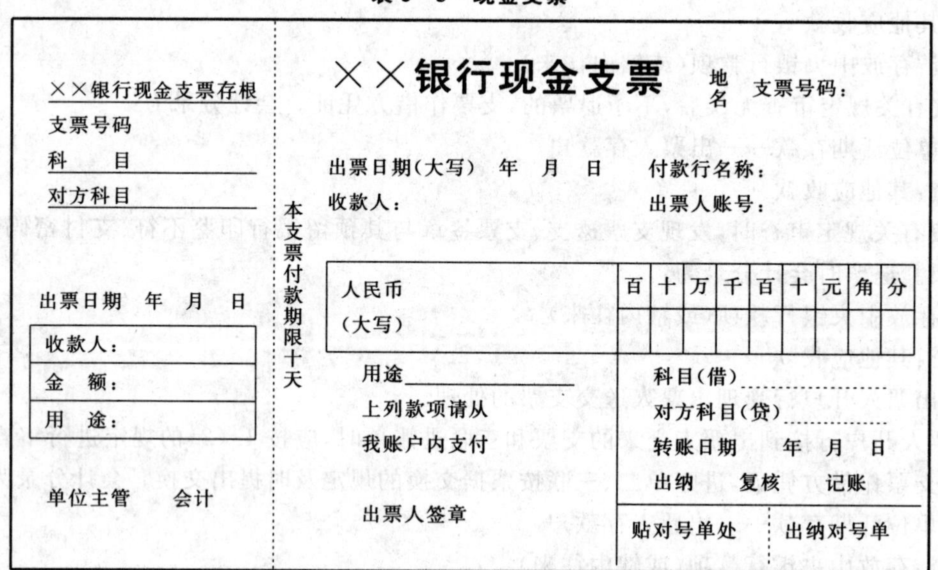

××银行现金支票存根
支票号码
科　　目
对方科目
出票日期　年　月　日
收款人：
金　额：
用　途：
单位主管　　会计

本支票付款期限十天

××银行现金支票　地名　支票号码：
出票日期(大写)　年　月　日　付款行名称：
收款人：　出票人账号：

人民币(大写)	百	十	万	千	百	十	元	角	分

用途
上列款项请从
我账户内支付
出票人签章

科目(借)
对方科目(贷)
转账日期　年　月　日
出纳　复核　记账
贴对号单处　出纳对号单

(五)普通支票，划线支票的处理手续

出票人开户行收到收款人持普通支票(见表5-4)支取现金的，比照现金支票的处理手续办理。对普通支票办理转账的，比照转账支票的处理手续办理。

持票人、出票人开户行对划线支票的处理，比照转账支票的处理手续办理。

(六)支票挂失的处理手续

支票丧失，失票人到付款行请求挂失时，应当提交第一、二联挂失止付通知书。付款行收到挂失止付通知书后，按规定审查无误并确未付款的，第一联挂失止付通知书加盖业务公章作为受理回单交给失票人，第二联于登记支票挂失登记簿后专夹保管，并在出票人账户账首明显处用红笔注明“×年×月×日第×号支票挂失止付”字样，凭以掌握止付。

表 5-4　普通支票

××银行　支票存根
支票号码
科　目
对方科目

出票日期　年　月　日

收款人：
金　额：
用　途：

单位主管　会计

本支票付款期限十天

××银行 支票(　)　地名　支票号码：

出票日期(大写)　年　月　日　付款行名称：
收款人：　出票人账号：

人民币 (大写)	百	十	万	千	百	十	元	角	分

用途　科目(借)
上列款项请从　对方科目(贷)
我账户内支付　转账日期　年　月　日

出票人签章　复核　记账

二、本票业务

(一)银行本票及基本规定

1.银行本票的概念

银行本票是银行签发的，承诺自己在见票时无条件支付确定的金额给收款人或持票人的票据。银行本票又分为定额银行本票和不定额银行本票两种。定额银行本票由中央银行发行，委托各商业银行代办签发和兑付；不定额银行本票由经办银行签发和兑付。

2.银行本票的基本规定

(1)单位和个人在同一票据交换区域需要支付的各种款项，均可使用银行本票。

(2)银行本票的出票人，为经中国人民银行当地分支行批准办理银行本票业务的银行机构。

(3)签发银行本票必须记载的事项有：表明“银行本票”的字样；无条件支付的承诺；确定的金额；收款人名称；出票日期；出票人签章。

(4)定额银行本票(见表 5-6)的面额为 1 000 元、5 000 元、10 000 元和 50 000 元四种。

(5)银行本票的提示付款期限自出票日起最长不得超过 2 个月。逾期的银行本票，代理付款人不予受理。

(6)申请人使用银行本票应向银行填写“银行本票申请书”，详细填写有关内容。申请人和收款人均为个人需要支取现金的，应在“支付金额”栏先填写“现金”字样，然后填写支付金额。

(7)出票银行受理申请书，收受款项后签发银行本票。用于转账的，在银行本票上划去“现金”字样；用于支取现金的，在银行本票上划去“转账”字样。银行本票上未划去“现金”和“转账”字样的，一律按照转账办理。不定额银行本票用压数机压印出票金额，签章后给申请人。

(8)填明“现金”字样的银行本票不得背书转让。但填明“现金”字样的银行本票丧失，可以由失票人通知付款人或代理付款人挂失止付。银行本票丧失，失票人可以凭人民法院出具的其享有票据权利的证明，向出票银行请求付款或退款。

(9)持票人对注明“现金”字样的银行本票需要委托他人向出票银行提示付款的,应在背面签章,记载“委托收款”字样、被委托人姓名和背书日期以及委托人身份证件名称、号码及发证机关。

(10)跨系统银行本票的兑付,持票人开户行可根据中国人民银行规定的金融机构同业往来利率向出票银行收取利息。

(二)银行本票出票的处理手续

1. 申请人申请银行本票的处理

申请人需要使用银行本票,应向银行填写“银行本票申请书(同银行汇票申请书)”。申请书(见表5-7)一式三联,第一联存根,第二联借方凭证,第三联贷方凭证。交现金办理本票的,第二联注销。银行要对申请书认真审查。经审查无误后,才能签发银行本票。

银行受理申请人提交的第二、三联申请书时,应认真审查其填写的内容是否齐全、清晰;申请书填明“现金”字样的,经审查申请人和收款人是否为个人,经审查无误后,才能受理其签发银行本票的申请。

转账交付的,以申请书第二联作借方凭证,第三联作贷方凭证。会计分录为:

借:单位活期存款——申请人户

　贷:开出本票

以现金办理本票的,第二联作废,以第三联申请书作贷方凭证。会计分录为:

借:现金

　贷:开出本票

2. 出票行签发银行本票的处理

出票行在办理转账或收妥现金后,签发银行本票。不定额银行本票一式两联,第一联卡片,第二联本票(见表5-5)。定额银行本票分为存根联和正联(见表5-6)。

表5-5　不定额银行本票

<table>
<tr><td colspan="3">付款期限
×个月　　　　××银行　　　　地名　　　　本票号码

本　票　2

出票日期(大写)　　　年　　月　　日　　　　第　　号</td><td rowspan="5">此联出票行结清本票时作借方凭证</td></tr>
<tr><td colspan="3">收款人:</td></tr>
<tr><td colspan="3">人民币
凭票即付　(大写)</td></tr>
<tr><td>现金</td><td>转账</td><td rowspan="2">科目(借):
对方科目(贷):
付款日期　年　月　日
出纳　复核　经办</td></tr>
<tr><td>备注:</td><td>出票行签章</td></tr>
</table>

表 5-6 定额银行本票

××银行本票存根 本票号码:IX V0000 地名 收款人: 金额:壹万圆整 用途: 科目(借) 对方科目(贷) 出票日期: 年 月 日 出纳 复核 经办	××银行 地名 本票号码 付款期限 × 个月 本 票 出票日期 年 月 日 收款人 (大写) 凭票即付人民币 壹万圆整 转账 现金 ¥10000 出票行签章

签发本票时应注意下列问题:

(1)本票的出票日期和出票金额必须大写,如果填写错误应将本票作废。

(2)申请书的备注栏注明"不得转让"的,出票行应在本票正面予以注明。

(3)填写的本票经复核无误后,在不定额本票第二联或定额本票正联上加盖本票专用章,并由授权的经办人签名或盖章。定额本票正联交申请人,不定额本票在"人民币大写"栏右端用压数机压印小写金额后交给申请人。第一联卡片或存根联上加盖经办、复核名章后留存,专夹保管。

(4)申请人在不能签发银行本票的银行开户,当需要使用本票时,应将款项交附近能够签发本票的银行办理。

(三)银行本票付款的处理手续

1.代理付款行受理持票人交来转账本票的处理

代理付款行接到在本行开立账户的持票人直接交来的本票和两联进账单时,应认真审查:

(1)本票是否是统一规定印制的凭证,本票是否真实,提示付款期限是否超过。

(2)本票填明的持票人是否在本行开户,持票人名称是否为该持票人,与进账单上的名称是否相符。

(3)出票行的签章是否符合规定,加盖的本票专用章是否与印模相符。

(4)不定额本票是否有压数机压印的金额,与大写出票金额是否一致。

(5)本票必须记载事项是否齐全,出票金额、出票日期、收款人名称是否更改;其他记载事项的更改是否由原记载人签章证明。

(6)持票人是否在本票的背面"持票人向银行提示付款签章"处签章,背书转让的本票是否在规定范围转让,其背书是否连续,签章是否符合规定。背书使用粘单的是否按规定在粘接处签章。

审查无误后,第二联进账单作贷方凭证。会计分录为:

借:存放中央银行款项(或辖内往来)

　贷:单位活期存款——持票人存款户

第一联进账单加盖转讫章作收账通知交持票人。本票加盖转讫章，通过票据交换向出票行提出交换。

2.出票行受理收款人交来注明“现金”字样本票的处理

出票行接到收款人交来的注明“现金”字样的本票时，应抽出专夹保管的本票卡片或存根，经核对相符，确属本行签发，同时，还必须认真审查本票上填写的申请人和收款人是否均为个人，收款人的身份证件，收款人在本票的背面“持票人向银行提示付款签章”处是否签章和注明身份证件名称、号码及发证机关，并要求提交收款人的身份证件复印件留存备查。收款人委托他人向出票行提示付款的，必须查验收款人和被委托人的身份证件，在本票背面是否作委托收款背书，是否注明收款人和被委托人的身份证件名称、号码及发证机关，并要求提交收款人和被委托人的身份证件复印件留存备查。审核无误后，办理付款手续，本票作借方凭证，卡片或存根联作附件。会计分录为：

借：开出本票

　贷：现金

3.若本票上未划去“现金”字样和“转账”字样的，一律按转账处理。

(四)银行本票结清的处理手续

出票行收到票据交换提入的本票时，抽出专夹保管的本票卡片或存根，经核对相符，确属本行出票，本票作借方凭证，本票卡片或存根联作附件。会计分录为：

借：开出本票

　贷：存放中央银行款项(或辖内往来)

(五)持票人、申请人在同一行付款和结清本票的处理手续

出票行收到本行签发的本票，除不通过票据交换外，比照四手续处理。会计分录为：

借：开出本票

　贷：单位活期存款(或现金)——持票人存款户

(六)银行本票退款、超过付款期限和挂失的处理手续

1.退款的处理

申请人因本票超过付款期限或其他原因要求出票行退款时，应填制一式两联进账单连同本票交出票行，并按照支付结算办法规定提交证明或身份证件。出票行经与原专夹保管的本票卡片或存根联审核无误后，即在本票上注明“未用退回”字样，本票作借方凭证，本票卡片或存根联作附件，第二联进账单作贷方凭证(如系退付现金，本联作借方凭证附件)。会计分录为：

借：开出本票

　贷：单位活期存款(或现金)——申请人存款户

第一联进账单加盖转讫章作收账通知交给申请人。

2.超过付款期限付款的处理

持票人超过付款期限不获付款的，但在票据权利时效内请求付款时，应向出票行说明原因，并将本票交给出票行。持票人为个人的，还应交验本人的身份证件。出票行经与原专夹保管的本票卡片或存根联审核无误后，即在本票上注明“逾期付款”字样，办理付款手续。

(1)持票人在本行开户的处理。持票人在本行开户的，应填制二联进账单，本票作借方凭证，本票卡片或存根联作附件，第二联进账单作贷方凭证。会计分录为：

借:开出本票

　贷:单位活期存款——持票人存款户

第一联进账单加盖转讫章作收账通知交给持票人。

(2)持票人未在本行开户的处理。持票人未在本行开户的,应填制三联进账单,本票作借方凭证,本票卡片或存根联作附件。会计分录为:

借:开出本票

　贷:存放中央银行款项(或辖内往来)

第一联进账单加盖转讫章交给持票人,第二、三联进账单按票据交换的规定提出交换。

持票人开户行收到票据交换提入的进账单,第二联进账单作贷方凭证,第三联进账单加盖转讫章交持票人。会计分录为:

借:存放中央银行款项(或辖内往来)

　贷:单位活期存款——持票人存款户

(3)持票人提交现金本票的处理。持票人提交注明"现金"字样本票的,本票作借方凭证,本票卡片或存根联作附件。会计分录为:

借:开出本票

　贷:现金

3. 挂失的处理

确系填明"现金"字样的本票丧失,失票人到出票行挂失时,应提交第一、二联"挂失止付通知书"。出票行收到挂失止付通知书后应按规定进行审核,抽出原专夹保管的本票卡片或存根联进行核对,确属本行签发并未注销时,方可受理。第一联"挂失止付通知书"加盖业务公章作为受理回单交给失票人,第二联于登记本票挂失登记簿后,与原本票卡片或存根一并专夹保管,凭以控制付款或退款。

(七)丧失银行本票付款或退款的处理手续

丧失的本票,失票人凭人民法院出具的其享有该本票权利的证明,向出票行请求付款或退款时,出票行经审查确未支付的,分别作如下处理:

1. 出票行向持票人付款的

出票行向持票人付款的,应抽出原专夹保管的本票卡片或存根联进行核对,核对无误,比照超过付款期限付款的处理手续处理,并将款项付给失票人。

2. 出票行向申请人退款时

出票行向申请人退款时,应抽出原专夹保管的本票卡片或存根联进行核对,核对无误,比照退款的处理手续处理,并将款项付给申请人。

三、汇票业务

(一)汇票的概念与基本规定

1. 汇票的概念

汇票是出票人签发的,委托付款人在见票时或在指定日期无条件支付确定的金额给收款人或持票人的票据。汇票按产生的信用条件不同,可分为银行汇票和商业汇票。由银行信用产生的汇票是银行汇票;由商业信用产生的汇票是商业汇票。

2.汇票的基本规定

(1)汇票的出票人必须与付款人具有真实的委托付款关系，并具有支付汇票金额的可靠资金来源。《支付结算办法》规定，出票人不得签发无对价的汇票用以骗取银行或其他票据当事人的资金。

(2)汇票上记载付款日期、付款地、出票地等事项的，应当清楚、明确。

①汇票上未记载付款日期的，为见票即付汇票。

②汇票上未记载付款地的，付款人的营业场所、住所或经常居住地为付款地。

③汇票上未记载出票地的，出票人的营业场所、住所或经常居住地为出票地。

(3)汇票上可以记载《支付结算办法》规定事项以外的其他出票事项，但是该记载事项不具有汇票上的效力。

(4)付款日期可以按照下列形式之一记载：

①见票即付；

②定日付款；

③出票后定期付款；

④见票后定期付款。

一般意义上的付款日期为汇票到期日。

(二)银行汇票

1.银行汇票的概念

银行汇票是出票银行签发的，并由银行在见票时按照实际结算金额无条件支付给收款人或者持票人的票据。银行汇票的出票银行为银行汇票的付款人。

2.银行汇票的基本规定

(1)单位和个人的各种款项结算，均可使用银行汇票。银行汇票可用于转账，填明“现金”字样的银行汇票也可用于支取现金。

(2)银行汇票一律记名，允许背书转让，提示付款期限自出票日起1个月。超过付款期限提示付款的，代理付款人不予受理。

(3)签发的转账银行汇票，不得填写代理付款人名称。签发的现金银行汇票，应填写代理付款人名称。

(4)银行汇票的出票和汇款，全国范围限于中国人民银行和各商业银行参加了“全国联行往来”的银行机构办理。跨系统银行签发的转账银行汇票的付款，应通过同城票据交换将银行汇票和解讫通知提交同城的有关银行审核支付后抵用。代理付款人不得受理未在本行开立存款账户的持票人为单位直接提交的银行汇票。

(5)签发银行汇票必须记载的事项有：表明“银行汇票”字样；无条件支付的承诺；出票金额；付款人名称，收款人名称；出票日期；出票人签章。

(6)申请使用银行汇票，应向出票银行填写“银行汇票申请书”，详细填明有关内容并签章。申请人和收款人均为个人，需要使用银行汇票向代理付款人支取现金的，申请人应在申请书上填明代理付款人名称，并在“汇款金额”栏先填写“现金”字样，再填写汇票金额。

(7)收款人必须将实际结算金额填入银行汇票和解讫通知有关栏内。其实际结算金额应在出票金额以内，并不得更改。

(8)出票银行受理银行汇票申请书，受托款项后签发银行汇票，并用压数机压印出票金额，将银行汇票和解讫通知一并交给申请人。

(9)填明“现金”字样的银行汇票不得背书转让,但填明“现金”字样和代理付款的银行汇票丧失,可以由失票人通知付款人和代理付款人挂失止付。转账银行汇票丧失,失票人可以凭人民法院出具的其享有票据权利的证明,向出票银行请求付款或退款。

(10)持票人向银行提示付款的,必须同时提交银行汇票和解讫通知,并在汇票背面签章。持票人未在银行开立存款账户的个人,应提交身份证件并留下复印件备查。转账支付的,不得转入储蓄和信用卡账户。

(11)持票人或申请人因汇票超过付款期或其他原因要求退款时,应将银行汇票和解讫通知同时提交到出票银行,并出具单位证明或个人身份证件,经审核无误后,方可办理。如缺少解讫通知,出票行应于汇票提示期满一个月后才能办理。

3. 银行汇票出票的处理手续

(1)申请人提交汇票申请书。申请人需要使用银行汇票,应向银行填写“银行汇票申请书”(见表5-7)。申请书一式三联,第一联存根,第二联借方凭证,第三联贷方凭证。交现金办理汇票的,第二联注销。

表5-7 银行汇票申请书

××银行汇票申请书(贷方凭证)3 第 号

申请日期 20 年 月 日

申请人		收款人	
账号或住址		账号或住址	
用 途		代理付款	
汇票金额	人民币(大写)		千 百 十 万 千 百 十 元 角 分
备注		科目(贷) 对方科目(借) 转账日期 年 月 日 复核 记账 出纳	

此联出票行作汇出汇款贷方凭证

出票行受理申请人提交的申请书时,应认真审查内容是否填写齐全、清晰,签章是否为预留银行的签章;申请书填明“现金”字样的,申请人和收款人是否均为个人,并交存现金。经审查无误后,才能受理并签发银行汇票。

转账付款的,第二联作借方传票,第三联作贷方传票。会计分录为:

借:单位活期存款——申请人户

贷:汇出汇款

现金交付的,以第三联作贷方传票。会计分录为:

借:现金

贷:汇出汇款

(2)出票行签发银行汇票。出票行在办好转账或收妥现金后,签发银行汇票。银行汇票一式四联，第一联卡片，第二联汇票（见表5-8），第三联解讫通知，第四联多余款收款通知。

银行汇票的出票日期和出票金额必须大写。如果填写错了应将汇票作废。收款人需向代理付款行支取现金的，必须在四联汇票的“出票金额人民币（大写）”之后填写“现金”字样，再填写出票金额。申请书的备注栏若注明“不得转让”的，出票行应在汇票正面的备注栏内注明。填写的汇票经复核无误后，在第二联上加盖汇票专用章并由授权的经办人签名或盖章，签章必须清晰，并在实际结算金额栏小写金额上端用总行统一制作的压数机压印出票金额，然后连同第三联一并交申请人。第一联加盖经办复核名章后登记汇出汇款账，连同第四联专夹保管。

表5-8 银行汇票

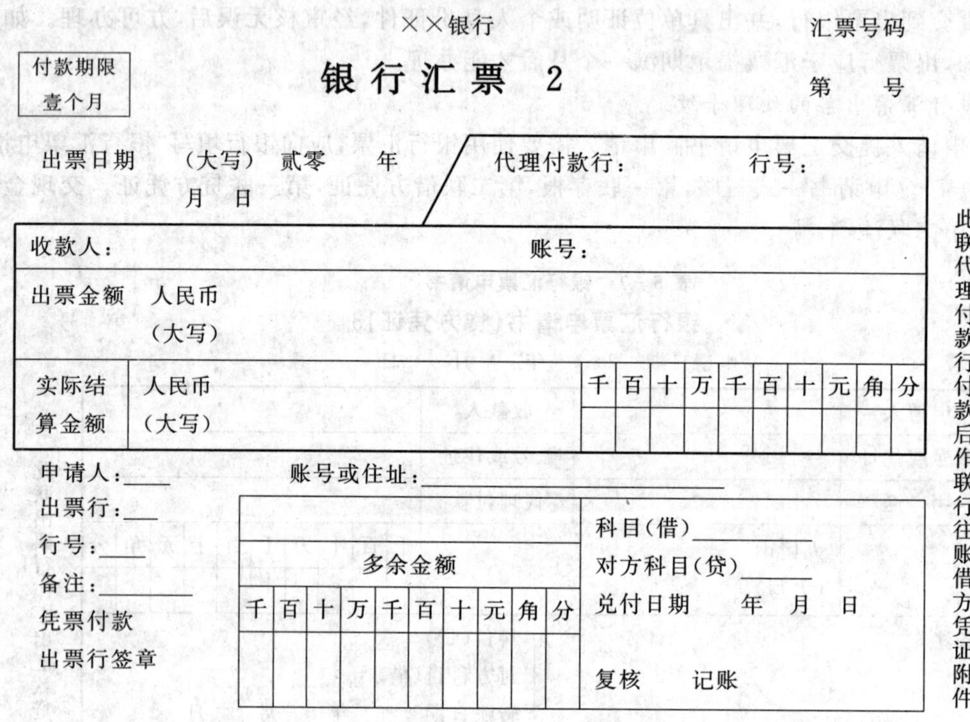

××银行 汇票号码

付款期限 壹个月

银行汇票 2

第 号

出票日期（大写）贰零 年 月 日　代理付款行：　行号：

收款人：		账号：									
出票金额	人民币（大写）										
实际结算金额	人民币（大写）	千	百	十	万	千	百	十	元	角	分

申请人：　账号或住址：

出票行：

行号：

备注：

凭票付款

出票行签章

多余金额										科目（借）
千	百	十	万	千	百	十	元	角	分	对方科目（贷）
										兑付日期 年 月 日
										复核 记账

此联代理付款行付款后作联行往账借方凭证附件

4.银行汇票付款的处理手续

（1）代理付款行受理在本行开立账户的持票人交来汇票的处理。代理付款行接到在本行开立账户的持票人交来的汇票，解讫通知和二联进账单时，应按有关规定认真进行审查，审查内容为：

①汇票与解讫通知是否齐全，汇票号码和记载内容是否一致。

②汇票是否是按统一规定印制的凭证，本票是否真实，提示付款期限是否超过。

③汇票填明的持票人是否在本行开户，持票人名称是否为该持票人，与进账单上的名称是否相符。

④出票行的签章是否符合规定，加盖的汇票专用章是否与印模相符。

⑤使用密押的，密押是否正确；压数机压印的金额是否由总行统一制作的压数机压印，与大写的出票金额是否一致。

⑥汇票的实际结算金额大小写是否一致，是否在出票金额以内，与进账单所填金额是否一致，多余金额结计是否正确。如果全额进账，必须在汇票与解讫通知的实际结算金额栏内填入

全部金额,多余金额栏填写“—0—”。

⑦汇票必须记载事项是否齐全,出票金额、实际结算金额、出票日期、收款人名称是否更改;其他记载事项的更改是否由原记载人签章证明。

⑧持票人是否在汇票的背面“持票人向银行提示付款签章”处签章,背书转让的汇票是否在规定范围转让,其背书是否连续,签章是否符合规定。背书使用粘单的是否按规定在粘接处签章。

经审核无误后,汇票作借方凭证附件,第二联进账单作贷方凭证,办理转账。会计分录为:

借:联行往来——联行往账

　贷:单位活期存款——持票人存款户

第一联进账单加盖转讫章作收账通知交持票人,解讫通知加盖转讫章随联行借方报单寄给出票行。

(2)代理付款行受理未在本行开立账户的持票人的处理。代理付款行接到未在本行开立账户的持票人为个人交来汇票和解讫通知及二联进账单时,除按上述4(1)有关要求进行认真审查外,还必须认真审查持票人的身份证件,在汇票的背面“持票人向银行提示付款签章”处是否签章和注明身份证件名称、号码及发证机关,并要求提交收款人的身份证件复印件留存备查。

对现金汇票持票人委托他人向代理付款行提示付款的,代理付款行必须查验持票人与被委托人的身份证件,在汇票背面是否作委托收款背书,以及是否注明持票人和被委托人的身份证件名称、号码及发证机关,并要求提交收款人和被委托人的身份证件复印件留存备查。

经审查无误后,以持票人姓名开立应解汇款及临时存款账户,并在该分户账上填明汇票号码以备查考,第二联进账单作贷方传票。会计分录为:

借:联行往来——联行往账

　贷:应解汇款——持票人户

①原持票人需支取现金的,代理付款行审查汇票填写的申请人和收款人确为个人并按规定填写“现金”字样,可办理现金支付手续。若未填明“现金”字样的,由代理付款行按现金管理规定审查支付,另填制现金借方凭证。会计分录为:

借:应解汇款

　贷:现金

②原持票人需要一次或分次办理转账支付的,应由其填制支付凭证,并向银行交验本人身份证件。会计分录为:

借:应解汇款

　贷:存放中央银行款项(或辖内往来)

　　或单位活期存款——持票人账户

(3)代理付款行受理跨系统汇票的处理

代理付款行接到在本行开立账户的持票人或未在本行开立账户的持票人为个人交来跨系统银行签发的汇票和解讫通知及两联进账单时,按有关规定同4(1)审查无误后,应通过同城票据交换将汇票和解讫通知提交同城有关的代理付款行审核支付后抵用。

代理付款行在收到通过同城票据交换提入的汇票和解讫通知,应认真审核汇票同4(1),对不符合要求的,不予受理。发现有疑点的,不得随意向持票人退票,而应及时向出票行查询或向有关部门反映。

5.银行汇票结清的处理手续

(1)出票行接到代理付款行寄来的联行借方报单及解讫通知后,应抽出专夹保管的汇票卡片,经核对确属本行出票,联行借方报单与实际结算金额相符,多余金额结计正确无误后,分别作出如下处理。

①汇票全额付款的处理。汇票全额付款的,应在汇票卡片的实际结算金额栏填入全部金额,在多余款收账通知的多余金额栏填写"—0—",汇票卡片作借方凭证,解讫通知和多余款收账通知作附件,同时销记汇出汇款账。会计分录为:

借:汇出汇款

　贷:联行往来——联行来账

②汇票有多余款的处理。汇票有多余款的,应在汇票卡片和多余款收账通知上填写实际结算金额,汇票卡片作借方凭证,解讫通知作多余款贷方凭证。会计分录为:

借:汇出汇款

　贷:联行往来——联行来账

　贷:单位活期存款——申请人户

同时销记汇出汇款账,多余款收账通知加盖转讫章,通知申请人。

③申请人未在银行开立账户的处理。申请人未在银行开立账户,多余金额应先转入其他应付款,以解讫通知代其他应付款贷方凭证。会计分录为:

借:汇出汇款

　贷:联行往来——联行来账

　贷:其他应付款——申请人户

同时销记汇出汇款账,并通知申请人持申请书的存根联及本人身份证件来行办理领取手续。领取时,以多余款收账通知代其他应付款借方凭证。会计分录为:

借:其他应付款——申请人户

　贷:现金

(2)出票行对专夹保管的汇票卡片及多余款收账通知,应当定期检查清理,发现有超过汇票付款期限(加上正常凭证传递期)的,应当主动与申请人联系,查明原因,及时处理。

6.银行汇票退款、超过付款期限和挂失的处理手续

(1)退款的处理。申请人因汇票超过付款期限或其他原因要求出票行退款时,应交回汇票及解迄通知,并按照支付结算办法规定提交证明或身份证件。出票行经与原专夹保管的汇票卡片审核无误后,即在汇票及解迄通知的实际结算金额大写栏上注明"未用退回"字样,汇票卡片作借方凭证,本票作附件,解迄通知作贷方凭证(如系退付现金,即作借方凭证附件)。会计分录为:

借:汇出汇款

　贷:单位活期存款——申请人存款户

　　或现金

同时销记汇出汇款账。多余款收账通知的多余金额栏填入原出票金额并加盖转讫章作收账通知,交给申请人。

(2)超过付款期限付款的处理。持票人超过付款期限不获付款的,在票据权利时效内请求付款时,应向出票行说明原因,并提交汇票及解迄通知给出票行。持票人为个人的,还应交验

本人的身份证件。出票行经与原专夹保管的汇票卡片审核无误，多余金额结计正确无误后，即在汇票及解讫通知的备注栏上注明“逾期付款”字样，办理付款手续。分别作如下处理：

①汇票全额解付。汇票全额付款的，应在汇票卡片的实际结算金额栏填入全部金额，在多余款收账通知的多余金额栏填写“—0—”，汇票卡片作借方凭证，解讫通知作贷方凭证，多余款收账通知作贷方凭证附件，会计分录为：

借：汇出汇款

　贷：应解汇款——持票人户

同时销记汇出汇款账，由持票人填写信（电）汇凭证，委托银行办理汇款。会计分录为：

借：应解汇款——持票人户

　贷：联行往账

②汇票有多余款的处理。汇票有多余款的，应在汇票卡片和多余款收账通知上填写实际结算金额，汇票卡片作借方凭证，解讫通知作多余款贷方凭证，另填制一联特种转账贷方凭证。会计分录为：

借：汇出汇款

　贷：应解汇款——持票人户

　贷：单位活期存款——申请人户

同时销记汇出汇款账，多余款收账通知多余金额栏填写多余金额加盖转讫章，通知申请人。向持票人办理付款的手续比照汇票全额解付的有关手续处理。

持票人提交“现金”银行汇票的处理。

a. 汇票全额解付。持票人提交注明“现金”字样银行汇票，汇票全额解付的，比照汇票全额解付手续处理，并按照汇兑结算方式和银行汇票的规定在信（电）汇凭证或银行汇票上填明“现金”字样。

b. 汇票有多余款的处理。汇票有多余款的，应将多余金额优先转入其他应付款科目申请人户，并通知申请人持申请书的存根联及本人身份证件来行办理取款手续，其余手续比照汇票有多余款的处理手续办理。向持票人办理付款的手续比照汇票全额解付的有关手续处理，并按照汇兑结算方式和银行汇票的规定在信（电）汇凭证或银行汇票上填明“现金”字样。

(3)挂失的处理。确系填明“现金”字样的银行汇票丧失，失票人到代理付款行和出票行挂失时，应提交三联“挂失止付通知书”。出票行收到挂失止付通知书后应按规定进行审核，并分别处理如下；

①代理付款行接到失票人提交的挂失止付通知书，应审查挂失止付通知书填写是否符合要求，是否属本行代理付款的现金汇票，并查明确未付款的，方可受理。第一联“挂失止付通知书”加盖业务公章作为受理回单交给失票人，第二、三联于登记汇票挂失登记簿后专夹保管，凭以掌握止付。

②出票行收到失票人的挂失止付通知书，应审查挂失止付通知书填写是否符合要求，并查对汇出汇款账和汇票卡片系属指定代理付款行支取现金的汇票，并确未注销时方可受理第一联“挂失止付通知书”加盖业务公章作为受理回单交给失票人，第二、三联于登记汇票挂失登记簿后，与原汇票卡片和多余款收账通知一并专夹保管，凭以控制付款或退款。

7. 丧失银行汇票付款或退款的处理手续

丧失的银行汇票，失票人凭人民法院出具的其享有该汇票权利及实际结算金额的证明，向出票行请求付款或退款时，出票行经审查确未支付的，分别作如下处理：

(1)出票行向持票人付款的，应抽出原专夹保管的汇票卡片进行核对，核对无误，比照超过付款期限付款的处理手续处理，并将款项付给失票人。

(2)出票行向申请人退款时，应抽出原专夹保管的汇票卡片进行核对，核对无误，比照退款的处理手续处理，并将款项付给申请人。

(三)商业汇票

1.商业汇票的概念与分类

商业汇票是出票人签发的，委托付款人在指定日期无条件支付确定的金额给收款人或者持票人的票据。商业汇票按承兑人的不同分为商业承兑汇票和银行承兑汇票。商业承兑汇票是指由银行以外的付款人承兑的商业汇票，银行承兑汇票则是由银行承兑的商业汇票。

2.商业汇票的基本规定

(1)在银行开立存款账户的法人以及其他组织之间，具有真实的交易关系或债权债务关系的均可使用商业汇票。商业汇票的付款期限最长不超过6个月。

(2)签发商业汇票必须记载的事项有：表明“商业承兑汇票”或“银行承兑汇票”的字样；无条件支付的委托；确定的金额；付款人名称，收款人名称；出票日期；出票人签章。

(3)商业承兑汇票的出票人，必须与付款人具有真实的委托付款关系，且具有支付汇票金额的可靠资金来源。

(4)商业承兑汇票可由付款人签发并承兑，也可由收款人签发交由付款人承兑。

(5)银行承兑汇票应由在承兑银行开立存款账户的存款人签发。

(6)商业汇票可以在出票时向付款人提示承兑后使用，也可在出票后先使用再向付款人提示承兑。

(7)定日付款或出票后定期付款的商业汇票，持票人应当在汇票到期日前向付款人提示承兑。见票后定期付款的汇票，持票人应当自出票日起1个月内向付款人提示承兑。

(8)商业汇票的提示付款期限，自汇票到期日起10日。对异地委托收款的，持票人可匡算邮程，提前通过开户银行委托收款。

(9)银行承兑汇票的出票人必须在承兑银行开立存款账户，并与承兑银行具有真实的委托付款关系，资信状况良好，并具有支付汇票金额的可靠资金来源。

(10)商业汇票的承兑银行必须具备三个条件：必须与持票人具有真实的委托付款关系，具有支付汇票金额的可靠资金，内部管理完善，并经其法人授权的银行审定。承兑时，承兑银行应按票面金额向出票人收取万分之五的手续费。

(11)商业承兑汇票的付款人开户银行收到通过委托收款寄来的商业承兑汇票时，将商业承兑汇票留存，并及时通知付款人。付款人在接到通知日的次日起3日内(遇法定休假日顺延)未通知银行付款的，视同付款人承诺付款，银行应于付款人接到通知的次日起第四日(法定休假日顺延)上午开始营业时，将票款划给持票人。

(12)银行承兑汇票的出票人，应于汇票到期前将票款足额交存其开户行。未能交足时，承兑行除凭票无条件付款外，对出票人尚未支付的汇票金额按照每天万分之五计收利息。

3.商业承兑汇票的处理手续

(1)持票人开户银行受理汇票的处理。持票人持商业承兑汇票(见表5-9)一式三联(第一联卡片，第二联汇票，第三联存根)，委托开户行收款时，应填制委托收款凭证，并在“委托收款凭据名称”栏注明“商业承兑汇票”及汇票号码，连同汇票一并送交开户银行。

表 5－9　商业银行承兑汇票

商业银行承兑汇票　2

出票日期　　年　　月　　日　　　　　　汇票号码

（大写）　　　　　　　　　　　　　　　　第　　号

<table>
<tr><td rowspan="3">付款人</td><td>全　称</td><td colspan="3"></td><td rowspan="3">收款人</td><td>全　称</td><td colspan="3"></td></tr>
<tr><td>账　户</td><td colspan="3"></td><td>账　户</td><td colspan="3"></td></tr>
<tr><td>开户银行</td><td></td><td>行号</td><td></td><td>开户银行</td><td></td><td>行号</td><td></td></tr>
<tr><td colspan="2">出票金额</td><td colspan="5">人民币
（大写）</td><td colspan="3">千 百 十 万 千 百 十 元 角 分</td></tr>
<tr><td colspan="2">汇票到期日</td><td colspan="3"></td><td colspan="3">交易合同号码</td><td colspan="2"></td></tr>
<tr><td colspan="5">本汇票已经承兑，到期无条件支付票款
承兑人签章
承兑日期　年　月　日</td><td colspan="5">本汇票请予以承兑，于到期日付款
出票人签章</td></tr>
</table>

此联持票人开户行随委托收款凭证寄付款人开户行作借方凭证附件

银行应进行认真审查：①汇票是否是统一规定印制的凭证，提示付款期限是否超过；②汇票填明的持票人是否在本行开户；③出票人、承兑人的签章是否符合规定；④汇票必须记载事项是否齐全，出票金额、出票日期、收款人名称是否更改，其他记载事项的更改是否由原记载人签章证明；⑤汇票是否经过背书，背书转让的汇票其背书是否连续，签章是否符合规定，背书使用粘单的是否按规定在粘接处签章；⑥委托收款凭证的记载事项是否与汇票记载的事项相符。

审查无误后，在委托收款凭证各联上加盖“商业承兑汇票”戳记，将汇票及委托收款凭证的有关联寄付款人开户行。

(2)付款人开户行收到汇票的处理。付款人开户行接到持票人开户行寄来的委托收款凭证及汇票时，应按(1)有关规定认真进行审查，付款人确在本行开户，承兑人在汇票上的签章与预留银行的签章相符，将委托收款凭证的第五联及汇票交付款人并签收。

①付款人开户行接到付款人的付款通知或在付款人接到开户行的付款通知的次日起 3 日内仍未接到付款人的付款或拒付通知的，应按照支付结算办法规定的划款日期和以下规定处理：

a.付款人存款账户有足够票款支付的，第三联委托收款凭证作借方凭证，汇票加盖转讫章作附件，按委托收款的付款手续处理。第四联委托收款凭证与联行贷方报单寄持票人开户行。会计分录为：

借：单位活期存款——付款人户

　贷：联行往来——联行往账或辖内往账

b.付款人存款账户不足支付的，银行应填制付款人未付票款通知书，并在委托收款凭证备注栏注明“付款人无款支付”的字样，按照委托收款无款支付的手续处理。

②付款人开户行收到付款人拒绝付款通知的处理。付款人开户行在付款人接到通知的次日起 3 日内收到付款人拒绝付款的证明时，按照委托收款拒绝付款的手续处理。

③设立登记簿，逐笔登记汇票的支付和退回情况。

(3)持票人开户行收到划回票款或退回凭证的处理。

①持票人开户行接到付款人开户行寄来的联行报单和委托收款凭证或拍来的电报，按照委托收款的款项划回手续进行处理。会计分录为：

借：联行往来——联行来账或辖内来账

  贷：单位活期存款——持票人户

②持票人开户行接到付款人开户行发来的付款人未付款通知书或付款人拒绝付款证明和汇票及委托收款凭证，按照委托收款无款或拒绝支付退回凭证的手续处理，将委托收款凭证、未付票款通知书或拒绝付款证明及汇票退给持票人，并由持票人签收。

4. 银行承兑汇票的处理手续

(1)承兑银行办理汇票承兑的处理。出票人或持票人持银行承兑汇票(见表 5－10)一式三联(第一联卡片，第二联汇票，第三联存根)向汇票上记载的付款银行申请或提示承兑时，承兑银行的信贷部门按有关规定对出票人的资格、资信、购销合同和汇票记载的内容进行认真审查(必要时可由出票人提供担保)符合规定和承兑条件的，可与出票人签订银行承兑协议(见表 5－11)，并将有关联及汇票交会计部门。

表 5－10 银行承兑汇票

银行承兑汇票 2

出票日期（大写） 年 月 日 汇票号码 第 号

<table>
<tr><td>出票人全称</td><td colspan="3"></td><td rowspan="3">收款人</td><td>全称</td><td colspan="10"></td></tr>
<tr><td>出票人账户</td><td colspan="3"></td><td>账户</td><td colspan="10"></td></tr>
<tr><td>付款行全称</td><td></td><td>行号</td><td></td><td>开户行</td><td colspan="4"></td><td colspan="2">行号</td><td colspan="4"></td></tr>
<tr><td rowspan="2">出票金额</td><td colspan="5" rowspan="2">人民币（大写）</td><td>千</td><td>百</td><td>十</td><td>万</td><td>千</td><td>百</td><td>十</td><td>元</td><td>角</td><td>分</td></tr>
<tr><td></td><td></td><td></td><td></td><td></td><td></td><td></td><td></td><td></td><td></td></tr>
<tr><td>汇票到期日</td><td colspan="3"></td><td colspan="2">本汇票已经承兑，到期日由本行付款</td><td colspan="5">承兑协议编号</td><td colspan="5"></td></tr>
<tr><td colspan="4" rowspan="2">本汇票请你行承兑，到期无条件付款
出票人签章
年 月 日</td><td colspan="2">承兑行签章
承兑日期</td><td colspan="10" rowspan="2">科目(借)……
对方科目(贷)……
转账 年 月 日
复核 记账</td></tr>
<tr><td colspan="2">备注：</td></tr>
</table>

此联收款人开户行随委托收款凭证寄付款行作借方凭证附件

会计部门接到汇票和承兑协议，应审查汇票必须记载的事项是否齐全，出票人的签章是否符合规定，汇票是否是统一规定印制的凭证，提示付款期限是否超过；出票人是否在本行开立存款账户；汇票上记载的出票人名称、账号是否相符等。

经审核无误后，收取手续费，同时在第一、二联汇票上注明承兑协议编号，并在第二联汇票“承兑人签章”栏加盖汇票专用章，并由授权的经办人签名或盖章。

表 5-11　银行承兑协议

<u>银行承兑协议</u>　1

编号：____________

银行承兑汇票的内容：

出票人全称____________　收款人全称____________

开户银行____________　开户银行____________

账　　号____________　账　　号____________

汇票号码____________　汇票金额(大写)____________

出票日期____年____月____日到期日期____年____月____日

以上汇票经银行承兑，出票人愿遵守《支付结算办法》的规定及下列条款：

一、出票人于汇票到期日前将应付票款足额交存承兑银行。

二、承兑手续费按票面金额千分之(　)计算，在银行承兑时一次付清。

三、出票人与持票人如发生任何交易纠纷，均由其双方自行处理，票款于到期前仍按第一条办理不误。

四、承兑汇票到期日，承兑银行凭票无条件支付票款。如到期日之前出票人不能足额交付票款时，承兑银行对不足支付部分的票款转作出票申请人逾期贷款，按照有关规定计收罚息。

五、承兑汇票款付清后，本协议自动失效。

承兑银行签章　　出票人签章

订立承兑协议日期____年____月____日

收取手续费的会计分录为：

借：单位活期存款——申请人户

　贷：中间业务收入——手续费收入

由出票人申请承兑的，将第二联汇票连同一联承兑协议交出票人；由持票人提示承兑的，将第二联汇票交给持票人，一联承兑协议交给出票人。同时按规定向出票人按票面金额收取承兑手续费。还应根据第一联汇票卡片填制银行承兑汇票表外科目收入凭证，并登记表外科目登记簿，并将第一联汇票卡片和承兑协议副本专夹保管。对银行承兑汇票登记簿的余额要经常与保存的第一联汇票卡片进行核对，以保证金额相符。

(2)持票人开户行受理汇票的处理。持票人凭汇票委托开户行向承兑银行收取票款时，应填制异地邮划或电划委托收款凭证，并在“委托收款凭据名称”栏上注明“银行承兑汇票”及其汇票号码，连同汇票一并交开户行。银行经审查无误后，在委托收款凭证各联加盖“银行承兑汇票”戳记。其余手续按照发出委托收款凭证的手续处理。

(3)承兑银行到期收取汇票款的处理。

①承兑银行应每天查看汇票的到期情况，对到期的汇票，应于到期日向出票人收取票款。

填制二联特种转账借方凭证，一联特种转账贷方凭证，并在“转账原因”栏注明“根据××号汇票划转票款”。会计分录为：

借：单位活期存款——出票人户

贷：应解汇款——出票人户

一联特种转账借方凭证加盖转讫章作支款通知交出票人。

②出票人账户无款或不足支付的处理。出票人账户无款或不足支付时，应转入该出票人的逾期贷款户，并按日计收万分之五的利息。账户无款支付的，应填制二联特种转账借方凭证，一联特种转账贷方凭证，在“转账原因”栏注明“××号汇票无款支付转入逾期贷款户”。会计分录为：

借：逾期贷款——出票人逾期贷款户

贷：应解汇款——出票人户

一联特种转账借方凭证加盖业务公章交出票人。

账户不足支付的，应填制四联特种转账借方凭证，在“转账原因”栏注明“××号汇票划转部分票款”。会计分录为：

借：单位活期存款——出票人户

或逾期贷款——出票人逾期贷款户

贷：应解汇款——出票人户

一联特种转账借方凭证加盖转讫章作支款通知交出票人。

(4)承兑银行支付汇票款项的处理。承兑银行接到持票人开户行寄来的汇票及委托收款凭证后，应与专夹保管的汇票卡片和承兑协议副本，进行认真审查。

核对无误后，应于汇票到期日或到期日之后的见票日进行账务处理。会计分录为：

借：应解汇款——出票人户

贷：联行往来——联行往账或辖内往账

编制联行贷方报单及委托收款凭证第四联寄持票人开户行。另填制银行承兑汇票表外科目付出凭证，销记表外科目登记簿。

(5)持票人开户行收到汇票款项的处理。持票人开户行接到承兑银行寄来的联行报单和委托收款凭证或拍来的电报，按照委托收款的款项划回手续处理，会计分录为：

借：联行往来——联行来账或辖内来账

贷：单位活期存款——持票人户

第三节 银行卡业务

一、银行卡的概念及分类

(一)银行卡的概念

银行卡是指商业银行向个人和单位发行的，凭以向特约单位购物、消费和向银行存取现金，且具有消费信用的特制载体卡片。

(二)银行卡的分类

1.银行卡根据其是否可以透支分类

银行卡根据其是否可以透支可划分为信用卡和借记卡。信用卡又分为贷记卡和准贷记卡。贷记卡是指发卡银行给予持卡人一定的信用额度，持卡人可在信用额度内先消费、后还款的信用卡。准贷记卡是指持卡人先按银行要求交存一定金额的备用金，当备用金不足支付时，可在发卡银行规定的信用额度内透支的信用卡。

借记卡按功能不同分为转账卡、专用卡、储值卡。借记卡不能透支。转账卡具有转账、存取现金和消费功能。专用卡是在特定区域、专用用途（是指百货、餐饮、娱乐行业以外的用途）使用的借记卡，具有转账、存取现金的功能。储值卡是银行根据持卡人要求将资金转至卡内储存，交易时直接从卡内扣款的预付钱包式借记卡。

2. 银行卡的其他分类

银行卡按发行对象不同分为单位卡和个人卡；按币种不同分为人民币卡和外币卡；按信息载体不同分为磁条卡和芯片卡。

由于借记卡可视同为存款卡，它的核算同于活期存款，故本节主要介绍信用卡的有关内容。

二、信用卡的基本规定

（一）信用卡的当事人

1. 发卡机构

发卡机构必须是经中国人民银行批准的商业银行（包括外资银行、合资银行）和非银行金融机构。非金融机构、境外金融机构的驻华代表机构不得发行信用卡和代理收单结算业务。

2. 持卡单位

凡在金融机构开立基本存款账户的单位可申领单位卡。

3. 持卡个人

凡具有完全民事行为能力的公民可申领个人卡。

（二）信用卡资金存取的规定

1. 对单位卡存取的规定

单位卡账户的资金一律从其基本存款账户转账存入，不得交存现金，也不得将销货收入的款项存入其账户。个人卡账户的资金以其持有的现金存入或以其工资性款项及属于个人的劳务报酬收入转账存入。严禁将单位的款项存入个人卡账户。

单位卡一律不得支取现金。当持信用卡在特约单位购物、消费。单位卡不得用于10万元以上的商品交易、劳务供应款项的结算。

2. 对个人卡的规定

个人卡持卡人在银行支取现金时，应将信用卡和身份证件一并交发卡银行或代理银行。IC卡以及凭密码在ATM（自动取款机）上支取现金的可免验身份证件。

（三）信用卡计息的规定

发卡银行对准贷记卡账户内的存款，按中国人民银行规定的同期同档次利率及计息办法计息；对贷记卡账户内的存款不计息。

1. 信用卡持卡人非现金交易可享受的优惠待遇

(1)免息还款期待遇，免息还款期最长为60天。

(2)最低还款额待遇。

(3)部分贷记卡持卡人支取现金、透支，不享受免息还款期和最低还款额待遇，应当支付自现金交易和透支签单日或银行记账日起，按规定利率计算的透支利息。

2.信用卡透支付息的规定

(1)贷记卡透支按月计收复利，准贷记卡透支按月计收单利，透支利率为万分之五，并根据人民银行的此项利率调整而调整。

(2)持卡人使用信用卡不得发生恶意透支。恶意透支是指持卡人超过规定限额或超过规定期限，并且经发卡银行催收无效的透支行为。

(四)信用卡挂失

信用卡丧失，持卡人应立即持本人身份证件或其他有效证明，并按规定提供有关情况，向发卡银行或代办银行申请挂失。发卡银行或代办银行审核后办理挂失手续。

三、信用卡发卡的处理手续

(一)单位卡发卡的处理手续

单位申请使用信用卡，应按发卡银行规定向发卡银行填写申请表。发卡银行审查同意后，应及时通知申请人前来办理领卡手续，并按规定向其收取备用金和手续费。填制一联特种转账贷方传票作收取手续费的贷方凭证。

1.申请人在发卡银行开户的处理

申请人提交支票和三联进账单，经审查无误(按照对支票的审核处理)，并另填制一联特种转账贷方传票作收取手续费的贷方凭证，会计分录为：

借:单位活期存款——单位基本存款账户

　贷:保证金存款——单位信用卡户

　贷:中间业务收入——手续费收入户

2.申请人不在发卡银行开户的处理

申请人不在发卡银行开户的，申请人向发卡银行提交支票和二联进账单，经审查无误(按照对支票的审核处理)，并另填制一联特种转账贷方传票作收取手续费的贷方凭证，会计分录为：

借:存放中央银行款项(或辖内往来)

　贷:保证金存款——单位信用卡户

　贷:中间业务收入——手续费收入户

(二)个人卡发卡的处理

个人申请使用信用卡，应按发卡银行规定向发卡银行填写申请表，发卡银行审查同意后，应及时通知申请人前来办理领卡手续，并按规定向其收取备用金和手续费。另填制二联特种转账贷方传票作收取手续费和保证金的贷方凭证。

1.申请人交存现金的处理

申请人交存现金的，银行收妥后，发给信用卡。会计分录为：

借:现金

　贷:保证金存款——个人信用卡户

　贷:中间业务收入——手续费户

2.申请人转账存入的处理

银行接到申请人交来的支票及进账单，应按支付结算办法有关个人卡账户资金来源的规定认真审查后，比照单位卡的有关手续处理。

发卡银行在办理信用卡发卡手续时，应登记信用卡账户开销户登记簿和发卡清单，并在发卡清单上记载领卡人身份证件号码，并由领卡人签收。

四、信用卡付款的处理

(一)特约单位开户行的处理

1. 对提交单证的审核

特约单位办理信用卡进账时，应填制二联进账单并按发卡银行分别填制汇计单并提交签购单。汇计单一式三联，第一联交费收据，第二联贷方凭证附件(见表5-12)，第三联存根。签购单一式四联，第一联回单，第二联借方凭证，第三联贷方凭证附件，第四联存根。

表5-12　汇计单

(行徽)　××银行 ××卡 汇计单	日　期＿＿＿＿＿ 签购单总份数＿＿＿份
特约单位名称、代号	总计金额(￥)［　］ 手续费(￥)%［　］
编号 0000000	净计金额(￥)［　］

第三联：特约单位开户银行作贷方凭证附件

特约单位开户行收到特约单位送交的二联进账单和三联汇计单及第二、三联签购单时，应进行认真审查：

(1)签购单及其压印的内容是否为本行可受理的信用卡。

(2)签购单上有无持卡人签名、身份证件号码、特约单位名称和编号。

(3)签购单的小写金额是否与大写金额相符。

(4)签购单上压印的信用卡有效期限是否在有效期内。

(5)超过规定交易限额的，有无授权号码。

(6)汇计单和签购单的内容是否一致，汇计单、签购单及进账单的结计金额是否正确。

审核无误后，根据第二联签购单上压印的全国联行行号或填注的分辖行号和同城票据交换号或是否为跨系统银行发行的信用卡分别不同情况处理。

2. 账务处理手续

(1)特约单位与持卡人在同一城市不同银行开户的处理。特约单位与持卡人在同一城市不同银行开户和异地跨系统银行发行的信用卡的，第一联进账单加盖转讫章作收账通知，与第一联汇计单加盖业务公章作交费收据，退给特约单位；第二联进账单作贷方凭证，第三联签购单作附件，根据第二联汇计单的手续费金额填制一联特种转账贷方凭证后作其附件；将第二联签购单加盖业务公章连同第三联汇计单向持卡人开户行或特约单位所在地的跨系统发卡银行通汇行提出票据交换，对跨系统银行发行的信用卡需待款项收妥办理转账。会计分录为：

借：存放中央银行款项（或辖内往来）

贷：单位活期存款——特约单位户

贷：中间业务收入——手续费收入户

（2）特约单位与持卡人不在同一城市银行开户的处理。特约单位开户行将第二联进账单作贷方凭证，第三联签购单作附件，根据第二联汇计单的手续费金额填制一联特种转账贷方凭证后作其附件；将第二联签购单加盖业务公章连同第三联汇计单随联行借方报单寄持卡人开户行。会计分录为：

借：联行往来——联行往账

贷：单位活期存款——特约单位户

贷：中间业务收入——手续费收入户

第一联进账单加盖转讫章作收账通知，与第一联汇计单加盖业务公章作交费收据，退给特约单位。

（3）跨系统发卡银行通汇行收到交换来的有关凭证的处理。特约单位所在地的跨系统发卡银行通汇行接到特约单位开户的跨系统银行交换来的签购单和汇计单，随联行借方报单寄持卡人开户行。会计分录为：

借：联行往来——联行往账

贷：存放中央银行款项

（二）信用卡支取现金的处理

1. 参加同城票据交换和联行往来银行机构的处理

参加同城票据交换和联行往来的代理行，对持卡人凭卡支取现金的，要求提交身份证件并进行审查：信用卡的真伪及有效期；持卡人身份证件的照片或卡片上的照片是否与其本人相符；该信用卡是否被列入止付名单。

审查无误后，在取现单上办理刷卡。取现单一式四联，第一联取回单，第二联借方凭证，第三联贷方凭证附件，第四联存根。在取现单上填写持卡人取现金额、身份证号码、代理行名称和代号等内容，交由持卡人签名，然后核对其签名与信用卡的签名是否一致，是否与身份证件的姓名相同。

在同一城市和对异地跨系统银行发行的信用卡支取现金的，将第一联取现单加盖现金付讫章作回单连同信用卡交给持卡人；填制一联特种转账贷方凭证，第三联取现单作贷方凭证附件；第二联取现单加盖业务公章向持卡人开户行或代理行所在地的跨系统发卡银行通汇行提出票据交换，第四联取现单留存备查。会计分录为：

借：存放中央银行款项（或辖内往来）

贷：应解汇款——持卡人户

支付现金另填制一联现金借方凭证。会计分录为：

借：应解汇款——持卡人户

贷：现金

在异地支取现金的，比照以上在同一城市支取现金的有关手续处理，并将第二联取现单加盖转讫章随联行借方报单寄持卡人开户行，另填制一联特种转账贷方凭证作收取邮电费的记账凭证。会计分录为：

借:联行往来——联行往账

贷:应解汇款——××持卡人户

借:应解汇款——××持卡人户

贷:现金

贷:其他应付款项——邮电费户

代理行所在地的发卡银行通汇行接到跨系统代理行交换来的取现单,随联行借方报单寄持卡人开户行。会计分录为:

借:联行往来——联行往账

贷;存放中央银行款项

2.未参加同城票据交换的代理行的处理

未参加同城票据交换的代理行对持卡人持信用卡支取现金的,应按前面所述的有关规定审核并刷卡,进行账务处理。将第三联取现单加盖转讫章连同第二联取现单于营业终了随内部往来凭证划付管辖行。

管辖行收到寄来的内部往来凭证及第二、三联取现单,审核无误后,对同城同系统的,将第二联取现单加盖业务公章向持卡人开户行提出交换,第三联取现单作贷方凭证附件。对异地同系统的,将第二联取现单加盖转讫章随联行借方报单寄持卡人开户行。对异地跨系统银行发行的信用卡,将第二联取现单加盖业务公章向本管辖行所在地的发卡银行通汇行提出票据交换,并清算资金。

(三)持卡人开户行的处理

持卡人开户行收到同城交换来的第二联签购单和第三联汇计单或第二联取现单、联行报单等后,应进行认真审查:

(1)签购单或取现单压印、填注的联行行号或同城票据交换号是否为本行行号或本行交换号。

(2)签购单和汇计单或取现单上的内容是否清晰、完整。

(3)签购单或取现单是否加盖业务公章或转讫章。

(4)大小写金额是否相符。

(5)超过交易限额的,是否有授权号码等。

审查无误后,第二联签购单或取现单作借方凭证,第三联汇计单留存。会计分录为:

借:保证金存款——单位信用卡户

借:保证金存款——个人信用卡户

贷:联行往来——联行来账

或存放中央银行款项

持卡人开户行收到签购单或取现单,发现持卡人信用卡账户不足支付的,其不足部分转入“短期贷款”科目。透支利息按规定办理。会计分录为:

借:短期贷款

贷:联行往来——联行来账

或存放中央银行款项

五、银行卡存入现金的处理手续

(一)收存现金银行的处理

1.参加同城票据交换和联行往来银行机构的处理手续

参加同城票据交换和联行往来的代理行对持卡人凭个人卡存入现金的,经审核无误压制存款单。存款单一式四联,第一联回单,第二联贷方凭证,第三联贷方凭证附件,第四联存根。在存款单上填写持卡人存入的金额和本行的名称及其代号等内容,交由持卡人签名,然后核对其签名与信用卡签名是否相符。

在同一城市和对异地跨系统银行发行的信用卡存入现金的,会计分录为:

借:现金

　贷:应解汇款——个人信用卡户

将第二联存款单加盖业务公章向持卡人开户行或代理行所在地的跨系统发卡银行通汇行提出票据交换。另填制一联特种转账借方凭证。会计分录为:

借:应解汇款——个人信用卡户

　贷:存放中央银行款项(或辖内往账)

在异地存入现金的,比照以上在同一城市存入现金的有关手续处理,另填制一联特种转账贷方凭证,作收取手续费的贷方凭证。会计分录为:

借:现金

　贷:应解汇款——个人信用卡户

借:应解汇款——个人信用卡户

　贷:联行往来——联行往账

　贷:其他应付款——手续费户

代理行所在地的发卡银行通汇行接到跨系统代理行交换来的第二联存款单,编制联行贷方报单一同寄持卡人开户行。会计分录为:

借:存放中央银行款项

　贷:联行往来——联行往账

2.未参加同城票据交换代理行的处理

未参加同城票据交换的代理行对持卡人存入现金的,将第三联存款单加盖转讫章连同第二联存款单于营业终了随内部往来凭证划管辖行。

管辖行收到代理行寄来的内部往来凭证及第二、三联存款单经审核无误后,同城的,将第二联存款单加盖业务公章向持卡人开户行提出交换,第三联存款单作贷方凭证的附件;异地的,将第二联存款单加盖联行专用章后,随联行贷方报单寄持卡人开户行;对异地跨系统银行发行的信用卡,将第二联存款单加盖业务公章向管辖行所在地的发卡银行通汇行提出票据交换。

(二)持卡人开户行的处理

持卡人开户行收到同城交换来的第二联存款单、联行寄来的报单和第二联存款单时,经审核无误后,第二联存款单作贷方凭证。会计分录为:

借:联行往来——联行来账(或分辖、支行辖内往来)

　　或存放中央银行款项

　贷:保证金存款——个人信用卡户

第四节 其他结算业务

其他结算业务的实现主要是通过运用汇兑、委托收款、托收承付和国内信用证这四种结算方式来完成的。

一、汇兑

(一)汇兑的概念及分类

汇兑是汇款人委托银行将其款项支付给收款人的结算方式。单位和个人的各种款项结算,均可使用汇兑结算方式。汇兑分为信汇和电汇两种,由汇款人选择使用。信汇是汇款人委托银行用邮寄凭证的方式通知汇入行付款的一种结算方式;电汇是汇款人委托银行用拍发电报的方式通知汇入行付款的一种结算方式。

(二)汇兑的基本规定

(1)汇款人和收款人均为个人,需要在汇入银行支取现金的,应在信、电汇凭证的“汇款金额”大写栏,先填明“现金”字样,后填写汇款金额。

(2)收款人为个人的,需要到汇入银行领取汇款的,汇款人应在汇兑凭证上注明“留行待取”字样。信汇凭收款人签章支取的,应在信汇凭证上预留其签章。

(3)未在银行开立存款账户的收款人,凭信、电汇的取款通知或“留行待取”的,支取款项时,必须交验本人的身份证件。在信、电汇凭证上注明证件名称、号码及发证机关,并在“收款人签章”处签章;信汇凭收款人签章支取的,收款人的签章应与预留在信汇凭证上的签章相符。

(4)以收款人的姓名开立的应解汇款及临时存款账户,该账户只付不收,付完清户,不计付利息。汇款人确定不得转汇的,应在汇兑凭证备注栏注明“不得转汇”字样。

(5)汇入银行对收款人拒绝接受的汇款,应及时办理退汇。汇入银行对于向收款人发出取款通知,经过两个月无法交付的汇款,应主动办理退汇。

(三)信汇的处理手续

1.汇出行的处理

(1)汇款人委托银行办理信汇的处理。汇款人委托银行办理信汇时,应向银行填制一式四联的信汇凭证(见表5-13)。汇款人若派人到汇入行领取汇款的,应在信汇凭证各联的“收款人账号或住址”栏注明“留行待取”字样。汇款人和收款人均为个人需支取现金的,应填明“现金”字样。并在第二联加盖印章。

(2)汇出行受理信汇凭证的处理。汇出行受理凭证时,应对凭证必须记载的各项内容进行认真审查。审查内容为:

①信汇凭证必须记载的各项内容是否齐全、正确;

②汇款人账户内是否有足够支付的余额;

③汇款人的签章是否与预留在银行的签章相符。

审核无误后,第一联信汇凭证加盖转讫章退汇款人。转账交付的,第二联凭证作借方凭证,会计分录为:

表 5－13 信汇凭证

××银行 **信汇** （凭证回单） **1**

委托日期 年 月 日 第 号

<table>
<tr><td rowspan="3">付款人</td><td>全 称</td><td colspan="3"></td><td rowspan="3">收款人</td><td>全 称</td><td colspan="3"></td><td rowspan="6">此联汇出行给汇款人的回单</td></tr>
<tr><td>账 号
或住址</td><td colspan="3"></td><td>账 号
或住址</td><td colspan="3"></td></tr>
<tr><td>汇 出
地 点</td><td>省 市
县</td><td>汇出行
名称</td><td></td><td>汇 入
地 点</td><td>省 市
县</td><td>汇入行
名称</td><td></td></tr>
<tr><td colspan="2">金额</td><td colspan="4">人民币
（大写）</td><td colspan="4">千 百 十 万 千 百 十 元 角 分</td></tr>
<tr><td colspan="5">汇款用途：</td><td colspan="5" rowspan="2">汇出行盖章

年 月 日</td></tr>
<tr><td colspan="5">单位主管 会计 复核 记账</td></tr>
</table>

借：活期存款——汇款人户

贷：联行往来——联行往账

或辖内往账（或存放中央银行款项）

现金交付的，会计分录为：

借：现金

贷：应解汇款——汇款人户

借：应解汇款——汇款人户

贷：联行往来——联行往账或辖内往账

或存放中央银行款项

第三联信汇凭证加盖联行专用章，与第四联随联行邮划贷方报单寄汇入行。

对跨系统汇款的，应按照“跨行汇划款项，相互转汇”的办法办理。双设机构地区，第三联信汇凭证加盖业务公章，连同第四联信汇凭证随附转汇清单和划收凭证交转汇行，转汇行在第三联信汇凭证上加盖联行专用章，连同第四联信汇凭证随同联行邮划贷方报单寄汇入行。

2.汇入行的处理

汇入行接到汇出行或转汇行寄来的邮划贷方报单，或本地跨系统转汇行交来的转汇清单和划收凭证，以及第三、四联信汇凭证后，应审核第三联信汇凭证的联行专用章与联行报单印章是否一致（转汇的由转汇行代审查），审核无误后，进行账务处理。

（1）直接收账的处理。直接收账的，第三联信汇凭证作贷方凭证，第四联凭证加盖转讫章作收账通知交收款人。会计分录为：

借：联行往来——联行来账或辖内来账

或存放中央银行款项

贷：单位活期存款——收款人户

（2）不直接收账的处理。不直接收账的，第三联信汇凭证作贷方凭证，会计分录为：

借:联行往来——联行来账或辖内来账

或存放中央银行的款项

贷:应解汇款—— ××收款人户

登记应解汇款登记簿,在信汇凭证上编列应解汇款顺序号,第四联留存保管,另以便条通知收款人来行办理取款手续。

收款人持便条来行取款,"留行待取"的应向收款人问明情况,抽出第四联凭证,并认真审查收款人的身份证件,信汇凭证上是否注明证件名称、号码及发证机关以及收款人是否在"收款人签章"处签章;如信汇凭收款人签章支取的,收款人的签章是否与预留在信汇凭证上的签章相符。然后办理付款手续。

需要支取现金的,凭证上必须有汇出银行按规定填写"现金"字样,应一次办理现金支付手续。若凭证未注明"现金"字样,需要支取现金的,由汇入银行按照现金管理规定审查支付。另填制一联现金借方凭证,第四联信汇凭证作附件。会计分录为:

借:应解汇款——收款人户

贷:现金

如需要分次支付的,应凭第四联凭证注销应解汇款登记簿中的该笔汇款,并如数转入应解汇款及临时存款科目分户账内(不通过分录,以丁种账页代替),办理分次支取。待最后结清时,第四联信汇凭证作附件。

需要转汇的,应重新办理汇款手续,其收款人与汇款用途必须是原汇款的收款人和用途,并在第三联信汇凭证上加盖"转讫"戳记。

(四)电汇的处理手续

1.汇出行的处理

汇款人委托银行办理电汇时,应按信汇凭证的填写要求向银行填制一式三联的电汇凭证,第一联回单,第二联借方凭证,第三联发电依据。

汇出行受理电汇凭证时,比照信汇审查,无误后,第一联电汇凭证加盖转汇章退给汇款人,第二联作借方凭证,会计分录与信汇相同。同时根据第三联电汇凭证编制三联电划贷方报单凭以向汇入行拍发电报。电汇凭证上填明"现金"字样的,应在电报的金额前加拍"现金"字样。

对跨系统汇款的,比照信汇的处理手续办理。

2.汇入行的处理

汇入行接到汇出行或转汇行发来的电报,经审核无误后,编制三联电划贷方补充报单,第一联代联行往来——联行来账卡片,第二联代贷方凭证,第三联加盖转讫章作收账通知交收款人或作借方凭证附件,其余各项处理手续,均与信汇相同。

二、委托收款

(一)委托收款及基本规定

委托收款是收款人委托银行向付款人收取款项的结算方式。委托收款的基本规定是:

(1)单位和个人凭已承兑商业汇票、债券、存单等付款人债务证明办理款项的结算,均可使用委托收款结算方式。

(2)委托收款结算款项的划回,分邮寄和电报两种,由收款人自由选择。

(3)委托收款在同城、异地均可使用。

(4)委托收款凭证必须记载下列事项:表明“委托收款”的字样;确定的金额;付款人名称;收款人名称;委托收款凭据名称及附寄单证张数;委托日期;收款人签章。欠缺记载上列事项之一的,银行不予受理。

(5)委托收款以银行为付款人的,银行应当在当日将款项主动支付给收款人;以单位为付款人的,银行应当及时通知付款人,其付款期限见商业汇票的基本规定的相关内容。

(6)付款人审查有关债务证明后,对收款人委托收取的款项需要拒绝付款的,可以在接到付款通知的次日起3日内办理拒绝付款。

(7)在同城范围内,收款人收取公用事业或根据国务院的规定,可以使用同城特约委托收款。

(二)收款人开户行受理委托收款的处理手续

1.收款人办理委托收款的处理

收款人办理委托收款时,应填制委托收款凭证。邮划委托收款凭证一式五联,第一联回单,第二联贷方凭证(见表5-14),第三联借方凭证,第四联收款通知,第五联付款通知。

表5-14 邮划委托收款凭证

委邮 **委托收款** 凭证 (贷方凭证) **2** 委托号码:

委托日期 年 月 日

付款人	全称		收款人	全称		
	账号或住址			账号或住址		
	开户银行			开户银行		行号
委收金额	人民币(大写)					千 百 十 万 千 百 十 元 角 分
款项内容		委托收款凭据名称			附寄单证张数	
备注:	上列委托收款随附有关单证请予办理收款。 收款人签章				科目(贷) 对方科目(借) 转账日期 年 月 日 复核 记账	

此联收款人开户银行作贷方凭证

收款人开户银行收到日期 年 月 日

采取电报划款的,也要填制电划委托收款凭证,电划委托收款凭证一式五联,第一联回单,第二联贷方凭证,第三联借方凭证,第四联拍发电报依据,第五联付款通知。

收款人在第二联委托收款凭证上签章后,将有关委托凭证和债务证明提交开户行。

2.收款人开户行收到凭证的处理

收款人开户行收到委托收款凭证及有关债务证明,按照规定和填写凭证的要求进行认真审查，无误后，对委托收款凭证作如下处理：

(1)第一联邮划或电划凭证加盖业务公章、退给收款人。

(2)第二联邮划或电划凭证登记“发出委托收款凭证登记簿”，并专夹保管。

(3)第三联邮划或电划凭证加盖结算专用章，连同第四、五联凭证及有关债务证明，一并寄交付款人开户行。收款人开户行如不办理全国或省辖联行业务的，向付款人开户行直接发出委托收款凭证，均要在委托凭证的“备注”栏加盖“款项收妥划收××(行号)划转我行(社)”戳记，以便付款人开户行向指定的转划行填发报单。

(三)付款人开户行的处理手续

付款人开户行接到收款人开户行寄来的三、四、五联委托收款凭证及有关债务证明时，要审查是否属本行受理的凭证。审查无误后，在第三联凭证上填注收到日期，逐笔登记“收到委托收款凭证登记簿”，将邮划或电划三、四联委托凭证专夹保管，并分别作如下处理：

1.付款人付款的处理

(1)付款人为银行付款的处理。以银行为付款人的，银行在接到邮划或电划委托收款凭证和有关债务证明时，应审查是否属于本行的凭证。审查无误后，在凭证上填注收到日期，根据邮划或电划第三、四联凭证逐笔登记“收到委托收款凭证登记簿”，将邮划或电划第三、四联凭证专夹保管，并分别作如下处理：要在当日将款项主动支付给收款人。第三联凭证作借方凭证，有关债务证明作附件。会计分录为：

借：应解汇款

　　贷：联行往来——联行往账

　　　　或分行辖内往账(或存放中央银行款项)

第四联委托收款凭证填注支付日期后，随联行贷方报单寄交收款人开户行。

(2)付款人为单位付款的处理。以单位为付款人的，银行在接到委托收款凭证及有关债务证明后，按照有关规定需要将有关债务证明留存的，要将第五联委托凭证加盖业务公章及时交付款人并由付款人签收。按照有关规定需要将有关债务证明交付款人的，应将第五联委托凭证加盖业务公章连同有关债务证明一并交付款人，并由付款人签收，按以下两种手续处理：

①银行接到付款人的付款通知或未接到付款人付款通知书，在付款人签收日的次日起第4天上午开始营业时，付款人账户有足够资金支付全部款项的，第三联委托收款凭证作借方凭证，如留存债务证明的，其债务证明和付款通知作借方凭证的附件。会计分录为：

借：单位活期存款——付款人户

　　贷：联行往来——联行往账

转账后，银行在“收到委托收款登记簿”上填明转账日期。属于邮寄划款的在第四联委托收款凭证上注明支付日期后，随联行邮划贷方报单寄交收款人开户行。属于电报划款的，应根据第四联委托收款凭证填制联行电划贷方报单，凭以向收款人开户行拍发电报。跨系统的委托收款的付款，要按照“跨行汇划款项，相互转汇”的办法办理。

②银行在办理划款时，付款人账户不足支付全部款项时，银行要在委托凭证和“收到委托收款登记簿”上注明退回日期和“无款支付”字样，并填制三联付款人未付款项通知书。将第一联通知书和第三联委托收款凭证留存备查，第二、三联通知书和第四联委托收款凭证邮寄收款人开户行。留存债务证明的，其债务证明一并邮寄收款人开户行。如系电报划款的，不另拍发电报。

2.付款人拒绝付款的处理

(1)付款人为单位的处理。付款人为单位的,银行在付款人签收日的次日起3天内,收到付款人填制的四联拒绝付款理由书以及付款人持有的债务证明和第五联委托收款凭证,经核对无误后,在委托收款凭证及"收到委托收款凭证登记簿"备注栏注明"拒绝付款"字样。将第一联拒付理由书加盖业务公章退付款人,第二联拒付理由书连同第三联委托收款凭证一并留存备查,第三、四联拒付理由书连同付款人债务证明和第四、五联委托收款凭证一并寄交收款人开户行。如系电报划款的,不另拍发电报。

(2)付款人为银行的处理。付款人为银行提出拒绝付款的,比照付款人为单位的处理手续。

(四)收款人开户行委托收款划回的处理手续

1.款项划回的处理

收款人开户行接到付款人开户行或转汇行寄来的联行贷方报单,或本地跨系统转汇行交来的转汇清单和划收凭证,以及所附的第四联委托收款凭证时,要将专夹保管的第二联凭证抽出与第四联凭证进行核对。审核无误后,在第二联委托收款凭证上注明转账日期,并以其作贷方凭证。会计分录为:

借:联行往来——联行来账
　　或存放中央银行款项
　贷:单位活期存款——收款人户

将第四联委托收款凭证加盖转讫章作收账通知交收款人,同时注销"发出委托收款凭证登记簿"。

2.付款人无款支付的处理

收款人开户行接到付款人开户行寄来的第四联委托收款凭证和第二、三联付款人未付款项通知书以及债务证明,抽出专夹保管的第二联委托收款凭证,并在该联凭证"备注"栏注明"无款支付"字样,销记"发出委托收款凭证登记簿"。将第四联委托收款凭证及一联未付款项通知书以及收到债务证明退还收款人。经收款人签收后,收款人开户行将一联未付款通知书连同第二联委托收款凭证一并保管备查。

3.拒绝付款的处理

收款人开户行接到第四、五联委托收款凭证及有关债务证明和第三、四联拒绝付款理由书,经核对无误后,在第二联委托收款凭证备注栏注明"拒绝付款"字样,注销"发出委托收款凭证登记簿"。将第四、五联委托收款凭证及有关债务证明和第四联拒绝付款理由书退给收款人。经收款人在第三联拒绝付款理由书上签收后,收款人开户行将第三联拒绝付款理由书连同第二联委托收款凭证一并保管备查。

(五)同城委托收款的处理手续

同城委托收款的款项划转通过同城票据交换,其余手续比照异地邮划委托收款的手续处理。

(六)同城特约委托收款的处理手续

同城特约委托收款一般适用于同城水、电、煤气、电话费等收款事项。其处理手续由人民银行各分行制定。

三、托收承付

(一)托收承付及基本规定

托收承付是根据购销合同由收款人发货后委托银行向异地付款人收取款项，由付款人向银行承认付款的结算方式。它是过去计划经济下最主要的异地结算方式，但现在的使用范围已大大缩小了。

托收承付结算方式的基本规定是：

(1)使用托收承付结算方式的单位，必须是国有企业、供销合作社以及经营管理较好，并经开户银行审查同意的城乡集体所有制工业企业。

(2)其结算款项必须是商品交易及其由此产生的劳务供应的款项。代销、寄销、赊销商品的款项，不得使用此方式。

(3)收付双方必须签有符合《经济合同法》要求的购销合同，并在合同上订明使用该种方式进行款项结算。

(4)收付双方必须重合同，守信用。收款人对同一付款人发货托收累计 3 次收不到货款的，开户银行应暂停收款人向该付款人办理托收；付款人累计 3 次提出无理拒付的，开户银行应暂停其向外办理托收。

(5)收款人办理托收，必须具有商品确已发运的证件(特殊情况下可根据规定的其他证件办理)。

(6)每笔结算金额起点为 10 000 元，新华书店系统每笔金额起点为 1 000 元。

(7)结算款项的划回分邮寄和电报两种，由收款人选用。

(8)托收承付分为验单付款和验货付款。验单付款承付期为 3 天，从付款人开户行发出承付通知的次日算起(承付期内遇例假日顺延)；验货付款的承付期为 10 天，从运输部门向付款人发出提货通知的次日算起。付款人在承付期内，可向银行提出全部或部分拒绝付款，开户银行应审查拒付理由，查验合同。对收付双方在合同中明确规定，并在托收凭证上注明验货付款期限的，银行从其规定。

(9)付款人在承付期内，未向银行提出异议，银行即视作承付，并在承付期满的次日(遇例假日顺延)上午银行开始营业时，将款项主动从付款人账户内付出，按照收款人指定的划款方式，划给收款人。

(10)付款人在承付期满如无足够资金支付时，则按逾期付款处理，即按逾期付款金额和逾期天数每日计收万分之五赔偿金。每月计算一次，于次月 3 日内单独划给收款人。在月内有部分付款的，其赔偿金随同部分支付的款项划给收款人。赔偿金的扣付列为企业销货收入扣款顺序的首位。

(11)付款人开户行对逾期未付的托收款项，负责进行扣款的期限为 3 个月。付款人逾期不退回单证的，开户银行应自发出通知的第三天起，每天处以万分之五但不低于 50 元的罚款，并暂停其向外办理结算业务。

(二)托收承付的核算手续

托收承付结算的具体核算手续，可比照异地委托收款方式的手续办理。其结算凭证邮划、电划均为一式五联，各联用途和委托收款凭证相同。托收承付结算收款人开户行受理托收时除按有关规定审查外，其余处理手续和委托收款手续相同。款项划回方式也分为邮划和电划两种。托收承付付款人开户行的全额付款、多承付、提前承付的处理手续也和委托收款手续相同。其核算处理全过程也和委托收款相同分为四个阶段，即托收、通知付款、划转款项、通知收款。但托收承付和异地委托收款结算也有不同之处：其一，它可以办理部分付款、延期付款（逾期付款），这可按上述规定办理；其二，银行要负责审查付款人拒付理由，这也按上述规定办理。

四、国内信用证

信用证是商业上普遍使用的一种结算方式。信用证是一家银行（开证行）依据其客户（开证申请人）的请求或指示，向另一人（受益人）开立的一种书面约定，根据这一约定，如果受益人满足了信用证中规定的要求，开证行将向受益人支付信用证中约定的金额。因此可以简单地说，信用证是开证行应开证申请人的请求向受益人所做的一种有条件付款保证。

为适应国内贸易活动的需要，中国人民银行单独制定了《国内信用证结算办法》并于 1997 年 8 月 1 日施行。

目前开办的国内信用证业务只适用于国内买卖双方间商品交易的范围。具体处理手续参照本书第七章第五节内容。

本章小结

本章通过对各种支付结算业务核算手续的介绍，力图使读者能够明确各种结算业务的概念、适用范围、主要规定以及具体的处理手续。支付结算业务是银行的主要业务之一，也是银行会计的一项基础工作。本章主要介绍了银行的各种支付结算业务。其具体内容包括：支付结算的意义、纪律与原则；票据业务的内容及核算；银行卡业务的内容及核算；其他结算业务的内容及核算。通过学习，要求了解商业银行支付结算制度的演变过程、支付结算方式；理解支付结算的过程；掌握各种结算业务处理手续和基本做法。

关键术语

结算　票据　支票　银行本票　银行汇票　商业汇票　银行卡　汇兑　委托收款　托收承付　信用证

思考练习题

1. 什么是结算？支付结算的纪律与原则是什么？
2. 我国现行的结算方式有哪些？
3. 什么是票据？票据的种类有哪些？
4. 票据有什么特征？票据的具体制度有哪些？
5. 什么是支票？支票有哪几种？
6. 什么是空头支票？对空头支票怎样计算罚款金额？
7. 什么是银行本票？银行本票的种类有哪些？它们有什么不同？
8. 什么是银行汇票？银行本票与银行汇票有什么异同点？
9. 商业承兑汇票与银行承兑汇票有什么异同？为什么？
10. 简述委托收款与托收承付的异同。
11. 什么是信用证？信用证的种类有哪些？
12. 工商银行某支行 9 月份发生下列业务，据此作出相应的会计分录。

(1)9 月 3 日，开户单位南方百货商场提交信汇凭证一份，汇给异地某文化用品公司 30 000元，银行审核无误办理划款，会计分录为：

(2)9 月 4 日收到佳信公司交来的汇票及进账单，金额 86 000 元，付款人为异地 A 机械厂，当即为佳信公司收账，并向异地 A 机械厂开户行编发报单，会计分录为：

(3)9 月 27 日，接到上海红羽服装厂开户行电报，电汇货款 28 000 元给在本行开户的西安第三印染厂，审核无误后办理转账，会计分录为：

(4)9 月 17 日在本行开户的建材公司托收承付结算承付期已满，账户上有足够资金且无拒付，办理划款手续，金额 123 000 元。编发联行报单，会计分录为：

(5)9 月 17 日收到咸阳市分行营业部的联行报单及银行信汇凭证第三、四联，付款人为在本行开户的某农机厂，金额 32 000 元，办理转账，会计分录为：

(6)9 月 20 日收到渭南市分行营业部签发的联行报单及银行汇票凭证第三联，付款人为在本行开户的某农机厂，金额 32 000 元，办理转账。原银行汇票金额为 32 500 元。会计分录为：

第六章 资金清算业务

本章要点

1. 支付结算与资金清算的联系
2. 资金清算业务的种类
3. 银行系统内的电子汇划处理流程
4. 现代化支付系统的构成和业务处理范围
5. 大小额支付系统的账务核算
6. 境外资金清算业务和 SWIFT 系统

第一节 资金清算业务概述

随着我国市场经济的深入发展,经济活动的范围不断扩大,跨银行、跨地区甚至跨国界的经济交易日益增多,需要商业银行为客户提供及时准确的资金往来和资金划拨服务,推动资金流通和循环周转。商业银行为客户提供方便快捷的支付结算和准确的资金清算业务已成为一项基本要求。

一、支付结算与资金清算

商业银行在整个金融体系中处于主体地位,现代市场经济环境下市场交易活动的资金往来和债权债务的转移,绝大部分是通过商业银行来实现的。因此商业银行之间也随之而发生资金往来和债权债务关系。简单地讲,企业以及个人之间通过银行进行的资金往来称为支付结算,银行之间把支付业务往来所产生的资金进行结清划拨称作资金清算,所以支付结算与资金清算两者紧密联系,相辅相成。

(一)资金清算业务是支付结算业务的延伸

通常情况下支付结算伴随着资金清算,比如北京农行的一个客户办理电子汇划业务 100 元,将款项汇往上海工行(其实是支付信息报文到达工行,工行就可以记账了),这时候办理的业务叫支付结算;然后农行通过支付系统将 100 元划到上海工行,这时候的业务处理就属于资金清算范畴。某种意义上可以认为资金清算是支付结算业务的延伸,客户来银行办理业务,往往集支付、汇划、结算、清算为一体,通过清算系统将银行遍布全国各地网点联成一个整体,实现资金往来及时到账。

(二)资金清算业务为资金流动提供便捷通道

如果银行没有开通资金清算业务,客户的支付结算业务只能局限于有限的处理范围,如同一银行内部或同一银行内部分支机构之间办理，势必限制资金跨地区、跨银行、跨国界的流动。银行开通资金清算服务后，通过配以先进的通信设备、发达的清算网络以及高素质的业务人员，就可在全球范围内全天候 24 小时提供各类清算服务。这样无论客户身处何时何地，办理何种业务，只要向银行提出申请，即可凭借安全、快捷的清算渠道，令资金流转四通八达、高效运作。

(三)资金清算系统的发展促进支付工具的创新

支付工具是指传达收付款人支付指令、实现债权债务清偿和货币资金转移的载体，包括现金支付工具和非现金支付工具。由于支付清算渠道单一等多方面的原因，我国居民有使用现金的偏好，现金交易比重较大。在支付活动中大量使用现金，不仅交易成本高、而且效率低，所以，必须加快推广非现金支付工具的使用。伴随支付清算系统的创新，新的支付结算工具层出不穷。目前我国已形成了以票据和银行卡为主体，以电子支付为发展方向的多样化的非现金支付工具体系。近年来，随着网络通信技术的发展，电子货币、网上支付、移动支付等创新支付工具和方式不断涌现，并呈现出较快的发展势头。

(四)资金清算体系的畅通提高了支付结算的质量和效率

支付清算体系是经济金融的核心基础设施，基本覆盖了所有的银行业金融机构，连接着货币市场、债券市场、外汇市场等多个金融市场，其安全、高效、稳定运行可以密切各金融市场间有机联系，加速社会资金周转，提高资源配置效率。资金清算业务的发展也将改变支付结算汇路不畅、支付结算功能和手段匮乏、资金清算速度慢、结算品种单一的局面，为客户提供更优质金融服务。

二、资金清算业务分类

资金清算业务涵盖了资金支付调拨的所有环节，按不同的分类标准可以划分为不同的业务种类。通常意义上，按清算区域划分为同城清算和异地清算，按照资金流向划分为往账清算和来账清算，按照货币种类分为本币清算和外币清算，按资金划拨方式分为全额实时清算和差额定时清算，按是否跨行分为系统内清算和跨系统清算等。

(一)同城清算和异地清算

同城清算是在同一城市不同商业银行之间的资金往来，如北京市工商银行将款项划拨为农业银行就属于标准的同城清算。随着经济发展和资金往来频繁，同城的概念逐步扩大，已经突破同一城市的狭隘定义，产生了“大同城”和“小同城”之说。同处于一个经济带的若干城市群，如珠江三角洲、京津唐之间不同银行之间的清算，属于“大同城”，而“小同城”是狭义上的同一城市，如广州市、北京市。同城清算一般通过中央银行或清算机构如同城票据交换所来进行。

异地清算是不同地区之间的银行资金往来，如北京市工商银行向西安市农业银行调拨款项。异地清算一般通过中央银行来办理。异地清算还包括与国外银行之间的资金往来，一般通过同时与清算双方有合作的中间行即代理行来进行。

(二)往账清算和来账清算

按资金流向可将资金清算划分为往账和来账两大类。作为资金付款人的银行，发出往账报单，办理资金支付；作为资金收款人的银行即收报行，办理资金来账。当然，对于同一个行来说，在不同的业务中，它既可以是付款行也可以是收款行；既要处理往账也要处理来账。这就要求往账和来账必须严格划分清楚，准确进行资金清算。

（三）本币清算和外币清算

清算业务按币种分为本币清算和外币清算。本币清算是以人民币为记账货币，人民币清算通过各商业银行在中国人民银行开立的人民币账户办理资金划拨；外币清算则通过国家外汇管理局各分局相互划拨和清算外币资金，包括同城和异地的外币资金划拨。

（四）全额实时清算和差额定时清算

商业银行主要采取下面两种资金清算方法：第一，全额实时清算（RTGS）。即参加资金清算的各商业银行，采用实时处理方式，对每一笔付款（借记）或收款（贷记）业务实时转发，并对其清算户实时清算。第二，定时差额清算（DNS）。差额是指银行按同一币种同一交易日的交易金额的净差额，即各商业银行将各自应付应收款项的金额进行轧差，得到应贷差额或应借差额，然后在固定时间通过人民银行的清算账户进行资金划拨。

三、我国资金清算业务系统框架体系

资金清算业务离不开信息系统的支持，资金清算系统是支撑各种支付工具应用、实现资金清算并完成资金最终结算划拨的通道。目前，我国已初步建成以中国现代化支付系统为核心，以商业银行行内电子汇划系统为基础，票据交换和票据影像系统、外币清算系统以及银行卡支付系统并存的支付清算框架体系。

（一）中国现代化支付系统

中国现代化支付系统（CNAPS）是中国人民银行按照我国支付清算需要，利用现代计算机技术和通信网络开发建设的，能够高效、安全处理各银行办理的异地、同城各种人民币支付业务及其资金清算和货币市场交易资金清算的应用系统。

CNAPS 主要由大额实时支付系统（HVPS）和小额批量支付系统（BEPS）两个业务应用系统组成。大额实时支付系统采取逐笔发送支付指令，全额实时清算资金，旨在为各银行和广大企事业单位以及金融市场提供快速、高效、安全的支付清算服务，防范支付风险。小额批量支付系统采取批量发送支付指令，轧差净额清算资金，实行 7×24 小时不间断运行，并通过净借记限额的管理，有效防范信用风险。小额支付系统可支撑多种支付工具的应用，处理包括公用事业收费在内的各种金融服务相关支付业务，满足社会低成本、大业务量的支付清算服务需要。

2005 年 6 月，大额支付系统完成在全国的推广应用，取代了中国人民银行全国电子联行系统。目前，各政策性银行、中外资商业银行和绝大部分农村信用社都已接入大额支付系统，系统直接参与者 1 500 多家金融机构，涉及的分支机构 6 万多个。大额支付系统运行稳定，业务处理正确，资金清算无误，日均处理跨行支付业务 50 多万笔，金额近万亿元，每笔业务不到 1 分钟即可到账。

在建设大额支付系统的同时，中国人民银行同步启动小额支付系统建设，并于 2006 年 6 月完成了在全国的推广应用。小额支付系统在全国推广完成，标志着以大、小额支付系统为核心的中国支付清算体系初步建成。

（二）商业银行行内电子汇划系统

商业银行内部分支机构的资金清算通常使用商业银行自己开发的清算系统，国内各商业银行都建立了以电子汇划为手段的内部清算系统。商业银行行内电子汇划系统在支付清算体系中占基础地位。它是银行业金融机构办理结算资金和银行内部资金往来与清算的渠道,是集汇划业务、清算业务、结算业务等功能为一体的综合性应用系统。随着金融体制改革的不断深化和经营水平的逐步提高,各商业银行均相继建设运行了基于计算机网络技术的行内综合业务处理系统,并进行了不同程度的数据集中,实现了行内各项业务与支付清算业务的整合。

(三)票据交换系统

票据交换系统是我国支付清算体系的重要组成部分,指由人民银行当地分支行组织的,在指定区域内遵循"先付后收、收妥抵用、差额清算、银行不垫款"的原则,定时定点集中交换、清分人民银行和银行业金融机构提出的结算票据的跨行支付清算系统。票据交换系统主要处理纸票据不能截留的支票、本票、跨行银行汇票,以及跨行代收、代付纸质凭证。其运行的主要机构是各地的票据交换所,截至 2005 年底,我国在县级以上城市共建有票据交换所1 936个,北京和天津、上海和南京、广州和深圳等地票据交换所联合建成了区域性票据交换中心。

为满足支票跨区域使用和全国流通的迫切需求,我国在借鉴国外先进经验的基础上,建设以影像技术为支撑的全国支票影像交换系统,实现支票全国通用。全国支票影像交换系统综合运用影像技术、支付密码等技术,将纸质支票转化为影像和电子信息,实现纸质支票截留,利用信息网络技术将支票影像和电子清算信息传递至出票人开户行进行提示付款,实现支票全国通用。影像交换系统定位于处理银行机构跨行和行内的支票影像信息交换,资金清算通过小额支付系统处理。

票据交换业务和支票影像系统的详细内容将在本书第九章介绍。

(四)银行卡支付系统

银行卡支付系统是专门处理银行卡跨行数据的信息交换系统,由中国银联股份有限公司统一运营。因为银行卡是最主要的资金支付工具,所以银行卡支付系统是我国资金清算支付体系的重要组成部分。中国银联于 2004 年调整了支付网络架构,建设了新一代跨行交换系统,集中处理资金清算业务。2004 年 11 月,银行卡支付系统实现了与 CNAPS 的连接,通过在人民银行开设的特许清算账户实现资金在商业银行之间实时划拨,进一步提高了资金清算效率。

(五)外币清算系统

目前,我国没有统一的外币清算系统。外币清算是通过代理银行和国家外汇管理局在 7 个城市设立的外汇清算中心完成。由于外币清算与结算的环节较多,服务种类单一,加之受时差影响,使得其结算效率低下,不能很好地适应我国市场经济,尤其是金融市场的快速发展;另外,外汇交易结算的即时支付(PVP)以及外币债券 B 股交易结算的券款兑付(DVP)没有真正实现,存在较大的风险隐患。为提高外币清算效率,降低外币清算风险,人民银行正在研究论证建立我国境内统一的外币清算系统。

第二节 系统内电子汇划业务

通常意义上,系统是指相互联系、相互作用的若干要素或部分结合在一起并具有特定功能,达到同一目的的有机整体。人们习惯将同一银行称为同一系统,银行内部的各分支行之间成为联行。资金清算业务按照是否在同一法人银行区分为系统内清算和跨行清算。随着跨地区业务和通存通兑业务的发展,银行内部分支行之间的资金日益频繁,要求银行进一步加强资金管理,提高资金使用效率。

目前,各家商业银行都开发了电子汇划系统,利用先进的计算机网络系统进行资金清算汇划往来账务核算,实现支付结算的电子化和资金清算的网络化。本章介绍电子汇划业务的系统结构处理流程、基本操作和账务核算。

一、电子汇划系统的架构

电子汇划系统由汇划业务经办行(以下简称经办行)、清算行和总行清算中心组成,各行间通过计算机网络联结如图 6-1 所示。

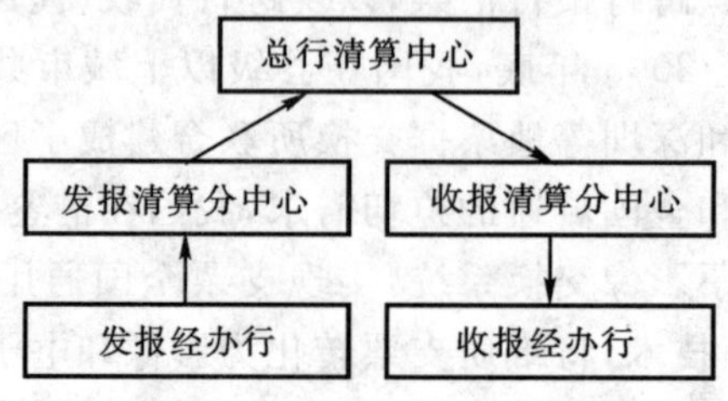

图 6-1 资金汇划清算系统的结构

在总行清算中心开立账户的各清算行又称电子汇划清算分中心,清算分中心一般设置在省或直辖市分行、总行直属分行及二级分行。在分中心开立账户,且具体办理汇划业务的各级行处统称经办行;发出汇划业务的经办行又称发报行;收到汇划业务的行又称收报行,一般对外营业的分支机构为经办行。清算分中心及经办行的设立、撤销,应由主管分行向总行提出书面申请,总行核准同意后颁发或撤销电子汇划联行号。电子汇划联行号是参加电子汇划系统的专用标识,经办行凭依电子汇划联行号办理资金发报和收报。

总行清算中心负责办理系统内各经办行之间的资金汇划、各清算行之间的资金清算及资金拆借、清算账户对账等账务的核算和管理。

清算分中心在总行清算中心开立备付金存款账户,办理电子汇划业务往来的报文转发、账务核算管理、资金清算,对下属经办机构进行业务指导。

各经办行负责电子汇划业务往来的收报、发报以及办理有关查询查复业务。

二、电子汇划业务的基本做法和基本流程

电子汇划系统承担汇兑、托收承付、委托收款(含商业汇票、国内信用证、储蓄委托收款等)、银行汇票、银行卡、储蓄旅行支票、内部资金划拨以及其他款项汇划及资金清算,对公、储蓄、银行卡异地通存通兑业务的资金清算,同时办理有关的查询查复业务,并通过汇划往来,实现各分支机构之间代收代付资金的实际清算。

(一)基本做法

电子汇划业务的基本做法是:实存资金,同步清算,头寸控制,集中监督。

1. 实存资金

实存资金是指以清算分中心为单位在总行清算中心开立备付金存款账户,用于汇划款项时的资金清算。

2. 同步清算

同步清算是指经办行汇出汇入资金要同时进行清算，随发随收，即当发报经办行通过其清算行经总行清算中心将款项汇划至收报经办行的同时，总行清算中心每天根据各行汇出汇入资金情况，从各清算行备付金账户付出资金或存入资金，从而实现各清算行之间的资金清算保持同步。

3. 头寸控制

头寸控制是指各清算行在总行清算中心开立的备付金存款账户，保证足额存款，总行清算中心对各行汇划资金实行集中清算。

清算行备付金存款不足，二级分行可向管辖省区分行借款，省区分行和直辖市分行，直属分行头寸不足可向总行借款。

4. 集中监督

集中监督是指电子汇划系统中，总行清算中心对汇划往来数据发送、资金清算、备付金存款账户资信情况和行际间查询、查复情况进行管理和监督。

(二)基本流程

电子汇划系统的运作流程是：发报行将汇划信息经计算机加密处理后，形成加密数据，通过通信专用线路传输至分中心、总中心；总中心将整理后的加密数据，再通过通信专用线路传输至分中心，转收报行。

1. 发报经办行

各发报经办行根据发生的结算等资金汇划业务录入数据，全部及时发送至发报清算分中心。

2. 发报清算分中心

发报清算分中心将辖属各发报经办行的资金汇划信息传输给总行清算中心；所有经办行的资金汇划，查询查复全部通过清算分中心进出，清算分中心管理监督辖属经办行的资金清算。

3. 总行清算中心

总行清算中心将发报清算行传输来的汇划数据即时传输给收报清算分中心；并当日更新各分中心清算账户备付金存款。

4. 收报清算分中心

收报清算分中心当天将汇划信息传输给收报经办行，办理资金收付。

在这里，清算分中心处在信息中转站的地位，既要向总行清算中心传输发报经办行的汇划信息，又要向收报经办行传输总行清算中心发来的汇划业务信息，资金汇划的出口、入口均反映在分中心。清算分中心受理的电子汇划业务，除辖内业务外，只能直接发送总行。各清算分中心之间不发生直接的横向关系，由总中心负责各清算分中心之间汇划业务的转收转发。在每日营业终了前的规定对账时间，从上到下，由总中心和各分中心、各分中心和经办行核对当日往、来账的笔数、金额无误后，结出当日电子汇划往来账务余额。

(三)处理要求

电子汇划系统是银行的一项整体工作，为保证系统的正常运行和资金快捷汇划，要集中统一管理，明确各级行的要求，加速资金周转、简化业务手续。

1. 对经办行的要求

做到随发随收、当日核对、每日结平、存欠反映。

(1)及时处理资金汇划往来报文数据，做到不积压、不延误。

(2)汇划业务数据的录入必须换人复核,严格内部控制。

(3)严格执行经办、复核、授权相分离的规定。大额资金汇划业务逐笔授权;经各经办行会计主管人员审核授权后办理;发报业务在1亿元(含)以上的,经办行必须将原始凭证送至管辖清算分中心,由清算分中心双人办理特大额发报授权。

(4)坚持印、押、证分管、分用的原则。

(5)经办行应每日核对当日业务,结平账务,准确反映资金存欠。

2.对清算分中心的要求

(1)办理资金的借出、借入、归还等手续,计收计付内部资金利息。

(2)接收并负责处理总行发送对账差错信息,并对辖属各行的对账业务进行管理。

3.对总行清算中心的要求

(1)根据汇划业务信息,办理资金清算,实时更新备付金账户。

(2)根据财务资金部门的调拨通知,及时办理清算资金调度,计收计付内部资金利息、资金的借出和归还等手续。

(3)及时核对账务,查清未达款项。

三、电子汇划业务的会计科目及会计凭证

电子汇划系统是商业银行系统内各行之间所有支付结算信息的承载工具和资金清算通道,需要设置专用的会计科目进行核算,也有专用的会计凭证。

(一)会计科目

1.“电子汇划往来”科目

通过各级清算中心进行资金汇划业务时用本科目核算;本科目属资产负债共同类科目。总中心本科目下按分中心设立账户,各账户余额贷方为上存总行资金,余额借方为透支总行资金。分中心本科目下,按辖属机构设立账户。凡发有电子汇划行号的行、部、处都必须在其上级分中心开设电子汇划往来账户,各分中心在总中心开设电子汇划往来账户。每日营业终了,经办行应与清算分中心,清算分中心与清算总中心核对账户余额相符。

2.“电子汇划待发报”科目

凡经办行通过电子汇划系统汇划款项发报时,使用本科目核算,凡受理汇出付款(贷记)业务时,贷记本科目;复核发报后,借记本科目;收款业务反之,科目余额为未发出款项。

3.“电子汇划待转账”科目

凡经办行通过电子汇划系统汇划款项收报时,使用本科目核算。凡受理汇入贷记业务时,贷记本科目;核押无误并转账后,借记本科目。借记业务反之。科目余额为未转账及待查款项。

(二)会计凭证

电子汇划使用的会计凭证有以下几种:

1.电子汇划汇总报单

各级清算中心使用的记账凭证(清单代传票),是按经办机构产生电子汇划汇总记录,可以逐笔或批量打印。

2.电子汇划借方报单

电子汇划借方报单(发报行记账凭证),一式两联:第一联电子汇划借方报单,代“电子汇划

往来"科目借方传票;第二联为电子汇划转账凭证,代"电子汇划待发报"科目贷方传票。

3.电子汇划贷方报单

电子汇划贷方报单(发报行记账凭证),一式两联:第一联电子汇划贷方报单,代"电子汇划往来"科目贷方传票;第二联为电子汇划转账凭证,代"电子汇划待发报"科目贷方传票。

4.电子汇划借方补充报单

电子汇划借方补充报单(收报行记账凭证),一式五联:第一联电子汇划借方补充报单,代"电子汇划往来"科目贷方传票;第二联为电子汇划转账凭证,代"电子汇划待转账"科目借方传票;第三联代电子汇划转账凭证,代"电子汇划待转账"科目贷方传票;第四联为转账借方传票;第五联作付款通知。

5.电子汇划贷方补充报单

电子汇划贷方补充报单(收报行记账凭证),一式五联:第一联电子汇划贷方补充报单,代"电子汇划往来"科目借方传票;第二联为电子汇划转账凭证,代"电子汇划待转账"科目贷方传票;第三联代电子汇划转账凭证,代"电子汇划待转账"科目借方传票;第四联为转账贷方传票;第五联作入账通知。

四、电子汇划的日常账务处理

收付款人之间的资金往来通过电子汇划系统,要经过发报经办行、清算分中心、总行清算中心、收报行四个处理环节。实际业务操作中,应根据资金流向,按照"先收(扣)款,后记账"和"先记账,后付款"的要求办理账务核算。

(一)发报经办行的处理

发报经办行是资金汇划业务的发生行,业务发生后,要经过录入、复核和授权三个环节,发报员应作到快速及时不积压不延误。

1.业务受理

客户委托银行办理汇划业务时填写电子汇划凭证与有关结算业务凭证提交银行。经办人员按业务种类审核凭证无误后,将汇划业务的内容、用途等录入计算机,并经复核员全面审查、复核。涉及电子汇划发报的业务主要有汇出汇款、汇票解付、托收、内部划款等。

2.办理转账

经办人员根据客户填写的原始凭证或内部转账指令,办理转账手续。

(1)汇出汇款。经办员根据客户填写的汇款申请书,提交汇出汇款指令,交易成功后,在汇款申请书上打印相应内容,系统自动记账,会计分录为:

借:单位活期存款——客户账

贷:电子汇划待发报

(2)解付汇票。经办员根据客户提供的汇票第二、三联,经审核要素核押无误后,提交解付银行汇票指令,系统自动记账,在摘要栏内注明所解付的"汇票号码",在部分解付时应注明"部分解付"的字样。打印进账单,作为贷方传票。会计分录为:

借:电子汇划待发报

贷:单位活期存款——客户账

(3)托收承付。经办员根据托收行发出的"托收委托书"及原始票据,在收到客户的承付凭证后办理付款,会计分录为:

借:单位活期存款——客户账

贷:电子汇划待发报

(4)内部款项划拨。经办行根据划款指令进行转账并发报划款,如果为付款业务,则填制贷方报单,会计分录为:

借:银行存款

贷:电子汇划待发报

如果为收款业务,则填制借方报单,会计分录相反。

经复核无误,密押员加编密押后,进行发报,计算机自动办理转账,并打印“电子汇划贷方报单”,同时接收业务成功的反馈信息。会计分录为:

借:电子汇划待发报

贷:电子汇划往来

如果为收款业务,发出“电子汇划借方报单”,会计分录则相反。

每日营业终了时,打印“电子汇划未发报文登记簿”(即“电子汇划待发报”科目中未发出报单明细),查明未发原因,在下一个工作日进行相应处理。

3. 凭证处理

发报行对客户提交的原始凭证应作以下处理:

(1)电汇、电子汇兑、异地托收承付、委托收款凭证三、四联在款项从客户账户里扣划后,作“电子汇划贷方报单”凭证的附件。

(2)银行汇票、银行承兑汇票二、三联,信用卡存(取)款单在款项划回时,作“电子汇划借方报单”凭证的附件。

(3)发报行如遇特殊业务,必须将有关凭证寄回收报行才能转账时,发报行应于办理电子汇划业务当日,将有关凭证寄收报行,并通过电话或电子公文方式通知收报行。

(二)发报清算分中心

发报清算分中心在资金汇划系统中处于信息中转站的地位,其主要处理内容是:收到发报经办行传输来的全国汇划业务实时上传总行清算中心;收到发报清算行传输来的分中心辖内的汇划业务后,实时转发给各收报经办行。发报清算分中心收到发报经办行传输来的汇划业务的数据后,对于金额在1亿元(含1亿)以上特大金额汇款应由会计主管授权后进行处理,同时由电子汇划系统自动加编密押,进行汇划信息的传输,然后进行账务处理。

1. 全国的汇划业务

对于全国的汇划业务,计算机自动进行账务处理,更新在总行清算中心开立的清算备付金账户,并将汇划信息传输给总行清算中心转给收报清算分中心。

如果清算分中心收到发报经办行发来的待报汇划业务,会计分录为:

借:电子汇划往来——总行清算中心户

贷:电子汇划往来——发报行户

如果是借方汇划业务,会计分录相反。

2. 同一清算分中心的汇划业务

对于属于同一清算分中心所辖的汇划业务,系统直接将汇划信息传输给收报经办行,并分别更新发报行和收报行备付金账户余额。

如果是贷方汇划款项业务,会计分录为:

借:电子汇划往来——发报行户

　贷:电子汇划往来——收报行户

如果借方汇划业务的会计分录则相反。

清算分中心于当日日终将日间登记的电子汇划数据信息汇总后上送总行,汇划发报业务全部由系统自动完成。清算分中心严格按时结束当日电子汇划往来业务,在当日切换时间以后发生的电子汇划往来业务,作为下一个工作日的业务进行处理。

(三)总行清算中心处理

总行清算中心收到各发报清算分中心汇划款项,由计算机自动登记后,将款项传送至收报清算分中心。每日营业终了更新各清算分中心在总行开立的清算备付金存款户。

如为贷方汇划款项,会计分录为:

借:电子汇划往来——发报清算分中心户

　贷:电子汇划往来——收报清算分中心

如为借方汇划业务,会计分录相反。

日终处理结束后,计算机生成总中心的"电子汇划往来汇总报单"(代电子汇划往来科目记账传票)、电子汇划日报表和相应对账信息,下发分中心及经办行对账。

(四)收报清算分中心

收报清算行收到总行清算中心传来的汇划业务数据,计算机自动检测收报经办行是否为辖属行处,并经核押无误后自动进行账务处理。收到电子汇划贷方报单,会计分录为:

借:电子汇划往来——收报行户

　贷:电子汇划待转账

如为借方汇划业务,会计分录方向相反。

日终处理结束后,计算机生成分中心及各经办行的"电子汇划往来汇总报单"、"电子汇划业务中心日报表"、"总中心——分中心余额对账单"、"分中心——网点余额对账单"、"总中心——分中心发生额对账单"与"分中心——网点发生额对账单"等报表,打印核对无误后,当日汇划业务结束。

(五)收报经办行

收报经办行收到收报清算分中心传来的汇划信息后,经检查无误,打印"电子汇划贷(借)方补充报单"一式五联,并自动进行账务处理。经办员根据"电子汇划借方(贷方)补充报单"第三、四、五联上的摘要内容,确认其业务种类,分别办理汇入汇款、汇票结清、托收入账和内部账入账等。

(1)汇入汇款。入账成功后,打印补充报单第三、四、五联。"电子汇划贷方补充报单"的第三联作为借方传票;"电子汇划贷方补充报单"第四联作为贷方传票;第五联加盖转讫章和经办人员名章作客户回单。会计分录为:

借:电子汇划待转账

　贷:单位活期存款——客户账

(2)汇票结清。经办员根据"电子汇划借方补充报单"第三、四联,与汇票留存底卡核对。如查询确认汇票全部结清后,打印转账借方传票,补充报单第三联作为贷方传票,底卡第一联作为转账借方传票,报单第四联、第五联、底卡第四联作为转账借方传票的附件,会计分录为:

借:汇出汇款

贷:电子汇划待转账

如果部分解付有余款的情况下,还要另打印送款单作为贷方传票;部分解付余款退回原客户账的情况,补充报单第三联及送款单作为贷方传票,底卡第一联作为转账借方传票,补充报单第四联、第五联作为转账借方传票的附件,底卡第四联作为客户回单。会计分录为:

借:汇出汇款

贷:电子汇划待转账

贷:单位活期存款——客户账

(3)托收入账。付款行发出承付报文后,托收行根据电子汇划贷方补充报单第三、四联及留存的托收承付、委托收款存根,办理托收入账。入账成功后,打印托收凭证第二联,补充报单第三联作转账借方传票,托收凭证第二联作为贷方传票,补充报单第四联、第五联作为贷方传票的附件。会计分录为:

借:电子汇划待转账

贷:单位活期存款——客户账

(4)内部转账。根据“电子汇划借(贷)方补充报单”第三、四联和摘要注明内容办理转账,收到贷方报单时,会计分录为:

借:电子汇划待转账

贷:银行存款

收到借方报单时,会计分录反之。

每日营业终了时,打印“电子汇划待转账报文登记簿”(即“电子汇划待转账”科目中未转账报单明细),查明未转账原因,对不能转账的报单,应在下一个工作日及时向发报行查询,收到查复后进行相应处理。收报行办理转账手续后,如因特殊情况(如托收承付、委托收款部分拒付或多承付等),或因客户特别要求,需将有关原始单据寄回时,收报行应与发报行及时联系,要求发报行将单据寄回,收、发报行对此应进行登记。

【例 6-1】 交通银行北京分行营业部收到交通银行西安南二环支行的汇划借方报单及所附托收承付结算凭证,金额为 86 000 元,收款单位为 S 大学北京办事处。经与留存凭证核对相符,办理转账。会计分录为:

借:电子汇划往来	86 000
贷:单位活期存款——S 大学北京办事处户	86 000

【例 6-2】 西安工商银行小寨支行的开户单位小红豆餐饮有限公司向西安工商银行南二环支行的开户单位西安铁路局服务中心支付采购货物款项 60 000 元。其中小红豆餐饮有限公司作为付款单位向小寨支行申请办理汇出汇款,小寨支行进行复核发报后将款项划拨至西安工商银行清算中心,然后转发给沙坡支行,沙坡支行收报复核后办理转账,将款项划转至西安铁路局服务中心账户。

①小寨支行账务处理。小寨支行经办员扣收款项,在电子汇划系统录入信息,会计分录为:

借:单位活期存款——小红豆餐饮公司户	60 000
贷:电子汇划待发报	60 000

复核人员对付款凭证和发报信息复核无误后,加密编押办理发报,会计分录为:

借:电子汇划待发报	60 000
贷:电子汇划往来	60 000

②西安工商银行清算中心。西安工商银行清算中心(分中心)收到小寨支行的汇划报文后,通过电子汇划行号判断为本辖属支行,将报文转发给沙坡支行,同时分别对小寨支行和沙坡支行的清算备付账户进行记账。

借:电子汇划往来——小寨支行户 60 000

贷:电子汇划往来——沙坡支行户 60 000

③沙坡支行。沙坡支行收到汇划报文后,进行解密核押,办理转账,会计分录为:

借:电子汇划往来 60 000

贷:电子汇划待转账 60 000

复核人员审核汇划报文及款项要素无误后,办理转账,会计分录为:

借:电子汇划待转账 60 000

贷:单位活期存款——铁路局服务中心户 60 000

五、电子汇划汇差资金管理

电子汇划汇差是指参加电子汇划往来业务的各行处汇划与代收代付款项,在其电子汇划往来账户实时结算后的差额。电子汇划汇差在总中心叫做分中心汇差,在分中心叫做经办行汇差。总分中心的电子汇划往来账户的余额,在当日业务终了后,反映在借方为应收汇差,即超存;反映在贷方则为应付汇差,即出现透支。当贷方余额超过核定的汇差额度时,为超额度汇差。

(一)汇差实行额度管理

为了保障全行支付业务的畅通,确保各经办行的汇划支付,总分中心对于电子汇划往来账户实施借方汇差额度管理,允许各电子汇划往来账户在规定额度内透支支付。总中心依据总行有关部门对各分中心核定的汇差额度,对各电子汇划往来账户的汇差实施监督与管理。当电子汇划往来账户的借方余额超过核定的汇差额度时,透支行、处必须及时通过中央银行或存放系统内款项划拨资金,补足头寸。

(二)汇差资金清算

汇差资金管理按照“共同管理、逐级清算、及时清划”的原则,适时监控,既保证支付需要,又不占用过多资金。分中心及经办行调回分中心或经办行汇差时,必须保证其调款后在上级中心的电子汇划往来账户的余额为贷方余额,并足够支付当日电子汇划业务。

1.调回汇差

分行资金管理部门根据本行汇差资金的占用情况,向会计部门发出领用汇差指令,业务操作人员依据调款指令,通过电子汇划的加押公文方式,向总中心申请领用汇差。

“申领汇差公文”必填内容及格式如下:

申领汇差 “币别” “大写金额” “小写金额”

起息日 年 月 日 开户行:

账号: 户名:

总中心接到调款申请后,通过中央银行存放款项办理资金汇划清算,会计分录为:

借:电子汇划往来

贷:存放中央银行款项

分中心收到总中心下划款项后,办理入账,会计分录为:

借:存放中央银行款项

贷:电子汇划往来

经办行向分中心申请调回汇差,分中心接到调款申请后,通过中央银行或系统内存放款项办理资金划回,会计分录为:

借:电子汇划往来

贷:存放中央银行款项(或系统内存放款项)

经办行收到汇差后进行记账,会计分录为:

借:存放中央银行款项(或存放系统内款项)

贷:电子汇划往来

【例6-3】 工商银行西安小寨支行10月31日电子汇划往来当日发生额轧差后为应收汇差200万,则向上级行工商银行西安分行发送报文,申领汇差。西安分行收到报文复核无误后将汇差资金划拨至小寨支行,相关会计分录为:

工商银行西安分行收到汇差报文,会计分录为:

借:电子汇划往来——小寨支行户 2 000 000

贷:存放中央银行款项 2 000 000

小寨支行收到汇差资金后办理入账,会计分录为:

借:存放中央银行款项 2 000 000

贷:电子汇划往来 2 000 000

2.上划汇差

当分中心汇差超额度出现透支时,应主动上划资金补足,会计分录为:

借:电子汇划往来

贷:存放中央银行款项

总中心收到分中心上划资金后办理入账,会计分录为:

借:存放中央银行款项

贷:电子汇划往来

经办行出现汇差额度透支时,也应及时通过中央银行或存放系统内款项上划资金,会计分录为:

借:电子汇划往来

贷:存放中央银行款项(或存放系统内款项)

【例6-4】 工商银行西安小寨支行10月31日电子汇划系统收报借方发生额为700万,贷方发生额为800万,发报借方发生额为900万,贷方发生额为1 300万,全部业务已经发报并办理完毕转账,则日终轧差为应付汇差300万。说明在上级行的备付金户出现透支,需要上划汇差。会计分录为:

借:电子汇划往来 3 000 000

贷:存放中央银行款项 3 000 000

(三)电子汇划往来款项计息

1.计息积数

各级中心应按在本中心开立的电子汇划分户账的日终余额,分别按借、贷方累计计息积数,对于借方余额中超额度占用的部分,单独累计计息积数。计息日按币别、利率档次打印计息清单。

2. 计息币别

人民币、美元、港币、日元、英镑、澳大利亚元、加拿大元和欧元。

3. 计息利率

电子汇划汇差资金利率分为三档：超存利率、额度内占用利率和超额度占用利率。超存汇差按计息日中央银行挂牌的活期利率，透支部分按照透支利率执行，超过规定额度后按超额度利率。

4. 计息公式

汇差利息＝计息积数×相应档次利率(年利率)÷360

第三节　中国现代化支付系统

一、中国现代化支付系统概述

中国现代化系统(China National Advanced Payment System，CNAPS)是中国人民银行在全国电子联行系统(简称 EIS 系统)基础上建立的一套更为先进、适应社会经济发展需要的跨行支付清算系统。由大额实时支付系统和小额批量支付系统两个系统组成。大额实时支付系统(High Value Payment System，HVPS)实行逐笔实时处理支付指令，全额清算资金，旨在为各银行和广大企事业单位以及金融市场提供快速、安全、可靠的支付清算服务。小额批量支付系统(Bulk Electronic Payment System，BEPS)实行批量发送支付指令，轧差净额清算资金，旨在为社会提供低成本、大业务量的支付清算服务，支撑各种支付业务，满足社会各种经济活动的需求。

(一)现代化支付系统的架构

在物理结构上，中国现代化支付系统建立有两级处理中心，即国家处理中心(NPC)和城市处理中心(CCPC)，国家处理中心设在中国人民银行总行，城市处理中心设在各中心城市人民银行分行，国家处理中心分别与各城市处理中心相连，其通信网络采用专用网络，以地面通信为主，卫星通信备份，如图 6-2 所示。

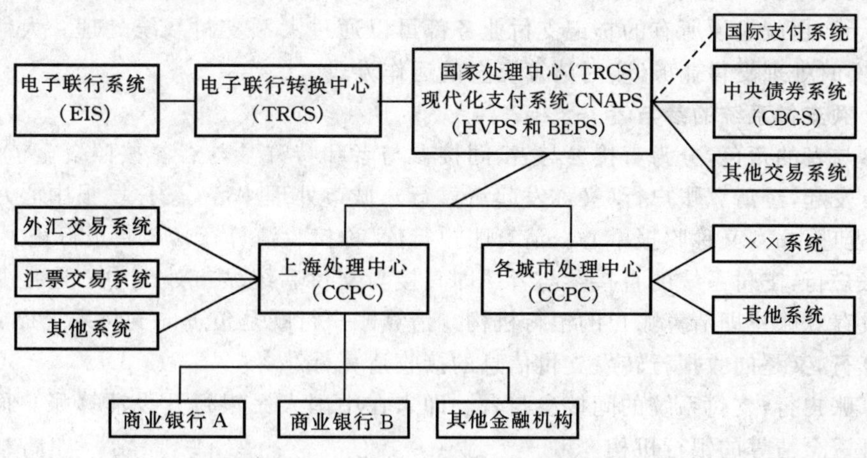

图 6-2　现代化支付系统体系结构图

现代化支付系统的两层结构要求商业银行在中央银行开立的账户进行合并和集中：一是商业银行分支机构在人民银行分支行的账户合并为一个，即在同一城市一家商业银行只在当地人民银行分支行开设一个统一的清算账户；二是商业银行在人民银行开设的所有清算账户都将物理地集中在全国处理中心，而账户的开立与撤销、备付金管理、账户透支限额的规定等账户管理仍由相关的人民银行分支行负责，采用“物理上集中(处理)、逻辑上分散(管理)”模式。

(二)现代化支付系统与其他系统的关系

现代化支付系统的全国处理中心将处理在中央银行开设结算账户的系统参与者之间全部大额支付交易，所以将不再区分全国支付和当地支付，也不区分跨行支付和行内支付。这样，现代化支付系统的运行将对现有的电子联行系统、同城票据交换系统、行内电子汇划系统产生冲击。

相比电子联行系统，现代化支付系统在功能、安全和效率等方面都有质的飞跃。开通现代化支付系统的城市其电子联行系统关闭，原电子联行的职能全部由现代支付系统承担。

支付系统城市处理中心覆盖同城业务，所以支付系统也将逐步取代同城清算系统，停建同城清算系统，已建的保障稳定运行，但不得更新改造；支付系统到该城市，即取代其同城清算系统；个别比较规范的同城清算系统，经批准可以与支付系统城市处理中心连接。

大额支付系统运行后，系统内资金汇划也可通过此系统办理，但是对方(接收行)必须是人行大额支付系统参与机构。商业银行与支付系统的连接可由其总行与其所在地的支付系统城市处理中心连接，也可由其分支行与其所在地的支付系统城市处理中心连接。因此，既可以通过行内汇划系统由其总行提交支付系统处理，也可以由其分支行直接提交支付系统城市处理中心处理。对同一城市处理中心下的同一银行系统内不同机构之间的资金汇划，仍需要通过银行行内电子汇划系统办理。

总之，通过现代化支付系统，将逐步形成一个以现代化支付系统为核心，商业银行行内系统为基础，各地同城票据交换所为补充的中国支付清算体系。

二、大额支付系统

“大额支付系统”的“大额”是指规定金额起点以上的业务，目前“大额支付系统”规定的金额起点是0元，也就是说所有的贷记支付业务都可以通过大额支付系统处理。大额支付系统采用逐笔、实时处理支付业务，实时清算资金的运作方式。

(一)大额支付系统的参与者

按照参与者的角色，分为直接参与者、间接参与者和特许参与者。按照资金流向，支付信息从发报行发起，经清算账户行(又称发起清算行)、城市处理中心(又称发报中心)、国家处理中心、城市处理中心(又称收报中心)、清算账户行(又称接收清算行)，至收报行止。

清算账户行：支付系统的直接参与者。即直接与支付系统城市处理中心连接并在中国人民银行开设存款账户即清算账户的银行机构。清算账户行既是负责向支付系统提交支付信息的发起清算行，又是向收报行转发支付信息的接收清算行。

非清算账户行：支付系统的间接参与者。即未在中国人民银行开设清算账户而委托清算账户行办理资金清算的银行机构。

发报行：支付业务的发起行，是向清算账户行提交支付业务的银行机构。

收报行：支付业务的接收行，是从清算账户行接收支付信息的银行机构。

城市处理中心(CCPC)：负责接收并转发国家处理中心与清算账户行之间的支付信息的收发报中心。

国家处理中心(NPC)：负责接收、转发支付信息，并进行资金清算处理。

城市处理中心与国家处理中心为人民银行机构。

(二)大额支付系统处理业务范围

大额支付系统处理下列具体业务：中国人民银行规定金额起点以上的跨行贷记支付业务；金额起点以下的紧急跨行贷记支付业务及其他支付清算业务。通过大额支付系统可以办理大额支付系统机构之间点对点的汇兑、委托收款、托收承付以及人行天地对接电子联行业务。

因为在同一个城市，同一商业银行分支行只能开立一个清算账户，所以同一清算账户行辖属机构之间的支付业务不得使用支付系统处理。因为大额支付系统需要收费，一般商业银行还规定非资金调拨的系统内往来业务，不得使用支付系统处理。

(三)会计科目和会计凭证

为准确核算大额支付系统的往账和来账业务，设置"大额支付系统往账待清算"和"大额支付系统来账待清算"两个科目。

1."大额支付系统往账待清算"科目

清算账户行向支付系统发出或代理下属机构发出支付业务时，使用本科目核算。清算账户行受理支付贷记业务时，贷记本科目；日终收到人民银行资金清算对账报文往账总金额在借方时，借记本科目，贷记"存放中央银行存款"科目；往账总金额在贷方时，借记"存放中央银行存款"科目，贷记本科目。科目余额一般为贷方余额，表示未发出款项。

2."大额支付系统来账待清算"科目

清算账户行接收或代理下属机构接收支付系统业务时，使用本科目核算。在受理汇入贷记业务时，借记本科目；日终收到人行资金清算对账报文来账总金额在贷方时，贷记本科目，借记"存放中央银行存款"科目；来账总金额在借方时，借记本科目，贷记"存放中央银行存款"科目。科目余额一般为借方，表示未转账或未转发款项。

3."支付系统应付结算款项"科目

本科目用于核算各网点接收的来账中收款人账号户名与本网点实有账号户名不符的来账，由系统等待手工解付的款项自动转入本科目，由经办人员检查确认后手工处理。

4."支付系统手续费暂收款项"科目

本科目用于核算各网点办理支付业务的结算收费及划缴。当收取手续费时，借记现金等科目，贷记本科目；当划缴手续费时，借记本科目，贷记现金或存放中央银行款项等科目。

(四)发送往账的业务核算

发报行经办按照规定审核有关原始凭证要素无误后，办理相应转账手续。常见的往账业务有：汇兑、委托收款、托收承付、同业拆借、退汇、电子联行、国库资金汇划等。下面，按照发报行是否清算账户行分别介绍账务核算。

1.发报行为清算账户行

发报行为清算账户行(直接参与者)，发出支付系统贷记业务时，会计分录为：

借：单位活期存款

　贷：大额支付系统往账待清算

如果发出支付系统借记业务，会计分录则相反。

复核经办员根据原始发报依据对报文复核无误后，加编密押。若金额超出授权金额则等待授权，否则联动发报交易，系统自动记账，打印“电子汇划贷方报单”。在复核时，应根据业务需要确定每笔支付业务的优先级别。对低于“大额支付系统支付业务下限值”的一般实时支付业务，应选择“加急”。

对于清算账户行本身的支付业务，在做复核发报或授权时，报文已向大额支付系统发出。

2.发报行为非清算账户行

发报行为非清算账户行(间接参与者)，首先通过行内电子汇划系统将款项划转到清算账户行然后通过大额支付系统转账。发出贷记业务时，会计分录为：

借：系统内存款

　贷：电子汇划待发报

复核经办员根据原始发报依据对报文复核无误后，加编密押。若金额超出授权金额则等待授权，否则联动发报交易，系统自动记账，打印“电子汇划贷方报单”。发出贷记业务时，会计分录为：

借：电子汇划待发报

　贷：电子汇划往来

对于来自非清算账户行的支付报文，系统自动核押、接收，并将其转发至大额支付系统，系统自动记账。发出支付贷记业务时，会计分录为：

借：电子汇划往来

　贷：电子汇划待转账

借：电子汇划待转账

　贷：大额支付系统往账待清算

3.凭证及日终处理

对于客户提交的原始凭证应作如下处理，“电汇凭证”第三联，“托收承付凭证”、“委托收款凭证”第四联均为发报依据，作为电子汇划贷方报单的附件；清算账户行的电子汇划往账报单，作为已发报凭证。

对于所有已发出的支付业务，只有收到国家处理中心(NPC)返回的“已清算”结果，才表示该笔业务发送成功。根据大额支付系统“委托日期必须为当日”的要求，所有往账支付业务，应全部在当日营业结束前发出。系统在支付系统营业时间结束后，将控制不允许进行录入、发报处理。因此，在系统营业结束前15分钟，应停止支付业务往账的录入，在此后办理的客户汇兑类支付业务，应向客户说明，此笔汇款将于下一个工作日发出，并在原始凭证(汇款申请书等)上加盖“轧次日”戳记。

(五)接收来账的业务核算

商业银行电子汇划系统接收大额支付系统前置机(MBFE)传送来的支付报文，系统进行自动清分，如收款人账号含有网点号，直接将报文清分至收款人开户行；如账号非标准账号，则以报文收报行行号为清分条件，将报文清分至收报行。支付报文通过电子汇划系统进行转发并记账，收报行收到“账号”、“户名”相符的支付报文，系统自动记客户账。

(1)收报行为清算账户行，接收支付贷记业务时，会计分录为：

借：大额支付系统来账待清算

贷:单位活期存款——客户账

(2)收报行为非清算账户行,则经由清算账户行通过电子汇划将款项划转至收报行,接收支付贷记业务时,会计分录为:

借:大额支付系统来账待清算

　贷:电子汇划待发报

借:电子汇划待发报

　贷:电子汇划往来

收报行根据支付报文,将支付款项转账至客户账,会计分录为:

借:电子汇划往来

　贷:电子汇划待转账

借:电子汇划待转账

　贷:单位活期存款——客户账

接收支付借记业务时,会计分录相反。

(3)对于"账号"、"户名"不相符的支付报文,或收款账户为内部账时,汇入款项将转入"支付系统应付结算款项"科目账户,然后需人工处理后入账。如果为清算账户行的支付贷记报文,会计分录为:

借:大额支付系统来账待清算

　贷:支付系统应付结算款项

如果为非清算账户行的支付贷记报文,会计分录为:

借:电子汇划待转账

　贷:支付系统应付结算款项

经过检查核实后,人工办理转账,会计分录为:

借:支付系统应付结算款项

　贷:单位活期存款——客户账

(六)大额支付系统结算收费

凡通过支付系统办理支付业务的发报行,均需按规定的标准、实际发生的业务笔数,向人民银行缴付汇划费用。人民银行根据规定设置了不同的业务类型和分时段按金额的收费标准,于每月末前一天对上月末至当日的业务进行计费,在月末日扣收。

1.经办行收取手续费的处理

办理大额支付业务时,同时扣划手续费,会计分录为:

借:现金或存款科目

　贷:大额支付手续费暂收款项

2.人行收取手续费的处理

人行向清算账户行划收手续费时,会计分录为:

借:大额支付手续费暂收款项

　贷:存放中央银行存款

然后清算账户行向非清算账户划收手续费,非清算账户的会计分录为:

借:大额支付手续费暂收款项

　贷:电子汇划往来

借:电子汇划往来

　贷:存放中央银行款项

(七)大额支付系统资金清算

清算账户行业务系统接收人行前置机的“大额支付业务核对报文”,自动核对并销记“支付系统往来账报单登记簿”,自动进行资金清算账务处理。会计分录为:

借:大额支付系统往账待清算　　　(往账总金额)

　贷:存放中央银行存款　　　(往账总金额)

借:存放中央银行存款　　　(来账总金额)

　贷:支付系统来账待清算　　　(来账总金额)

【例6-5】 陕西西安的某客户因为采购钢材向上海宝钢公司支付款项6 000万元,通过大额支付系统办理款项汇划。该客户的开户行为工商银行西安分行营业部,宝钢公司的开户行为交通银行上海分行营业部,二者均为清算账户行,会计分录为:

借:单位活期存款——客户账　　　60 000 000

　贷:大额支付系统往账待清算　　　60 000 000

同时,按收费标准扣收手续费、邮电费,会计分录为:

借:单位活期存款(或现金)

　贷:中间业务收入——手续费收入

　贷:其他应收款——邮电费

【例6-6】 上海宝钢公司的开户行交通银行上海分行营业部收到西安某客户钢材货款6 000万的大额支付系统来账报文,审核报文信息等无误后,进行账务处理。会计分录为:

借:大额支付系统来账待清算　　　60 000 000

　贷:单位活期存款——上海宝钢公司户　　　60 000 000

三、小额支付系统

小额支付系统主要处理同城或异地2万元以下的跨行交易,可支持汇兑、委托收款、代发工资、实时缴税、实时扣税、通存通兑、公用事业费收缴、支票截留等多种支付工具和支付方式,为社会提供低成本、大业务量的支付清算服务。小额支付系统与大额支付系统最大的区别就在于批量处理支付业务,轧差净额清算资金。小额支付系统和大额支付系统在运作原理上基本相同,二者共享清算账户清算资金。

(一)小额支付系统参与者

小额支付系统参与者分为直接参与者(清算账户行)、间接参与者(非清算账户行)和特许参与者,其定义与大额支付系统相同。按照参与者发挥的作用,又可分为发起行、接收行、付款清算行、收款清算行和付款行城市处理中心、收款行城市处理中心。

发起行:受理并发起小额贷记、借记支付业务信息的行所。受理贷记支付业务信息或借记支付业务回执信息时付款行为发起行;受理借记支付业务信息时收款行为发起行。

接收行:接收小额贷记、借记支付业务信息,并进行相应处理的行所。接收并处理贷记支付业务信息或借记支付业务回执信息时收款行为接收行;接收并处理借记支付业务信息时付款行为接收行。

付款清算行:向支付系统发出或代理下属机构发出贷记支付业务信息或借记支付业务回

执信息，及从支付系统接收或代理下属机构接收借记支付业务信息的直接参与者，又称清算账户行。

收款清算行：向支付系统发出或代理下属机构发出借记支付业务信息，及从支付系统接收或代理下属机构接收贷记支付业务信息或借记支付业务回执信息的直接参与者，又称清算账户行。

付款行城市处理中心：指付款行所属的城市处理中心。

收款行城市处理中心：指收款行所属的城市处理中心。

（二）小额支付系统的业务机制

小额支付系统处理同城、异地的借记支付业务以及金额在规定起点以下的贷记支付业务。同城业务是指同一城市处理中心的参与者相互间发生的支付业务。异地业务是指不同城市处理中心的参与者相互间发生的支付业务。小额支付系统实行 7×24 小时不间断运行。小额支付系统的系统工作日为自然日，其资金清算时间为大额支付系统的工作时间。

同城贷记支付业务，其信息从付款行发起，经付款清算行、城市处理中心、收款清算行，至收款行止。

同城借记支付业务，其信息从收款行发起，经收款清算行、城市处理中心、付款清算行、付款行后，付款行按规定时限发出回执信息原路径返回至收款行止。

异地贷记支付业务，其信息从付款行发起，经付款清算行、付款行城市处理中心、国家处理中心、收款行城市处理中心、收款清算行，至收款行止。

异地借记支付业务，其信息从收款行发起，经收款清算行、收款行城市处理中心、国家处理中心、付款行城市处理中心、付款清算行、付款行后，付款行按规定时限发出回执信息原路径返回至收款行止。

小额支付系统处理的支付业务一经轧差即具有支付最终性，不可撤销。收到已轧差的贷记支付业务信息或已轧差的借记支付业务回执信息时应当贷记指定收款人账户。

（三）小额支付系统业务处理范围

小额支付系统处理跨行支付业务：

1. 普通贷记业务

是指付款行向收款行主动发起的付款业务，主要业务种类包括汇兑、委托收款（划回）、托收承付（划回）、国库贷记汇划业务、网银贷记支付业务等；

2. 定期贷记业务

是指付款行依据当事各方事先签订的协议，定期向指定收款行发起的批量付款业务，主要业务种类有代付工资业务、代付保险金、养老金业务等。

3. 实时贷记业务

是指付款行接受付款人委托发起的、将款项实时贷记指定收款人账户的业务，主要业务种类有个人储蓄通存业务等。

4. 普通借记业务

是指收款行向付款行主动发起的收款业务，主要业务种类包括中国人民银行机构间的借记业务、国库借记汇划业务等。

5. 定期借记业务

是指收款行依据当事各方事先签订的协议，定期向指定付款行发起的批量收款业务，业务种类有代收煤、电、气等公共事业费业务，国库批量扣税业务；

6.实时借记业务

是指收款行接受收款人委托发起的，将确定款项实时借记指定付款人账户的业务，主要业务种类包括个人储蓄通兑业务、对公通兑业务、国库实时扣税业务等。

另外，还可处理中国人民银行规定的其他支付业务。

(四)会计科目和会计凭证

1.小额支付系统使用以下科目核算

(1)“小额支付系统往账待清算”科目。凡清算账户行向支付系统发出或代理下属机构发出贷记支付业务或借记支付业务回执，或日终收到人行资金清算对账报文时，使用本科目核算。

(2)“小额支付系统来账待清算”科目。凡清算账户行接收或代理下属机构接收支付系统发来的贷记支付业务或借记支付业务回执，或日终收到人行资金清算对账报文时，使用本科目核算。

(3)“小额支付系统往账待发报”科目。清算账户行辖属机构已复核或授权的小额贷记支付业务(包括借记业务回执)等待组包发出时，或将待发出的支付业务进行组包发出时，使用本科目核算。

(4)“小额支付业务待收付——支票圈存待支付”科目。当收到支票圈存指令，及收到相应借记业务包括支票截留、同城交换提回支票等业务时，使用本科目核算。

2.会计凭证

小额支付系统使用的凭证主要有：“电子汇划往来往账业务专用凭证”，用于发出贷记业务或借记业务回执；“支付业务专用凭证——来账贷(借)记业务专用凭证”，用于来账业务；“支付业务通用凭证”，用于所有信息类报文的发起与接收。

(五)发出往账支付业务账务核算

1.普通贷记业务的核算

经办行受理往账业务，经办柜员按照有关制度规定，审核客户提交的贷记凭证无误后，办理相应转账手续。会计分录为：

借：单位活期存款科目(或内部账)

　　贷：电子汇划待发报

复核柜员依据客户提交且已记账的贷记凭证，对报文进行复核，若交易金额未超出授权金额，则系统自动记账，打印“汇划贷方报单”，对于非清算账户行的支付业务，通过行内电子汇划系统发往清算账户行。“汇划凭证”第三联与客户提交的凭证均为发报依据，作为汇划贷方报单的附件。

(1)当经办行为非清算账户行，会计分录为：

借：电子汇划待发报

　　贷：电子汇划往来

清算账户行的会计分录：

借：电子汇划往来

　　贷：小额支付系统待发报

(2)当经办行为清算账户行时，会计分录为：

借:电子汇划待发报

　贷:小额支付系统待发报

2.定期贷记业务的核算

经办柜员审核客户提交的贷记凭证无误后,进行相应处理,数据批量导入系统,并检查确认数据正确,使用通用凭证打印导入数据信息。复核柜员依据客户提交且已记账的贷记凭证对报文进行复核。

(1)经办行为非清算账户行时,当交易金额小于授权金额时,发报记账并打印贷方传票,会计分录:

借:单位活期存款　(汇总金额)

　贷:电子汇划往来　(汇总金额)

当交易金额大于授权金额时,会计分录为:

借:单位活期存款　(汇总金额)

　贷:电子汇划待发报　(汇总金额)

对于需授权的支付业务,授权柜员依据客户提交且已记账的贷记凭证进行授权,授权成功,记账并打印记账凭证,对于非清算账户行的支付业务,通过行内电子汇划系统发往清算账户行,会计分录为:

借:电子汇划待发报　(汇总金额)

　贷:电子汇划往来　(汇总金额)

清算账户行会计分录:

借:电子汇划往来　(汇总金额)

　贷:小额支付系统待发报　(汇总金额)

(2)经办行为清算账户行时,会计分录为:

借:单位活期存款　(汇总金额)

　贷:小额支付系统待发报　(汇总金额)

对于需授权的支付业务,会计分录为:

借:单位活期存款(或内部账)　(汇总金额)

　贷:电子汇划待发报　(汇总金额)

借:电子汇划待发报　(汇总金额)

　贷:小额支付系统待发报　(汇总金额)

3.普通借记业务和定期借记业务

经办柜员受理客户提交的借记凭证,审核客户提交的借记凭证无误后,进行相应处理,打印有关借记业务凭证。

复核柜员以经办柜员已处理的借记凭证作为依据,对报文进行复核,并将打印复核柜员打印出的借记业务凭证专夹保管,等待接收到回执后处理。

普通借记定期借记业务的处理过程不进行账务处理。

4.清算账户行组包发报处理

对于已复核或已授权的支付报文,清算账户行系统将在规定时间,自动进行组包,并将其发至人行小额支付系统前置机(MBFE)。对于加急的小额支付业务报文,可由清算账户行人工进行组包发出。发出贷记业务包时,记账会计分录为:

借:小额支付系统待发报

贷:小额支付系统往账待清算

发出借记业务包时,不产生账务。

对于所有已发出的非实时贷记业务报文,收到轧差节点返回的"已轧差"通知,表示该笔业务处理完成。对于所有已发出的借记业务报文,收到接收行的"成功"或"拒付"回执,并进行相应处理后,该笔业务才处理完成(详见来账业务处理)。

(六)接收来账支付业务账务核算

接收支付系统前置机(MBFE)传送来的支付业务报文包,系统自动进行清分处理。接收行在接收来账报文时,使用来账业务贷方专用凭证进行批量打印。对符合自动入账条件的报文,系统自动进行账务处理。

1.接收普通贷记和定期贷记业务(接收普通借记及定期借记业务回执)

(1)接收行为非清算账户行时,清算账户行会计分录为:

借:小额支付系统来账待清算

贷:电子汇划往来

并通过行内电子汇划系统发至接收行,接收行会计分录为:

借:电子汇划往来

贷:单位活期存款——客户账

对不符合自动入账条件的支付业务来账报文,需要人工处理,会计分录为:

借:电子汇划往来

贷:电子汇划待转账

经办行核实后,依据来账报文办理人工入账,会计分录为:

借:电子汇划待转账

贷:单位活期存款——客户账

(2)接收行为清算账户行时,会计分录为:

借:小额支付系统来账待清算

贷:单位活期存款——客户账

对不符合自动入账条件的支付业务来账报文,需要人工处理,会计分录为:

借:小额支付系统来账待清算

贷:电子汇划待转账(或内部过渡科目)

经办行核实后,依据来账报文办理人工入账,会计分录为:

借:电子汇划待转账

贷:单位活期存款——客户账

接收普通借记及定期借记业务回执的处理相同。

2.接收普通借记、定期借记业务的处理

接收行在接收来账报文时,使用来账业务借方专用凭证进行批量打印。对于接收到符合自动处理条件的借记业务报文,系统自动进行处理;对于接收到不符合自动入账条件的借记业务报文,由柜员人工处理。

(1)借记业务"扣账"的处理。对于符合扣账条件的借记业务报文,在记账同时产生"成功"回执报文。会计分录为:

借:单位活期存款(或内部账)

　贷:电子汇划待发报

(2)借记业务"拒付"的处理。对于不符合扣账条件的借记业务报文,产生"拒付"回执报文,无账务处理。

(3)支票截留业务的处理。收到的"支票截留借记业务"报文,核验支票信息是否真实有效,确认无误后,进行相应处理,处理手续基本与接收普通借记业务的处理相同,但对于已圈存支票及未圈存支票,账务处理有所不同。已圈存支票的支票截留业务的会计分录为:

借:小额支付业务待收付——支票圈存待支付

　贷:电子汇划待发报

未圈存支票的支票截留业务的会计分录同普通借记业务。

3.支票圈存业务处理手续

(1)接收支票圈存报文的处理。收到支票圈存报文后,系统自动进行处理,核验支票信息是否真实有效,确认无误后,登记支票圈存登记簿,对出票人账户资金进行圈存,并发出圈存"成功"应答报文。会计分录为:

借:单位活期存款——客户账

　贷:小额支付业务待收付——支票圈存待支付

(2)收到已圈存支票的处理。当交换提回支票或客户提交支票,进行业务处理时,如果该支票已被圈存成功,则注销圈存登记簿,会计分录为:

借:小额支付业务待收付——支票圈存待支付

　贷:单位活期存款(或内部账科目)

(3)已圈存支票注销的处理。当出票人提交已圈存成功的支票,并提出取消支票圈存申请时,经办柜员审核票据无误后,可进行取消圈存,会计分录为:

借:小额支付业务待收付——支票圈存待支付

　贷:单位活期存款——出票人账户

(七)日终轧差和资金清算

业务系统接收前置机的"小额业务包汇总核对报文",按照人行小额支付系统对账报文,系统自动对同轧差日期、轧差场次、同节点的往来业务进行轧差,进行账务处理。如往账金额大于来账金额,会计分录为:

借:小额支付系统往账待清算　　　　(往账贷记业务金额)

　贷:小额支付系统来账待清算　　　　(来账贷记业务金额)

　贷:存放中央银行存款　　　　(往来业务轧差金额)

如往账金额小于来账金额,会计分录为:

借:小额支付系统往账待清算　　　　(往账贷记业务金额)

借:存放中央银行存款　　　　(往来业务轧差金额)

　贷:小额支付系统来账待清算　　　　(来账贷记业务金额)

资金清算分为清算账户行与人民银行之间的资金清算和清算账户行与非清算账户行的资金清算。与人民银行之间采用分场次轧差清算,法定工作日支付系统将按清算场次对当日的往来账分别进行清算。清算账户行与非清算账户行之间通过行内电子汇划系统清算。

第四节 境外资金清算业务

一、境外资金清算业务概述

境外资金清算业务是指与境外商业银行之间进行资金往来支付，完成各种经济业务产生的国际间债权债务的资金清偿过程。境外资金清算业务应遵循国际惯例和准则，做好与境外金融机构的往来对账，畅通清算渠道提高清算处理效率。

(一)境外资金清算业务范围

境外资金清算是伴随国际货币资金流动而产生的，一般与国际结算、国际融资、国际投资活动紧密联系在一起。其业务范围有：

1. 国际结算

是指国际贸易和非贸易事项交易双方通过银行办理的收付款业务，国际结算方式主要包括汇款、托收和信用证。

2. 国际融资

是指境内机构通过各种手段在国际市场融通资金业务，主要方式有国外贷款、买方信贷、进出口押汇、境外发债、福费庭等。

3. 国际投资

是指境内机构或个人将资金投资境外金融市场以获取收益的业务，主要方式有购买国外债券、股票、金融衍生品等。

无论是国际结算还是国际投融资业务，最终反映在清算系统表现为收付款和资金调拨，因此按资金流向也可把境外资金清算业务归结为汇出款项和汇入款项。

(二)境外资金清算业务模式

目前境外资金清算业务有两种模式：一是代理行模式；另外一种是清算组织模式。

代理行模式是指在境外清算业务中，境内银行委托境外银行(代理行)代理收付款，二者之间互开往来账户，通过此类账户项下收付款的往来，完成国际间债权债务的清算。以北京的汇款人向纽约收款人汇款为例：北京的汇款人将款项交北京地区的银行(如中国银行)，然后由该银行将款项存放至该行纽约代理行(如花旗银行)的账户，然后由代理行将汇交收款人。其汇款路径为：汇款人——境内银行——境外代理行——收款人。

清算组织模式是境内外银行机构作为会员参加的一个共同清算组织，由清算组织办理会员间资金往来划拨，如速汇金(MoneyGram)公司、西联汇款(Western Union)公司。以北京客户向境外汇款为例说明，北京客户在可办理速汇金业务的任一网点办理汇款，生成8位汇款参考号后，汇款人将该信息提供境外收款人；境外收款人到其当地可办理速汇金业务的网点凭上述8位汇款参考号及其他资料就可办理款项的支取。其汇款路径为：汇款人——境内银行(速汇金公司会员)——境外银行(速汇金公司会员)——收款人。

二者的区别在于代理行模式需要相互之间开立账户，而清算组织模式需要银行均为该组织成员。

二、境外资金清算系统简介

国际银行之间的资金往来需要专业清算系统支持，最主要的系统有 SWIFT 系统、CHIPS

系统和 Fedwire 系统。下面分别加以简要介绍。

(一)SWIFT 系统

1. SWIFT 组织简介

环球银行电信协会(Society for Worldwide Interbank Financial Telecommunication，SWIFT)是国际上最重要的金融通信网络之一。通过该系统，可在全球范围内把原本互不往来的金融机构全部串联起来，进行信息交换。该系统主要提供通信服务，专为其成员金融机构传送同汇兑有关的各种报文信息。成员行接收到这种信息后，将其转送到相应的资金调拨系统或清算系统内，再进行各种必要的资金转账处理。

SWIFT 组织于 1973 年成立，总部设在比利时，其创始会员为欧洲和北美洲 15 个国家的 239 个大银行，此后其成员银行数逐年迅速增加。从 1987 年开始，非银行的金融机构，包括经纪人、投资公司、证券公司和证券交易所等，开始使用 SWIFT。到 2001 年底时，全球已有 196 个国家和地区的 7 457 个金融机构连接使用 SWIFT。

我国中国银行于 1983 年加入 SWIFT，是 SWIFT 组织的第 1 034 家成员行，并于 1985 年 5 月正式开通使用，成为我国与国际金融标准接轨的重要里程碑。之后，我国的各国有商业银行及上海和深圳的证券交易所也先后加入 SWIFT。进入 20 世纪 90 年代后，中国所有可以办理国际银行业务的外资和侨资银行以及地方性银行纷纷加入 SWIFT。SWIFT 的使用也从总行逐步扩展到分行。

2. SWIFT 的目标

SWIFT 的目标是在所有金融市场，为其成员提供低成本、高效率的通信服务，以满足成员金融机构及其终端客户的需求。现在包括我国在内的全球的外汇交易电文，基本上都是通过 SWIFT 传输的。这里需要指出的是，SWIFT 仅为全球的金融系统提供通信服务，不直接参与资金的转移处理服务。

3. SWIFT 提供的电文标准

SWIFT 提供了 240 种以上电文标准，其电文标准格式已经成为国际银行间数据交换的标准语言。鉴于 SWIFT 在外汇交易中的重要作用，我国的金融网络和金融应用系统，必须与 SWIFT 接轨。因此，我国银行的电文，或者直接采用 SWIFT 格式，或者基于 SWIFT 格式 SWIFT 支持支付、证券、债券和贸易等业务电文的通信。通过 SWIFT 传输的电文类型包括客户汇兑(customer transfer)、银行汇兑(bank transfer)、贷记/借记通知(credit/debit advice)、财务报表(statement)、外汇买卖和金融市场的确认(foreign exchange and money market confirmations)、托收(collections)、黄金及贵金属交易(gold/precious metal)、跟单信用证(documentary credits)、银行同业证券交易(interbank securities trading)、余额报告(balance reporting)、支付系统(payment systems)等各种与汇兑有关的信息等。

4. SWIFT 提供的服务

(1)提供全球性通信服务。196 个国家和地区的 7 457 个金融机构同 SWIFT 网络连接。

(2)提供接口服务。使用户能以低成本、高效率地实现网络存取。

(3)存储和转发电文(store and forward messaging)服务。2001 年转发的电文达 15 亿条。

(4)交互信息传送(interactive message)服务。

(5)文件传送服务。1992 年开始提供银行间的文件传送 IFT(interbank file transfer)服务，用于传送处理批量支付和重复交易的电文。

(6)电文路由(message routing)服务。通过SWIFT传输的电文可同时拷贝给第三方,以便能由第三方进行电子资金转账处理,或转道另一网络完成支付结算、或证券交易结算、或外汇交易结算处理。

(7)具有冗余的通信能力为客户提供通信服务。SWIFT的设计能力是每天传输1 100万条电文,而当前每日传送500万条电文,这些电文划拨的资金以万亿美元计。

(二)CHIPS系统

CHIPS是Clearing House Interbank Payment System的缩写,是"纽约清算所银行同业支付系统"的简称。纽约是世界上最大的金融中心,国际贸易的支付活动多在此地完成。因此,CHIPS也就成为世界性的资金调拨系统。CHIPS日处理交易28.5万笔,金额1.5万亿美元,平均每笔金额5百万美元。47家直接会员来自19个国家,包括我国中行与交行,全球95%的美元跨国支付由该系统完成。

CHIPS的参加银行,除了利用该系统本身调拨资金外,还可接受银行同业往来的付款指示,通过CHIPS将资金拨付给指定银行。CHIPS直接会员在CHIPS开设清算账户,同时在联储银行开设结算账户,CHIPS自身也在联储银行开设结算账户。CHIPS进行双边/多边连续轧差清算,日终通过Fedwire完成结算。

(三)Fedwire系统

美国的第一条支付网络是联邦储备通信系统(Federal Reserve Communication System),通常称之为FedWire。它属于美国联邦储备体系(Federal Reserve System)所有,并由其管理的,美国国家级的支付系统,用于遍及全国12个储备区的1万多家成员银行之间的资金转账。它实时处理美国国内大额资金的划拨业务,逐笔清算资金。每天平均处理的资金及传送证券的金额超过10 000亿美元,平均每笔金额330万美元。

在该系统传输和处理的信息主要有:资金转账FT(Funds Transfer);美国政府和联邦机构的各种证券ST(Securities Transfer)交易信息;联邦储备体系的管理信息和调查研究信息;自动清算所(ACH)业务;批量数据传送(Bulk Data)。

通过FedWire进行的资金转账过程,是通过联邦储备成员的联邦储备账户实现的。因此,资金转账的结果将直接影响成员行持有的联邦储备账户的储备余额水平。这样,通过FedWire结算的资金立即有效并立即可用。这也使FedWire成为可使在美国的任何资金转账,包括那些来自其他支付网络的资金转账,实现最终结算的唯一网络系统。

所有的储备余额的资金转账都是贷记转账。一个金融机构通过FedWire,将资金划拨给另一个金融机构时,如果这两个金融机构在同一联邦储备银行保有余额时,就在相应的储备账户上作借记和贷记。如果是在不同的联邦储备银行,则第一家联邦储备银行借记汇出资金银行的储备账户,并贷记接收资金银行所在地区的联邦储备银行账户;后一联邦储备银行借记汇出资金的联邦储备银行账户,并贷记接收资金银行的储备账户;这两家联邦储备银行再用地区间的清算资金进行清算。

通过FedWire的资金清算是双向的,即联邦储备银行借记汇出方账户,并以相同信息贷记接收方账户。FedWire允许白天透支,在转账时,如果汇出方在联邦储备账户中的资金不足,无法在其账户中对可用资金进行借记,即汇出方不能立即和联邦储备银行清算其资金余额,此时,FedWire则向其发出一笔贷款,并仍然贷记接收方储备账户。因此,不管汇出方是否在联邦储备银行保留足够资金余额,对接收方来说,收款总是最终有保证的。通过FedWire

进行资金转账，从汇出方发送，到接收方收到，仅需几秒钟，最多几分钟。

总之，SWIFT 是全球行间报文交换网络，而非支付系统；CHIPS 是一种美元大额清算系统，其结算通过另一个核心支付系统，联储的 RTGS 系统 Fedwire 完成。三者的关系如图 6－3所示。

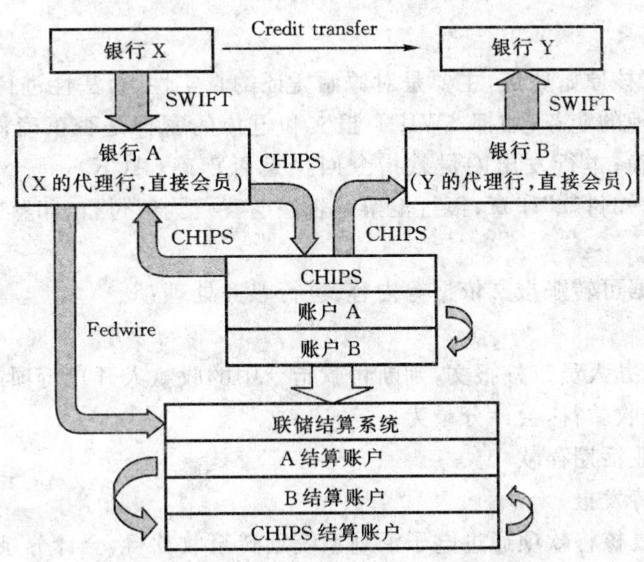

图 6－3　SWIFT，CHIPS，Fedwire 系统之间的联系

三、境外资金清算业务处理

(一)业务处理原则

境外资金清算业务的参与者有：汇款人、汇款行、总行清算中心、代理行(转汇行)、收款人等。境外资金清算业务应坚持“集中管理、逐级清算”的原则，总行清算中心是全行境外清算业务的监督管理机构，统一管理境外账户，负责组织管理全行与各境外金融机构之间、辖内各级机构之间资金清算业务往来。各分支机构负责受理辖内各机构经办的境外收付款业务，并负责与总行清算中心的资金划拨和对账。银行内部之间的资金往来通过电子汇划系统办理。

(二)会计科目

境外资金收付通过在境外同业开立的用于办理资金收付业务往来账户进行。存放境外同业账户是指银行在境外同业银行或金融机构开立的可自由兑换货币的往来账户，通过此类账户项下收付款的往来，完成国际间债权债务的清算。境外账户通过“存放境外同业活期存款”科目进行会计核算，本科目下按境外账户行行别分设账户。当使用境外账户办理汇入汇款时，借记本科目，贷记有关科目；当使用境外账户办理汇出汇款时，借记有关科目，贷记本科目。

(三)会计凭证

境外资金清算业务的原始凭证分为头寸证实类和转账依据类两种。

1. 头寸证实类

账户行发送的对账单，包括邮寄对账单、SWIFT 报文 MT950/MT940；账户行发送的已借/贷记通知，包括邮寄报单、SWIFT 报文 MT900/MT910。

2.转账依据类

代理行发来的加押付款指令；账户行发送的具有已借/贷记通知性质的加押查复函电，如SWIFT报文MT199/MT299；向账户行发送的付款指令回执；账户行发送的对账单项下或账户行发送的邮寄(SWIFT)已借/贷记通知项下注明各业务部门或分行编号的，可作为转账依据使用。

(四)账务处理

经办人员首先审核原始凭证，主要是对原始凭证的真实性、合法性进行检查。重点注意以下几点：是否本行受理的业务；加押SWIFT报文和电传的密押是否正确；各种邮寄报单是否有印鉴，印鉴是否正确；本行发出的付款指令回执是否正确(ACK)，是否有汇款委托书相匹配，是否加盖了“已通知付款”印章；银行汇票是否注明我行为解付行，印鉴是否正确，背书是否正确。

审核无误后，根据可转账报文依据等内容，进行账务处理：

1.汇入汇款

总行清算中心经办人员审核报文，判断付款指令中的收款人开户行项或收款人账号项，或根据业务编号项确定收款行，会计分录为：

借：存放境外同业活期存款

　贷：电子汇划待发报

然后，经过发报复核将款项通过电子汇划系统划转至收款行，会计分录为：

借：电子汇划待发报

　贷：电子汇划往来

借：电子汇划往来

　贷：单位活期存款——收款人账户

判断转账依据的摘要项，若为账户利息，须与账户行邮寄来的明细报单核对后，报经业务主管批准后办理入账，会计分录为：

借：存放境外同业活期存款

　贷：利息收入——存放境外同业

【例6-7】 美国进口商向上海宝钢公司支付钢材货款200万美元，交通银行上海分行的境外代理行为花旗银行，则交通银行在花旗银行开立同业账户，进口商可直接到花旗银行办理汇款，通过SWIFT系统向交通银行发送支付报文，审核无误后确认将款项划转上海宝钢的美元账户，会计分录为：

借：存放境外同业活期存款——花旗户　　2 000 000

　贷：单位活期存款——上海宝钢公司户　　2 000 000

2.汇出汇款

经办机构人员受理客户汇款申请，审核原始凭证确属境外资金支付的，将款项通过电子汇划系统划转到总行清算中心，会计分录为：

借：单位活期存款(或现金)——客户账

　贷：电子汇划往来

总行清算中心收到报文后，根据发出的付款指令回执中的付款事项，确认为分行委托总行付款业务，会计分录为：

借:电子汇划往来

　贷:存放境外同业活期存款

经办人员应判断对账单中的摘要项,若为汇款费用,应查找相应的付款指令,确认费用发生,会计分录为:

借:手续费支出

　贷:存放境外同业活期存款

如判断对账单中的摘要项为账户行收取的账户费用、透支利息等,须与邮寄来的明细报单核对,报经业务主管批准,会计分录为:

借:手续费支出

　贷:存放境外同业活期存款

如为代理行收取的透支利息,则会计分录为:

借:利息支出

　贷:存放境外同业活期存款

需要注意的是,分(支)行委托上级行对外付汇,应保证本行在总行清算中心上有充足的头寸,避免超额度支付发生透支。

【例6-8】 某外贸公司从其开户行中国银行西安南大街支行的活期外汇存款账户中支取1 000万欧元汇往国外,假设汇款的手续费率为万分之一,则可通过电子汇划系统和境外代理行办理转账。会计分录为:

	借方	贷方
借:活期外汇存款	10 000 000	
贷:汇出汇款		10 000 000
贷:中间业务收入——手续费收入		1 000
借:汇出汇款	10 000 000	
贷:电子汇划往来		10 000 000

总行清算中心的账务处理为:

	借方	贷方
借:电子汇划往来	10 000 000	
贷:存放境外同业款项		10 000 000

本章小结

本章重点介绍了商业银行资金清算业务处理流程和账务核算,资金清算业务离不开信息系统的支持,资金清算系统是支撑各种支付工具应用、实现资金清算并完成资金最终结算划拨的通道。目前,我国已初步建成以中国现代化支付系统为核心,以商业银行行内电子汇划系统为基础,票据交换和票据影像系统、外币清算系统以及银行卡支付系统并存的支付清算框架体系。通过学习,掌握电子汇划系统、大小额支付系统、境外资金清算系统的业务处理范围和基本做法,理解信息技术的发展对银行资金清算业务的影响,了解国际资金清算发展的趋势和新特点。需要说明的是:由于结构体系安排的需要,票据交换和票据影像系统将在本书第九章介绍。

关键术语

结算与清算　电子汇划　现代化支付系统　全额实时清算(RTGS)和差额定时清算(DNS)

全额实时清算(RTGS) SWIFT

思考练习题

1. 简述支付结算和资金清算之间的联系与区别。
2. 简述电子汇划系统的处理流程。
3. 比较大额支付系统与小额支付系统的异同。
4. 简述境外资金清算业务处理模式。
5. 简述跨行汇划款项的处理程序。
6. 请联系第五章学过的银行汇票业务,完整表述从结算到清算的过程。

第七章　外汇业务

本章要点

1. 外汇和汇率
2. 外汇核算方法
3. 外汇买卖的账务核算
4. 单位外汇存款和个人外汇存款的核算
5. 外汇贷款核算的主要环节
6. 买方外汇信贷和外汇银团贷款核算要点
7. 信用证进出口业务流程和账务处理
8. 进口托收和出口托收
9. 打包放款业务
10. 福费庭业务
11. 国际汇兑业务
12. 旅行支票业务

第一节　外汇业务概述

外汇业务是商业银行业务的重要组成部分。商业银行通过外汇业务的开办有利于扩大国际交往，促进国际贸易的发展；有利于引进外资，增强与国际银行业务竞争的能力；同时，还可扩大银行的业务范围和客户服务面，提供更全面的金融服务。随着金融全球化和对外开放进程的加快，中资银行与外资银行间的竞争日益加剧，而其中的外汇业务更是竞争的重点领域。

一、*外汇和汇率*

(一)外汇业务及特点

外汇简单地讲是以外币标示的债权债务证明。按照《中华人民共和国外汇管理条例》的规定，外汇是指下列以外币表示的可以用作国际清偿的支付手段和资产：①外国货币，包括纸币、铸币；②外币支付凭证，包括票据、银行存款凭证、邮政储蓄凭证等；③外币有价证券，包括政府债券、公司债券、股票等；④特别提款权、欧洲货币单位；⑤其他外汇资产。

作为外汇需要有两个条件：一是以外国货币表示；二是可自由兑换。目前全世界有 45 个国家和地区的货币是可自由兑换货币，但最常用的是“五大币种”：美元、英镑、欧元、日元、港元。各种外币以其个位为记账单位，小数点以下根据该货币的辅币进位情况而定，常见外国货币符号和辅币进位情况如表 7-1 所示。

目前银行允许办理的外汇业务主要有:外汇存款;外汇汇款;外汇贷款;外汇借款;发行或代理发行股票以外的外币有价证券;外汇票据的承兑和贴现;外汇投资;买卖或者代理买卖股票以外的外币有价证券;自行或代客外汇买卖;外币兑换;外汇担保;贸易、非贸易结算;资信调查、咨询、签证业务;国家外汇管理局批准的其他外汇业务。

外汇业务较之单一的本币业务有其特点:第一是对多种货币的外汇资金,要反映每一种货币的收、支、存、拨等情况,还要反映各货币间彼此兑换的情况;第二是对涉及国外业务的会计事项,要按国际惯例处理;第三是外汇资金的收付和调拨不仅是在国内范围,而且在世界范围进行,所以渠道多、使用的工具多;第四,外汇业务受市场影响较大,会计核算要反映外汇价格的波动的影响。外汇业务的特点,决定了外汇业务的核算更复杂,需要采用特殊的专门方法。

表 7-1 各种常见外币符号和辅币进位情况

外币名称	货币符号(ISO 简写)	货币单位和辅币进位
美元	US$(USD)	1 元=100 分
英镑	£(GBP)	1 镑=100 便士
欧元	€(EUR)	1 欧元=100 分
港元	HK$(HKD)	1 元=100 分
日元	J¥(JPY)	1 元=100 钱
新加坡元	S$(SGD)	1 元=100 分
加拿大元	CAN$(CAD)	1 元=100 分
澳大利亚元	A$(AUD)	1 元=100 分
俄罗斯卢布	RUB(SUR)	1 卢布=100 戈比
澳门元	PAT(MOP)	1 元=100 分

(二)汇率

汇率又称汇价,是指一个国家的货币折算成另一个国家货币的比率。折算两种货币的比率,首先要确定以哪一国货币作为标准,这称为汇率的标价方法。通常,外汇汇率有两种标价方法:直接标价法和间接标价法。按照期限划分,汇率还可以分为即期汇率、远期汇率;按照汇率的载体分为现钞价和现汇价;按照交易方向分为买入价、卖出价、中间价等。

1. 直接标价法和间接标价法

直接标价法又称应付标价法,是指以一定单位的外国货币为标准折算为若干单位本国货币的表示方法,如 1USD=111.30JPY。间接标价法又称应收标价法,是指以一定单位的本国货币为标准折算为若干单位外国货币的表示方法,如 1GBP=1.6233USD。采用间接标价法的国家和地区有:美国(USD)、英国(GBP)、澳大利亚(AUD)、新西兰(NZD)、欧盟(EUR)。大部分国家都用直接标价法,我国人民币汇率也采用直接标价法。

2. 即期汇率和远期汇率

按外汇买卖的交割期限来划分,汇率可分为即期汇率与远期汇率。所谓交割,是指买卖双方履行交易契约,进行交易确认并进行款货同时结清的行为。外汇买卖的交割是指购买外汇者付出本国货币、出售外汇者付出外汇的行为。由于交割日期不同，汇率就有差异。即期汇率又称现汇汇率，是买卖双方成交后，在两个营业日之内办理外汇交割时所用的汇率。远期汇率又称期汇汇率，是买卖双方事先约定的，并在未来的一定日期进行外汇交割的汇率，如3月1日签订外汇买卖合约，约定在9月1日以1USD＝7.6725CNY的汇率办理交割。

3.现钞价和现汇价

现汇指的是由港、澳、台地区或者境外汇入外汇，以及外币汇票、本票、旅行支票等国际结算凭证转存账户的外汇。现钞指的是国内居民手持的外汇钞票。所以外汇存款有现钞户和现汇户之分；一般情况下未经允许现钞存款不能变成现汇存款，现钞也不能直接汇往国外。

现汇买入价是银行买卖现汇时的牌价，现钞价是外汇银行买卖现钞时使用的价格。一般来说在银行外汇买卖业务中，现钞买入价低于现汇买入价，而在外汇卖出时现汇的报价与现钞的报价相同。

4.买入价和卖出价

买入价是指外汇银行买入外汇时使用的汇率，卖出价是外汇银行卖出外汇时使用的汇率，二者的平均价格称为中间价。买入价和卖出价是从银行角度来说的。USD//JPY的报价为111.30/36，111.30是报价银行买入美元的价格，即买入价，是客户（询价者）卖出美元的价格；111.36是报价银行卖出美元的价格，即卖出价，是客户（询价者）买入美元的价格。

（三）我国人民币汇率制度

汇率制度是指一国货币当局对本国汇率变动的基本方式所作的一系列安排或规定。如规定本国货币对外价值、规定汇率的波动幅度、规定本国货币与其他货币的汇率关系、规定影响和干预汇率变动的方式等。传统上，汇率制度分为固定汇率制和浮动汇率制两类；1973年以后，汇率制度日益多样化，国际货币基金组织重新将汇率制度分为钉住汇率制和弹性汇率制两种，后者包括浮动汇率制。

1994年以前，我国先后经历了固定汇率制度和双轨汇率制度。1994年汇率并轨以后，我国实行以市场供求为基础的、有管理的浮动汇率制度。1996年12月1日起实现了人民币经常项目下的可兑换。2005年我国的汇率形成机制进行了重大改革，7月21日起开始实行以市场供求为基础、参考一篮子货币进行调节、有管理的浮动汇率制度。改革后，人民币汇率不再盯住单一美元，形成更富弹性的人民币汇率机制。

二、外汇业务核算原理

相对于人民币，外汇业务使用外币进行交易，但是会计信息的确认、计量和披露却采用记账本位币即人民币，外币核算的核心问题就是解决不同币种之间的会计确认、计量与披露如何保持一致。外汇业务核算应遵循2006年发布的《企业会计准则第19号——外币折算》的规定。

（一）外币交易

外币是记账本位币以外的货币，在我国通常应选择人民币作为记账本位币。外币交易是指以外币计价或者结算的交易，包括：

（1）买入或者卖出以外币计价的商品或者劳务。

（2）借入或者借出外币资金。

（3）其他以外币计价或者结算的交易。

(二)外币交易的会计处理

商业银行对于发生的外币交易,应当将外币金额折算为记账本位币金额。外币交易应当在初始确认时,采用交易发生日的即期汇率将外币金额折算为记账本位币金额,或者采用与交易发生日即期汇率近似的汇率折算。

在资产负债表日,对外币货币性项目(货币资金、债券、应付款等)和外币非货币性项目(存货、股权、长期预付款等)进行不同处理。对于外币货币性项目,采用资产负债表日即期汇率折算。因资产负债表日即期汇率与初始确认时或者前一资产负债表日即期汇率不同而产生的汇兑损益差额,计入当期损益。而以历史成本计量的外币非货币性项目,仍采用交易发生日的即期汇率折算,不改变其记账本位金额。

三、外汇业务核算方法

外汇业务涉及人民币和多种货币,为了记录和反映人民币资金和外汇资金的收付,使人民币和外币之间、外币和外币之间的核算更合理科学,必须采用专门的核算方法。外汇业务的专门核算方法有外汇分账制和外汇统账制两种,《金融企业会计制度》规定有外币业务的金融企业,日常核算可以采用外币统账制或外币分账制核算。

(一)外汇分账制

外汇分账制,也叫原币记账法,是经营外汇业务的银行,对外汇与本币实行分账核算的一种记账方法,也就是直接以各种原币为记账单位,而不折成本币进行记账的方法。

采用外币分账制核算的商业银行,应按业务发生时的各种原币填制凭证、登记账簿、编制会计报表。

商业银行发生结售汇、外币买卖以及各种货币之间的兑换及账务间的联系均通过“货币兑换”科目,并按业务发生时的汇率记账。“货币兑换”科目应采用多栏式账簿,同时记录外币金额、汇率等。

期末,商业银行应将以原币编制的财务会计报告,折算为人民币。具体折算方法如下:

资产负债表,除权益类项目外,其他项目按照期末汇率折合为人民币;权益类项目按照历史汇率折合为人民币。不同汇率之间形成的差额,作为外币折算差额单列项目反映。利润表,按期末汇率折合为人民币。

目前我国经办外汇业务的银行,都采用外汇分账制方法。

(二)外汇统账制

外汇统账制,也叫本位币记账法或本币统账制,是经营外汇业务的银行,对外汇的买卖、收付等都折合成本币,统一用本币进行核算的一种方法。

采用外币统账制核算的商业银行,应分别记账本位币和各种外币进行明细核算。商业银行发生外币业务时,应当将有关外币金额折合为记账本位币记账,并登记外币金额和折合率。除另有规定外,所有与外币业务有关的账户,应当采用业务发生时的汇率,或业务发生当期期初的汇率折合。

所有外币账户金额的增加减少,一律按国家外汇牌价折合为人民币记账。会计期末,商业银行应将外币账户的外币余额按照期末国家外汇牌价折合为人民币,作为外币账户的期末人民币余额。调整后的各外币账户的人民币余额与原账面余额的差额,作为汇兑损益,列作当期损益。

外币金额折合人民币记账时，可采用变动汇率，即业务发生时国家外汇牌价（原则上采用中间价，下同）作为折合率；也可采用固定汇率，即按业务发生当期期初的国家牌价作为折合率。

近年来，商业银行业务处理普遍使用了计算机系统，由于外汇统账制相对外汇分账制处理比较简单，用计算机折算方便又能同时保留各原币交易信息，因此，有些实行外汇分账制的银行也在考虑采用外汇统账制。

四、外汇分账制的内容

外汇分账制和外汇统账制只是核算的流程和方法不一样，二者核算的内容和结果是无差异的。无论采用哪种方法，汇率变动对损益的影响是一致的。由于国内银行都采用了外汇分账制，所以，本节重点介绍分账制的做法。外汇分账制的基本内容有以下几点：

（一）以各外币为计量单位，人民币和外币分账核算

所谓各种货币是指人民币外汇牌价表上的货币或年终有决算牌价的货币。所谓分账是指每种外币都自成一套的独立的账务系统，平时每一种分账货币都按原货币金额填制凭证，记载账簿，编制报表，国内联行间进行外汇划拨，也应填制原币报单，记原币账，如实反映各种外币的数量增减变动情况。至于无牌价的货币，可折换为另一种货币或本币入账。

（二）记账外汇与现汇分账

现汇清算，是进出口双方通过办理国际业务的银行，以可自由兑换的货币逐笔通过两国银行间往来的账户进行清算，所用的外汇叫现汇。

记账外汇清算，是根据两国之间签订的贸易支付协定的规定，贸易双方各以本国政府名义分别在对方国家指定的银行开立记账清算账户，在一定时间内办理清算。未清算前不能自由流通，不能自由兑换成其他货币，也不能转让给第三国使用，它只是记载在双方银行账户上的外汇，所以是记账外汇。同一种货币由于性质和使用范围不同，有现汇和记账外汇之分，要严格区分，分账核算。

（三）使用“货币兑换”科目

外币业务发生时，需要同时反映本、外汇资金活动买入或卖出外汇即指本、外币之间或外币与外币间的交易。为了核算银行办理的各种外汇之间的买卖业务，以及同币种现汇与现钞之间的兑换业务，按照《企业会计准则应用指南》的要求设置“货币兑换”科目。通过“货币兑换”科目的传票，套写成外币计量单位与人民币计量单位并列的两张转账传票，记录当时兑换的比率和不同货币折算的数值。这样既使本币账和外币账能各自平衡又使本币账和外币账有机地联系起来。

（四）年终并表以本币统一反映经营状况和成果

年终决算，各种分账货币应分别编制各种外币原币业务状况表和资产负债表，并将各外币业务状况表和资产负债表按照年终决算牌价折算汇总成美元报表。然后将所有外币合并成的美元报表按年终决算牌价折成人民币，然后与原人民币的业务状况表和资产负债表汇总合并成总的合并人民币业务状况表和资产负债表。

第二节　外汇买卖业务

外汇买卖又称外汇兑换，是外币业务核算的中心内容。由于银行在办理国际结算中使用的货币种类不同，需要以一种货币兑换成另一种货币。这种按一定的汇率卖出一种货币或买入一种货币的行为，称为外汇买卖。

一、外汇买卖的类型

外汇买卖的基本功能是回避风险和增值获利，通过外汇买卖将手中的外币换成其他外币，一方面可以避免因汇市波动带来的贬值风险；另一方面利用外汇买卖的套利将持有的较低利率的外币兑换为另一种较高利率的外币以获得更高获利。外汇买卖按照交易目的、参与主体、交割期限等进行分类。

(一)外汇买卖的目的

按照外汇买卖的目的，外汇买卖划分为结汇、售汇和套汇。

1.结汇

结汇是指境内企事业单位、机关和社会团体按国家外汇管理政策的规定，将各种外汇收入按银行挂牌汇率结售给外汇指定银行，外汇指定银行付给相应的人民币。

2.售汇

售汇是指境内企事业单位、机关和社会团体的正常对外支付外汇，持有关有效凭证，用人民币到外汇指定银行办理兑付，外汇指定银行收进人民币，付给等值外汇。

3.套汇

套汇是银行根据客户的要求，将一种外汇兑换成另一种外汇的外汇买卖业务。银行办理的套汇业务有两种类型：①同一货币之间现钞和现汇的互换，如钞买汇卖；②不同币别的外汇套汇，即将一种外币兑换成另一种外币，比如英镑兑换日元。

(二)外汇买卖的主体

按照参与主体不同，分为自营外汇买卖和代客外汇买卖。

自营外汇买卖，是指银行按照自己确定的外汇买卖价格，用自己拥有的人民币资金购入外汇，或将自己拥有的外汇卖出，收回人民币资金或另一种外汇的买卖行为；

代客外汇买卖，是指银行接受客户委托，按照与客户约定的价格买入或卖出外汇的行为。

(三)外汇买卖的交割时期

按交割时间不同分为即期、远期和调期外汇买卖。

即期外汇买卖，一般是指买卖双方按当天外汇市场的即期汇率成交，并在当天或第二个工作日进行交割的外汇交易。

远期外汇买卖，是指买卖外汇的双方根据外汇买卖合同到约定的日期按约定的汇率进行交割的外汇交易。

调期外汇买卖，一般是指在买进或卖出即期外汇或远期外汇的同时，卖出或买进远期外汇，其目的是为了避免外汇汇率变动而带来的风险，常被用来作为外汇保值的手段。

二、会计科目及账簿

商业银行办理外汇买卖时通过“货币兑换”科目核算，在资产负债表日对外汇买卖的损益进行确认计量，通过“汇兑损益”科目核算。

(一)“货币兑换”科目

“货币兑换”科目是实行外汇分账制下的一个特色科目，该科目起着联系和平衡账务的桥梁作用。该科目核算银行办理的各种外汇之间的买卖业务，以及同币种现汇与现钞之间的兑换业务。该科目应按币种进行明细核算。

卖出货币时，借记本科目，贷记“现金”、“活期存款”等科目；买入货币时，借记“活期存款”等科目，贷记本科目。本科目为资产负债共同类科目，余额轧差后在借方为资产类科目，在贷方为负债类科目。

年末，本科目外币余额按决算牌价折成人民币，与本科目人民币余额的差额即为外汇买卖损益。按此差额，借记本科目(人民币)，贷记“汇兑损益”科目，或借记“汇兑损益”科目，贷记本科目(人民币)。

通常，“货币兑换”科目下根据外汇买卖的种类分设不同子目，如“经营套汇”、“外汇调期”、“代客外汇买卖”、“个人外汇买卖”等。

“货币兑换”科目具有两个作用：一是外币与人民币之间的桥梁和制约作用，体现本、外币之间的内在联系；二是这一科目使外币与外币之间、人民币与人民币之间起到各自平衡的作用。”货币兑换”科目传票必须同时与双方有关科目转账，不得只转一方。

【例 7-1】　2003 年 4 月 1 日，某进口单位持进口许可证，向银行申请售汇 10 000 元港汇汇往香港。当天港汇卖出价为 100：102.81。会计分录为：

借：单位活期存款　　¥10 281
　贷：货币兑换　　¥10 281
借：货币兑换　　HK＄10 000
　贷：汇出汇款　　HK＄10 000

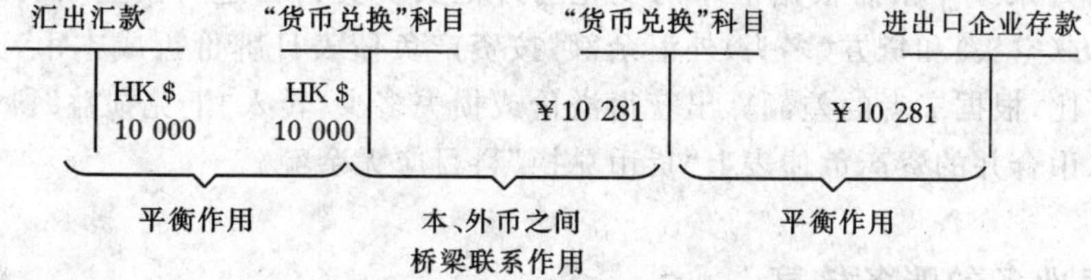

(三)“汇兑损益”科目

“汇兑损益”科目核算银行在经营外汇业务过程中因外币兑换、外汇买卖、外汇结售、外汇营运资金等原因实现的收益及损失。银行发生汇兑收益时，借记“货币兑换”、“外汇结售”等科目，贷记本科目；发生汇兑损失时，借记本科目，贷记“外汇买卖”、“外汇结售”等科目。期末，各外币账户的外币期末余额，应当按照期末汇率折合为人民币。按照期末汇率折合的人民币金额与原账面人民币金额之间的差额，如为汇兑收益，借记有关科目，贷记本科目。如为汇兑损失，作相反会计分录。本科目应按外汇币种进行明细核算。期末，应将本科目的余额转入“本年利润”科目，结转后本科目应无余额。

(四)会计账簿

“货币兑换”科目设置总账和分户账两类账簿。“货币兑换”科目的分户账，是一种特定格式的账簿如表 7-2 所示，它以每一种外币分别立账，但不设人民币外汇买卖分户账，并将外汇买卖金额和相应的人民币金额记在一张账页上。

“货币兑换”科目分户账的账页由买入、卖出、结余三栏组成。买入栏、卖出栏各设外币、牌价、人民币三项；买入时，外币反映在贷方，人民币反映在借方；卖出时，外币反映在借方，人民币反映在贷方。结余栏同时反映(借或贷)外币与人民币结余。

“货币兑换”科目总账,按各外币和人民币分别设置。总账设借、贷、余额三栏,每日根据科目当日发生额及上日余额填写。

表 7-2 “货币兑换”科目的分户账

××商业银行“货币兑换”科目分户账

货币: 账号:

年		摘要	买入			卖出			结余			
月	日		外币(贷)金额	牌价	人民币(借)金额	外币(贷)金额	牌价	人民币(借)金额	借或贷	外币金额	借或贷	人民币金额

日终“货币兑换”科目处理后,如果余额表示有外汇头寸敞口。科目余额反映在贷方,表示该种外汇买卖买入多于卖出,即有结余,亦称多头。反之,科目的余额反映在借方,表示该种外汇卖出多于买入,即是缺余,亦称空头。

商业银行月末或年末需根据汇率的变化对外汇买卖类科目进行损益结转,应将“货币兑换”科目的借方(空头)和贷方(多头)外汇余额,按资产负债表日牌价折成本币,并与该科目初始本币金额对比,根据二者的差额算出获得溢价或损失多少,转入“汇兑损益”科目。在各货币折合本币与本币合并的资产负债表上“货币兑换”科目应无余额。

三、外汇买卖业务的账务核算

外汇买卖是银行经营外汇的重要业务,它贯穿于所有外汇各种业务之中。本节主要讲述外汇买卖的不同结算方式和交易种类的核算。这里主要介绍结汇、售汇和套汇业务。目前国内商业银行外汇买卖业务集中管理敞口,大多采取由总行或分行统一向外汇交易市场(中国外汇交易中心)吞吐外汇,则其下属分支行所做外汇买卖,所收外汇资金应划交其总行或上级行,人民币资金亦向其总行或上级行清算,并向总行或上级行计收差价收益。

(一)结售汇业务

我国外汇管理实行结售汇制。结汇、售汇业务是指外汇指定银行为客户办理人民币与可自由兑换货币之间兑换的业务。根据《外汇指定银行办理结汇、售汇业务管理暂行办法》的要求,外汇指定银行办理与客户之间的结汇、售汇业务和自身结汇、售汇业务应当分账核算,设置专用的结汇、售汇会计科目,并分别管理、统计和核算。

1. 会计科目

在“货币兑换”科目下设置“外汇结售”子科目,核算银行办理的人民币与外汇之间的买卖业务,并按币种进行明细核算。本科目为资产负债共同类科目,余额轧差后在借方为资产类科目,在贷方为负债类科目。

当银行为客户办理售汇业务时，借记本科目（外币），贷记“存放境外同业款项”等科目（外币）；同时，借记“单位活期存款”等科目（人民币），贷记本科目（人民币）。

客户办理结汇业务时，借记“存放境外同业款项”等科目（外币），贷记本科目（外币）；同时，借记本科目（人民币），贷记“单位活期存款”等科目（人民币）。

计算损益时，如为收益，借记本科目（人民币），贷记“汇兑损益”科目，如为亏损，借记“汇兑损益”科目，贷记本科目（人民币）。

2.结汇业务的核算

客户向银行结汇也是银行买入外汇并向客户支付人民币（按外汇或外钞买入价折算人民币金额），其会计分录为：

借：存放境外同业或现金　　（外币）
　贷：货币兑换——外汇结售　　（外币）
借：货币兑换——外汇结售　　（人民币）
　贷：单位活期存款（或现金）　　（人民币）

3.售汇业务的核算

向客户售汇是指银行卖出外汇收进人民币（按外汇卖出价折算人民币金额），其会计分录为：

借：单位活期存款（或现金）　　（人民币）
　贷：货币兑换——外汇结售　　（人民币）
借：货币兑换——外汇结售　　（外币）
　贷：存放境外同业（或现金）　　（外币）

【例7-2】 2007年1月5日，中国银行收到境外代理行发来贷记报单一份，内容为甲公司某信用证项下的USD10万货款收妥。中国银行随即按外汇管理规定与甲公司结汇。当日挂牌价为美元汇买价1∶8.25；会计分录为：

借：存放境外同业款项　　US$ 100 000
　贷：货币兑换——外汇结售汇户　　US$ 100 000
借：货币兑换——美元结售汇户　　￥825 000
　贷：单位活期存款——甲公司　　￥825 000

到12月31日，挂牌美元汇率为1∶7.5，则表明发生汇兑损失7.5万，需要进行结转汇兑损益，会计分录为：

借：汇兑损益　　￥75 000
　贷：货币兑换　　￥75 000
借：本年利润　　￥75 000
　贷：汇兑损益　　￥75 000

（二）套汇业务

套汇分三种情况：不同币种的货币通过人民币折算；同一货币分别现钞价和现汇价核算；通过套汇专户直接套汇（不经过人民币折算）。

1.通过人民币套汇

在办理不同币种之间的货币兑换或即期买卖时，交易的两种不同外币之间没有直接比价时，需要利用两种外币的人民币牌价进行套汇处理，套算出卖出币种的金额，计算公式为：

卖出币种的套汇金额=买入币种金额×买入币种汇买价/卖出币种汇卖价

【例 7-3】 某客户支付新加坡出口商货款，要求银行将 20 万美元换成新加坡元，当日的美元买入价 100 美元=827.8 人民币，新加坡元卖出价 100 新元=502.9 人民币

则银行应付新加坡元=200 000 ×8.278 ÷5.029=329 210.58(元)

第一步，卖出美元

借：单位活期存款——某企业户　　US$200 000

　贷：货币兑换——套汇户　　US$200 000

第二步，换成人民币

借：货币兑换——美元套汇户　　¥1 655 600

　贷：货币兑换——新元套汇户　　¥1 655 600

第三步，买进新元

借：货币兑换——套汇户　　S$329 210.58

　贷：单位活期存款——某企业户　　S$329 210.58

2. 同一货币钞汇之间套汇

客户将现汇转换为现钞，则客户先卖出现汇(钞)，然后买入现钞(汇)，中间通过人民币套算。一般来讲，钞买价低于汇买价，按国际惯例钞买汇大约多支付外汇 1%～3%，而钞卖价大部分情况下等于汇卖价。

汇买钞卖的计算公式为：

卖出币种现钞金额=买入币种现汇金额×汇买价÷钞卖价

钞买汇卖的计算公式：

卖出币种现汇金额=买入币种现钞金额×钞买价÷汇卖价

【例 7-4】 某客户从其外汇账户支取 20 000 美元，对于银行属于汇买钞卖。当日美元现汇汇率为 100USD=826.65RMB/828.50RMB。

商业银行应付美元现钞=200 000×8.266 5÷8.285=US$19 955.34

借：单位活期存款——某企业户　　US$20 000

　贷：货币兑换——套汇户　　US$20 000

借：货币兑换——美元现汇套汇户　　¥165 330

　贷：货币兑换——美元现钞套汇户　　¥165 330

借：货币兑换——套汇户　　US$19 955.34

　贷：现金　　US$19 955.34

3. 直接套汇

对于具有资金投机交易性质的大额套汇，为便于分析套汇业务的实际盈亏，可以不通过人民币而直接设置套汇专户用原币记账；待年终决算时，再将各原币户余额按决算日牌价折成人民币，填制货币兑换科目传票，转入各原币“货币兑换”账户内，结平套汇专户，发生的人民币差额记入“汇兑损益”。

【例 7-5】 客户向银行卖出 100 万英镑买入美元直接套汇，当日的英镑兑换美元的汇率为：GBP1=$1.65，则会计分录如下：

借：单位活期存款　　GBP1 000 000

　贷：货币兑换——即期汇率　　GBP1 000 000

借:货币兑换——即期汇率　　$1 650 000

　贷:单位活期存款　　$1 650 000

年终决算时,办理外汇评盘,并对损益进行评价。年终决算时的英镑汇率为 GBP1＝￥13.50,美元的汇率为 $1＝￥8.00,100 万英镑折算人民币为 1 350 万,165 万美元折算人民币 1 320 万,则因汇率波动产生盈利 30 万元。会计分录为:

借:货币兑换——决算牌价/英镑　　￥13 500 000

　贷:货币兑换——决算牌价/美元　　￥13 200 000

　贷:汇兑损益　　￥300 000

第三节　外汇存款业务

一、外汇存款业务的种类

外汇存款是在我国境内办理的以外国货币作为计量单位的存款,其存取和计息均用外国货币来计算和办理。外汇存款按开户对象划分为单位外汇存款和个人外汇存款;根据管理要求不同通常划分为现钞户和现汇户;按存款期限划分为活期存款和定期存款;按存取方式划分为支票户和存折户。

(一)个人外汇存款

凡居住在国内外或港澳台地区的外国人、港澳同胞、侨民以及国内居民均可将外汇资金存入银行开立个人外币存款账户,具体适用对象如表 7-3 所示。按照《境内居民个人外汇管理办法》的规定,居民个人从境外汇入的外汇、携入的外币票据可开立现汇存款账户;从境外携入或持有的可自由兑换的外币现钞可开立现钞存款账户;一次性存入等值 1 万美元以下的,直接到银行办理;一次性存入等值 1 万美元(含 1 万美元)以上的,须向银行提供真实的身份以登记备案。

表 7-3　个人外汇存款的适用对象

服务对象	有效身份证件	开户起存金额
中国公民	居民身份证、户口簿、军人证、武警身份证明	活期存款 20 元人民币的等值外币,定期存款 50 元人民币的等值外币
港澳台同胞	港澳居民往来内地通行证、台湾居民来往大陆通行证或其他有效旅行证件	活期存款 100 元人民币的等值外币,定期存款 500 元人民币的等值外币
外国人、外籍华人和华侨	护照	活期存款 100 元人民币的等值外币,定期存款 500 元人民币的等值外币

个人外币存款的币种包括:美元、港币、英镑、欧元、日元、加拿大元、澳大利亚元、瑞士法郎和新加坡元等。按存期划分活期、定期及定活两便三大类。个人外币存款存期分为 1 个月、3 个月、6 个月、1 年、2 年 5 个档次。客户可在储蓄柜台存入现金,或是从个人结算账户、汇入汇款等转入存款。

根据中国人民银行及国家外汇管理局的相关规定，居民个人可办理本人不同外币账户，以及与其直系亲属境内外币账户的资金划转业务。境内外币账户资金划转，只能在同一性质的账户之间进行，即居民和居民之间、钞户对钞户、汇户对汇户，不能申请办理不同性质外汇账户之间的资金划转。

(二)单位外汇存款

单位外汇存款，是国家外汇管理局规定允许开立现汇户的国内外机构办理的外币存款。凡境内企事业单位、机关、社会团体和外国驻华使领馆、国际组织、民间机构及其他境外法人驻华机构可持国家外汇管理局核发的《外汇账户使用证》或《开户通知书》，或持有效凭证如《外商投资企业外汇登记证》、《外债登记证》等开户资料到开户银行，开立可自由兑换货币的外汇现汇存款账户。

单位外汇存款账户包括：驻华机构活期存款、单位定期存款、单位活期存款、三资企业活期存款和外商专户存款等。单位外汇存款的币种包括美元、港币、英镑、欧元、日元、加拿大元、澳大利亚元、瑞士法郎和新加坡元等。其他可自由兑换的外币，可以按存款日公布的外汇牌价兑换成上述货币入账或存款。

外币存款按照存款数额的大小分为外币小额存款和外币大额存款。

外币小额存款是指金额在300万美元以下或等值其他外币的存款。它按期限分为活期、七天通知、定期存款三类。定期存款记名式存单，包括1个月、3个月、6个月、1年和2年等5个档次。外币小额存款执行固定利率。

外币大额存款是指金额在300万美元(含)以上或等值其他外币的存款。它按期限分为活期、通知、定期存款三类。通知存款为记名式存单，包括1天通知、7天通知两个档次；定期存款包括7天、1个月、3个月、6个月、1年和2年等六个档次。定期、通知存款的起存金额为不低于人民币5 000元的等值外汇；活期存款的起存金额为不低于人民币1 000元的等值外汇。

二、个人外汇存款的核算

客户申请开立定期或活期外币存款账户时，应填写“外币存款开户申请书”或“存款凭条”，写明户名、地址、存款种类、金额等，连同外汇或现钞一并交存银行。商业银行认真审核申请书、外币票据或清点现钞，并按规定审查开户人的有关证明材料如护照、身份证等，经核对无误后办理存折账户或支票账户的开立手续。

(一)个人外汇活期存款的核算

1.存入的处理

(1)以现钞存入时，会计分录为：

借：现金　　(外币)

　贷：外汇活期存款(现钞户)　　(外币)

(2)以现汇存入时，会计分录为：

借：汇入汇款(或其他科目)　　(外币)

　贷：外汇活期存款(现汇户)　　(外币)

(3)以现钞存入外汇账户时，可按钞买汇卖办理套汇手续，会计分录为：

借：现金　　(外币)

　贷：货币兑换　　(外币)

借:货币兑换(钞买价)　　　　　　　　(人民币)

　贷:货币兑换　　　　　　　　　　　(人民币)

借:货币兑换(汇卖价)　　　　　　　　(外币)

　贷:外汇活期存款　　　　　　　　　(外币)

如果以不同种货币存入时,按套汇处理。客户以后凭现汇或现钞办理续存手续时,其会计分录同上。

2. 支取的处理

从现钞户支取现钞或从外汇户支取同种货币现钞时,均按1∶1支付外币现钞。但支取等值1万美元以上同种现钞时,需向外管局申请经批准后办理,并另收取3‰的手续费。

(1)支取外币现钞时,其会计分录为:

借:外汇活期存款(现钞或现汇户)　　　　(外币)

　贷:现金　　　　　　　　　　　　　(外币)

　贷:中间业务收入——手续费收入　　　(外币)

(2)从现汇户支出外汇时,其会计分录为:

借:外汇活期存款　　　　　　　　　　(外币)

　贷:汇出汇款(或其他科目)　　　　　(外币)

(二)个人外汇定期存款的核算

存款人存入定期存款时,由银行发给记名式存单或存折,其会计分录为:

借:现金　　　　　　　　　　　　　　(外币)

　贷:外汇定期存款　　　　　　　　　(外币)

存款到期后,可转外汇活期存款户,也可支取现金,其会计分录为:

借:外汇定期存款　　　　　　　　　　(外币)

借:利息支出　　　　　　　　　　　　(外币)

　贷:现金(或外汇活期存款)　　　　　(外币)

(三)利息计算

1. 个人活期存款的利息计算

每年12月20日为结息日,全年按实际天数计算,以结息日挂牌活期存款利率计付利息。结息日的会计分录为:

借:利息支出　　　　　　　　　　　　(外币)

　贷:外汇活期存款　　　　　　　　　(外币)

2. 个人定期存款的利息计算

个人定期存款到期取本付息,如遇利率调整,仍按存入日利率计算利息;到期续存,按续存日利率计息。

根据规定,个人外币活期、定期存款利息需要以原币扣除利息收入所得税。

【例7-6】 某客户于2007年3月10日将其收到的汇入汇款2 000万美元存入其在中国银行开立的港元存款账户,3月13日将港元全部支取,汇至国外。已知3月10日美元汇买价为USD100=RMB539.29,港元汇卖价HK$100=RMB74.42。3月9日港元存款账户余额为506.85万元,港元存款活期利率为0.1%。

①将美元汇款转存为港元时,会计分录为:

借:汇入汇款 US$ 20 000 000
　贷:货币兑换 US$ 20 000 000
借:货币兑换 ¥ 107 858 000
　贷:货币兑换 ¥ 107 858 000
借:货币兑换 HK$149 131 500
　贷:外汇活期存款 HK$149 131 500

②提取存款时,会计分录为:

借:外汇活期存款 HK$150 000 000
　贷:汇出汇款 HK$150 000 000

③结计利息,代扣利息税时,会计分录为:

存款利息为150 000 000×0.1%÷360×3=1 250(万元)

代扣利息税1 250×20%=250(万元)

借:利息支出 HK$12 500 000
　贷:其他应付款——代扣代缴利息税 HK$2 500 000
　贷:汇出汇款 HK$10 000 000

二、单位外汇存款的核算

单位外汇存款账户可以办理境内、境外汇款等结算业务,也可以通过外汇买卖方式折算为其他外币存款,经批准后也可以兑付人民币或提取外币。单位外汇存款通过"外汇活期存款"、"单位定期存款"、"外汇通知存款"等科目核算。

(一)单位活期存款的核算

外汇活期存款分为以汇款存取、以现钞存取、以不同货币存取三种情况:

1.汇款方式存取的处理

以境外汇入现汇,收妥外币票据后存入,会计分录为:

借:汇入汇款或其他科目 (外币)
　贷:外汇活期存款 (外币)

通过向境内外汇款方式支取存款,会计分录为:

借:外汇活期存款 (外币)
　贷:汇出汇款等科目 (外币)

2.现钞存取的处理

(1)以外币现钞存入,应通过"货币兑换"科目办理转账。存入现钞,按钞买价、汇卖价处理,其会计分录为:

借:现金 (外币)
　贷:货币兑换 (外币)
借:货币兑换——钞买价 (人民币)
　贷:货币兑换 (人民币)
借:货币兑换——汇卖价 (外币)
　贷:外汇活期存款 (外币)

(2)支取现钞,按汇买价、钞卖价(汇卖价)处理,其会计分录为:

借:外汇活期存款　　　　　　　　　　　　　　　(外币)
　贷:货币兑换　　　　　　　　　　　　　　　　(外币)
借:货币兑换——汇买价　　　　　　　　　　　　(人民币)
　贷:货币兑换　　　　　　　　　　　　　　　　(人民币)
借:货币兑换——汇卖价　　　　　　　　　　　　(外币)
　贷:现金　　　　　　　　　　　　　　　　　　(外币)

3.以不同货币存取的处理

将A种外币存入B种外币账户,按套汇处理,其会计分录为:

借:汇入汇款(或其他科目)　　　　　　　　　　(A外币)
　贷:货币兑换　　　　　　　　　　　　　　　　(A外币)
借:货币兑换　　　　　　　　　　　　　　　　　(人民币)
　贷:货币兑换　　　　　　　　　　　　　　　　(人民币)
借:货币兑换　　　　　　　　　　　　　　　　　(B外币)
　贷:外汇活期存款　　　　　　　　　　　　　　(B外币)

若从A种外币账户提取B种货币,也按套汇处理,会计分录则相反。

(二)单位定期存款的核算

若单位以外汇汇款存入或将外汇活期存款账户转入外汇定期存款账户时,银行填制记名定期存单凭以记账,其会计分录为:

借:汇入汇款(或其他科目)　　　　　　　　　　(外币)
　贷:外汇定期存款　　　　　　　　　　　　　　(外币)

若单位以外币现钞存入现汇账户,应通过套汇办理,因为单位外汇存款只有现汇户,其会计分录为:

借:现金　　　　　　　　　　　　　　　　　　　(外币)
　贷:货币兑换　　　　　　　　　　　　　　　　(外币)
借:货币兑换——钞买价　　　　　　　　　　　　(人民币)
　贷:货币兑换　　　　　　　　　　　　　　　　(人民币)
借:货币兑换——汇卖价　　　　　　　　　　　　(外币)
　贷:外汇定期存款　　　　　　　　　　　　　　(外币)

单位在定期存款到期时,银行按规定计付利息,单位可将款项汇往国外、港澳地区或用于支付其他款项。单位定期存款支取,一律通过转账处理,不得支取现金。其会计分录为:

借:外汇定期存款　　　　　　　　　　　　　　　(外币)
　利息支出　　　　　　　　　　　　　　　　　(外币)
　贷:外汇活期存款　　　　　　　　　　　　　　(外币)

(三)利息计算

1.计息范围

除了国库款项和属于财政预算拨款性质的经费预算外汇活期存款不计利息外,其他性质的单位外汇存款均计付利息。

利率设固定利率和浮动利率两种方式。活期、通知、定期存款三类外币大额存款均可以使用固定利率;一年和两年期限两个档次的外币大额定期存款可以使用浮动利率,浮动方式可选择每一个月浮动一次、每三个月浮动一次或每六个月浮动一次。

2.计息规定

(1)单位外汇活期存款根据“存款余额表”按积数法计算存款利息。在季末结息日，逐户将本季度的累计积数乘以日利率，即得出各单位的应计利息数。每季末月20日为结息日，支付利息以原币记账，其会计分录为：

借：利息支出　　　　　　　　　　　　　　　　　　（外币）

　贷：外汇活期存款　　　　　　　　　　　　　　　（外币）

(2)单位定期存款的计息规定：按对年对月对日计算利息，不足一年或一月的零头天数折算成日息计算。存款到期，利随本清，一次性计付利息。如遇到利率调整，存期内仍按存入日利率计算，提前支取或逾期支取部分按支取日的活期利率计息。协定存款按客户与银行约定的存款期限、金额、利率存入银行，到期支取本息。外汇通知存款的计息规定与人民币相同，不再赘述。

支付利息时，其会计分录为：

借：外汇定期存款——××公司户　　　　　　　　　（外币）

　　利息支出——定期存款利息支出户　　　　　　　（外币）

　贷：外汇活期存款——××公司户　　　　　　　　（外币）

【例7-7】 某进出口公司于5月6日存入港元20万，定期半年，年利率3.375%，11月6日到期。该公司于同年12月12日到银行支取该笔定期存款，支取日活期存款利率为0.15%。

该公司的港元存款利息为：

半年定期的存款利息＝200 000×3.375%÷12×6＝3 375(元)

11月6日至12月10日的活期利息＝200 000×0.15%÷360×36＝30(元)

银行支付该存款的利息支出＝3 375＋30＝3 405(元)

会计分录为：

借：外汇定期存款——进出口公司户　　　　　　　　HK＄200 000

借：利息支出——定期存款利息支出　　　　　　　　HK＄3 405

　贷：外汇活期存款　　　　　　　　　　　　　　　HK＄203 405

第四节　外汇贷款业务

一、外汇贷款的分类

外汇贷款是银行运用吸收的外汇存款和从国外吸收进来的外汇资金而发放的以外币为计量单位的贷款，是银行外汇资金的重要运用途径。目前，我国外汇银行办理的外汇贷款银行发放的外汇贷款种类较多，可按不同标准进行分类：

1.按外汇贷款期限不同划分

可分为外汇短期贷款(指期限小于等于1年的贷款)和中长期外汇贷款(指期限大于1年的贷款)。

2.按外汇贷款的利率形式不同划分

可分为浮动利率贷款、固定利率贷款和优惠利率贷款。

3.按贷款的发放条件不同划分

可分为信用贷款、担保贷款和抵押贷款等。

4.按外汇贷款的资金来源的不同划分

可分为现汇贷款、"三贷"贷款(买方信贷、政府贷款和混合贷款)、银团贷款、转贷款等。

本节将重点介绍现汇贷款、买方贷款、银团贷款和外汇转贷款。

二、现汇贷款

(一)现汇贷款的基本概念

现汇贷款即自由外汇贷款,是银行以自行筹集的外汇资金发放的贷款。目前办理现汇贷款种类主要有:短期外汇浮动利率贷款、短期外汇优惠利率贷款、特优贷款、贴息贷款、外商投资企业贷款等。外汇贷款的原则是借什么货币还什么货币,以原币偿还并计收原币利息。货币种类由借款人选择,汇率风险由借款人承担。贷款的币种有美元、英镑、港币、欧元和日元等多种货币。贷款期限根据业务需要有:1个月、3个月、6个月、1年、2年、3年六个档次。现以短期外汇浮动利率贷款为例,简述贷款的发放、计息和收回的处理手续,贷款流程如图7-1所示。

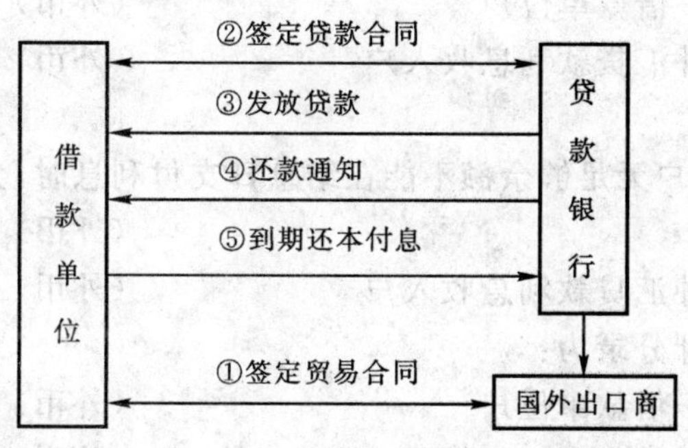

图7-1　现汇贷款流程图

(二)贷款的发放

借款单位向银行申请外汇贷款时要填具外汇贷款申请书,银行审查同意后,发出批准贷款文件,与借款单位签订贷款合同,写明贷款的金额、期限、利率,明确借贷双方各自的经济责任等,银行据以开立贷款账户。银行放款时,使用"外汇短期贷款"科目核算,按借款单位不同分设账户,并应区别不同情况办理发放手续。

(1)直接转入借款单位的外汇存款账户,其会计分录为:

借:外汇短期贷款——××贷款户　(外币)

　贷:外汇活期存款　(外币)

当借款单位对外付汇时,其会计分录为:

借:外汇活期存款　(外币)

　贷:存放境外同业(或有关科目)　(外币)

(2)直接使用贷款对外付汇,而不通过借款单位的存款户,其会计分录为:

借:外汇短期贷款　(外币)

贷:存放境外同业(或有关科目) (外币)

若借款单位以非贷款货币对外付汇时,通过"货币兑换"科目按套汇处理。

(三)贷款的计息

现汇贷款的利率可以根据合同规定采用浮动利率、固定利率或者优惠利率。对于外汇短期贷款的利息,一般实行浮动利率,即在浮动期内,借款单位使用贷款发放当天确定的利率固定不变,不受市场变动的影响,当浮动期到期后按浮动利率计息。浮动利率贷款的利率是参照伦敦银行同业拆放利率(LIBOR),不定期公布的。浮动档次有一个月浮动、三个月浮动和六个月浮动三种。现汇贷款的计息天数,按公历的实际天数,算头不算尾。每季向借款单位收息一次。贷款计息有以下几种情况:

1.正常还息的处理

借款单位以外汇存款偿还本金和利息时,会计分录为:

借:外汇活期存款——借款单位户 (外币)

贷:外汇短期贷款——借款单位户 (外币)

利息收入——外汇贷款利息收入 (外币)

2.利息转为本金的处理

按照合同约定将利息转为贷款本金时,会计分录为:

借:外汇短期贷款——借款单位户 (外币)

贷:利息收入——外汇贷款利息收入户 (外币)

3.无力还息的处理

借款单位还本付息专户无足够余额不能在结息日支付利息时,会计分录为:

借:应收利息 (外币)

贷:利息收入——外汇贷款利息收入户 (外币)

借款单位付息时,会计分录为:

借:外汇活期存款——借款单位户 (外币)

贷:应收利息 (外币)

4.非应计贷款的处理

贷款逾期 90 天或应收利息超过 90 天仍未收回的不再纳入表内核算,而是通过表外"应收未收利息"科目核算,会计分录为:

收:应收未收利息——借款人户 (外币)

同时将贷款本金转到"非应计贷款",会计分录为:

借:外汇非应计贷款 (外币)

贷:外汇短期贷款(或外汇逾期贷款) (外币)

(四)贷款的收回

借款单位使用现汇贷款,必须按期偿还,也可以提前偿还或分批偿还。借款单位可用自有外汇偿还或以人民币资金购汇归还本息。收回贷款时应将最后一个结息日至还款日尚未计收的利息与本金一并收回。

(1)借款单位用外汇存款偿还贷款本息时,会计分录为:

借:外汇活期存款——借款单位户 (外币)

贷:外汇短期贷款——借款单位户 (外币)

利息收入——外汇贷款利息收入户　（外币）

(2)借款单位经批准用人民币买汇偿还贷款本息，其会计分录为：

借：活期存款——借款单位户　（人民币）

贷：货币兑换——汇卖价　（人民币）

借：货币兑换——汇卖价　（外币）

贷：外汇短期贷款——借款单位户　（外币）

利息收入——外汇贷款利息收入　（外币）

(3)借款单位使用非原贷款外币存款偿还时，会计分录为：

借：活期存款——借款单位户　（还款外币）

贷：货币兑换——汇买价　（还款外币）

借：货币兑换——汇买价　（人民币）

贷：货币兑换——汇卖价　（人民币）

借：货币兑换——汇卖价　（贷款外币）

贷：外汇短期贷款——借款单位户　（贷款外币）

利息收入——外汇贷款利息收入　（贷款外币）

【例 7-8】 某进出口公司于3月4日向开户银行申请美元贷款50万，期限半年，贷款发放到其活期存款账户，9月4日到期后从该存款账户偿还贷款本息，该笔采用3个月浮动利率，利息按季结计并转入贷款本金。已知3月4日美元3个月浮动利率为5.1%，6月4日美元3个月浮动利率为4.92%。

3月20日结计利息并转账

利息收入＝500 000×5.1%÷360×17＝1 204.17(元)

借：外汇短期贷款　US＄1 204.17

贷：利息收入　US＄1 204.17

6月20日结计利息并转账

利息收入＝501 204.17×5.1%÷360×75＋501204.17×4.92%÷360×17＝6 517.39(元)

借：外汇短期贷款　US＄6 517.39

贷：利息收入　US＄6 517.39

9月4日计算利息并收回贷款

利息收入＝507 721.56×4.92%÷360×75＝5 204.15(元)

借：外汇活期存款　US＄512 925.71

贷：外汇短期贷款　US＄507 721.56

贷：利息收入　US＄5 204.15

三、买方信贷外汇贷款

(一)买方信贷外汇贷款的概念

买方信贷是出口信贷的一种形式，是出口国银行向进口国银行提供的信贷，再由进口国银行转贷给进口商用以购买提供贷款国家的技术和设备，以及支付有关的费用。这种信贷是出口国家为了拓宽本国出口，提高国际市场竞争力而采取的措施。买方信贷外汇贷款，期限较长，利率较低，是利用外资的一种重要形式。

买方信贷分为出口买方信贷和进口买方信贷。目前，我国银行办理的主要是进口买方信贷，即进口国银行从出口国银行取得并按需要转贷给国内进口单位使用的信贷。买方信贷外汇贷款必须经过出口国政府批准，签订贸易合同和贷款合同，用于购买或支付出口国的货物、技术或劳务，贷款金额不得超过贸易合同金额的85%，其余15%由进口商以现汇支付定金，支付定金后才能使用贷款，分期按等份金额每半年还本付息一次。

(二)买方信贷外汇贷款的科目

买方信贷项下向国外银行的借入款，由各商业银行总行集中开户，并由总行负责偿还借入的本息。各分行对使用贷款的单位发放买方信贷外汇贷款，由有关分行开户，并由分行负责按期收回贷款的本息。其核算主要使用以下两个科目：

1.“买方信贷外汇贷款”科目

用于核算出口国银行向进口商或进口国银行提供的长期外汇贷款的发放和收回。该科目属资产类科目，借方反映贷款的发放，贷方反映贷款的到期偿还，余额反映在借方，表明贷款尚未到期。

2.“借入买方信贷款”科目

用于核算获得买方信贷后借入款项的数额及到期偿还的情况，它是与“买方信贷外汇贷款”相对应的科目。该科目属于负债类科目，贷方反映借入款项的情况，借方反映借入款项到期归还情况，余额在贷方，反映借入但尚未归还的款项。

由于“借人买方信贷款”科目和“买方信贷用款限额”表外科目是总行专用科目，如果分行办理买方信贷外汇贷款，上划和下划均应通过“电子汇划往来”科目处理。

(三)买方信贷外汇贷款的程序

买方信贷整个过程主要包括对外签订协议、支付定金、使用贷款和偿还本息四个环节，如流程图7-2所示。

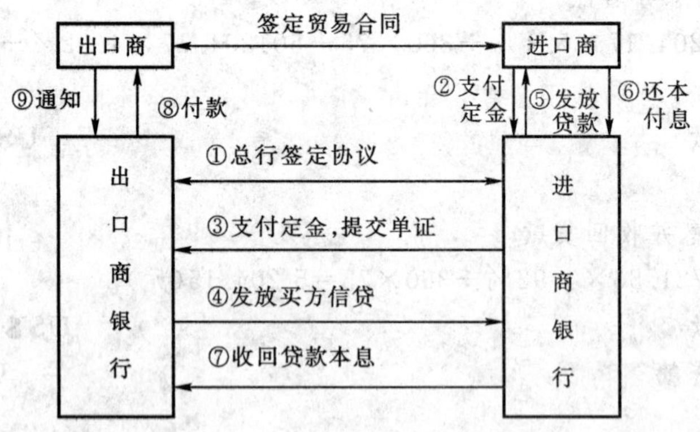

图7-2 进口买方信贷流程图

(四)买方信贷外汇贷款的账务处理

1.对外签订买方信贷协议

由外汇银行总行统一对外谈判签订买方信贷总协议，分协议由总行或授权有关分行对外签订。经国外贷款行批准的贷款限额，总行以“买方信贷用款限额”表外科目反映，会计分录为：

收：买方信贷用款限额 (外币)

使用贷款时，按使用金额逐笔转销表外科目，其会计分录为：

付：买方信贷用款限额 (外币)

2. 支付定金的处理

根据协议规定，进口商需要对外预付一定比例的定金。

进口商用现汇支付定金，支付时会计分录为：

借：外汇活期存款 (外币)

贷：存放境外同业款项 (外币)

如果进口商向银行申请现汇外汇贷款支付时，会计分录为：

借：外汇短期贷款 (外币)

贷：存放境外同业款项 (外币)

如果进口商以人民币购入外汇支付定金，会计分录为：

借：外汇活期存款——进口商户 (人民币)

贷：货币兑换——汇买价 (人民币)

借：货币兑换——汇卖价 (外币)

贷：存放境外同业款项 (外币)

如果进口商用与贷款币种不同的外币支付定金，会计分录为：

借：外汇活期存款——进口商户 (外币)

贷：货币兑换——汇买价 (外币)

借：货币兑换——汇买价 (人民币)

贷：货币兑换——汇卖价 (人民币)

借：货币兑换——汇卖价 (外币)

贷：存放境外同业款项 (外币)

3. 使用贷款的处理

买方信贷项下进口开证使用贷款付汇时，按进口业务根据不同情况进行会计核算处理：

(1)进口商有现汇，按正常手续向银行办理结汇，银行利用买方信贷资金，承担买方项下的利息，并按规定收取结汇手续费。

如进口商与提供贷款的银行总行在同一地区，由总行办理结汇，会计分录为：

借：外汇活期存款 (人民币)

贷：货币兑换——汇卖价 (人民币)

借：货币兑换——汇卖价 (外币)

贷：借入买方信贷款——××银行 (外币)

同时，冲销表外科目减少买方信贷使用款限额。

如果进口商与提供贷款的总行分别在异地，由当地分行办理结汇，以“电子汇划往来”科目代替“借入买方信贷款”，会计分录为：

借：外汇活期存款——进口商户 (人民币)

贷：货币兑换——汇卖价 (人民币)

借：货币兑换——汇卖价 (外币)

贷:电子汇划往来 (外币)

总行收到分行发来的报单后进行账务处理,转记境外银行账,其会计分录为:

借:电子汇划往来 (外币)

贷:借入买方信贷贷款——××银行 (外币)

与此同时,冲销表外科目减少买方信贷使用款限额:

付:买方信贷用款限额 (外币)

(2)进口商无现汇,需取得买方信贷外汇贷款,到期时进口商归还贷款本息。

如果进口商与提供贷款银行总行在同地,由总行直接发放买方信贷外汇贷款,会计分录为:

借:买方信贷外汇贷款——进口商户 (外币)

贷:借入买方信贷款——××银行 (外币)

与此同时,冲销表外科目减少买方信贷使用款限额:

付:买方信贷用款限额 (外币)

如果进口商与提供贷款的总行分别在异地,由分行发放外汇贷款,会计分录为:

借:买方信贷外汇贷款——借款单位户 (外币)

贷:电子汇划往来 (外币)

总行接到分行发来报单,会计分录为:

借:电子汇划往来 (外币)

贷:借入买方信贷款——××银行 (外币)

与此同时,冲销表外科目减少买方信贷使用款限额:

付:买方信贷用款限额 (外币)

4.贷款本息的偿还

买方信贷项下借入境外同业款项的本息的偿还由总行同一办理。总行按协议规定计算利息,对国外贷款行寄来的利息清单,应认真核对并按规定及时偿付本息。

总行偿还国外贷款本息时,会计分录为:

借:借入买方信贷款 (外币)

借:利息支出——借入买方信贷利息支出 (外币)

贷:存放境外同业款项 (外币)

银行对外支付贷款本息同时向国内借款人收回本息。如果借款单位在总行开户并以本币结汇偿还本息时,其会计分录为:

借:外汇活期存款——进口商户 (人民币)

贷:货币兑换——汇买价 (人民币)

借:货币兑换——汇卖价 (外币)

贷:卖方信贷外汇贷款——进口商户 (外币)

贷:利息收入——买方信贷外汇贷款利息收入户 (外币)

若借款单位以外汇偿还,其会计分录为:

借:外汇活期存款——进口商户 (外币)

贷:卖方信贷外汇贷款——进口商户 (外币)

贷:利息收入——买方信贷外汇贷款利息收入户 (外币)

若借款单位在分行开户，则通过“电子汇划往来”科目进行核算。

如果借款单位不能按期归还贷款，应按照贷款协议约定的到期日将贷款本息转入“外汇短期贷款”科目核算，并按规定利率计算到期应收利息。转入“外汇短期贷款”科目后，借款单位逾期仍未能偿还贷款，逾期90天后转入表外“非应计贷款”科目核算，并采取有效措施进行催收。

【例7-9】 某机电公司需要从国外进口生产设备一套，金额为英镑20万，特向出口商银行花旗银行申请买方信贷外汇贷款，期限1个月，年利率为5.4%。机电公司开户银行中国银行与花旗银行签订总协议后通知机电公司预付15%的现汇定金并汇款，贷款如期收回本息。

支付定金时会计分录为：

借：外汇活期存款　　£30 000

　贷：汇出汇款　　£30 000

发放贷款时，会计分录为：

借：买方信贷外汇贷款——机电公司户　　£200 000

　贷：借入买方信贷款——花旗银行　　£200 000

贷款到期，机电公司偿还贷款本息时，会计分录为：

利息收入＝200 000×5.4%÷12×1＝900

借：外汇活期存款——进口商户　　£200 900

　贷：卖方信贷外汇贷款——进口商户　　£200 000

　　利息收入——买方信贷外汇贷款利息收入户　　£900

中国银行将款项偿还花旗银行，会计分录为

借：借入买方信贷款　　£200 000

　利息支出——借入买方信贷利息支出　　£900

　贷：存放境外同业款项　　£200 900

四、外汇银团贷款

(一)外汇银团贷款的概念

外汇银团贷款是由获准经营外汇贷款业务的多家银行和非银行金融机构，采用同一贷款协议，按照商定的期限和条件向同一借款人提供外汇资金的贷款方式。外汇银团贷款按资金投向地区的不同，分为境内外汇银团贷款和境外外汇银团贷款两种。其中境外银团贷款一般结合出口买方信贷方式，其会计核算参照有关内容。这里银团贷款核算主要指境内外汇银团贷款方式。

(二)外汇银团贷款的参与人

外汇银团贷款参与银行或金融机构，按其权利与责任的不同，分为牵头行、代理行和成员行三种。牵头行即银团贷款的组织者或安排者，原则上由借款人的主要贷款行和基本账户行担任，其所占银团贷款的份额一般最大；代理行是银团贷款协议签订后的贷款管理人，一般由借款人的牵头行担任，也可由银团各成员行共同协商产生。

借款单位申请国外银团贷款，应取得外汇局的批准文件，经银行审查符合贷款条件后，借款单位与贷款银行签订银团贷款协议及其附件。这种贷款往往需要政府或其他官方机构出面担保。

(三)外汇银团贷款的科目

办理银团贷款使用“银团贷款”和“银团贷款出资额”科目核算。

1.“银团贷款”科目

核算银行作为银团贷款代理行按银团贷款协议发放的贷款,按借款单位分别设立账户进行明细核算。

2.“银团贷款出资额”科目

核算银行作为参与行根据银团贷款协议在银团贷款中的出资额,按银团贷款各参加行分别设立账户进行明细核算。

为简化核算,对于银团贷款的费用和利息收支使用“利息收入——银团贷款利息收入”核算。银团贷款的会计核算应分别按以下不同情况:①银行作为牵头行和代理行并参加一部分贷款;②银行只作为代理行,不参加贷款;③银行只作为参加行,参加一部分贷款。

(四)本行作为成员行或非代理行性质的牵头行

本行作为外汇银团贷款成员行或非代理行性质的牵头行,需按照银团贷款协议,在规定的划款时间将承诺的贷款金额划拨到代理行指定账户,并在规定的时间接收代理行划回贷款本息。此类银团贷款按照期限长短,分别在“外汇短期贷款”和“外汇长期贷款”科目核算。

1.收取有关费用的核算

成员行或牵头行如果收到代理行划来的银团贷款项下有关费用后,填制转账借贷方凭证各一联,以收账通知或清算报文作为借方凭证附件。会计分录为:

借:存放境内同业款项

　贷:中间业务收入

2.划款时核算

成员行或牵头行在规定时间,将规定金额贷款资金划入代理行账户。同时根据贷款合同开立外汇贷款账户,并填制转账借方凭证一联,以划款凭证作为贷方记账凭证。会计分录为:

借:短期外汇贷款(或长期外汇贷款)——借款人户

　贷:存放境内同业款项

3.划收利息的核算

成员行或牵头行在规定结息日对贷款户进行结息,以利息计算清单第一联寄给代理行作为催收利息通知,二、三联分别作为借贷方记账凭证。会计分录为:

借:应收贷款利息——借款人户

　贷:利息收入——外汇贷款利息收入

成员行或牵头行收到代理行转来的贷款利息后,填制转账借贷方凭证各一联,以收账通知或清算报文作为借方凭证附件。会计分录为:

借:存放境内同业款项

　贷:应收贷款利息——借款人户

4.归还贷款本金的核算

成员行或牵头行收到代理行划转来的贷款本金后,填制转账借贷方凭证三联(一借两贷),以收账通知或总行、境外行清算报文作借方凭证附件。会计分录为:

借:存放境内同业款项

　贷:短期外汇贷款(或长期外汇贷款)——借款人户

5.逾期或催收贷款的核算

如果贷款发生逾期或转为催收贷款，其本金和利息的核算方法与一般现汇贷款的逾期或非应计贷款的核算相同。

(五)本行作为代理行的核算

本行作为银团贷款代理行，既有自身参与银团贷款协议发放的贷款，又有作为代理行集中其他成员行贷款资金发放的代理银团贷款。前者本行承担贷款风险，并作为现汇贷款管理；后者本行不承担贷款风险，但要建立专户进行管理，并按协议规定发放贷款和收回协议下的全部本息。其账务处理如下：

1.收取有关费用并按比例分配给各成员行

代理行根据银团贷款协议中规定的费用收取比率向借款人收取银团贷款项下有关费用，并按比例分配给各行。收费时填制收费凭证一式两联，第一联加盖业务用章后交客户作为扣款通知，第二联作为借方记账凭证，另填制转账贷方凭证两联。会计分录为：

借：外汇活期存款——借款人户

　贷：中间业务收入——手续费收入(本行应收取部分)

　贷：其他应付款——参加行户(其他成员行应收取部分)

代理行根据银团贷款协议中约定的费用分配比例，将代收的银团贷款有关费用划给有关成员行指定账户，并填制转账借贷方凭证各一联。会计分录为：

借：其他应付款

　贷：汇出汇款——参加行户

代理行收到同业扣账通知或总行、境外行清算报文后，填制借贷方凭证各一联，扣账通知或清算报文作贷方凭证附件。会计分录为：

借：汇出汇款——参加行户

　贷：存放境内同业款项

2.提款时

代理行在收到各成员行贷款资金后，填制转账借贷方凭证各一联，会计分录为：

借：存放境内同业款项

　贷：银团贷款资金——××行户

同时，根据贷款协议和用款计划，将到期应发放的贷款转入借款人账户。填制特种转账凭证两联，第一联盖章后交客户，第二联作贷方记账凭证。另外填制转账借方凭证两联。会计分录为：

借：银团贷款——借款人户(其他成员行参加的份额)

借：短期外汇贷款(或长期外汇贷款)(本行参加的份额)

　贷：外汇活期存款——借款人户

3.利息的核算

在规定结息日，代理行首先按照贷款合同的规定，对本行发放的贷款部分计收利息，其会计核算与“现汇贷款利息的核算”相同。

同时，代理行对本行代理发放的银团贷款计算出应收利息，在与各成员行利息清单通知核对一致后，扣收客户存款，并按行别划转到各成员行指定账户，同时填制利息清单一式两联和转账贷方凭证一联，一联利息单加盖业务用章后给借款人，另一联作借方记账凭证，另外填制转账贷方凭证一联，以划款凭证和成员行催款通知一并作为贷方凭证附件。会计分录为：

借：外汇活期存款——借款人户

贷：汇出汇款——参加行户

代理行收到同业扣账通知或总行、境外行报单后，填制借贷方凭证各一联，扣账通知或报单作贷方凭证附件。会计分录为：

借：汇出汇款——参加行户

贷：存放境内同业

4.归还贷款的核算

借款人按合同规定归还贷款本金时，填制外汇支付凭证一式两联，代理行审核无误后，在第一联加盖业务用章后交客户，另一联作借方记账凭证；或者在规定还款日，代理行主动扣款时，填制特种转账借方凭证一式两联，一联加盖业务用章后交客户作扣款通知，另一联记账。另外填制特种转账贷方凭证两联，以成员行发送的催款通知作为贷方记账凭证附件。会计分录为：

借：外汇活期存款——借款人户

贷：短期外汇贷款或长期外汇贷款——借款人户

贷：银团贷款——借款人

同时，代理行将各成员行的贷款本金划拨到各成员行指定账户后，并填制转账借贷方凭证三联(两借一贷)，以划款凭证或电文作为贷方凭证附件。会计分录为：

借：银团贷款资金——参加行户

贷：汇出汇款——参加行户

代理行收到同业扣账通知或总行、境外行清算报文后，填制借贷方凭证各一联，扣账通知或清算报文作贷方凭证附件。会计分录为：

借：汇出汇款一参加行户

贷：存放境内同业款项

5.借款人不能按期归还银团贷款

借款人如因特殊情况只能归还部分银团贷款，则代理行应按照协议规定，根据成员行的贷款份额按比例分别划归各成员行。对于借款人未能按期归还的贷款，代理行只需按规定将本行参与的部分转入逾期贷款和催收贷款(包括呆滞贷款和呆账贷款)，对代理的银团贷款不必转入逾期贷款和催收贷款。

对于借款人不能按期归还的贷款利息，代理行应按规定将本行应收的利息转入应收贷款利息或逾期贷款利息，并按规定计收罚息。对于其他成员行应收的利息不做处理，成员行发送的催款通知在核对确认后做专夹保管，待借款人实际归还利息时，再划给各成员行，并以成员行发送的催款通知作贷方凭证附件。

五、外汇借款转贷款

(一)外汇借款转贷款的概念

外汇借款转贷款是指本国银行利用从境外银行或其他金融机构借入的外汇借款而发放的贷款。使用外汇借款转贷款的借款人需持借款合同依据资本项目开户要求到所在地外汇管理局办理“外汇转贷款登记证”、“开立外债还本付息账户通知书”，若提入现汇的还需办理“外汇贷款专用账户开立批准书”，连同其营业执照副本及其他开户手续到营业部门办理开户手续。银行依据“外汇贷款专用账户开立批准书”为客户开立贷款专户，依据“开立外债还本付息账户通知书”为客户开立还贷专户。

(二)外汇借款转贷款的种类

外汇借款转贷款包括境外商业借款转贷款、境外发债转贷款、国际金融组织借款转贷款、买方信贷借款转贷款、外国政府借款转贷款和国家外汇储备借款转贷款。

境外商业借款是在国际金融市场上向外国商业银行借入货币资金。境外发债是指银行在境外发行外币债券所筹集的资金。国家外汇储备借款是指银行向国家外汇管理局借入的外汇储备资金。而国际金融组织借款是指世界银行、亚洲开发银行、国际货币基金组织等国际金融组织向银行提供的贷款。

商业银行经办的境外商业借款和国际金融组织借款，上游表现为对国外的长期借款，下游表现为银行对借款人的贷款；境外发债借款转贷款，上游表现为在国际金融市场发行的外币债券，下游表现为银行对借款人的贷款；国家外汇储备借款转贷款，上游表现为对国家外汇管理局的外汇借款，下游表现为银行对借款人的贷款。

(三)会计科目

1.设置“转贷款”科目

分别核算银行根据协议转贷外国政府或国际金融组织贷款等款项。该科目按转贷款种类及借款单位进行明细核算。银行发放转贷款时，按发放贷款的本金，借记本科目(本金)，按实际支付的款项，贷记“外汇活期存款”等科目。收回贷款时，银行应按实际收到的金额，借记“外汇活期存款”等科目，贷记本科目。本科目期末借方余额，反映银行发放的转贷款。

2.设置“转贷款资金”科目

核算银行根据协议发放转贷款而融入的款项，如转贷外国政府贷款资金、转贷国际金融组织贷款资金等。收到转贷款资金时，按实际收到的款项，借记“存放境外同业款项”等科目，按转贷款的本金，贷记本科目(本金)；到期归还转贷资金时，按实际归还的款项，借记本科目，贷记“存放境外同业款项”等科目，按其差额，借记或贷记“利息支出”科目。本科目期末贷方余额，反映银行尚未归还的转贷款资金。

(四)会计账务处理

1.从境外提款的核算

商业银行总行负责执行上游协议，依据外汇提款审批单及境外银行的贷记报单，做提款账务处理。会计分录为：

借：存放境外同业款项

　贷：转贷款资金

2.下拨资金的核算

分行向总行请领资金时，填制调拨外汇资金申请书，总行主管部门审查同意后，将资金实划分行。

总行清算中心会计分录为：

借：电子汇划往来

　贷：系统内存放款项

分行收到总行划拨资金的贷记报单后，填制有关凭证，总行贷记报单做借方凭证附件，会计分录为：

借：存放系统内款项

贷：电子汇划往来

3.发放贷款的核算

客户每次向分行申请提款，需填写“银行外汇贷款支付凭条与外汇进账单”（一式两联），并加盖预留印鉴，银行审核无误后，加盖外汇业务专用章，办理提款。分行会计分录为：

借：转贷款

贷：外汇活期存款——存款人户

4.利息的核算

外汇转贷款一般一年两次付息，到期一次还本或分次还本。每期付息日和还本日，分行信贷部门同时监控还本付息情况，负责催收。

(1)分行对客户计息时，分行会计人员根据信贷部门向客户发出的还本付息通知书复印件计算利息，并填制“利息计算清单”，加盖外汇业务专用章，一联寄交客户，二、三联留作记账附件，会计分录为：

借：应收利息

贷：利息收入

(2)总行对分行计息时，总行扣收分行外汇调拨资金利息的分录为：

借：电子汇划往来

贷：系统内往来利息收入

分行接到总行计息通知后的会计分录为：

借：系统内往来利息支出

贷：电子汇划往来

(3)客户归还利息时，客户归还的贷款利息到总行账户时，总行会计分录为：

借：存放境外同业款项

贷：电子汇划往来

分行收到总行贷记报单时，会计分录为：

借：电子汇划往来

贷：外汇活期存款

分行收息会计分录为：

借：外汇活期存款

贷：应收利息

(4)对外还息时，总行对外付息的会计分录为：

借：利息支出——国外借款利息支出

贷：存放境外同业款项

5.管理费、承诺费的核算

外汇转贷款发生管理费、承诺费时，应通知客户。若客户将管理费、承诺费及利息汇给分行在银行同业的账户上，分行会计分录为：

借：存放银行同业款项

贷：外汇活期存款

若汇入总行的境外账户，总行会计分录为：

借：存放境外同业款项

　贷：电子汇划往来

分行收到总行的贷记报单时，分行会计分录为：

借：电子汇划往来

　贷：外汇活期存款

若分行直接扣收借款人管理费承诺费，并汇给总行，分行的会计分录为：

借：外汇活期存款

　贷：电子汇划往来

总行统一对外付出管理费承诺费后，会计分录为：

借：电子汇划往来

　贷：存放境外同业款项；

6. 贷款到期客户归还本金的核算

到期还本，总行会计分录为：

借：存放境外同业款项

　贷：电子汇划往来

分行收到总行的贷记报单时的分录：

借：电子汇划往来

　贷：转贷款

7. 对境外归还本金的核算

总行对外还本时，会计分录为：

借：转贷款资金

　贷：存放境外同业款项

8. 分行向总行归还调拨资金的核算

贷款到期后，总行会计分录为：

借：系统内存放款项

　贷：电子汇划往来

分行会计分录为：

借：电子汇划往来

　贷：存放系统内款项

第五节　外汇结算业务

外汇结算是实现国际间资金流动、清偿国际间经贸和其他往来引起的债权债务，以及与国际融资相关联的一种重要手段。外汇结算按业务内容可以分为贸易结算和非贸易结算两大类。由国际间的商品交易和经贸往来而引起的货币收付或债权债务的结算称为贸易结算；由国际间的非商品贸易如政治文化活动所引起的资金收付称为非贸易结算。本节重点介绍贸易结算业务，包括信用证、托收、贸易融资（押汇、打包放款、福费廷）等业务。对非贸易结算业务，主要介绍国际汇兑、旅行支票业务。

一、信用证

信用证结算方式是当前国际外汇结算的主要方式，信用证是银行有条件保证付款凭证，其特点是银行信用保证代替商业信用保证，即开证银行在信用证条款得到完全遵守的情况下，承担对出口商的第一性付款责任。

（一）信用证项下进口业务

进口信用证结算是银行根据出口商申请开证的要求，向国外出口商（受益人）开立一定金额、在一定期限内按规定条件保证付款的信用证，凭国外寄来的按照信用证条款规定的单据，对国外付款并向进口商办理结汇的一种结算方式（如图 7－3）。

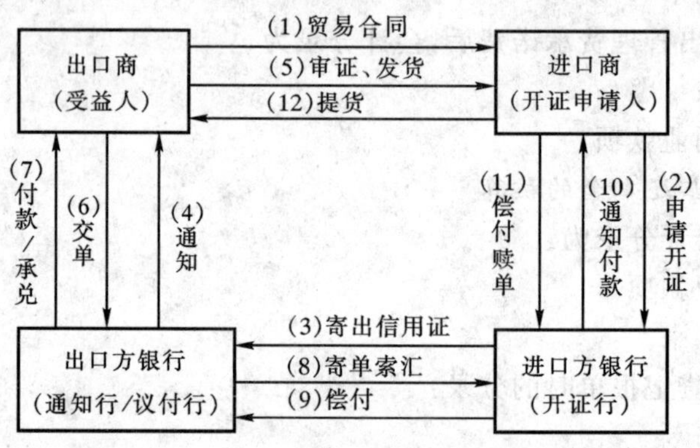

图 7－3　进口信用证核算流程图

进口信用证结算业务，主要做好三项工作：开立信用证、修改信用证、进口单据的审核及通知与付汇。

1. 开立进口信用证

进口单位与国外出口商洽谈业务签订贸易合同后，根据合同条款向银行填具“开立信用证申请书”，并连同有关批件、证明一同交商业银行申请开立信用证。银行接到开证申请书及相关文件，经审核同意后，根据开证人自身情况，酌情收取保证金，并选择信誉高、资本实力雄厚和经营能力强的国外银行作为代理行，签发信用证。

信用证签发，意味着银行对外承担了第一性付款责任，并拥有了对进口单位收取货款的权利，在开证时要登记或有资产、或有负债表外科目。对于表外科目，银行可以视情况进行复式或单式记账。如果银行采用单式记账，即表外科目采用收付制登记，增加记“收”，减少记“付”。若银行采用复式记账即借贷制核算，将表外科目拆成资产负债两个科目，分别借记和贷记，借贷方科目为对转科目，目前国内银行表外科目大多采用复式记账法，所以，本节以复式记账为例进行说明。开证时无论即期信用证或远期信用证，商业银行均对此办理相应的登记，单式记账会计分录为：

收：开出信用证　　　　　　　　　　　　（外币）

若采用复式记账，则会计分录为：

借：应收开出信用证　　　　　　　　　　（外币）

　贷：应付开出信用证　　　　　　　　　（外币）

此外应按合同分货币设立登记簿，更好地安排付款外汇资金头寸。

当按规定收取保证金时，使用“存入保证金”科目进行核算，会计分录为：

借：外汇活期存款 （外币）

贷：存入保证金 （外币）

收取开证手续费时，贷记“手续费收入”科目，会计分录为：

借：外汇活期存款 （外币）

贷：中间业务收入——手续费收入 （外币）

2.修改信用证

信用证开出后，如因情况变化，进口单位提出修改信用证，银行应协助审核，并及时将修改后的条款通知国外联行或代理行，转送国外出口商。若国外出口商要求修改原信用证，经出口商同意后，也可进行修改。申请修改信用证增额和减额时，均应通过“开出信用证”表外科目核算。

如果是修改增额时，会计分录为：

借：应收开出信用证 （外币）

贷：应付开出信用证 （外币）

如果是修改减额时，会计分录为：

借：应付开出信用证 （外币）

贷：应收开出信用证 （外币）

信用证修改时应收修改手续费，现行规定为每笔100元，修改增加按0.15%记收。信用证增额时，应补收保证金，会计核算与开立信用证时相同。信用证减额时，对“应收（应付）开出信用证”科目进行调整，并退回多收的保证金。

当超过信用证有效期过长时，可与有关进口单位联系办理逾期注销，冲销“应收（应付）开出信用证”科目余额，并退回已收未用保证金。

3.单据的审核与付款

商业银行收到国外寄来的全套进口单据，必须认真与信用证的条款核对。按国际惯例，经审核后，只要单证一致、单单一致，即应按约定的支付方式对外履行付汇责任，并对进口单位办理结汇。

根据进口信用证性质不同，进口付汇可分为即期信用证和远期信用证两种。按不同的支付方式，主要有单到国内审单付款、国外审单主动借记付款和国外审单电报索汇三种方式。

(1)进口即期信用证付款。

①单到国内审单付款。银行收到国外代理行寄来单据后，立即送交进口单位审核，并约定进口单位应于3日内通知银行对外结汇付款或提出拒付理由办理拒付。银行在进口单位确认付款后，即对国外发出付款通知，同时对进口单位办理结汇转账手续，会计分录为：

借：外汇短期存款（或存入保证金） （人民币）

贷：货币兑换——汇卖价 （人民币）

借：货币兑换——汇卖价 （外币）

贷：境外同业存款（或其他科目） （外币）

同时，转销表外“开出信用证”科目，会计分录为：

借：应付开出信用证 （外币）

贷：应收开出信用证 （外币）

②国外审单主动借记付款。国外出口商将出口单据交议付行审核后，议付行立即主动借记银行在该行开立的账户，将单据连同已借记报单寄送开证行。开证行不需进口单位承付，即对进口单位办理结汇，其分录与单到国内审单付款相同，由于银行先垫款，进口商要承担国外议付行划款日到国内开证行收款日的货币垫款利息。其会计分录为：

借:外汇活期存款(或存入保证金)　　(人民币)

　贷:货币兑换——汇卖价　　(人民币)

借:货币兑换——汇卖价　　(外币)

　贷:境外同业存款(或其他科目)　　(外币)

　　利息收入——××利息收入户　　(外币)

同时，转销表外“开出信用证”科目，会计分录为：

借:应付开出信用证　　(外币)

　贷:应收开出信用证　　(外币)

③国外审单电报索汇。这种付款方式是由国外议付行审查单证无误后，并不立即借记开证行账户，而是用电报通知开证行，再由开证行用电汇或信汇将款项汇交议付行。开证行收到议付行发来的加押电报，明确单证相符索汇，并经核押相符后即可对外付款，同时向进口单位办理结汇。待国外寄来单据后应认真核对金额与原索汇电报是否一致，防止重复付款。这种付款方式除付款行为的发起与前两种付款方式不一样外，会计核算手续完全一致。

(2)进口远期信用证到期付款。远期信用证付款是为进口单位提供远期付款的便利，由开证行对出口商提供的一种银行担保，保证出口商提交远期跟单汇票时，在单单、单证相一致的情况下，银行给予承兑，并在信用证到期时付款。

远期信用证付款分为两个阶段进行，即承兑和到期付款。

①承兑。开证行收到远期信用证项下进口单据后，将单据连同“进口信用证单据通知书”送交进口单位确认到期付款。进口单位确认到期付款后，银行即办理远期汇票的承兑手续，并将已承兑汇票或承兑通知书寄国外议付行。汇票一经承兑，即反映承兑行对国外议付行承担到期付款的责任，也反映承兑行对进口单位拥有收款的权益。汇票的开出与承兑，反映了银行的或有资产和或有负债，通过“银行承兑汇票”表外科目进行核算。银行收到国外寄来远期信用证项下进口单据，对远期汇票承兑时会计分录为：

借:应收承兑汇票(到期金额)　　(外币)

　贷:应付承兑汇票(到期金额)　　(外币)

借:应付开出信用证——远期　　(外币)

　贷:应收开出信用证　　(外币)

②到期付汇。在承兑汇票到期时，开证行即办理对国外付款和对进口单位结汇扣款手续，同时转销登记的或有资产、或有负债科目，其会计分录为：

借:应付承兑汇票　　(外币)

　贷:应收承兑汇票　　(外币)

借:开出信用证　　(外币)

　贷:应收开出信用证　　(外币)

借:外汇活期存款——进口单位　　(外币)

　贷:存放境外同业款项　　(外币)

若经批准进口单位需以本币支付的，通过“货币兑换”科目办理。

(二)信用证项下出口业务

信用证项下出口业务，是出口商根据国外进口商通过国外银行开来的信用证，按照合同条款规定，将出口单据送交国内银行，由银行办理审单议付，在向国外进口商银行收取外汇后，对出口商办理结汇的一种结算方式。信用证项下的出口结算业务，主要做好三个环节的工作：信用证的受理和通知、审单议付、收妥货款时对出口商结汇。

1.受理和通知

银行收到国外开来信用证时，首先对开证银行的资信、资金实力、进口商的偿付能力和保证条款等进行全面审查，并明确表示信用证能否接受或如何修改。审核无误后，作受证处理，通过表外科目“国外开来保证凭信”核算。在编制信用证通知流水号后，并将信用证正本及时通知出口单位，以方便其备货装运。信用证副本由银行妥善保管，同时依此按不同的货币填制“国外开来保证凭信记录卡”一式四联，一联作记录卡(附信用证副本)，一联作国外开来保证凭信收入传票，一联作付出传票(议付或注销时使用)，一联作卡片账。其会计分录为：

收：国外开来保证凭信　　　　(外币)

“国外开来保证凭信”为表外科目，用以核算境外联行及代理行开来委托境内银行代为通知各信用证受益人的保证凭信。该科目余额反映一定时期银行经办本国出口业务的具体情况，是银行匡计待收外汇资金和监督出口单位及时备货出运的依据。

当收到国外开证银行的“信用证修改通知书”要求修改金额，或信用证受益人因故申请将信用证的金额一部分或全部转移到其他口岸时，应办理信用证的修改、通知和转让手续，其增减的金额通过“国外开来保证凭信”核算。增加信用证金额时记收入栏，减少金额或转出信用证时用红字记入收入栏以冲销原证金额。因国外银行开来的信用证，一般都是不可撤销信用证，因此开证后要求撤销尚未逾期的信用证，必须经过受益人同意才能办理退证手续，只有当信用证逾期而又未办理手续时才能自动注销。退证和注销采用红字记“国外开来保证凭信”科目的收入栏，以冲销原证金额。

若国外开证行预先汇入信用证项下全部或部分押金，授权国内议付行在议付单据时予以抵扣，应在信用证及其他有关凭证上作好记录，并通过“存入保证金”科目进行核算，其会计分录为：

借：存放境外同业款项　　　　(外币)

　贷：存入保证金　　　　(外币)

出口商按信用证的规定向银行交单议付时，将信用证保证金由“存入保证金”科目转出办理结汇，多退少补。

2.审单议付

国外开证银行的付款责任是以信用证规定的条款为依据，以单证相符、单单相符为前提的。所以，出口单位备妥出口单据向出口银行交单议付时，银行应认真审核单证，做到单证一致，单单一致，以及单据内容正确完备。经审核无误后，在信用证上批注议付日期及运输方式，然后编制“出口寄单议付通知书”，同时销记表外科目。出口银行按照信用证规定的索汇路线向国外银行寄单及收汇。寄出已议付的出口单据后，出口银行拥有了向国外银行收款的权益和承担对出口单位付款的责任。会计分录按即期或远期分别为：

借：应收即期(或远期)信用证出口款项　　　　(外币)

贷:代收即期(或远期)信用证出口款项　(外币)

同时销记表外科目,会计分录为:

付:国外开来保证凭信　(外币)

如果信用证规定部分货款托收,则在议付时需要在"出口寄单议付通知书"上分别注明信用证议付金额及托收金额,并另填制"出口托收委托书",以便分别核算。

3.出口结汇

出口结汇是银行在收妥出口货款外汇后,按当日挂牌汇率买入外汇,并折算相应的人民币支付给出口单位。办理出口结汇时,应在"出口寄单通知书"留底的一联上批注结汇记录,然后按照出口货款金额填制外汇买卖传票,办理人民币结汇。至于有些出口单位按规定或经批准可以不结汇,收妥的货款则不通过外汇买卖,则可以直接以原币转入其外汇账户即可。

目前我国出口结汇办法有两类:一类是通过出口银行在境外联行或境外代理行所开立的自由外汇账户收汇,主要有收妥结汇、定期结汇和远期信用证到期结汇三种情况;另一类通过境外联行或代理行在出口银行总行开立的外汇账户进行收汇,有验单主动借记、单到国外银行授权借记和远期信用证到期结汇三种情况。

收妥结汇时,首先核销或有资产、或有负债科目,然后通过"货币兑换"科目将外汇折成人民币,其会计分录为:

借:代收即期(或远期)信用证出口款项　(外币)

　贷:应收即期(或远期)信用证出口款项　(外币)

借:存放境外同业款项　(外币)

　贷:中间业务收入　(外币)

　　外汇买卖　(外币)

借:货币兑换　(人民币)

　贷:活期存款或其他科目　(人民币)

【例7-11】 英国贝克汉姆足球有限公司通过中国银行伦敦分行开来单到开证银行付款的即期信用证,向云南白药集团购买药材10吨,每吨10 000英镑,共计100 000英镑。云南白药集团开户行为交通银行昆明分行,议付单据后要求将款项及费用贷记交通银行昆明分行在中国银行伦敦分行的英镑账户,通知费和议付费分别按1‰和1.25‰计算,英镑汇率为GBP1＝RMB16.903 1。请写出交通银行昆明在办理信用证通知及议付和收妥结汇会计分录。

(1)信用证通知时的处理。

收:国外开来保证凭信　£100 000

收取通知费时的会计分录为:

借:外汇活期存款　£100

　贷:中间业务收入　£100

付:国外开来保证凭信　£100 000

(2)议付时,会计分录为:

借:应收即期信用证出口款项　£100 000

　贷:代收即期信用证出口款项　£100 000

借:外汇活期存款　£125

　贷:中间业务收入　£125

(3)收妥结汇时，会计分录为：

借：代收即期信用证出口款项　£100 000
　贷：应收即期信用证出口款项　£100 000
借：存放境外同业款项　£100 000
　贷：货币兑换　£100 000
借：货币兑换　£1 690 310
　贷：外汇活期存款　£1 690 310

二、托收

托收是国际贸易中常用的收款方式之一，是由债权人或收款人开立汇票或提供索汇凭据，委托银行向债务人或付款人收取款项的一种结算方式。银行不承担保证付款的责任，出口单位能否收到货款，全凭进口方的信誉，属商业信用。托收按业务种类可分为进口代收和出口托收两种情况。托收还可根据汇票是否附有成套货运单据分为光票托收和跟单托收两种方式，进出口业务托收一般都采用跟单托收方式。跟单托收按其货运单据和付款的交付是否同时进行，又分为付款交单和承兑交单两种交单方式。下面分别介绍进口代收和出口托收的会计处理。

(一)进口代收

进口代收是国外出口商根据贸易合同支付条款发货后，通过国外银行寄来货运单据委托国内银行代向国内进口单位收取款项的结算方式。进口代收结算的处理主要包括收到进口代收单据和对外付款两个环节。

1.收到国外寄来代收单据

国内银行收到国外委托行寄来的进口代收单据，代收行编排顺序号后登记进口代收登记簿，核对无误后，填制“进口代收单据通知书”送交进口单位通知其备款赎单。同时，通过或有资产、或有负债科目权责关系，会计分录为：

借：应收进口代收款项　(外币)
　贷：应付进口代收款项　(外币)

2.进口单位确认付款

进口单位经审核进口单据同意承付，向银行提交承付确认书，办理对外付款。如远期汇经进口单位承兑后，将以承兑汇票于到期日通知国外委托行，待到期日即付款，代收行即按有关规定办理付汇，会计分录为：

借：单位活期存款——进口单位　(人民币)
　贷：货币兑换——汇买价　(人民币)
借：货币兑换　(外币)
　贷：存放境外同业　(外币)

同时，核销表外或有资产、或有负债科目，会计分录为：

借：应付进口代收款项　(外币)
　贷：应收进口代收款项　(外币)

如果进口单位用现汇支付，则直接用外币支付。代收行应收的手续费，若由出口商承担，则可直接在货款中扣收；若由进口单位承担，则由代收行另行计收。如果进口单位不同意承付，应提出拒付理由，连同单据退回代收银行，由其转告国外委托行；如果进口单位提出部分拒付，则在征得国外委托行的同意后，按实际付款金额办理付款手续。

【例7-12】 民生银行西安分行9月3日收到美国花旗银行寄来的进口代收单据，采用即期付款交单方式，金额为US$50 000，委托民生银行西安分行向进口商陕西电器公司收取货款。经通知后，电器公司于9月10日确认付款，民生银行为电器公司办理售汇付款手续，扣收手续费300美元，其余款项汇划给花旗银行。已知挂牌汇率为USD1=RMB7.8925。

(1)9月3日收到进口单据时

借：应收进口代收款项 US$50 000

贷：应付进口代收款项 US$50 000

(2)9月10日售汇付款

借：单位活期存款 ￥394 625

贷：货币兑换 ￥394 625

借：货币兑换 US$50 000

贷：中间业务收入 US$300

贷：存放境外同业款项 US$49 700

借：应付进口代收款项 US$50 000

贷：应收进口代收款项 US$50 000

(二)出口托收

出口托收是出口单位根据买卖双方签订的贸易合同规定办理托收时，将全套出口单据和汇票交给银行，由银行委托国外银行向国外进口商收取款项的结算方式。托收根据汇票是否附有货运单据分为跟单托收和光票托收两种。跟单托收根据交单条件不同，又分为付款交单和承兑交单两种。这两种业务的处理手续有所不同，但会计核算方法则是一致的。出口托收的业务处理主要包括托收交单和托收结汇两个主要环节。

1.托收交单

出口商根据贸易合同备妥单据填具“托收申请书”，交银行要求办理托收。在托收申请书上应由申请人注明收款方式、交单条件和其他有关收款事项。银行审单后，填制“出口托收委托书”，注明货款收妥后的处理办法，连同有关单据寄交国外代收行委托收款。

银行在寄出托收委托书及有关单据时，为表示代表物权的单据已经寄出，而货款尚未收妥而对进出口各方的权责关系，应通过“出口托收款项”表外科目核算。发出托收时，会计分录为：

借：应收出口托收款项 (外币)

贷：代收出口托收款项 (外币)

发出托收时，按规定向出口单位计收托收手续费和邮费。

2.托收结汇

出口托收款项，一律实行收妥结汇。托收行收到国外银行的划收报单或授权通知书后，对出口单位办理结汇。会计分录为：

首先核销“出口托收款项”表外科目：

借：出口托收款项 (外币)

贷：应收出口托收款项 (外币)

若以原币入账时，会计分录为：

借：存放境外同业款项　(外币)

　贷：外汇活期存款——出口单位户　(外币)

若以人民币办理结汇时，通过“货币兑换”科目，会计分录为：

借：存放境外同业款项　(外币)

　贷：货币兑换　(外币)

借：货币兑换　(人民币)

　贷：单位活期存款——出口单位户　(人民币)

出口托收若超过了正常托收期限仍未收妥款项，应及时联系催收。

三、贸易融资

贸易融资是指商业银行依托国际进出口贸易和相关的结算业务，对出口商、进口商以及中间商提供融通资金的便利，是国际贸易、结算和资金融通三者的有机结合。针对国际贸易的不同业务种类和业务处理的不同环节，银行提供的贸易融资类产品也多种多样。这里重点介绍押汇、打包放款和福费廷三种最流行的贸易融资方式。

(一)押汇

押汇是进出口企业以进出口货物单据作为抵押物向银行申请借款，由银行提供资金融通的一种结算方式。押汇其实是一种短期贷款，按业务内容一般分为进口押汇和出口押汇。

1.进口押汇

进口押汇是指进口企业以进口货物物权作抵押，向银行申请的短期资金融通。银行应进口企业申请，凭其信誉或缴存的保证金对外开出信用证，银行在收到有关进口单据后，根据进口商的押汇申请，先行垫款对外支付后，转而向进口商办理付款赎单手续，银行收回资金并释放单据。

根据结算方式的不同，进口押汇可分为信用证项下进口押汇和进口代收项下进口押汇两种。进口押汇主要包括叙做进口押汇和收回押汇垫款两个环节，在其会计处理过程中通过“进口押汇”科目进行核算。“进口押汇”科目核算银行开出信用证后，凭信用证项下或进口代收项下经进口企业承兑的进口跟单汇票作抵押，向国外议付行偿付而由进口企业偿还的款项，借方表示款项的发放，贷方表示款项的收回，余额反映在借方，表明尚未收回的款项。会计核算如下：

(1)叙做进口押汇。进口企业申请进口押汇时，首先填制进口押汇申请书，并提供信托收据、贸易合同和其他单据资料。经银行审核同意，办理进口押汇，对出口方付款，其会计分录为：

借：进口押汇　(外币)

　贷：存放境外同业款项　(外币)

(2)偿还押汇本息。进口企业向银行偿还押汇本息赎取单据时，银行应抽出保管的有关凭证进行核对审核，并计算扣除自进口押汇日起至进口商赎单还款日止的利息，会计分录为：

借：单位活期存款　(外币)

　贷：进口押汇　(外币)

　　利息收入——押汇利息收入　(外币)

进口押汇利息＝押汇金额×押汇天数×日利率

(3)转为逾期贷款。如果进口企业未能按时偿还押汇款项,则将其转为逾期贷款,若逾期超过规定的天数(90 天),则转为非应计贷款。会计分录为:

借:逾期贷款——逾期进口押汇 (外币)
　贷:进口押汇 (外币)
借:应收利息——应收进出口押汇利息 (外币)
　贷:利息收入——押汇利息收入 (外币)

2. 出口押汇

出口押汇是指出口企业将全套出口单据提交议付行,由银行买入单据并按票面金额扣除自议付日到预计收汇日为止的利息及有关手续费,将净款预先支付给出口企业的一种融资方式。根据结算方式的不同,出口押汇分为信用证项下出口押汇及托收项下出口押汇。

出口押汇业务处理的主要环节是叙做出口押汇和收回押汇垫款,其会计处理通过“出口押汇”科目核算。该核算银行对出口单位交来国外银行开来的信用证项下出口单证(出口跟单汇票)议付的款项。借方表示款项的发放,贷方表示款项的收回,余额反映在借方,表明尚未收回的款项。

(1)叙做出口押汇。出口企业向银行申请进口押汇时,首先填制出口押汇申请书,并与银行签订出口押汇总质权书,明确双方的权利和义务。经银行审核同意,按押汇之日起加上开证行或付款行合理工作日,加票据期限,计算押汇垫款利息,办理出口押汇手续。

若出口企业允许保留外汇,其会计分录为:

借:出口押汇 (外币)
　贷:利息收入——押汇利息收入 (外币)
　　外汇活期存款——出口企业户 (外币)

若要求办理结汇,则会计分录为:

借:出口押汇 (外币)
　贷:利息收入——押汇利息收入 (外币)
　　外汇买卖——汇买价 (外币)
借:货币兑换——汇买价 (外币)
　贷:外汇活期存款——出口企业户 (外币)

出口押汇实际＝押汇金额×估计收到票款所需天数×日利率

出口押汇贷款的实际入账金额＝票据金额－押汇利息－业务费用

(2)偿还押汇本息。押汇银行收到国外联行或者代理行已收妥货款并贷记押汇银行的通知后,凭贷方报单记账,收回出口押汇款项,会计分录为:

借:存放境外同业其他科目 (外币)
　贷:出口押汇 (外币)
　　中间业务收入——押汇收入 (外币)

(3)转为逾期贷款。如果到期未能收到货款,在有效期限内向出口企业追索要求偿还。如果超过有效期,则将其转为逾期贷款,若逾期超过规定的天数(90 天),则转为非应计贷款。会计分录为:

借:逾期贷款——逾期出口押汇 (外币)

贷:出口押汇　(外币)

借:应收利息——应收进出口押汇利息　(外币)

贷:利息收入——押汇利息收入　(外币)

(二)打包放款

打包放款是出口企业凭国外开来信用证,向银行申请融通资金,用以采购出口物资或加工物资后出口,当货物运出,出口企业将全套单据连同汇票送交银行委托代为收款,以收到的货款偿还原借款项的一种结算方式。打包放款其实是为缓解出口企业在出口商品打包装箱时的资金缺口而发放的本币短期贷款。银行应视实际情况发放,贷款金额不得超过信用证总金额的等值本币,贷款期限从贷款之日起至该信用证项下货款收妥或办理出口押汇日止,不超过3个月。

打包放款通过“打包放款”科目核算,该科目属于资产类科目,用于核算出口方银行向出口企业提供的,以信用证正本为抵押的出口前期融资性本币短期贷款的发放和收回。借方表示款项的发放,贷方表示款项的收回,余额反映在借方,表明尚未收回的款项。

1.放款

申请做打包放款的出口企业向银行提交打包放款申请书、外贸合同及国外银行开来的信用证正本等有关文件,经银行审查同意后签署放款协议,然后发放贷款,会计分录为:

借:打包放款　(人民币)

贷:单位活期存款——出口企业户　(人民币)

商业银行根据信用证的外币金额,按贷款发放日外汇买入价折合人民币,叙做贷款金额的多少,由银行根据出口企业的信用等级和风险状况自行决定。发放贷款时需在传票上注明相应的外币金额。

2.偿还本息

偿还打包放款本息时,银行原则上从出口企业的出口议付货款中主动扣还,也可使用存款偿还,视还款的具体情况作不同的账务处理。

(1)以出口押汇款项偿还本息的,会计分录为:

借:出口押汇　(外币)

贷:货币兑换——汇买价　(外币)

借:货币兑换——汇买价　(人民币)

贷:打包放款——出口企业户　(人民币)

利息收入——打包放款利息收入　(人民币)

中间业务收入——出口业务收入　(人民币)

单位活期存款——出口企业户　(人民币)

出口押汇的外币金额即打包放款传票上注明的金额,出口押汇款项偿还打包放款本息后的余额折合成人民币,记入出口企业活期存款账户。

(2)以收妥结汇款归还打包放款本息时,会计分录为:

借:存放境外同业款项　(外币)

贷:货币兑换——汇买价　(外币)

借:货币兑换——汇买价　(人民币)

贷:打包放款——出口企业户　(人民币)

利息收入——打包放款利息收入 (人民币)

中间业务收入——出口业务收入 (人民币)

单位活期存款——出口企业户 (人民币)

(3)以存款偿还打包放款本息时,会计分录为:

借:单位活期存款——出口企业户 (人民币)

贷:打包放款——出口企业户 (人民币)

利息收入——打包放款利息收入 (人民币)

中间业务收入——出口业务收入 (人民币)

(三)福费廷(Forfeiting)

福费廷也称买断或包买票据,是银行从出口企业那里无追索权地买断由开证行承兑的远期汇票或由进口企业所在地银行担保的远期汇票或本票的一种贸易融资方式。福费廷业务范围包括:经开证行或保兑行有效承兑的远期承兑信用证或远期议付信用证;经付款行有效承诺的延期付款信用证;经进口企业所在地银行保付签章的本票或汇票。

福费廷的货币目前限为美元、日元、英镑、欧元和港币,其利率的高低主要取决于进口国及开证行(或保兑行、保付行)的资信状况,以伦敦同业银行拆放利率(LIBOR)为基础进行浮动。买断期限以银行向出口企业提供的融资付款之日起至开证行(保兑行)承兑的到期日或保付行保付的票据到期日加宽限期(不低于3天)来计算。

福费廷的会计处理通过"买入外币票据"科目来核算,该科目为资产类科目;买进票据要同时登记"有价单证"表外科目。通常福费廷的业务类型包括直接买断、间接买断和转卖三种情况,应分别进行核算。

1.直接买断

商业银行从出口企业或其他银行买断由开证行承兑的远期汇票或进口商所在地银行担保的远期汇票或本票,其会计分录为:

借:买入外币票据——买断票据 (外币)

贷:单位活期存款——出口企业户 (外币)

利息收入——买入票据利息收入 (外币)

收:有价单证

2.间接买断

出口银行将出口企业的远期票据向外资银行询价,在获得外资银行的报价并加上一定的差价后再向出口企业报价,最终由外资银行买断,出口银行收取差价作为利息收入,其会计分录为:

借:存放境外同业或其他有关科目 (外币)

贷:单位活期存款——出口企业户 (外币)

利息收入——买入票据利息收入 (外币)

3.转卖

出口银行将持有的已直接买断的票据再转卖给外资银行,其会计分录为:

借:存放境外同业款项 (外币)

金融企业往来支出——转卖票据利息支出 (外币)

贷:买入外币票据——买断票据 (外币)

付:有价单证

4. 收回

已直接买断的票据,到期收回票款,其会计分录为:

借:存放境外同业款项　(外币)

　贷:买入外币票据——买断票据　(外币)

付:有价单证

5. 逾期处理

若出口企业已直接买断的票据超过宽限期后15天付款人仍未付款,转入逾期贷款。其会计分录为:

借:逾期贷款　(外币)

　贷:买入外币票据——买断票据　(外币)

6. 追索款项

转入逾期后经催收或向出口企业行使追索权后,收回款项时,其会计分录为:

借:存放境外同业款项　(外币)

　贷:逾期贷款　(外币)

付:有价单证

四、非贸易外汇结算

非贸易国际结算是指没有商品贸易背景的国际间资金往来业务,这里主要介绍国际汇兑和外币旅行支票。

(一)国际汇兑

国际汇兑的种类,按照使用结算工具的不同,可分为电汇、信汇和票汇等。按照汇兑结算程序分为汇出汇款和汇入汇款。

1. 向国外汇出汇款

向国外汇出汇款业务是指我国外汇银行为汇出行,接受汇款人的委托,以电、信、票汇等方式,通过国外联行或国外代理行,将款项汇往国外给收款人,并按规定向汇款人收取汇款手续费及邮电费。收费标准如表7-4所示。

表7-4　某银行汇出汇款收费标准

汇款方式	收费项目	收费标准
电汇	手续费	汇款金额的1‰ 最低20元,最高250元人民币
	电报费	汇出港币为每笔80元人民币,汇出其他币种为每笔150元人民币。
	汇钞差价费	如以外币现钞办理汇款,需支付相应的汇钞差价费
票汇	手续费	汇款金额的1‰ 最低30元,最高250元人民币
	汇钞差价费	如以外币现钞办理汇款,需支付相应的汇钞差价费

汇款人要求汇款时,必须填制汇款申请书一式两联。银行审查同意,并收妥款项和有关费用后,一联作汇出汇款传票附件,一联代汇款回单加盖业务公章后退给汇款人。汇出汇款时,

会计分录为：

借：单位活期存款　　　　　　　　　　　　　　（人民币）
　贷：货币兑换——汇买价　　　　　　　　　　　（人民币）
　贷：中间业务收入——手续费收入　　　　　　　（人民币）
　贷：其他应收款——邮电费　　　　　　　　　　（人民币）
借：货币兑换　　　　　　　　　　　　　　　　（外币）
　贷：汇出汇款　　　　　　　　　　　　　　　（外币）

如以原币汇出，则不通过"货币兑换"科目核算。

汇出行收到国外汇入行解付汇款的通知，凭报单销记汇出汇款卡片账，会计分录为：

借：汇出汇款
　贷：存放境外同业款项

【例 7-13】 客户需要汇出 HKD20 000，按当日牌价 HKD100＝RMB108 交付人民币 31 600元，另支付手续费 100 元，邮电费 30 元。会计分录为：

借：现金　　　　　　　　　　　　　　　　　　¥31 730
　贷：货币兑换　　　　　　　　　　　　　　　　¥31 600
　贷：中间业务收入——手续费收入　　　　　　　¥100
　贷：其他应收款——邮电费　　　　　　　　　　¥30
借：货币兑换　　　　　　　　　　　　　　　　HK$20 000
　贷：汇出汇款　　　　　　　　　　　　　　　HK$20 000

2. 国外汇入汇款

国外汇入汇款业务是指我外汇银行作为汇入行，接受港澳地区或国外银行的委托，代为解付电、信、票汇等方式的汇款。

收到国外发来的电汇电报或电传、信汇凭证，验对密押或签章无误后，填制汇款通知书一式五联，分别作汇款通知书、正收条、"汇入汇款"科目借、贷方传票和卡片账。国外汇入汇款以收妥头寸后解付为原则。汇入时会计分录为：

借：存放境外同业款项　　　　　　　　　　　　（外币）
　贷：汇入汇款　　　　　　　　　　　　　　　（外币）

国外汇入汇款解付时，会计分录为：

借：汇入汇款　　　　　　　　　　　　　　　　（外币）
　贷：外汇活期存款——收款人户　　　　　　　（外币）

(二)旅行支票

外币旅行支票是指境内商业银行代售的、由境外银行或专门金融机构印制、以发行机构作为最终付款人、以可自由兑换货币作为计价结算货币、有固定面额的票据。其作用是专供旅客购买和支付旅途费用，它与一般银行汇票、支票的不同之处在于旅行支票没有指定的付款地点和银行，一般也不受日期限制，能在全世界通用。目前，全球通行的旅行支票品种有运通(AMERICAN EXPRESS)，VISA，MASTERCARD 以及通济隆(THOMAS COCK)。旅行支票也有不同票面。以美元支票为例，分 20 元、50 元、100 元、500 元、1 000 元。

1. 购买规定

根据规定，境内居民个人可以用外汇存款账户内资金或外币现钞购买外币旅行支票，也可以用人民币账户内资金或人民币现钞购买外币旅行支票。一次性购买旅行支票在等值1万美元(含)以下的,应提供本人身份证,有效入境签证的护照,并填写购买申请书直接到银行购买;一次性购买旅行支票在等值1万美元以上,5万美元(含)以下(如果现钞购买,限额2万美元)的,除上述材料外,还需提供证明其真实用途的相关材料直接到银行购买;一次性购买旅行支票在等值5万美元以上(如果现钞购买,限额2万美元)的,需要到外管局办理申请,银行凭当地外管局出具的核准件办理购买外币旅行支票业务。

2. 出售旅行支票

因为旅行支票可以替代现金使用,应妥善保管。银行收到旅行支票时,视同现金入库保管,并登记"重要空白凭证"表外科目,按委托行、货币面额设立分户明细账。会计分录为:

收:重要空白凭证——旅行支票　　(外币)

客户来银行购买旅行支票,应填写一式五联旅行支票购买协议书。根据购买人的付款方式,若为支付相同币种的,则按票面金额×(1+1%手续费率)收取款项;若为支付不同币种的,则按票面金额×(1+1%手续费率)×相应汇率,计算出应收金额。出售旅行支票的账务处理如下:

(1)以经外管局批准的审批件办理人民币购买旅支时,会计分录为:

借:现金(或个人存款)　　(人民币)
　贷:外汇结售——非贸易结售汇　　(人民币)
借:外汇结售——非贸易结售汇　　(外币)
　贷:中间业务收入——手续费收入(代售旅支收入)　　(外币)
　贷:代理业务资金——旅行支票公司　　(外币)
付:重要空白凭证——旅行支票　　(外币)

(2)以同币种外币现汇购买时,会计分录为:

借:现金(或个人存款)　　(外币)
　贷:中间业务收入——手续费收入(代售旅支收入)　　(外币)
　贷:代理业务资金——旅行支票公司　　(外币)
付:重要空白凭证——旅行支票　　(外币)

(3)以不同外币现汇购买时,会计分录为:

借:现金(或个人存款)　　(支付外币)
　贷:货币兑换——汇买价　　(支付外币)
借:货币兑换　　(人民币)
　贷:货币兑换　　(人民币)
借:货币兑换——汇卖价　　(票面外币)
　贷:中间业务收入——手续费收入(代售旅支收入)　　(票面外币)
　贷:代理业务资金——旅行支票公司　　(票面外币)
付:重要空白凭证——旅行支票　　(票面外币)

3. 兑付旅行支票

持票人若需要向银行办理旅行支票的兑现,应将旅行支票及本人有效证件提交柜员办理,并填写外币兑换水单。银行按旅行支票面额的7.5‰扣收手续费,并计算出应付款项。根据持票人的兑付款方式不同对该笔交易进行不同会计处理。兑付旅行支票通过"买入外币票据"

科目核算,收到旅行支票时,借记本科目,贷记“活期存款”(或“现金”)、“手续费收入”等科目;卖出票据收到票据款项时,借记“存放境外同业”等科目,贷记本科目。

(1)若为兑付人民币,会计分录为:

借:买入外币票据 (票面币种)
　贷:中间业务收入——手续费收入(代售旅支收入) (票面币种)
　贷:外汇结售——非贸易结售汇 (票面币种)
借:外汇结售——非贸易结售汇 (人民币)
　贷:现金(或活期存款) (人民币)

(2)若为兑付原币,会计分录为:

借:买入外币票据 (票面币种)
　贷:中间业务收入——手续费收入(代售旅支收入) (票面币种)
　贷:现金(或活期存款) (票面币种)

(3)若为兑付另一种外币,会计分录为:

借:买入外币票据 (票面币种)
　贷:中间业务收入——手续费收入(代售旅支收入) (票面币种)
贷:货币兑换——汇买价 (票面外币)
借:货币兑换——汇买价 (人民币)
　贷:货币兑换——汇买价 (人民币)
借:货币兑换——汇买价 (兑付币种)
　贷:现金(或活期存款) (兑付币种)

(4)旅行支票公司划来款项时,会计分录为:

借:存放境外同业款项 (票面币种)
　贷:买入外币票据 (票面币种)

本章小结

本章主要介绍了外汇业务的核算原理和主要外汇业务会计核算方法,外汇业务与人民币业务的最关键区别是外汇汇率随市场发展不断波动,在不同时点上折算为等值人民币的数值也在波动,所以因为汇率波动产生的资产负债价值变化计入损益。本章需要掌握外汇买卖、外汇存贷款、信用证、托收、国际汇兑等常见外汇产品核算方法,并注意比较相互之间存在的差异。在课程学习过程中,同学们应及时关注外汇市场的变化,分析人民币升值和人民币国际化对银行会计核算带来的潜在影响,比较现行外币核算方法与国际会计准则之间的差异,并探讨外汇统账制和分账制的应用前景。

关键术语

外汇　汇率　外汇分账制　外汇买卖　汇兑损益　买方信贷　外汇银团贷款
信用证　福费廷

思考练习题

1. 比较外汇分账制与外汇统账的异同。

2. 简述外汇买卖核算的基本原理、要点。

3. 简述单位外汇定期存款的核算。

4. 简述转贷款的主要核算环节。

5. 出口押汇和进口押汇有什么不同?

6. 贸易结算主要有哪几种业务?

7. 简述国际汇兑的会计核算。

8. 简述旅行支票的核算方法。

第八章　中间业务

本章要点

1. 中间业务的概念及种类
2. 中间业务的特征
3. 委托贷款的概念及核算
4. 代理债券业务的内容
5. 保管箱业务的内容
6. 保函业务的内容
7. 代理资金清算的内容
8. 资金托管业务的内容

第一节　中间业务概述

一、中间业务的涵义

(一)中间业务的概念

“中间业务”是我们中国人的提法，应当说，目前对“中间业务”还没有一个普遍认可的定义，有的称之为“表外业务”，有的称之为“收费业务”，有的还称之为“代理业务”。尽管对中间业务的定义还存在争议，但中间业务的发展丝毫没有受到影响。我国于2001年由中国人民银行颁发了《商业银行中间业务暂行规定》，其对中间业务的定义是“中间业务是指不构成商业银行表内资产、表内负债，形成银行非利息收入的业务”，这个定义被广泛接受。

(二)中间业务的特征

从定义中可以看出，中间业务具有四个特征：一是银行在业务中发挥中间人的角色，如代收水电费，银行在水电费收费机构和消费者之间起到桥梁作用。二是银行提供服务，不需要银行提供资金，业务资金不存在银行的资产和负债，风险低。三是以收取手续费为主要目的，因为银行办理中间业务要付出一定的成本，需要收费加以补偿。中间业务收入是银行非利息收入重要组成部分，国外占比一般在60%以上。四是商业银行中间业务产品是一种固化了商业信誉的金融产品，而不仅仅是一种单纯的金融产品。中间业务的开展是以银行的信誉为基础，而金融服务产品的开发又反过来进一步提高了银行的信誉。此外，在研制中间业务品种时，还应考虑是否能被市场接受，得不到社会认可的中间业务不具有生命力。

二、中间业务的分类

按照《商业银行中间业务暂行规定》给定的参考分类标准，商业银行中间业务可分为以下九大类：

（一）支付结算类中间业务

支付结算类业务是指由商业银行为客户办理因债权债务关系引起的与货币支付、资金划拨有关的收费业务。结算业务借助的主要结算工具包括银行汇票、商业汇票、银行本票和支票；结算方式主要包括同城结算方式和异地结算方式。

这部分内容在本书第五章支付结算业务一章已经详细介绍，本章不再重述。

（二）银行卡业务

银行卡是由商业银行向社会发行的具有消费信用、转账结算、存取现金等全部或部分功能的信用支付工具。银行卡业务的分类方式一般包括以下几类：

按照依据清偿方式，银行卡业务可分为贷记卡业务、准贷记卡业务和借记卡业务。借记卡可进一步分为转账卡、专用卡和储值卡。依据结算的币种不同，银行卡可分为人民币卡业务和外币卡业务。按流通范围，银行卡还可分为国际卡和地区卡。

（三）代理类中间业务

代理类中间业务指商业银行接受客户委托、代为办理客户指定的经济事务、提供金融服务并收取一定费用的业务，包括代理政策性银行业务、代理中国人民银行业务、代理商业银行业务、代收代付业务、代理证券业务、代理保险业务、代理其他银行银行卡收单业务等。

1.代理政策性银行业务

代理政策性银行业务，指商业银行接受政策性银行委托，代为办理政策性银行因服务功能和网点设置等方面的限制而无法办理的业务，包括代理贷款项目管理等。

2.代理中国人民银行业务

代理中国人民银行业务，指根据政策、法规应由中央银行承担，但由于机构设置、专业优势等方面的原因，由中央银行指定或委托商业银行承担的业务，主要包括财政性存款代理业务、国库代理业务、发行库代理业务、金银代理业务。

3.代理商业银行业务

代理商业银行业务，指商业银行之间相互代理的业务，例如为委托行办理支票托收等业务。

4.代收代付业务

代收代付业务，是指商业银行利用自身的结算便利，接受客户的委托代为办理指定款项的收付事宜的业务，例如代理各项公用事业收费、代理行政事业性收费和财政性收费、代发工资、代扣住房按揭消费贷款还款等。

5.代理证券业务

代理证券业务，是指银行接受委托办理的代理发行、兑付、买卖各类有价证券的业务，还包括接受委托代办债券还本付息、代发股票红利、代理证券资金清算等业务。此处有价证券主要包括国债、公司债券、金融债券、股票等。

6.代理保险业务

代理保险业务，是指商业银行接受保险公司委托代其办理保险业务的业务。商业银行代理保险业务，可以受托代个人或法人投保各险种的保险事宜，也可以作为保险公司的代表，与保险公司签订代理协议，代保险公司承接有关的保险业务。代理保险业务一般包括代售保单业务和代付保险金业务。

7. 其他代理业务

其他代理业务，包括代理财政委托业务、代理其他银行银行卡收单业务等。

（四）担保类中间业务

担保类中间业务指商业银行为客户债务清偿能力提供担保，承担客户违约风险的业务。主要包括银行承兑汇票、备用信用证、各类保函等。

1. 银行承兑汇票

银行承兑汇票，是指由收款人或付款人（或承兑申请人）签发，并由承兑申请人向开户银行申请，经银行审查同意承兑的商业汇票。

2. 备用信用证

备用信用证，是指开证行应借款人要求，以放款人作为信用证的收益人而开具的一种特殊信用证，以保证在借款人破产或不能及时履行义务的情况下，由开证行向受益人及时支付本利。

3. 各类保函业务

各类保函业务，包括投标保函、承包保函、还款担保保函、借款保函等。

（五）承诺类中间业务

承诺类中间业务是指商业银行在未来某一日期按照事前约定的条件向客户提供约定信用的业务，主要指贷款承诺，包括可撤销承诺和不可撤销承诺两种。

1. 可撤销承诺

可撤销承诺附有客户在取得贷款前必须履行的特定条款，在银行承诺期内，客户如没有履行条款，则银行可撤销该项承诺。可撤销承诺包括透支额度等。

2. 不可撤销承诺

不可撤销承诺是银行不经客户允许不得随意取消的贷款承诺，具有法律约束力，包括备用信用额度、回购协议、票据发行便利等。

（六）交易类中间业务

交易类中间业务指商业银行为满足客户保值或自身风险管理等方面的需要，利用各种金融工具进行的资金交易活动，主要包括金融衍生业务。

1. 远期合约

远期合约，是指交易双方约定在未来某个特定时间以约定价格买卖约定数量的资产，包括利率远期合约和远期外汇合约。

2. 金融期货合约

金融期货合约，是指以金融工具或金融指标为标的的期货合约。

3. 互换合约

互换合约，是指交易双方基于自己的比较利益，对各自的现金流量进行交换，一般分为利率互换和货币互换。

4. 期权合约

期权合约，是指期权的买方支付给卖方一笔权利金，获得一种权利，可于期权的存续期内或到期日当天，以执行价格与期权卖方进行约定数量的特定标的的交易。按交易标的分，期权可分为股票指数期权、外汇期权、利率期权、期货期权、债券期权等。

(七)基金托管业务

基金托管业务，是指有托管资格的商业银行接受基金管理公司委托，安全保管所托管的基金的全部资产，为所托管的基金办理基金资金清算、款项划拨、会计核算、基金估值，监督管理人投资运作。包括封闭式证券投资基金托管业务、开放式证券投资基金托管业务和其他基金的托管业务。

(八)咨询顾问类业务

咨询顾问类业务指商业银行依靠自身在信息、人才、信誉等方面的优势，收集和整理有关信息，并通过对这些信息以及银行和客户资金运动的记录和分析，并形成系统的资料和方案，提供给客户，以满足其业务经营管理或发展的需要的服务活动。

1. 企业信息咨询业务

该业务包括项目评估、企业信用等级评估、验证企业注册资金、资信证明、企业管理咨询等。

2. 资产管理顾问业务

资产管理顾问业务，指为机构投资者或个人投资者提供全面的资产管理服务，包括投资组合建议、投资分析、税务服务、信息提供、风险控制等。

3. 财务顾问业务

该业务包括大型建设项目财务顾问业务和企业并购顾问业务。大型建设项目财务顾问业务指商业银行为大型建设项目的融资结构、融资安排提出专业性方案。企业并购顾问业务指商业银行为企业的兼并和收购双方提供的财务顾问业务，银行不仅参与企业兼并与收购的过程，而且作为企业的持续发展顾问，参与公司结构调整、资本充实和重新核定、破产和困境公司的重组等策划和操作过程。

4. 现金管理业务

现金管理业务，指商业银行协助企业，科学合理地管理现金账户头寸及活期存款余额，以达到提高资金流动性和使用效益的目的。

(九)其他类中间业务

该业务包括保管箱业务以及其他不能归入以上八类的业务。

由于结算类中间业务和银行卡类业务在本书第五章已经进行了详细介绍，所以，本章不再赘述。

第二节　代理类业务

一、代理债券业务

(一)代理债券业务的概念

代理债券业务主要是指商业银行代理发行和兑付债券业务。按债券发行主体不同，商业银行代理债券业务主要有：①国家债券，包括国库券、国家重点建设债券、国家建设债券、财政债券、特种国债和基本建设债券等；②金融债券，主要是各家政策性银行、商业银行和非银行金融机构发行的各类债券；③企业债券，主要包括重点企业债券、地方企业债券、企业短期债券等。代理发行债券业务按发行方式的不同可分为代销方式、余额包销方式和全额承购包销方式三种。

(二)代理债券业务的科目

1.代理业务占款

本科目核算银行代理业务中所运用、占用及垫付的款项,如代理其他银行贷款、代理发行和兑付债券、划缴中央银行财政性存款等。

本科目应按代理业务种类设置明细科目。本科目属资产类科目

2.代理业务资金

本科目核算银行代理业务中所收到的各类款项,如代理其他银行贷款资金、代理发行债券、代收的财政性存款、代收的罚款等。

商业银行代收各种款项时,借记"存放中央银行款项"等科目,贷记本科目;按规定支付款项时,借记本科目,贷记"存放中央银行款项"等科目。

商业银行按期支付利息时,借记"利息支出"、"金融企业往来支出"等科目,贷记"存放中央银行款项"等科目。

本科目应按代理业务种类进行明细核算。本科目属负债类科目

(三)代理债券业务的核算

1.代理发行债券出入库的核算

(1)实物券的入库。商业银行代理发行的债券押运回行后,有关业务部门应根据有关债券领用单据(包括债券印制协议、厂方交货单、上级行签发的债券调拨单、出库单)填制"重要单证入库单"一式三联,加盖有关印章和经办人名章,连同债券一并交金库管库员。管库员审核入库单、清点债券无误后,加盖个人名章办理入库手续。一联入库单留存,凭以登记"有价单证登记簿",一联入库单退业务部门,一联入库单送会计部门。会计部门根据入库单填制表外科目收入传票,入库单及有关债券领用单据核对无误后作表外传票的附件,登记表外科目明细账:

收:有价单证——××金库××债券××年度××期次××期限在库户

(2)实物券的调拨。主要包括上级行调出的处理和下级行调入的处理。

①上级行调出的处理。债券发行前,下级行根据上级行业务部门的债券发行通知单,填制"重要单证出库单"一式四联,并加盖"业务公章",凭商业银行行政介绍信和领券人有效身份证件到上级行办理领券手续。上级行业务部门审验领券人出具的出库单及有关证件无误后,在介绍信上登记证件号码,在出库单上签章后交金库。金库管库员审核四联出库单,在出库单"凭证号码"栏内填入债券起止号加盖个人名章,并配发债券,办理出库手续。一联出库单留存,凭以登记"有价单证登记簿",一联出库单送业务部门,一联出库单送会计部门,一联出库单退下级行领券人持单押券。会计部门根据出库单填制表外科目付出凭证,出库单作表外凭证的附件,登记表外科目明细账:

付:有价单证——××金库××债券××年度××期次××期限在库户

②下级行调入的处理。下级行领回债券时,应按上述"实物券入库"的有关规定,及时办理债券入库手续,填制表外科目收入凭证,出库单和通知单作表外凭证的附件,登记表外科目明细账:

收:有价单证——××金库××债券××年度××期次××期限在库户

③下级行营业机构领取实物券的处理。营业机构按规定向金库办理债券领取手续时,填制"重要单证出库单"一式四联,经业务部门审核并签章后交金库。金库管库员审核四联出库

单，在出库单“凭证号码”栏内填入债券起止号加盖个人名章，并配发债券，办理出库手续。

金库库址所在行会计部门同时填制表外科目付出凭证，一联出库单作表外凭证的附件，登记表外科目明细账：

付：有价单证——××金库××债券××年度××期次××期限在库户

营业机构债券发行柜台领入债券后，填制表外科目收入凭证，一联出库单作表外凭证的附件，登记表外科目明细账：

收：有价单证——××机构××债券××年度××期次××期限在库户

(3)债券收款凭证的出入库。下级行业务部门根据上级行承购包销凭证式债券的分配调拨计划单，领取债券收款凭证。债券收款凭证的出入库，依据重要空白凭证管理规定办理。

2.代理发行债券的核算(以代销实物券为例)

(1)代理发行实物券的核算。包括现金购买和转账购买两种形式。

①购券人在储蓄所购买债券的核算。购券人以现金或储蓄存款购买债券时，应填写“储蓄存款凭条”，连同现金或有关取款凭证一并交银行经办人，经办人审核、清点无误后，登记“现金收付清单”(用储蓄存款购买债券应先办理取款)，办理发售手续。在存款凭条上加盖“现金讫章”或“转讫章”和经办人名章，按购买金额配付债券，并在存款凭条上注明债券的券别、张数，复点无误后将债券交购券人。营业终了，根据债券的种类汇总填制“债券发售清单”两联，根据汇总清单核对剩余实物券无误后，将剩余实物券封包寄库保管，一联债券发售清单作贷方记账凭证，存款凭条作清单的附件。会计分录为：

借：现金——××机构业务现金户

或：××储蓄存款——××存款人户

　贷：代理业务资金——××机构××债券××年度××期次××期限户

同时，登记“有价单证登记簿”，填制表外科目付出凭证，另一联清单作表外凭证的附件，登记表外科目明细账：

付：有价单证——××机构××债券××年度××期次××期限在库户

储蓄所按规定上划债券资金时，填制“内部往来划收款报单”一式两联，特种转账借、贷方凭证各一联。特种转账借方凭证作借方记账凭证，内部往来划收款报单存根联作贷方记账凭证，内部往来划收款报单通知联及特种转账贷方凭证交会计部门。会计分录为：

借：代理业务资金——××债券××年度××期次××期限户

　贷：辖内往来——××机构往来户

会计部门收到储蓄所提交的内部往来划收款报单通知联及特种转账贷方凭证后，以内部往来划收款报单通知联作借方记账凭证，特种转账贷方凭证作贷方记账凭证。会计分录为：

借：辖内往来——××机构往来户

　贷：代理业务资金——××债券××年度××期次××期限户

②购券人在会计柜台转账购买债券的核算。购券人以转账方式购买债券时，银行应根据购券人提交的付款凭证收妥抵用后，办理购券手续，按购买金额配付债券，并在有关回单联上注明债券的券别、张数，复点无误后，在有关凭证的回单联上加盖“转讫章”后连同债券一并交购券人。营业终了，根据债券的种类汇总填制“债券发售清单”两联，根据汇总清单核对剩余实物券无误后，将剩余实物券封包寄库保管，一联债券发售清单作贷方记账凭证，有关凭证的贷方凭证联作清单的附件。会计分录为：

借:单位活期存款——××存款人户

或:××科目——××户

贷:代理业务资金——××债券××年度××期次××期限户

同时,登记"有价单证登记簿",填制表外科目付出凭证,另一联汇总清单作表外凭证的附件,登记表外科目明细账:

付:有价单证——××机构××债券××年度××期次××期限在用户

(2)代理发行债券资金划缴的核算。银行各网点代理发售的债券资金,必须按规定时间分债券种类、划交资金渠道及时全额上划管辖行。管辖行按上级行的要求通过资金清算系统上划上级行,或通过人民银行往来等方式上划财政、人民银行或发行单位。另外,也可以由上级行根据发行计划向下级行扣划资金。

①下级行主动上划债券资金。商业银行应在规定时间内将债券资金上划上级行。划缴时,按代理发行债券款项有关明细账户分别填制特种转账借方凭证两联,在"转账原因"栏注明"上划××年度××期次××期限××债券资金",一联作借方记账凭证并据以办理汇划,另一联加盖"转讫章"交业务部门。会计分录为:

借:代理业务资金——××债券××年度××期次××期限户

贷:清算资金往来——电子汇划款项户

上级行收到商业银行划缴的债券资金时,应按债券种类、年度、期次、期限设户。以"电子汇划收款补充报单"第一联作贷方记账凭证,第二联加盖"转讫章"后交业务部门。会计分录为:

借:清算资金往来——电子汇划款项户

贷:代理业务资金——××债券××年度××期次××期限户

②上级行扣划下级行债券资金。上级行根据分配给各行的发行债券计划,分次按比例定时扣划债券发行资金时,其会计部门应根据债券业务部门的通知,填制特种转账贷方凭证两联,在"转账原因"栏注明"扣划××年度××期次××期限××债券资金",一联作贷方记账凭证并据以办理汇划,业务部门的书面通知作附件,另一联加盖"转讫章"交业务部门。会计分录为:

借:清算资金往来——电子汇划款项户

贷:代理业务资金——××债券××年度××期次××期限户

下级行收到上级行电子汇划有关凭证时,若其扣划资金未超过已发行金额,则以"电子汇划付款补充报单"第一联作借方记账凭证,第二联加盖"转讫章"交业务部门。会计分录为:

借:代理业务资金——××债券××年度××期次××期限户

贷:清算资金往来——电子汇划款项户

若其扣划资金超过已发行金额时,应根据差额部分填制特种转账借方凭证列"其他应收款"科目核算,同时,根据已发行金额填制特种转账借方凭证一联作"代理业务资金"科目记账凭证,"电子汇划付款补充报单"第二联加盖"转讫章"交业务部门。会计分录为:

借:代理业务资金——××债券××年度××期次××期限户

其他应收款——××债券××年度××期次××期限户

贷:清算资金往来——电子汇划款项户

③向委托人划缴债券资金。银行按规定将债券资金划缴客户时,同时扣收手续费,并按应

划缴的代理发行债券款项填制支款凭证，以支款凭证存根联或人民银行回单作贷方记账凭证，另填制借方记账凭证一联。会计分录为：

借：代理业务资金——××债券××年度××期次××期限户

　　贷：存放中央银行款项（或活期存款）——××委托人户

　　贷：中间业务收入——代理发行债券户

(3)发行债券结束后的处理。主要包括以下几个环节。①债券发行工作结束后，商业银行应及时上交应划转的债券资金款项。款项划转后，商业银行有关代理发行债券款项科目余额应为零。②清点剩余实物债券，核对账、券无误后，由债券保管员按种类填写"重要单证入库单"，按债券入库手续办理债券退库。③已签发的凭证式债券金额总数与债券发行资金金额台账核对相符。④剩余债券收款凭证按重要空白凭证退库手续办理退库。

3.代理兑付债券的核算

代理兑付债券，是指银行按照客户委托对其发行的到期债券进行兑付的债券业务。代理兑付债券，必须取得或垫付一定的兑付资金，其兑付资金的处理一般有三种形式：①先垫支资金，兑付时由各行处垫付资金，在上交已兑付债券后，根据相关部门开具的"债券款项划转通知书"向上级行划付资金；②当日兑付，当日划收。代理当地财政、人民银行兑付国债及国债收款单所垫付的资金在每日营业终了前，根据相关部门提供的"划拨兑付国债资金通知书"，当日划回国债本息；③先预拨兑付资金。上级行按各行发行债券本金数，计算出兑付资金数，将债券兑付资金先行拨到各行，用于债券到期的兑付。

(1)商业银行兑付前取得兑付资金的核算

①收到代理兑付债券还本付息资金的核算。商业银行上级行收到委托人拨入的还本付息资金时，以人民银行的收账通知（或其他凭证）作借方记账凭证，并据以填制贷方记账凭证两联，一联作贷方记账凭证，另一联加盖"转讫章"交业务部门。会计分录为：

借：存放中央银行款项（或单位活期存款）

　　贷：代理业务资金——××拨入单位××债券户

上级行按照下级行到期还本付息金额向下级行拨付资金时，会计部门凭业务部门提供的汇拨款项通知办理资金拨付，同时，填制特种转账借方凭证两联，一联作借方记账凭证并据以办理汇划，以业务部门的通知单作附件，另一联加盖"转讫章"交业务部门。会计分录为：

借：代理业务资金——××拨入单位××债券户

　　贷：辖内往来——电子汇划款项户

下级行收到资金时，根据电子汇划有关凭证办理转账，电子汇划收款补充报单第二联加盖"转讫章"交业务部门。会计分录为：

借：辖内往来——电子汇划款项户

　　贷：代理业务资金——××拨人单位××债券户

②代理兑付债券的核算。储蓄所代理兑付实物券时，兑券人持实物券兑取现金或转存存款时，应填写"债券兑付清单"，连同债券一并交经办人。经办人应认真清点债券数量，核对金额，审核债券是否到期，是否属于商业银行兑付，有无假券和变造券。核对无误后，计算应付利息，填入兑付清单内，并加盖"现金讫章"或"转讫章"和经办人名章，在债券正面加盖"已兑付"戳记，登记"现金收付清单"，然后按兑付清单上的本息合计金额配付现金，复点无误后，将现金交兑券人。兑券人要求转存储蓄存款的，将兑付资金按储蓄存款手续办理转账。会计分录为：

借:代理业务占款——××债券××年度××期次××期限本金户

代理业务占款——××债券××年度××期次××期限利息户

贷:现金——××机构业务现金户

或:××储蓄存款——××存款人户

储蓄所按规定上划债券资金时,应填制“内部往来划付款报单”一式两联,特种转账借、贷方凭证各二联,以特种转账贷方凭证作贷方记账凭证,内部往来划付款报单存根联作借方记账凭证,内部往来划付款报单通知联及特种转账借方凭证交会计部门。会计分录为:

借:辖内往来——××机构往来户

贷:代理业务占款——××债券××年度××期次××期限本金户

代理业务占款——××债券××年度××期次××期限利息户

会计部门收到储蓄所提交的内部往来划付款报单通知联及特种转账借方凭证后,以内部往来划付款报单通知联作贷方记账凭证,特种转账借方凭证作借方记账凭证。会计分录为:

借:代理业务占款——××债券××年度××期次××期限本金户

代理业务占款——××债券××年度××期次××期限利息户

贷:辖内往来——××机构往来户

会计柜台转账兑付实物券时,兑券人持实物券兑付并要求转账时,应填写“债券兑付清单”,连同债券一并交银行经办人。经办人应认真清点债券数量,核对金额,审核债券是否到期,是否属于商业银行兑付,有无假券和变造券。核对无误后,计算应付利息,填入兑付清单内,并加盖“转讫章”和经办人名章,在债券正面加盖“已兑付”戳记。兑券人还应按兑付清单上的本息合计金额填写进账单,经办人审核凭证要素无误后,根据有关规定办理转账付款,并在进账单的回单联上加盖“转讫章”退兑券人。会计分录为:

借:代理业务占款——××债券××年度××期次××期限本金户

代理业务占款——××债券××年度××期次××期限利息户

贷:单位活期存款——××存款人户

或:××科目——××户

营业终了,营业机构应根据债券兑付清单,按债券种类分本金、利息汇总填制“债券兑付清单”两联,一联作汇总清单的附件,同时,登记“有价单证登记簿”,填制表外科目收入凭证,另一联汇总清单作附件,登记表外科目明细账:

收:已兑付债券——××机构××债券××年度××期次××期限户

对已兑付的实物券应剪去右上角,并根据有关规定按债券的种类、期次、年限办理入库手续,同时,登记“有价单证登记簿”,填制表外科目收入、付出凭证各一联,登记表外科目明细账:

付:已兑付债券——××机构××债券××年度××期次××期限户

收:已兑付债券——××金库××债券××年度××期次××期限户

③兑付行划付代理已兑付债券资金的核算。上级行未向下级行划拨债券兑付资金时,下级行应主动向上级行划付已兑付债券资金。

商业银行按规定划付已兑付债券资金时,应按债券种类,分本金和利息填制特种转账贷方凭证两联,在“转账原因”栏注明“上划××年度××期次××期限××债券兑付资金”,一联作贷方记账凭证并据以办理电子汇划,另一联加盖“转讫章”交业务部门。会计分录为:

借:辖内往来——电子汇划款项户

贷:代理业务占款——××债券××年度××期次××期限本金户

贷:代理业务占款——××债券××年度××期次××期限利息户

上级行根据电子汇划有关凭证办理转账。会计分录为:

借:代理业务占款——××债券××年度××期次××期限本金户

借:代理业务占款——××债券××年度××期次××期限利息户

贷:辖内往来——电子汇划款项户

④上缴代理已兑付债券的处理。商业银行将已兑付的债券按规定上缴上级行或人民银行时,填制"已兑付债券上缴清单"一式三联,经与实物核对无误后,按规定办理债券出库手续。一联上缴清单留存,并凭以销记"有价单证登记簿",另两联上缴清单连同已兑付债券上缴上级行或人民银行,同时,填制表外科目付出凭证,一联上缴清单作表外凭证的附件,登记表外科目明细账:

付:已兑付债券——××金库××债券××年度××期次××期限户

上级行收到商业银行送来的上缴的已兑付债券,清点无误后,在上缴清单上加盖"业务用公章"和经办人名章,上缴清单一联退商业银行,另一联上缴清单专夹保管(作为上缴上级行的依据),同时,按规定办理入库手续,填制表外科目收入凭证,登记表外科目明细账:

收:已兑付债券——××金库××债券××年度××期次××期限户

已兑付债券按规定交委托人的,由承办行参照上述方法办理。

⑤代理兑付债券资金与代理兑付债券款项科目对转的处理。商业银行应定期将"代理业务占款"科目与"代理业务资金"科目按规定进行对转。对转时,应填制特种转账借、贷方凭证各一联,其会计分录为:

借:代理业务资金——××户

贷:代理业务占款——××户

(2)商业银行兑付前未取得兑付资金的核算。兑付时由各行处垫付资金,在上交已兑付债券后,再根据相关部门开具的"债券款项划转通知书"向上级行划付资金。

其会计核算同前款②、③、④完全一致,最后上级行从债券发行方收到兑付款时的核算为:

借:存放中央银行款项

贷:代理业务占款——××债券××年度××期次××期限本金户

贷:代理业务占款——××债券××年度××期次××期限利息户

贷:中间业务收入——代理兑付收入

贷:利息收入

4.已兑付债券销毁的处理

债券销毁工作应以销毁行主管行长为组长,由个人银行业务部门牵头,会同由会计、出纳、保卫、审计等部门参加的债券销毁工作小组负责实施。销毁工作结束后,会计部门根据销毁工作小组写出的书面销毁报告及清单登记有关表外科目账及登记簿。具体程序如下:

(1)债券销毁应根据上级行的销毁通知,先由金库根据未发行债券、已兑付债券的库存情况,提出债券销毁清单交业务部门。业务部门填制"重要单证销毁清单"一式四联,列明销毁债券的种类、数量、金额,加盖有关印章和经办人名章,金库凭以办理债券出库。销毁时,应按照重要单证销毁的有关规定组织责任部门的人员监销。

(2)销毁工作结束后,主管行长、审计、保卫、出纳、会计及有关业务部门的债券监销人应在

"重要单证销毁清单"上分别签章。一联销毁清单金库留存,凭以销记"有价单证登记簿",一联销毁清单连同销毁报告一并送业务部门,一联销毁清单连同销毁报告交上级行业务部门备案,一联销毁清单送会计部门。

(3)销毁工作结束后,会计部门应填制表外科目付出凭证,以销毁清单作表外凭证的附件,登记表外科目明细账:

付:已兑付债券——××金库××债券××年度××期次××期限户

二、代理资金清算业务

代理资金清算业务是指商业银行利用先进、安全、快捷的资金清算系统,为客户提供资金归缴、汇划、异地清算和查询查复等业务。该项业务可保证客户资金在商业银行系统内实现24小时到账抵用,加急资金汇划业务在数小时内到达指定账户。目前,商业银行开展的该项业务主要为代理中小商业银行和外资银行资金清算、代理期货结算业务、代理证券资金清算业务等。

(一)代理其他商业银行异地资金清算业务

1.代理资金清算业务的方式

目前,代理资金清算业务一般采用两种方式:集中方式与分散方式。

(1)集中方式。是指委托行代表其所属营业网点统一设置一个集中清算点,与代理行清算中心(组)连接,其所属营业网点异地资金汇划业务统一由集中清算点发送和接收。在集中方式下,委托行在代理行资金清算中心(组)开设一个银行清算存款户,其所有营业网点业务信息均通过委托行集中清算点与代理行清算系统交换,汇出、汇入款项均通过该账户予以清算。

(2)分散方式。其是指委托行及其所属营业网点分别设立清算点,分别与清算中心(组)连接,委托行各营业网点在各自的清算点发送和接收电子汇划业务。在分散方式下,委托行及其所属营业网点分别设立应用终端与代理行清算系统交换业务信息,各自开设备付金账户,并通过该账户进行汇划资金清算,或者委托行及其所属营业网点设置银行清算存款户,所有网点发出的异地结算业务所产生的汇差均使用该账户清算。

2.代理汇划汇差资金清算的核算

(1)汇出行的处理。汇出行清算中心(组)营业日终处理以后,根据汇总打印的记账凭证销记电子汇划款项账户。会计分录为:

电子汇划款项账户余额为借方时:

借:银行清算存款

  贷:清算资金往来——电子汇划款项(委托行往来户)

电子汇划款项账户余额为贷方时,会计分录相反。

(2)汇入行的处理。汇入行清算中心(组)营业日终按汇划业务不同,分别作如下处理:

第一,对直接汇入委托行清算点的汇划款项,清算中心(组)营业日终汇总打印记账凭证,办理资金清算。会计分录为:

电子汇划款项账户为贷方余额时:

借:清算资金往来——电子汇划款项(委托行往来户)

  贷:银行清算存款

电子汇划款项账户为借方余额时,会计分录相反。

第二，其他业务视同一般汇划款项办理资金清算。会计分录为：

电子汇划款项账户为贷方余额时：

借：清算资金往来——电子汇划款项(××行往来户)

　贷：清算资金往来——××行往来户

　或：存放系统内款项——开户行会计户

电子汇划款项账户为借方余额时，会计分录相反。

3. 代理费用的收取

开办代理业务的清算中心(组)，按照代理协议规定的收费标准，由清算系统定期结计手续费、邮电费等代理费用，从委托行存款项账户扣收后，按规定分别记入手续费收入和冲减营业费用。会计分录为：

借：银行清算存款

　贷：中间业务收入——代理清算收入户

　贷：其他应收款——邮电费户

(二)代理证券资金清算业务

代理证券资金清算业务的商业银行各级分支机构应根据中国证监会和中国人民银行有关规定为证券公司开立客户交易结算资金专用存款账户，并只能通过该账户完成证券公司与深圳、上海登记结算分公司清算备付金账户之间的客户交易结算资金划转事宜，证券公司承销上市证券从客户处所筹集的资金，应当通过证券公司在其主办银行的客户交易结算资金专用存款账户划给发起人。客户提款、证券公司将收取客户的费用转入自有资金专用存 款账户等业务除外。同时，根据中国证监会和中国人民银行有关规定为证券公司开立自有资金专用存款账户，并只能通过该账户之间完成证券公司与深圳、上海登记结算分公司清算备付金账户之间的自有资金划拨事项。

1. 证券资金划转的要求

商业银行各分支机构办理证券公司向深圳、上海登记结算分公司划入清算备付金时，必须要求证券公司注明该笔资金性质，未注明的视为客户资金。如果划入清算备付金账户的是自营资金，汇款账户必须是其自有资金专用账户，并同时根据深圳、上海登记结算分公司的有关要求将该信息报送深圳、上海登记结算分公司用于统计。证券资金清算系统内划转不论金额大小一律通过商业银行清算系统进行。证券资金划转凭证应加盖“加急”专用章，会计、清算部门对该笔资金划转必须作单笔加急处理。另外，会计、清算部门必须对证券资金划转凭证接收传递各个环节建立交接签收制度，严格登记交接时间。同时，证券资金划转的处理必须符合如下规定：

(1)对付款行的要求。付款行会计部门从收到证券公司(或交易所)划款指令应在最短的时间内按规定进行处理后将证券资金划转凭证以及电子文件专人转送到清算部门，清算部门对证券资金清算有关凭证和电子文件信息进行审核，应作到随收随发。付款行会计部门在处理证券资金划转凭证时，内容必须完整，不得将有关要素随意压缩、省略、甚至抹掉(如摘要中的券商客户结算资金专户账号等)。

(2)对收款行的要求。收款行清算部门收到证券资金汇入信息，应作到随收随处理，将电子汇划信息及时转发会计部门并打印有关凭证交会计部门入账。收款行会计部门对收到的证券资金划转凭证要认真审核，不得擅自将该笔汇款作挂账或退单处理。如有疑问，应主动与付款行及证券公司联系，核实情况后妥善处理。特殊情况必须作挂单或退单处理，并报主管行长批准。

(3)付款行与收款行的对账制度。办理证券资金划转业务，银行必须实行分岗制度，对每笔业务的操作均实行复核制，并严格执行对账制度，及时查证、处理不符账务，保证证券资金划转准确无误。

2. 新股认购资金的处理

商业银行各级分支机构应注意新股认购所引起的头寸变化，作好资金调度工作，保证新股资金的及时划转，积极配合深圳和上海分行作好新股验资专户的管理工作。

(1)在上网发行新股的次一交易日(T＋1 日)，各级分支机构应根据当地证券公司的资金汇划指令，于下午 3 时以前将新股申购资金汇入交易所开户行。收款行收到款项后，将从深圳、上海登记结算分公司的“代理证券资金清算系统”接收到的信息与从资金清算中心(组)接收的证券资金到账信息进行核对，如出现不一致，应主动与付款行联系，查明原因，按“在途资金”处理。若因特殊情况造成新股认购资金无法在下午 3 时以前汇出，付款行应在下午 3 时主动与收款行联系，由双方协商后，予以妥善处理。

(2)验资银行收到款项后要严格按照深圳、上海证券交易所的有关规定配合交易所完成新股申购资金的验资工作。

(3)在新股资金返还日(T＋4 日)，各级分支机构应提前与证券公司预约，备足资金头寸，以保证对证券公司的支付。

3. 在途资金的处理

证券公司资金因人民银行联行清算系统资金在途造成其证券资金清算资金头寸不足，各一级分行在满足以下条件的情况下，可应证券公司法人的要求为其解决隔夜头寸。同时将有关情况报告深圳、上海证券交易所。

(1)根据证券公司提供(他行已受理)的汇款凭证，核实证券公司资金在途情况，确保垫付资金能在下一工作日银行营业终了前到账。

(2)垫付期限不能超过一个工作日，且不得以逾期罚息等方式变相延长垫付期限，为证券公司提供连续的隔夜头寸。

(3)垫付资金金额原则上不能超过证券公司实收资本金的 80％。

(4)垫付资金视为同业拆借管理，要签订相关协议，并根据双方协定的拆借利率收取利息。

若付款行已将证券资金汇划信息通过网络系统发往收款行，但因商业银行系统内部原因造成资金未能在当日营业终了前到达收款行账户，收款行应主动与付款行联系，查明原因，作垫付资金处理，同时将情况书面(连同凭证)逐级报上级行存管业务归口管理部门和资金部门，由商业银行总行营业部按活期存款透支罚息利率代为从付款行收取罚息。

第三节 保管箱业务

一、保管箱业务

保管箱业务是指商业银行以出租保管箱的形式代客户保管贵重物品、重要文件、有价单证等财物的服务性项目。通过办理此类业务，商业银行可向委托人收取手续费、保管费或租金。商业银行各分支机构开办保管箱业务，必须报经总行批准，并报当地人民银行备案，同时必须严格执行以下内控规定:①实行双人管库制度,保管箱业务会计和出纳必须分设,相互不得兼任;②保管箱设备的选购,由总行统一管理,未经总行授权,各分支机构一律不得自行购置保管箱设备;③保管箱钥匙分公钥和分钥两种,公钥、分钥共同使用方可开启保管箱;④个人租用保管箱,可授权一人与其共用。

(一)保管箱租用的处理

出租保管箱应收取租金及保证金。保管箱租期、租金按年计算。租金一律实行预交,租期内如遇价格调整,均按交付时的价格收取。保证金在申请租箱时一次交付,主要用于扣除逾期租金及银行凿箱等费用,保证金待租用人退租手续办清后退还租用人。

银行经办人收到申请人提交的申请书、支款凭证及有关证件审核无误后,按规定预留租用人印鉴(密码),填制“业务收费凭证”一式三联和“保管箱押金收据”一式三联,向租用人收取押金和租金。第一联押金收据与申请书一起专夹保管,以有关支款凭证等作借方记账凭证,收费凭证第一联作借方记账凭证附件,收费凭证第二联作“保管箱业务收入”科目贷方记账凭证,另填制一联贷方记账凭证作“其他应付款”科目记账凭证,押金收据作附件,第三联收费凭证和第三联押金收据退申请人。会计分录为:

借:现金——××机构业务现金户

　或:单位活期存款——××户

　或:××科目——××户

　贷:中间业务收入——保管箱业务收入

　贷:其他应付款——保管箱押金户

同时,登记“保管箱租箱、退箱登记簿”,填制表外科目付出凭证,登记表外科目明细账:

付:重要空白凭证印鉴卡在用户

(二)保管箱续租的处理

银行经办人收到租用人提交的申请书及有关证件等审核无误后,取出原申请书留存联,加盖“续租”戳记,登记“保管箱租箱、退箱登记簿”,同时,填制“业务收费凭证”一式三联向租用人收取租金,其余处理手续按“(一)”程序进行办理。

(三)保管箱退租的处理

商业银行经办人收到租用人提交的申请书、押金收据第二联及有关证件等审核无误,并与原申请书留存联核对一致后,登记“保管箱租箱、退箱登记簿”。实际退还押金金额按原押金余额扣除逾期租金计算;提前退租的,租金不予退还。待租用人将保管箱物品全部取出并交还两把保管箱钥匙后,将押金退承租人。同时,填制一联借方记账凭证,以押金收据第一、三联,申请书留存联等有关资料作借方记账凭证附件,另填制贷方记账凭证办理转账(如有扣收租用人逾期租金情况,则另填制业务收费凭证一式三联,第三联作借方记账凭证附件,第二联作“保管箱业务收入”科目贷方记账凭证,第三联退租用人)。会计分录为:

借:其他应付款——保管箱押金户

　贷:中间业务收入——保管箱业务收入

　贷:现金——××机构业务现金户

　　或:××科目——××户

(四)更换印鉴和挂失的处理

租用人因印鉴更换、钥匙丢失申请挂失的,应填写“保管箱印鉴、钥匙挂失申请书”(以“挂失申请书”代），并出具有关证明及有效身份证件。银行经办人根据留存资料进行审查，同意受理后即在规定的时间内冻结开箱。挂失申请书加盖“业务用公章”后，第一联专夹保管，第二联退租用人，第三联交业务部门，并按规定收取挂失手续费，同时，填制“业务收费凭证”一式三联，第一联作借方记账凭证或借方记账凭证的附件，第二联作贷方记账凭证，第三联交租用人。会计分录为：

借：现金——××机构业务现金户

　或：××科目——××户

贷：中间业务收入——保管箱业务收入

（五）凿箱和换锁的处理

1.正常凿箱的处理

挂失期满，需要办理凿箱或换锁的租用人，凭挂失申请书办理凿箱或换锁手续，并交纳专用锁成本和换锁费用。银行应填制“业务收费凭证”一式三联，第一联作借方记账凭证附件，第二联作“保管箱业务收入”科目贷方记账凭证，第三联交租用人，另填制一联贷方记账凭证作“库存物资”科目记账凭证，有关凭证作借方记账凭证办理转账。会计分录为：

借：现金——××机构业务现金户

　或：××科目——××户

贷：中间业务收入——保管箱业务收入

贷：库存物资——保管箱专用锁

2.非正常凿箱的处理

非正常凿箱是租用人因故逾期而发生的凿箱、司法执行凿箱及公证凿箱等。发生非正常凿箱时，银行经办人凭非正常凿箱证明，填制“业务收费凭证”一式三联，第一联作借方记账凭证附件，第二联作“保管箱业务收入”科目贷方记账凭证，第三联交租用人，另填制一联贷方记账凭证作“库存物资”科目记账凭证；如银行支用保管箱押金时，应填制两联特种转账借方凭证，一联作借方记账凭证，一联交租用人作扣款通知。会计分录为：

借：其他应付款——保管箱押金户

　或：现金——××机构业务现金户

　或：××科目——××户

贷：中间业务收入——保管箱业务收入

贷：库存物资——保管箱专用锁

3.收取赔偿金的处理

保管箱租用人因损坏箱体、丢失钥匙而交纳赔偿金时，银行应填制“业务收费凭证”一式三联，第一联作借方记账凭证或借方记账凭证的附件，第二联作贷方记账凭证，第三联交租用人；如银行支用保管箱押金时，应填制两联特种转账借方凭证，一联作借方记账凭证，一联交租用人作扣款通知。会计分录为：

借：其他应付款——保管箱押金户

　或：现金——××机构业务现金户

　或：××科目——××户

贷：营业外收入

(六)收取滞纳金的处理

当超过保管期限而未办理退租或续租手续时，租用人应交纳滞纳金。银行收取滞纳金时，应填制“业务收费凭证”一式三联，第一联作借方记账凭证或借方记账凭证的附件，第二联作贷方记账凭证，第三联交租用人。会计分录为：

借：现金——××机构业务现金户

　或：××科目——××户

贷：营业外收入

第四节　国内保函业务

一、保函业务的概念

保函是指商业银行根据申请人的请求，以其自身的信誉向商业交易的另一方担保该商业交易项下的某种责任或义务的履行，而做出的一种具有一定金额、一定期限、承担某种支付责任或经济赔偿责任的书面付款保证承诺。其承诺，当申请人不履行其债务时，由商业银行按照约定履行债务或承担责任。商业银行开办保函业务的类型包括投标保证、承包保证、履约保证、预收(付)款退款保证、工程维修保证、质量保证、来料加工保证及来件装配保证、关税保付保证、保释金保证、付款保证、延期付款保证、分期付款保证、借款保证、租赁保证、补偿贸易保证、账户透支保证等，可划分为付款类保函、履约类保函和债务类保函。根据相关规定，商业银行不得办理下列事项的保证：①违反我国法律、法规和社会公共利益的保证；②企业注册资本及股本性投资的保证；③以商业银行分支机构为受益人的保证；④商业银行认为不宜办理的其他保证。

商业银行开办保函业务，必须严格遵循自主经营、授权经办和反担保保障原则，在出具保函前必须让申请人提供保证金或其他反担保形式，同时交付一定金额的保证费用。保证费用应按照保证期限每三个月向被保证人收取一次，保证期限不满三个月的，按三个月收费。保函不得转让，不得设定担保，不得擅自修改变更。商业银行因履行保证责任垫付资金的，对垫付的资金，自垫付之日起按逾期贷款利率计收利息。另外，保函业务由各级行信贷部门归口管理。

二、保函业务的核算

(一)收取保证金的核算

申请人采取缴存保证金的方式委托担保。商业银行信贷部门与申请人、反担保人正式签订“出具保函协议书”和相应的反担保的合同后，申请人交存保证金的，应提交有关支付票据及进账单一式三联。银行经办人审核无误后，以支付票据作借方记账凭证，进账单第一联加盖“转讫章”退申请人作回单，第二联作贷方记账凭证，第三联加盖“业务公章”交业务部门。会计分录为：

借：活期存款——××申请人户

　或：××科目——××户

贷：保证金存款——××申请人户

申请人若采取质押、抵押提供反担保，商业银行应按照担保物的核算规定进行核算。

(二)收取手续费的核算

“出具保函协议书”生效后，经办银行应根据业务部门通知按照“出具保函协议书”的约定及时向被保证人收取手续费，同时，填制业务收费凭证并办理转账。会计分录为：

借：单位活期存款——××被保证人户

　贷：中间业务收入——担保业务收户

同时应填制表外科目收入凭证，登记表外科目明细账：

收：开出保函——××申请人户

(三)担保垫款的核算

1.垫付款项的处理

被保证人在合同时间内未能筹足偿债资金，而使商业银行垫付款项时，应向被保证人和反担保人主张追索权及反担保债权。

(1)申请人采取缴存保证金方式提供反担保的，应首先全额扣划保证金，不足部分列“逾期贷款——担保垫款”科目核算，营业柜台应根据有关原始凭证填制特种转账借、贷方凭证办理转账。会计分录为：

借：单位活期存款——××被保证人户

　保证金存款——××申请人户

　逾期贷款——担保垫款——××被保证人户

　贷：单位活期存款——××保函受益人户

同时，填制表外科目付出凭证，登记表外科目明细账：

收：开出保函——××申请人户

(2)申请人采取质押、抵押、第三方保证方式提供反担保的，银行应按照担保物核算规定中有关垫款规定处理，同时，填制表外科目付出凭证，登记表外科目明细账：

收：开出保函——××申请人户

2.结计担保垫款利息收入的处理

银行在结计担保垫款利息收入时，应按规定计算利息并填制“利息清单”一式三联，第一、二联分别作借、贷方记账凭证，第三联交客户。会计分录为：

借：应收利息——应收担保垫款利息××被保证人户

　贷：利息收入——担保垫款利息收入户

3.收回垫付款项的处理

收回担保垫款时，客户应填制支付凭证偿还垫款，银行在支付凭证第一联加盖“转讫章”后退客户。会计分录为：

借：单位活期存款——××被保证人户

　贷：逾期贷款——担保垫款××被保证人户

　　应收利息——应收垫款利息××被保证人户

(四)保函到期或终止担保的处理

保证期届满，商业银行未承担保证责任的，或保证金存款用于保证项下的支付仍有余额的，商业银行应在收回保函后，可根据被保证人的请求将款项从相关账户转出。退还时，申请人应提交有关支付票据及进账单一式三联，营业柜台审核无误后，以有关支款凭证作借方记账凭证，进账单第一联加盖“转讫章”退申请人作回单，第二联作贷方记账凭证，第三联加盖“转讫章”交被担保人。会计分录为：

借：保证金存款——××申请人户

　贷：单位活期存款——××被保证人户

同时，填制表外科目付出凭证，登记表外科目明细账：

付：开出保函——××申请人户

第五节　基金托管业务

一、基金托管业务的内容

基金托管业务是指有托管资格的商业银行接受基金管理公司的委托，安全保管所托管的基金的全部资产，为所托管的基金办理基金资金清算款项划拨、会计核算、基金估值，并监督基金管理人的投资运作。基金托管业务包括封闭式证券投资基金托管业务、开放式证券投资基金托管业务和其他基金的托管业务。

经批准设立的基金，应当委托经中国证监会和中国人民银行审查批准的商业银行作为基金托管人托管基金资产，基金资产必须是独立于基金托管人的资产。基金托管人应设立专门机构负责基金托管业务，商业银行应设立独立的基金托管部和托管分部负责基金托管业务。

基金核算属于代理核算，它独立于商业银行自营性业务，其实行分账核算，单独报告，相关业务不纳入商业银行资产负债表。基金托管部以基金为会计核算主体，单独建账、独立核算，保证不同基金之间在名册登记、账户设置、资金划拨、账簿记录等方面相互独立。同时，基金托管部应定期对基金管理人计算的基金资产净值及基金价格进行复核、审查，出具基金业绩报告，提供基金托管情况，并向中国证监会和中国人民银行报告。基金托管的会计核算由基金托管部按照财政部制定的《证券投资基金会计核算办法》执行。

二、资金往来和交割清算的核算

基金管理公司与托管银行的资金往来主要体现为资金的存放、借贷及划拨清算。涉及资金往来和交割清算的业务主要是基金的发行和撤销、证券交易以及资金借贷等。

1.基金发行的核算

开户银行将收到的投资人的申购款及时划入基金管理公司账户，并通知基金管理公司(基金托管部)。基金管理公司(基金托管部)按照实际收到的金额，借记“银行存款”科目，按基金单位发行总额，贷记“实收基金”科目，按其差额，贷记“其他收入”科目。

开户银行会计分录为：

借：信用卡存款——××户

　贷：基金存款——××基金管理公司账户

基金管理公司(基金托管部)会计分录为：

借：银行存款——××银行户

　贷：实收基金——××户

　　其他收入——××户

2.证券交易的核算

基金管理公司的证券交易市场有两个，一个是证券交易所，即上交所和深交所，另一个是银行间市场。相应其资金头寸也分为存放商业银行资金和存放证券交易所资金两部分。

(1)基金管理公司通过证券交易所买卖股票、债券的交易,通过其在证券交易所的清算备付金办理资金交割清算。

买入证券成交日,基金管理公司按证券成交总额加相关费用,借记投资类科目,按应支付的证券清算款,贷记"证券清算款"科目,按应付券商佣金,贷记"应付佣金"科目。会计分录为:

借:股票投资——××股票户

  或:债券投资——××债券户

  或:买入返售证券——××证券户

 贷:证券清算款——××机构户

  应付佣金——××机构户

资金交收日,按实际支付的款项,办理资金交割清算。会计分录为:

借:证券清算款——××机构户

 贷:清算备付金——××机构户

卖出证券成交日,按应收取的证券清算款,借记"证券清算款"科目,按结转的证券投资成本,贷记投资类科目,按应付券商佣金,贷记"应付佣金"科目,按其差额,贷记或借记"股票差价收入"科目。会计分录为:

借:证券清算款——××机构户

借(或贷):股票差价收入——××户

 贷:股票投资——××股票户

  或:债券投资——××债券户

  或:买入返售证券——××证券户

 贷:应付佣金——××机构户

资金交收日,按实际收到的款项,办理资金交割清算。会计分录为:

借:清算备付金——××机构户

 贷:证券清算款——××机构户

(2)基金管理公司通过银行间市场等买卖证券的,需要托管商业银行办理资金交割清算。

当买入证券成交时,基金管理公司(基金托管部)向银行发出支付指令,通知银行办理资金清算,同时按实际支付的价款确认投资成本。

基金管理公司(基金托管部)会计分录为:

借:股票投资——××股票户

  或:债券投资——××债券户

  或:买入返售证券——××证券户

 贷:银行存款——××银行户

商业银行会计分录为:

借:基金存款——××基金管理公司户

 贷:清算资金往来——电子汇划户

  或:××科目——××户

当卖出证券成交时,基金管理公司应于实际收到全部价款后确认债券差价收入,债券差价收入按实际收到的全部价款与其成本、应收利息的差额入账。

基金管理公司(基金托管部)会计分录为:

借:银行存款——××银行户

借或贷:债券差价收入——××户

贷:股票投资——××股票户

或:债券投资——××债券户

或:买入返售证券——××证券户

贷:应收利息——××户

商业银行会计分录为:

借:清算资金往来——电子汇划户

或:××科目——××户

贷:基金存款——××基金管理公司户

3.托管业务收益处理

基金管理公司(基金托管部)应按基金契约和招募说明书中载明的相关事项,逐日计提基金托管费,定期支付给基金托管人。

(1)按日应付托管费时,会计分录为:

借:基金托管费——应付××银行户

贷:应付托管费——××户

(2)支付基金托管费时,会计分录为:

借:应付托管费——××户

贷:银行存款——××银行户

(3)托管银行收到基金托管费时,列为中间业务收入。会计分录为:

借:基金存款——××基金管理公司户

贷:中间业务收入——基金托管收入

本章小结

本章介绍了中间业务的概念及种类,并对目前商业银行主要实施的中间业务进行了介绍。目前大力发展中间业务是我国商业银行完善服务功能、优化资产结构及提高自身综合竞争力的必然选择。通过学习可以了解中间业务发展的趋势和特点;理解中间业务的涵义、中间业务的种类和操作流程;掌握中间业务品种的处理手续。从而为中间业务全面风险管理提供经验。

关键术语

中间业务　委托贷款　代理债券　保管箱业务　保函　代理资金清算业务

基金托管业务

思考练习题

1.什么是中间业务?我国商业银行目前开展几种中间业务?

2.中间业务与传统存贷款业务相比有何特点?

3.简述债券发行业务的核算。

4.债券代理业务有几种?简述其核算程序。

5. 委托贷款中委托人和受托银行谁承受的风险大？为什么？
6. 银行的债券自营业务属于中间业务吗？为什么？
7. 代理发行债券有几种方式？它们之间有什么区别？
8. 转账结算业务属于中间业务吗？为什么？
9. 什么是银行的代理业务？其可以采取何种担保形式？
10. 什么是保管箱业务？租用保管箱时应怎样进行核算？
11. 什么是保函？商业银行开办的保函业务有哪几种？

第九章　金融机构往来业务

本章要点

1. 金融机构往来的涵义和内容
2. 缴存存款准备金的范围和基本规定
3. 再贷款和再贴现的核算
4. 通过中央银行办理大额转汇的基本流程
5. 同业拆借的规定和核算
6. 同城票据交换业务
7. 支票影像交换系统

第一节　金融机构往来概述

金融机构是社会经济活动的总枢纽，国民经济各单位和各部门之间的资金划拨与款项支付结算都必须通过金融机构来完成。我国金融组织体系是以中央银行为主导，商业银行为主体、多种金融机构并存发展的多元化结构。金融机构之间的资金往来是整个社会资金运动的主要途径。

一、金融机构往来的内容

金融机构往来是指商业银行与商业银行之间、商业银行与中央银行之间、商业银行与非银行金融机构之间，由于办理资金的调拨与缴存、款项的汇划与结算、资金的融通与拆借等原因而引起的资金账务往来。金融机构往来涉及的主体主要是三个，即中央银行、商业银行和非银行金融机构。往来内容包括：各商业银行与中央银行之间的往来、各商业银行之间的往来、商业银行与非银行金融机构的往来、中央银行与非银行金融机构的往来以及非银行金融机构之间的往来等等。本章主要阐述以商业银行为核心的金融机构之间的往来。

(一)商业银行与中央银行往来

商业银行与中央银行往来，是指中央银行与国有商业银行、股份制商业银行以及地方性商业银行之间由于资金融通、调拨、汇划款项等引起的资金账务往来。商业银行与中央银行往来的内容主要包括：各商业银行经收的国家金库款以及其他财政性存款按规定全部缴存中央银行；各商业银行吸收的一般性存款按规定比例缴存中央银行法定存款准备金以及超额准备金存款；商业银行营运资金不足时可向中央银行申请借款，包括再贷款、再贴现；各商业银行通过中央银行办理异地及跨系统资金汇划、同业间资金拆借、同城票据清算以及转贴现等业务。

(二)商业银行之间往来

商业银行之间往来也叫同业往来,是指商业银行之间由于办理跨系统结算、相互拆借等业务所引起的资金账务往来。由于各单位在不同的商业银行开户,相互之间的货币结算构成商业银行往来的主要内容。同时,各商业银行之间的同业拆借、同业存款、跨系统汇划款项等也构成商业银行往来的重要内容。

商业银行之间跨系统的资金划、汇划款项及相互之间办理货币结算、代收或代付款项的清算,其金额在10万以下的通过同业往来核算,采取相互转汇的方法办理。商业银行系统内50万元以上和跨系统金额在10万以上的大额汇款和资金划拨,一律通过中央银行办理转汇并同步清算资金。商业银行之间资金横向融通和相互拆借资金,应通过中央银行存款账户进行核算,不能互相直接拆借资金。

(三)商业银行与非银行金融机构往来

商业银行与非银行金融机构往来是指商业银行与保险公司、信托投资公司、金融租赁公司、财务公司等其他金融机构之间由于资金划转、票据交换等业务所引起的资金账务往来。虽然保险公司、财务公司、信托投资公司、金融租赁公司等非银行金融机构按规定不能从事吸收储蓄存款等商业银行业务,但它们可以将资金存入银行,必要时也可向银行借款,还会发生相互之间的资金清算,从而形成与商业银行的往来关系。

此外,从广义上讲,金融机构往来还包括非银行金融机构与中央银行往来以及非银行金融机构之间往来,这里不再赘述。

二、金融机构往来的核算要求

金融机构往来是各银行之间的资金账务往来,体现了银行之间的债权和债务关系,所以金融机构往来的管理是银行会计工作管理的一项重要内容。具体有以下四点要求:

第一,要坚持“资金分开,独立核算”的原则,严格划分各商业银行和中央银行、各商业银行之间的资金界限。

第二,商业银行在中央银行的存款账户不得透支;计划内借款不得超过中央银行核定的额度;要求留足备付金,如备付金不足应及时调度资金;同业拆借应通过双方在中央银行的存款户办理转账,不得取现金,不能互相直接拆借现金。

第三,各商业银行之间临时性的资金占用要及时清算。如临时资金头寸不足,可相互融通资金,进行拆借,到期后应及时还本付息;对于相互代收代付款项的汇划和票据交换的差额及时办理资金划拨手续,不能长期占用他行资金。

第四、要体现畅通汇路的要求,及时办理跨系统的结算业务,加速社会资金的周转。

第二节 商业银行与中央银行往来业务

一、商业银行向中央银行存款的核算

(一)存款科目设置及使用

为了核算商业银行向中央银行存款业务,商业银行特设置以下科目:

1.“存放中央银行款项”科目

本科目属于资产类科目,核算各商业银行在中央银行开户而存入的用于支付清算、调拨款项、提取及缴存现金、往来资金结算以及吸收存款的一定比例缴存于中央银行的款项和其他需要缴存的款项。存放中央银行的各种款项应分别性质进行核算。

商业银行增加在中央银行的存款时，借记本科目，贷记“现金”、“同城票据清算”等科目；减少在中央银行的存款时，借记“现金”、“同城票据清算”等科目，贷记本科目。银行按期收到准备金存款的利息收入时，借记本科目，贷记“金融企业往来收入”科目。

2.“存放中央银行特种存款”科目

本科目属于资产类科目，核算和反映商业银行按规定存入中央银行的金融机构特种存款，包括商业银行吸收军队、武警所下属单位的经费存款和军队企业的各项资金等。本科目应按存款期限进行明细核算

银行存入中央银行特种存款时，借记本科目，贷记“存放中央银行款项”科目；存款到期时，借记“存放中央银行款项”科目，贷记本科目、“金融企业往来收入”等科目。

3.“代理业务占款”科目

本科目属于资产类科目，核算银行代理业务中所运用、占用及垫付的款项，划缴中央银行财政性存款使用此科目核算。

(二)向中央银行存取现金的核算

根据货币发行制度的规定，商业银行需核定各行处业务库必须保留的现金限额，并报开户中央银行发行库备案。当现金超过规定的库存现金限额时，需缴存中央银行发行库；当需用现金时签发现金支票到开户中央银行发行库提取。

1.向中央银行缴存现金的核算

商业银行向中央银行缴存现金时，填制现金缴款单一式两联，连同现金一起送缴中央银行发行库。清点无误后，中央银行在现金缴款单上加盖“现金收讫”戳记并退回一联给商业银行做入账依据，会计分录为：

借：存放中央银行款项

　贷：现金

2.向中央银行支取现金的核算

支取现金时，商业银行填写现金支票经中央银行审查后办理取款手续，会计分录为：

借：现金

　贷：存放中央银行款项

(三)向中央银行缴存存款的核算

根据存款准备金制度的规定，商业银行和其他金融机构应按规定的比例向中央银行缴存存款准备金(包括法定存款准备金和一般存款准备金)。商业银行缴存存款准备金是中央银行实施宏观调控的货币政策工具之一，也是对金融机构进行监督管理的有效手段。

1.缴存存款的范围与有关规定

(1)缴存存款的范围。缴存存款包括缴存财政性存款和缴存一般性存款，它们之间性质不同，应注意严格划分，不得混淆。

财政性存款的缴存范围是：国家金库款(轧减中央经费限额支出数)；地方财政预算内、外存款；待结算财政款项(轧减借方数)；财政发行的国库券及各项债券款项(轧减国库券及各项债券款项数)。

一般存款的缴存范围是：各商业银行吸收的企业存款；金融机构存款；储蓄存款；农村存

款；基建单位存款；委托存款（轧减委托贷款、委托投资后的结余）和其他一般存款。另外，金融机构代理中央银行财政性存款中的机关团体存款，财政预算外存款，也划为金融机构一般存款。

特种存款的缴存范围是：各商业银行吸收的军队、武警所有编制内建制单位、编外事业单位的各项经费存款以及企业、生产经营单位的各项资金存款。

（2）缴存存款的规定。商业银行缴存款的比例，由中央银行确定。财政性存款，属于中央银行信贷资金来源，商业银行要100%缴存入民银行，不得挤占挪用。一般存款，属于商业银行的信贷资金来源，中央银行为了控制贷款规模和派生存款的不合理增长，增加资金流动性，规定应按存款总额的一定比例（2007年6月5日上调法定存款准备金率0.5%后为11.5%）缴存法定准备金。中央银行根据宏观调控的需要可对缴存比例进行调整。

调整缴存存款的时间。商业银行向中央银行缴存存款的时间，除第一次按规定时间缴存外，城市分支行（包括所属部、处）每旬调整一次，于旬后5日内办理；县支行及其所属处所，每月调整一次，于月后8日内办理。期限内遇到假日不顺延，如遇调整日最后一天为例假日，则可顺延。

调整缴存款的幅度。划缴或调整存款时，对于财政性存款，应按本旬（月）末各科目余额总数与上期同类各科目旬（月）末余额总数对比，按实际增加或减少数进行调整（以千元为最小单位，千元以下四舍五入），计算应缴存金额；对于一般性存款则按本旬（月）末各科目余额总数与上期同类科目余额总数进行对比，如增加或减少的总额达10万元（含10万元）以上的，应予调整，增加或减少不足10万元的并入下次调整。缴存（调整）金额以千元为单位，千元以下四舍五入。

2.调整缴存款的核算

商业银行按规定时间向中央银行缴存（或调整）存款时，应根据有关存款科目余额填制“缴存存款各科目余额表”一式二份，并按规定比例计算出应缴存金额，分别填制“缴存（或调整）财政性存款划拨凭证”和“缴存（或调整）一般存款划拨凭证”各一式四联。第一联贷方传票和第二联借方传票由缴存商业银行代记账传票；第三联贷方传票和第四联借方传票由中央银行代记账传票。

如为财政性存款调增补缴，商业银行以第一、第二联划拨凭证进行账务处理。会计分录为：

借：代理业务占款——划缴财政性存款

　　贷：存放中央银行款项

【例9-1】 工商银行西安分行缴存财政性存款150万元，凭划拨凭证办理转账。会计分录为：

借：代理业务占款——划缴财政性存款　　1 500 000

　　贷：存放中央银行款项　　1 500 000

如为商业银行吸收的一般存款（与特种存款类似，区别在于使用“存放中央银行特种存款”科目核算），要由总行集中每日向中央银行缴存，各基层银行及时填制上报“一般存款余额表”，总行汇总后进行缴存或调整。会计分录为：

借：存放中央银行特种存款

　　贷：存放中央银行款项——准备金存款

如为调减退回，则会计分录相反。

转账后，商业银行将两种缴存款划拨凭证的第三、四联连同缴存存款各科目余额表一份，一并交中央银行，另一份余额表留存。

【例 9-2】 中国工商银行西安南二环支行 11 月 31 日各项存款余额调整缴存存款后，已缴存财政性存款 200 万，已缴存一般性存款 300 万。11 月 15 日，该支行各存款科目余额如下：财政性存款 400 万，单位存款 1 000 万，企业存款 100 万。财政性存款缴存准备金的比例为 100%，一般性存款缴存比率为 10%。11 月 15 日在办理缴存手续时，填制缴存存款科目余额表一式两份，分别计算出应缴财政性存款金额为 200 万，应缴一般性存款金额 800 万。根据计算结果分别编制缴存存款划拨凭证，并以划拨凭证第一、第二联进行转账处理，会计分录为：

借：代理业务占款——划缴财政性存款　　2 000 000

　贷：存放中央银行款项　　2 000 000

借：存放中央银行特种存款——准备金存款　　8 000 000

　贷：存放中央银行款项　　8 000 000

3. 欠缴存款的核算

商业银行在调整应缴存款时，如果在中央银行存款余额不足，必须在规定的时间内及时筹集资金，办理调整缴存存款手续，若在规定的期限内不能调入资金，其不足支付的部分即构成欠缴存款。欠缴存款的内容包括欠缴财政性存款和欠缴一般存款。对欠缴存款的处理应按如下有关规定进行处理：对本次能实缴的金额和欠缴的金额要分开填制凭证；对本次能实缴的金额，应先缴财政性存款，如有剩余再缴存一般存款；对欠缴金额待商业银行调入资金后，应一次全额收回，中央银行不予分次扣收；对欠缴金额每日按规定比例计算罚款，中央银行随同扣收欠缴存款一并收取。

(1)发生欠缴的核算。商业银行发生欠缴存款时，应填制各科目余额表，对本次能实缴的金额，按正常调增的核算手续办理，填制财政性存款和一般存款的划拨凭证，但应注意将“划拨凭证”的“本次应补缴金额”栏改填为“本次能实缴金额”，并在凭证备注栏内注明本次欠缴金额数。对实缴金额和欠缴金额应分别进行账务处理，实缴部分的会计分录与调整补缴相同。

对欠缴的存款，另编制财政性存款(或一般存款)欠缴凭证一式四联(各联用途与缴存凭证相同)和表外科目存入传票，逐笔记入“待清算凭证”登记簿。会计分录为：

收：待清算凭证——欠缴中央银行

然后将各科目余额表第三、四联划拨凭证以及第三、四联欠缴凭证一并交中央银行；第一、二联欠缴凭证留存专夹保管。

【例 9-3】 某商业银行根据财政性存款和一般存款科目调整办理缴存存款，应缴存财政性存款 123 万，缴存一般存款 321 万，但其在中央银行只办理了缴存财政性存款，一般性存款欠缴。会计分录为：

借：代理业务占款——划缴财政性存款　　1 230 000

　贷：存放中央银行款项　　1 230 000

收：待清算凭证——欠缴中央银行　　3 210 000

中央银行收到商业银行送来的本次实缴存款的划拨凭证及各科目余额表时，按正常的缴存手续办理，会计分录与调增补缴时相同。

对收到的欠缴凭证，应通过“待清算凭证”表外科目核算，记载登记簿，对欠缴凭证第三、四联妥善保管。会计分录为：

收：待清算凭证——××银行户

(2)扣收欠缴款项的处理。中央银行待商业银行调入资金时，将欠缴款项全额收回。同时，中央银行对商业银行的欠缴存款，应按规定处以0.4‰的罚款，罚款的计算自旬后第5天或月后第8天起至欠款收回日的实际天数，算头不算尾。

商业银行收到中央银行转来的扣收欠缴存款的特种转账借、贷方传票后，与原保存的欠缴凭证第一、二联一起办理转账，会计分录为：

借：存放中央银行特种存款——准备金存款

　贷：存放中央银行款项

欠缴存款扣收后，商业银行应及时消减表外科目“待清算凭证”，销记登记簿等相关信息。

付：待清算凭证——欠缴中央银行

借：营业外支出——罚款支出户

　贷：存放中央银行款项

转账后，填制“待清算凭证”表外科目付出传票，销记表外科目登记簿，其分录为：

付：待清算凭证——中央银行户

如商业银行至下次调整时仍未补缴，则应将原欠缴凭证退回，并将欠缴款项并入下一次一并计算，但需对本次欠缴金额单独计收罚款。

【例9-4】 某商业银行欠缴4天后，接到中央银行扣收的欠缴中央银行一般存款的凭证321万元，并收到罚款单据5 136元，会计分录如下：

借：存放中央银行特种存款——准备金存款	3 210 000	
贷：存放中央银行款项		3 210 000
付：待清算凭证——欠缴中央银行	3 210 000	
借：营业外支出——罚款支出户	5 136	
贷：存放中央银行款项		5 136

(3)迟缴和少缴的处理。商业银行调增补缴存款未能在规定的时间办理的，称为迟缴；对于应缴款项大于实际缴存款项的，称为少缴。对于迟缴或少缴金额，应从最后调整日起至补缴日止每日按0.5‰计收罚息，连同迟缴或少缴款项一并上划中央银行。

二、再贷款和再贴现的核算

商业银行向中央银行办理再贷款和再贴现是商业银行重要的资金来源渠道，也是中央银行加强宏观管理调节社会资金流量的有效手段。再贷款和再贴现是商业银行和中央往来核算的重要内容。

(一)科目的设置

为了反映商业银行向中央银行借款的增减变化情况，设置以下科目：

1.“向中央银行借款”科目

(1)本科目用来核算商业银行向中央银行借入的日拆性借款、临时周转借款、季节性借款、年度性借款以及因特殊需要经批准向中央银行借入的特种借款。此科目属于负债类科目，余额应反映在贷方，反映银行尚未归还中央银行的借款。此科目下应按借款性质进行明细核算

(2)银行向中央银行借入款项时，借记“存放中央银行款项”科目，贷记本科目；归还借款

时，借记本科目，贷记“存放中央银行款项”科目。银行按期向中央银行支付利息时，借记“金融企业往来支出”科目，贷记“存放中央银行款项”科目。

2.“票据融资”科目

(1)本科目属于负债类科目，用来核算银行以客户贴入的未到期商业票据向中央银行办理再贴现和向其他商业银行办理转贴现而获得的资金。本科目应按再贴现或转贴现银行进行明细核算。

(2)银行持贴现汇票办理再贴现或转贴现时，按实际收到的金额，借记“存放中央银行款项”等科目，按票面金额，贷记本科目，按差额，借记“金融企业往来支出”科目。

再贴现或转贴现到期，收到委托收款划回的款项时，借记“存放中央银行款项”等科目，贷记本科目；未收到票款时，借记“单位活期存款”、“垫款”(付款人账户余额不足支付时)等科目，贷记本科目。

(3)月末、贴现票据到期、向其他银行转贴现、向中央银行再贴现时，按应计贴现利息，借记“递延收益”科目，贷记“利息收入”科目。

3.“向中央银行借款”科目

中央银行对商业银行的贷款实行按期限管理，商业银行为反映向中央银行取得和归还贷款的情况，在“向中央银行借款”科目下按贷款期限性质的分别设立以下账户：

(1)年度性贷款账户。中央银行为解决商业银行因经济合理增长，引起的信贷资金不足而发放的贷款，使用此账户核算。贷款期限一般为1年，最长不超过2年。

(2)季节性贷款账户。中央银行为解决商业银行因信贷资金先支后收或存贷款季节性升降等因素引起的暂时资金不足而发放的贷款，使用此账户核算。这种贷款的期限一般为1～2个月，最长不超过4个月。

(3)日拆性贷款账户。中央银行为解决商业银行因汇划款项，清算资金不足等因素引起的临时性资金不足而发放的贷款，使用此账户核算。贷款期限一般为7到10天，最长不超过20天。

(二)再贷款的账务处理

1.再贷款发放的核算

商业银行根据资金营运情况向中央银行申请再贷款时，应填制一式两份再贷款申请书，经中央银行计划部门批准后，办理借款手续。借款时，商业银行会计部门按照批准的再贷款申请书有关内容及资金调拨通知单，填写一式五联借款凭证，在借款凭证上加盖预留印鉴后，提交中央银行。

(1)中央银行的处理。借款凭证经中央银行计划部门签批后，留存第四联贷款记录卡，其余四联转送会计部门。会计部门收到四联借款凭证，以借款凭证第一、二联分别作转账借方和贷方传票，办理转账，并登记借款的商业银行的存、贷款分户账。会计分录为：

借：××银行贷款——某行贷款户

　　贷：××银行存款

第三联借款凭证盖章后，退还借款的商业银行。第五联凭证妥善保管，并定期与贷款分户账核对，以保证账据一致。

(2)商业银行的处理。商业银行收到人行退回的第三联凭证，以此代转账借方传票，另编转账贷方传票，办理转账，会计分录为：

借:存放中央银行款项

贷:向中央银行借款——再贷款户

2.再贷款到期收回的核算

(1)中央银行的处理。贷款到期,商业银行应主动办理贷款归还手续,填制一式四联还款凭证,加盖预留印鉴后提交中央银行。中央银行会计部门审查还款凭证无误,抽出原借款凭证第五联核对内容一致后,以第一、二联还款凭证分别代转账借方、贷方传票,原借款凭证第五联作贷方传票附件,办理转账。会计分录为:

借:××银行存款

贷:××银行贷款——某行贷款户

贷:金融企业往来收入——金融机构利息收入户

转账后,分别登记借款的商业银行的存贷款分户账,并将第四联还款凭证退还借款的商业银行,第三联还款凭证送计划部门保管。

当然,再贷款到期,尽管借款的商业银行未主动办理还款手续,但只要其账户上有足够资金,中央银行会计部门在征得商业银行同意后也可主动填制特种转账借、贷方传票各两联,收回贷款。特种转账借方、贷方传票的使用与还款凭证相同。

(2)商业银行的处理。商业银行收到中央银行退回的还款凭证第四联,以其代中央银行存款账户的贷方传票,同时另编贷款账户的转账借方传票办理转账。会计分录为:

借:向中央银行借款——××借款户

借:金融企业往来支出——中央银行往来利息支出户

贷:存放中央银行款项

【例9-5】 某商业银行2005月12月向中央银行借款1 000万。在接到中央银行的凭证后处理账务。2006年8月收到中央银行到期贷款的通知,本金1 000万,利息94.56万。

收到贷款资金时,会计分录为:

借:存放中央银行款项　　10 000 000

贷:向中央银行借款——再贷款户　　10 000 000

到期偿还贷款,会计分录为:

借:向中央银行借款　　10 000 000

借:金融企业往来支出——中央银行往来利息支出　　945 600

贷:存放中央银行款项　　10 945 600

(四)再贴现的核算

商业银行以已贴现而尚未到期的商业汇票向中央银行申请再贴现,再贴现一般不超过六个月。

1.受理再贴现的核算

商业银行申请再贴现时,应填制一式五联再贴现凭证,在第一联上签章后,连同已贴现的商业汇票一并交中央银行计划部门审查。

(1)中央银行的处理。中央银行会计部门接到计划部门转来审批同意的再贴现凭证和商业汇票,应审查再贴现凭证与所附汇票的面额、到期日等有关内容是否一致,确认无误后,按规定的再贴现率计算出再贴现利息和实付再贴现金额,将其填入再贴现凭证之中,以第一、二、三联再贴现凭证代传票,办理转账。会计分录为:

借:再贴现——某银行再贴现户

　贷:××银行存款

　贷:金融企业往来收入——再贴现利息收入户

再贴现凭证第四联作收账通知退还商业银行,第五联到期卡附汇票按到期日顺序排列妥善保管,并定期与再贴现科目账户余额核对。

(2)商业银行的处理。商业银行收到中央银行第四联再贴现凭证,即填制特种转账借、贷方传票,办理转账。会计分录为:

借:存放中央银行款项

借:金融企业往来支出——中央银行往来利息支出户

　贷:票据融资——向中央银行再贴现户

2.到期收回再贴现票款的核算

(1)中央银行的处理。再贴现汇票到期,中央银行主动从申请再贴现的商业银行存款账户内收取票款,根据再贴现凭证第五联到期卡,分别编制两联特种转账借方传票和一联特种转账贷方传票,以其中一联特种转账借方传票和一联特种转账贷方传票办理转账,再贴现凭证第五联作附件。会计分录为:

借:××银行存款

　贷:再贴现——某银行再贴现

转账后,另一联特种转账借方传票经加盖章后送交商业银行。

(2)商业银行的处理。商业银行收到中央银行的特种转账借方传票,另编制中央银行存款账户的贷方传票办理转账。会计分录为:

借:票据融资——向中央银行再贴现

　贷:存放中央银行款项

【例9-6】 工商银行西安沙坡支行2006年8月18日持已贴现尚未到期的银行承兑汇票一份,向中央银行申请再贴现,汇票的票面金额为250万,9月29日到期,再贴现率假定为2.4%。

首先,计算再贴现利息。

再贴现利息=2 500 000×42×2.4%÷360=7 000(元)

实际支付再贴现金额为2 500 000－7 000=2 493 000(元)

其次,将计算的再贴现利息和实付再贴现额填入再贴现凭证,以第一、二、三联再贴现凭证代传票办理转账,其会计分录为:

借:再贴现——工商银行西安沙坡支行　2 500 000

　贷:工商银行准备金存款——西安沙坡支行　2 500 000

　贷:金融企业往来收入——再贴现利息收入　7 000

工商银行西安沙坡支行的会计分录为:

借:存放中央银行款项　2 493 000

借:金融企业往来支出——中央银行往来利息支出　7 000

　贷:票据融资——××汇票再贴现　2 500 000

三、商业银行大额汇划款项的核算

商业银行大额汇划款项包括两个内容:一是商业银行系统内50万元以上(含50万元)的

款项汇划；二是商业银行跨系统10万元以上（含10万元）的款项汇划，按规定应通过中央银行转汇和清算资金。随着现代化支付系统的推广应用以及电子联行的扩展，商业银行系统内和跨系统的汇划款项，将全部由中央银行转汇和汇划，并同步实时清算资金。对于小额款项的汇划（即系统内50万元以下和跨系统10万元以下），少数仍维持系统内联行和同业往来核算办法。

商业银行大额款项的汇划通过中央银行转汇有以下三种处理方式：

（一）汇出行和汇入行都是双设机构地区

双设机构是指在汇出和汇入地区均有商业银行和中央银行机构，采用“先横后直”的划款方式。当本地商业银行（如甲地商业银行）汇往异地商业银行（如乙地商业银行）大额款项时应通过当地中央银行转汇，具体核算程序为：先由汇出行将款项划给同城开户的中央银行，然后由开户中央银行通过现代化支付系统划给汇入行的开户中央银行，最后由汇入行的开户中央银行划给汇入行。如图9-1所示：

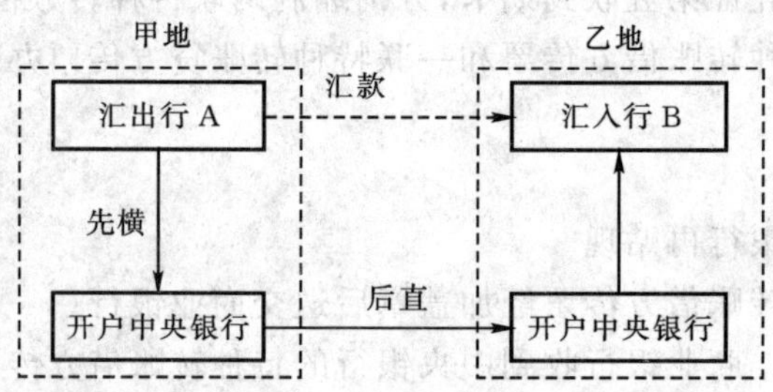

图9-1 “先横后直”划款方式

甲地商业银行会计分录为：

借：单位活期存款

　贷：存放中央银行款项

甲地中央银行会计分录为：

借：××银行存款（汇出行）

　贷：联行往账

乙地中央银行会计分录为：

借：联行来账

　贷：××银行存款（汇入行）

乙地商业银行会计分录为：

借：存放中央银行款项

　贷：单位活期存款

（二）汇出行为单设机构、汇入行为双设机构地区

汇出行为单设机构、汇入行为双设机构地区，或者汇出行为双设机构、汇入行为单设机构地区，采用“先直后横”的划款方式，具体核算程序为：先由汇出行通过本行电子汇划系统将款项划至汇入行所在地本系统转汇行，再由其通过同城开户中央银行转划给汇入行。如图9-2所示。

当本地只有商业银行（如甲地商业银行）汇往异地商业银行（如乙地商业银行）大额款项时

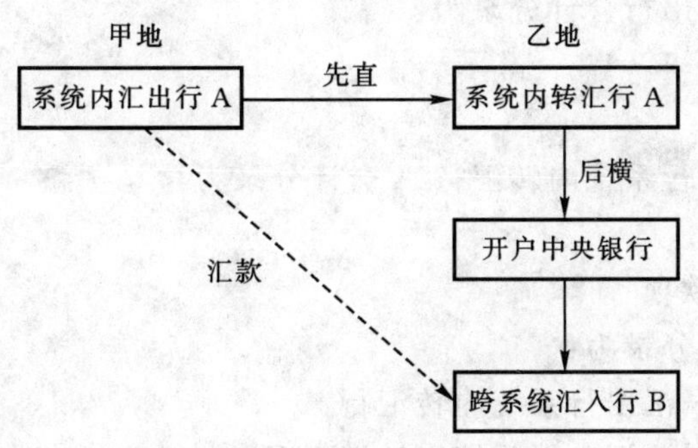

图 9－2　“先直后横”划款方式

通过系统内乙地商业银行和中央银行转汇，具体核算如下：

甲地汇出行商业银行的会计分录为：

借：单位活期存款

　贷：电子汇划往来

乙地双设机构地区系统内商业银行的会计分录为：

借：电子汇划往来

　贷：存放中央银行款项

乙地中央银行会计分录为：

借：××银行存款（乙地系统行 A）

　贷：××银行存款（汇入行）

乙地汇入行商业银行的会计分录为：

借：存放中央银行款项

　贷：单位活期存款

（三）汇出行和汇入行都是单设机构

汇出行和汇入行都是单设机构，可在第三地双设机构转划，采用“先直后横再直”的划款方式，具体核算程序为：先由汇出行通过本行内电子汇划系统将款项划至就近的双设机构的本系统转汇行，再由其通过同城开户的中央银行转划给当地汇入行的系统内转汇行，最后由汇入行的转汇行通过电子汇划系统划给汇入行。如图 9－3 所示。

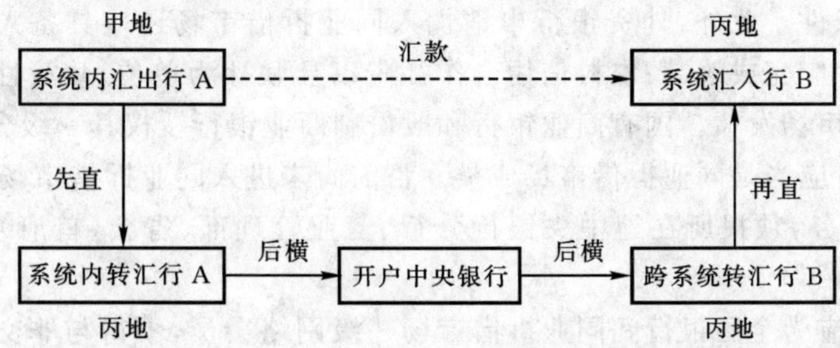

图 9－3　“先直后横再直”划款方式

甲地单设机构地区汇出行会计分录为：

借：单位活期存款

　贷：电子汇划往来

第三地双设机构汇出行系统内转汇行 A 会计分录为：

借：电子汇划往来

　贷：存放中央银行款项

第三地中央银行会计分录为：

借：××银行存款——汇出行系统内转汇行 A

　贷：××银行存款——汇入行系统内转汇行 B

第三地双设机构汇入行系统内转汇行 B 会计分录为：

借：存放中央银行款项

　贷：电子汇划往来

乙地单设机构地区汇入行会计分录为：

借：电子汇划往来

　贷：单位活期存款

第三节　商业银行往来业务

商业银行之间往来业务主要有同业拆借和同业存放以及跨系统小额转汇。商业银行也越来越重视同业之间的业务，一改原来坐等上门的状况，而把其他商业银行作为重要机构客户开展主动营销。

一、同业拆借的核算

同业拆借是指商业银行之间临时融通资金的一种短期资金借贷行为，主要用于解决清算票据交换差额、系统内调拨资金不及时等原因引起的临时性资金不足。

（一）同业拆借的规定

同业拆借通过参加全国银行间同业拆借市场来进行，中央银行颁发的《银行业金融机构进入全国银行间同业拆借市场审核规则》明确规定，银行业金融机构申请加入同业拆借市场，应具备“有健全的组织机构和管理制度”，“近两年未因违法、违规经营受到处罚”，“近两年未出现资不抵债情况”等条件。此外，外资银行申请加入同业拆借市场还应具备人民币业务经营资格；城市信用合作社应完成改制；农村信用合作社应以县联社为单位；政策性银行应按市场化方式在银行间债券市场发债。国有商业银行和股份制商业银行授权其一级分支机构加入同业拆借市场时，其总行应当是同业拆借市场成员。目前尚未进入同业拆借市场的银行业金融机构从事同业拆借业务，须报所在地中央银行分行、营业管理部、省会（首府）城市中心支行备案。

同业拆借对象应为全国银行间同业拆借市场一级网络会员，不得与非交易网络会员开展同业拆借业务。同业拆借业务一律通过同业拆借交易网络进行场内交易，不得进行场外交易。中央银行、保险公司、非金融机构和个人不能参加同业拆借活动。各银行和非银行金融机构拆出资金限于交足存款准备金和留足必要的备付金之后的存款，严禁占用联行资金和中央银行贷款进行拆放;拆入资金只能用于弥补票据清算、联行汇差头寸的不足和解决临时性周转资金的需要,严禁用拆借资金发放固定资产贷款。

资金拆借以日拆为主,最长期限不得超过120天,期限种类有1天、7天、14天、20天、30天、60天、90天、120天。同业拆借一般不得展期,遇特殊情况可一次性展期7天。同业拆借资金的利率由双方根据市场报价协商确定,不得超过中央银行规定的最高限。拆出与拆入的商业银行双方应商定拆借条件,如拆借金额、利率、期限等,并签订协议,由双方共同履行。拆借的本金和利息的支付都必须以转账方式进行,不得收付现金。

(二)科目设置及使用

1.“拆放同业”科目

本科目属于资产类科目,核算银行拆借给境内外其他银行和非银行金融机构的款项。银行拆借给系统内其他银行的款项在“系统内借出”科目核算。本科目应按拆放的金融机构进行明细核算。

银行根据拆借协议,向境内外其他银行和非银行金融机构拆出资金时,借记本科目,贷记“存放中央银行款项”等科目;收回资金本息时,借记“存放中央银行款项”等科目,贷记本科目、“金融企业往来收入”等科目。

2.“同业拆入”科目

本科目属于负债类科目,核算银行从境内外金融机构拆入的款项。本科目应按拆入资金的金融机构进行明细核算。

拆入资金时,借记“存放银行同业”等科目,贷记本科目;归还资金时,借记本科目,贷记“存放银行同业”等科目。

(三)同业拆借的账务处理

1.资金拆出的处理

(1)拆出行的处理。拆出行应开出中央银行存款账户的转账凭证或转账支票,提交开户的中央银行,办理资金划转手续。会计分录为:

借:拆放同业——××行户

　贷:存放中央银行款项

(2)中央银行的处理。中央银行收到拆出行提交的转账支票,经审核无误,办理款项划转。会计分录为:

借:××银行存款——拆出行户

　贷:××银行存款——拆入行户

办理转账后,通知拆入行。

(3)拆入行的处理。拆入行接到收账通知办理转账。会计分录为:

借:存放中央银行款项

　贷:同业拆入——××行户

2.拆借资金归还的处理

(1)拆入行的处理。拆借资金到期,拆入行签发中央银行转账支票,提交开户的中央银行,并办理本息划转手续。会计分录为:

借:同业拆入——××行户

借:金融企业往来支出

贷:存放中央银行款项

(2)中央银行的处理。中央银行收到拆入行提交的转账支票,经审核无误,办理款项划转,会计分录为:

借:××银行存款——拆入行户

贷:××银行存款——拆出行户

办理转账后,通知拆出行。

(3)拆出行的处理。拆出行接到收账通知,办理转账,会计分录为:

借:存放中央银行款项

贷:金融企业往来收入

贷:拆放同业——××行户

【例9-7】 拆借资金到期,农业银行将拆借资金100万元及利息2万元一并签发中央银行转账支票归还工商银行。

农业银行的会计分录为:

借:同业拆入 1 000 000

借:金融企业往来支出 20 000

贷:存放中央银行款项 1 020 000

中央银行的会计分录为:

借:中国农业银行存款 1 020 000

贷:中国工商银行存款 1 020 000

工商银行的会计分录为:

借:存放中央银行款项 1 020 000

贷:拆放同业 1 000 000

贷:金融企业往来收入 20 000

二、跨系统小额汇划款项

各商业银行间跨系统的小额汇划款项(在10万元以下,不含10万元)的,可采取相互转汇的办法。

(一)会计科目设置及使用

1.“存放银行同业”科目

本科目属于资产类科目,核算银行存放于境内其他银行的用于资金往来清算的款项。本科目应按所存放的银行进行明细核算。

商业银行增加在境内其他银行的资金往来清算款项时,借记本科目,贷记“活期存款”、“存放中央银行款项”等科目;减少在境内其他银行的资金往来清算款项时,借记“活期存款”、“存放中央银行款项”等科目,贷记本科目。银行按期收到存放银行同业款项的利息收入,借记本科目,贷记“金融企业往来收入”科目。

2.“银行同业存款”科目

本科目属于负债类科目,核算其他银行因与本行发生的日常结算往来而存入本行的清算款项。本科目应按存款银行进行明细核算。

收入款项时,借记“存放中央银行款项”、“联行往来——联行来账”等科目,贷记本科目;支出款项时，借记本科目，贷记“存放中央银行款项”、“联行往来——联行来账”等科目。

商业银行按期支付存款利息时，借记“金融企业往来支出”科目，贷记“存放中央银行款项”、“联行往来——联行往账”等科目。

(二)跨系统汇划的账务处理

根据商业银行机构设置的情况，采取以下三种转汇方式办理：

1.“先横后直”方式

这种方式适用于汇出行所在地为双设机构地区，即在汇出行所在地，除本行外还设有汇入行系统的分支机构。其汇划程序是：即汇出行先将汇划款项通过同城票据交换或“银行同业存放”划转汇入行在当地的联行机构(即转汇行)，由其通过本系统联行往来划转至汇入行。其基本处理程序如图 9-4 所示：

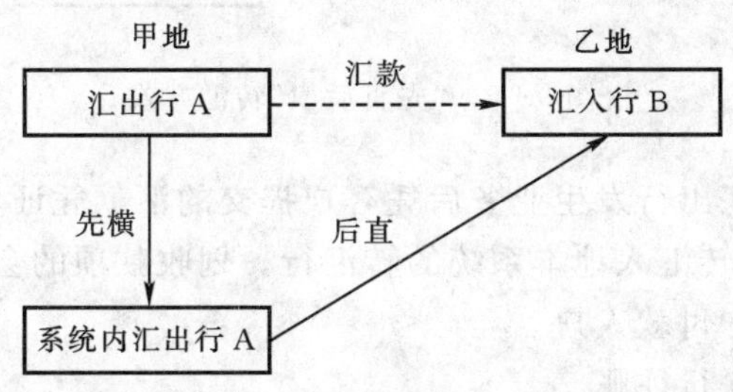

图 9-4 “先横后直”转汇方式

(1)汇出行的处理。汇出行根据客户提交的汇款凭证，按不同系统的汇入行逐笔填制转汇清单，汇总后，通过同城票据交换提交同城跨系统行。划收款项的会计分录为：

借：单位活期存款——付款人户

贷：存放中央银行款项

或银行同业存款——××银行户

如果划付款项，会计分录相反。

(2)转汇行的处理。转汇行收到汇出行转划的凭证和转汇清单审查无误，通过本系统联行将款项划往异地的汇入行。划收款项的会计分录为：

借：银行同业存款——××银行户

或存放中央银行款项

贷：联行往来——联行往账

或系统内存放

如果划付款项，会计分录相反。

(3)汇入行的处理。汇入行收到本系统划来的联行报单及有关结算凭证，经审核无误，为收款(或付款)单位入账。划收款项的会计分录为：

借：联行往来——联行来账

或存放系统内款项

贷：单位活期存款——收款人户

如果划付款项，会计分录相反。

2."先直后横"方式

这种方式适用于汇出行所在地为单设机构地区，即汇出行所在地没有汇入行系统的分支机构。其汇划程序是：即汇出行先将汇划款项通过本系统联行往来划转至汇入地联行机构(转汇行)，由其通过票据交换或"银行同业存款"提交汇入行。其基本处理程序如图9-5所示：

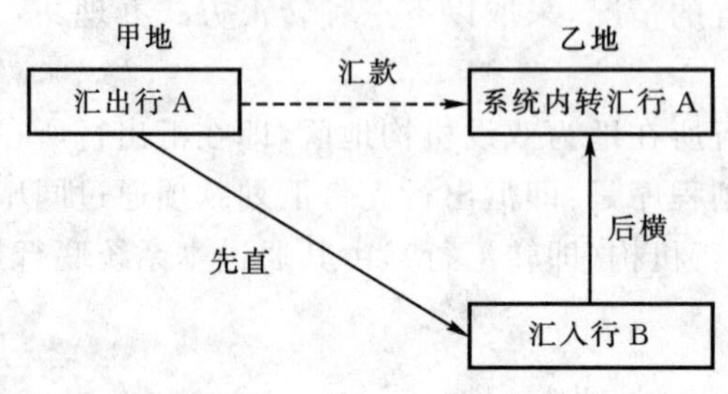

图9-5 "先直后横"转汇方式

(1)汇出行的处理。汇出行发生业务后凭客户提交的汇款凭证填制本系统联行报单，通过本系统联行往来将款项划转汇入地本系统的转汇行。划收款项的会计分录为：

借：单位活期存款——付款人户

贷：联行往来——联行往账

或系统内存放

如划付款项，会计分录相反。

(2)转汇行的处理。汇入地本系统转汇行收到本系统汇出行划来的联行报单及结算凭证，经审核无误，直接通过同城票据交换或"银行同业存款"，向跨系统汇入行办理转汇。划收款项的会计分录为：

借：联行往来——联行来账

或存放系统内款项

贷：银行同业存款——××银行户

或存放中央银行款项

如划付款项，会计分录相反。

(3)汇入行的处理。汇入行收到本地区跨系统转汇行划转的款项，为收款(或付)款，单位入账。划收款项的会计分录为：

借：银行同业存款——××银行户

或存放中央银行款项

贷：单位活期存款——收款人户

如果划付款项，会计分录相反。

3."先直后横再直"方式

这种方式适用于汇出行和汇入行所在地均为单设机构的地区，其汇划程序是：即要选择就近设有跨系统银行机构的地区作为转汇地，首先通过本系统联行往来将款项划至转汇地的本系统联行，由其通过同城票据交换或"银行同业存款"将汇划款项转至当地的跨系统转汇行，再由其通过系统内联行往来将款项汇至跨系统的汇入行。其具体程序如图9-6所示。

(1)汇出行的处理。汇出行发生业务后凭客户提交的汇款凭证填制本系统联行报单，通过

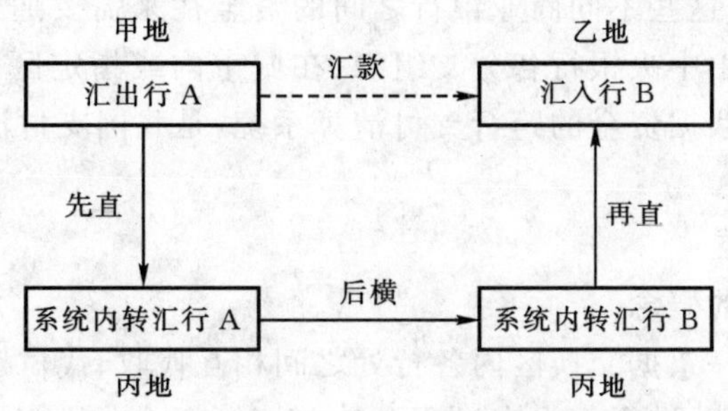

图 9-6　“先直后横再直”转汇方式

本系统联行往来将款项划转第三地本系统的转汇行。划收款项的会计分录为：

借：单位活期存款——付款人户

　贷：联行往来——联行往账

　　或系统内存放

如划付款项，会计分录相反。

(2)汇出行的转汇行处理。第三地本系统转汇行收到本系统汇出行划来的联行报单及结算凭证，经审核无误，直接通过同城票据交换或“银行同业存款”，向跨系统转汇行办理转汇。划收款项的会计分录为：

借：联行往来——联行来账

　或存放系统内款项

　贷：银行同业存款——××银行户

　　或存放中央银行款项

如划付款项，会计分录相反。

(3)汇入行的转汇行处理。第三地汇入行的本系统转汇行收到本地汇出行的转汇行划来的款项，通过本系统联行往来或“系统内存放”将款项划本系统的汇入行。划收款项的会计分录为：

借：存放银行同业

　或存放中央银行款项

　贷：联行往来——联行往账

　　或系统内存放

(4)汇入行的处理。汇入行收到本地区跨系统转汇行划转的款项，为收款(或付)款，单位入账。划收款项的会计分录为：

借：联行往来——联行来账

　或存放系统内款项

　贷：单位活期存款——收款人户

如果划付款项，会计分录相反。

第四节　同城票据交换

同城结算业务日益增加，其中大量业务的收、付款人不在同一银行开户，各行间相互代收、代付票据业务不断扩大，这些不同商业银行之间的资金往来需要通过同城票据交换系统来完成。票据交换系统是指由中央银行各分支组织，在城市内或指定区域内定时定点集中交换票据凭证，清算代收、代付票据资金的跨行支付清算系统，是我国支付清算系统的重要组成部分。

一、同城票据交换概述

（一）同城票据交换的概念

同城票据交换是同一票据交换区内各行处之间相互代收、代付票据，每日按规定时间带到指定地点（如票据交换所），进行集中交换资金轧差清算资金的业务活动。目前同城票据交换采用票据自动清分系统进行资金清算。票据有两个概念，一个是狭义上的，包括汇票、本票和支票；另一个是广义的概念，包括了全部银行之间的收付凭证。

票据作为重要的非现金支付工具，在我国经济生活中发挥着不可替代的重要作用。票据交换主要处理实物票据不能截留的跨行支票、本票、银行汇票以及跨行代收、代付的其他纸基凭证。其中支票因为具有使用灵活方便的特点，成为社会公众广泛使用的支付工具，一直以来是票据交换系统处理的主要业务。

近年来，票据交换的范围已经开始突破“同城”的概念，开始向区域和全国流通迈进。一是全国不少省会城市、中心城市都把同城票据交换的范围扩大到1～2个小时公路车程半径内的市、县，有的还跨出省界，比如北京和天津、上海和南京、广州和深圳等地都扩大了票据交换区，上海同城票据交换范围已经扩大到邻省苏州的一些市县，湖南省的长沙、株洲、湘潭三市还打破行政界限，组成为同一个票据交换区。二是进行票据二次交换，也就是在不同票据交换区之间再进行一次跨区域交换。一些省区正在研究通过二次交换解决全省票据通用问题，京、津、冀三省市的票据自动清分系统已投入运行。这些标志着我国在推动跨区域票据交换方面取得了实质性进展。

（二）同城票据交换的基本做法

票据交换实现的机构主体是票据交换所，其业务主管部门是中央银行分支机构的支付结算管理部门。同城票据交换由中央银行负责清算并进行管理与监督，具体办法由中央银行各分支行自行制定，各地中央银行设立统一的交换场所，规定统一的交换时间。参加清算的各行处需向中央银行申请，经批准并发给交换号码后方能参加交换。各行处之间的资金清算一律通过在中央银行开立的备付金账户划转。

同城票据交换的基本做法可概括为：先付后收、收妥抵用、差额清算、银行不垫款。票据交换业务处理流程主要分为三个环节：一是参加交换的银行机构向票据交换所提出票据；二是票据交换所对提出票据以提入行为单位进行清分后交银行机构提回；三是将轧差净额提交中央银行会计营业部门完成资金清算。

（三）同城票据交换的基本原理

票据交换，分为提出行和提入行两个系统。向他行提出票据的是提出行，收回票据的是提入行。按照票据交换参与者的角色分为代收和代付两种类型。凡是由本行开户单位付款，他行开户单位收款的各种结算凭证统称为代收票据；凡是由本行开户单位收款，他行开户单位付款的各种结算凭证统称为代付票据。提出行提出代收票据和提入行提入代付票据表示为本行应付款项；提出行提出代付票据和提入行提入代收票据表示本行应收款项。由于参加票据交换的行处既是提出行同时也是提入行，所以各行在每次交换中当场加计应收和应付款项并轧算出票据交换的应收或应付差额，由票据交换所汇总轧平各行处的应收、应付差额，并转交中央银行办理转账，清算差额。其基本原理如图 9－7 所示。

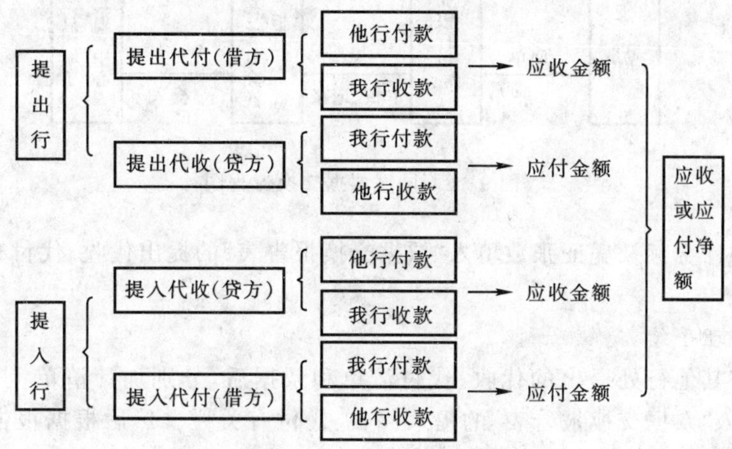

图 9－7　同城票据交换的资金清算

二、同城票据交换的账务处理

(一)会计科目及使用

设置"同城票据清算"科目，核算银行参加同一票据交换区域内的票据交换提出、提入票据及其清算的款项。

提出借方票据时，借记本科目，贷记"其他应付款"科目；发生退票时，借记"其他应付款"科目，贷记本科目；已过退票时间未发生退票时，借记"其他应付款"科目，贷记"活期存款"等科目。提出贷方票据时，借记"活期存款"等科目，贷记本科目，发生退票时，借记本科目，贷记"其他应付款"科目。

提入借方票据时，若提入票据正确无误，借记"活期存款"等科目，贷记本科目；若因误提他行票据等原因不能入账，借记"其他应收款"科目，贷记本科目；再提出时，借记本科目，贷记"其他应收款"科目。提入贷方票据时，若提入票据正确无误，借记本科目，贷记"活期存款"等科目；若因误提他行票据等原因不能入账，借记本科目，贷记"其他应付款"科目，退票或再提出时，借记"其他应付款"科目，贷记本科目。

将提出票据和提入票据计算轧差后，如为应付差额，借记"存放中央银行款项"科目，贷记本科目；如为应收差额，借记本科目，贷记"存放中央银行款项"科目。

(二)业务流程

对于商业银行，票据交换的具体操作流程如图 9－8 所示。

1. 提出行处理手续

各提出行受理的非本行同城票据，按提出代收票据(电信汇的转汇、进账单、税单等)和提出代付票据(支票、银行汇票、本票及商业汇票等)分别整理登记"代收票据交换登记簿"和"代付票据交换登记簿"，结出金额合计数，并借记或贷记客户账扣划资金。然后根据提入行的交换号进行整理，结计汇总提出代收代付票据差额，并分别填制"代理付款清单"和"代理收款清

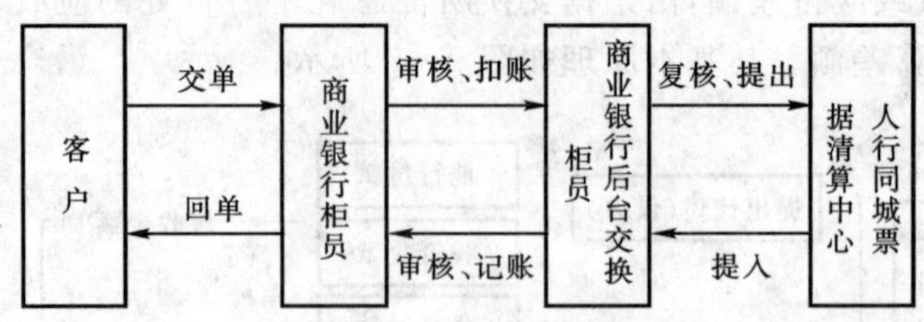

图 9-8 同城票据交换流程图

单”,根据清单加计金额及凭证张数填入“票据交换报告表”的提出代收、代付有关栏,带往交换所进行交换。

2. 提入行处理手续

交换员收齐其他行处提出的代收、代付清单和票据后,分别加计清单上的凭证张数和金额,经核对后填入“票据交换报告表”的提入代收、代付有关栏。然后根据报告表中代收、代付合计数计算出差额,加盖交换员名章,一份留存一份交票据交换所。

3. 票据交换所处理

交换所收齐各行处“票据交换报告表”后,逐栏加计合计数填制汇总的“票据交换报告表”,汇总报告表必须做到:提出的代收票据金额等于提入代收票据金额;提出代付票据金额等于提入代付票据金额;应收差额合计金额等于应付差额合计金额。如有不符,由交换所经办人员组织全体交换员进行核查,直至当场轧平。

(三)账务处理

1. 提出交换票据

当提出票据为借方结算凭证时,会计分录为:

借:单位活期存款——××付款人户

　贷:同城票据清算

当提出票据为贷方结算凭证时,会计分录为:

借:同城票据清算

　贷:其他应付款

若无退票并向收款人支付款项时,会计分录为:

借:其他应付款

　贷:单位活期存款——××收款人户

2. 提入交换票据

当提入票据为借方结算凭证时,会计分录为:

借:同城票据清算

　贷:单位活期存款——××收款人户

当提入票据为贷方结算凭证时,会计分录为:

借:单位活期存款——××付款人户

　贷:同城票据清算

3. 清算差额资金的处理

(1)若为应收差额,会计分录为:

借:存放中央银行款项

　贷:同城票据清算

(2)若为应付差额,会计分录为:

借:同城票据清算

　贷:存放中央银行款项

(四)退票的规定及核算处理

1.代收票据的退票

提入行提回的代收票据,因各种原因不能入账而提出退票时,应将其视同代收原提出行票据,于下次清算交换提出。如果当天不能退回,先转入“其他应付款”科目核算,次日提出交换时再从“其他应付款”科目转出。

原提出行收到退回代收票据后,应查明原因,重新确定应提入的行处,于下次提出交换。如付款人要求不再提出,则转入付款人存款账户。

2.代付票据的退票

提入行退回的代付票据,因各种原因不能转账时,应将其视同代付票据纳入下次清算交换退还给原提出行,并在退票时间以内,电话通知原提出行(北京市为下午4:00电话通知退票)。如当天不能退回,先转入“其他应收款”科目核算,次日提出交换时再从“其他应收款”科目予以冲销。

原提出行接到电话退票后,应在票据交换登记簿该笔记录中注明退票理由,暂不办理转账手续,如当日不能退回,先通过“其他应付款”科目核算,次日退回票据时再从“其他应付款”科目冲销。

第五节　全国支票影像交换系统

一、全国支票影像交换系统概述

全国支票影像交换系统(CIS)是运用影像技术将实物支票转换为支票影像信息,通过计算机和网络将支票信息传递至出票人开户银行提示付款,实现支票全国通用的业务处理系统。该系统已于2003年6月21日在香港投入运作。2006年,此业务已在天津、河北、山东等13个省区开始试点,中央银行计划于2007年6月在全国上线运行。全国支票影像交换系统是中央银行继大额、小额支付系统后建设的又一项重要金融基础设施。影像交换系统定位于处理银行机构跨行和行内的支票影像信息交换,其资金清算通过中国中央银行覆盖全国的小额支付系统处理。支票影像业务的处理分为影像信息交换和业务回执处理两个阶段,即支票提出银行通过影像交换系统将支票影像信息发送至提入行提示付款;提入行通过小额支付系统向提出行发送回执完成付款。

二、支票影像交换系统结构与接入模式

(一)支票影像交换系统的总体结构

支票影像交换系统为两级两层结构(如图9-9)所示。

第一层为全国支票影像交换中心(总中心)及其灾难备份中心,总中心与支付系统国家处理中心(NPC)同位摆放,灾备中心与支付系统灾备中心同位摆放。

第二层为支票影像交换分中心(省中心或区域中心),分中心与支付系统城市处理(CCPC)同位摆放。

各省会(首府)、地市及县级同城票据交换所通过影像交换系统前置机,以平等主体身份与当地分中心连接。

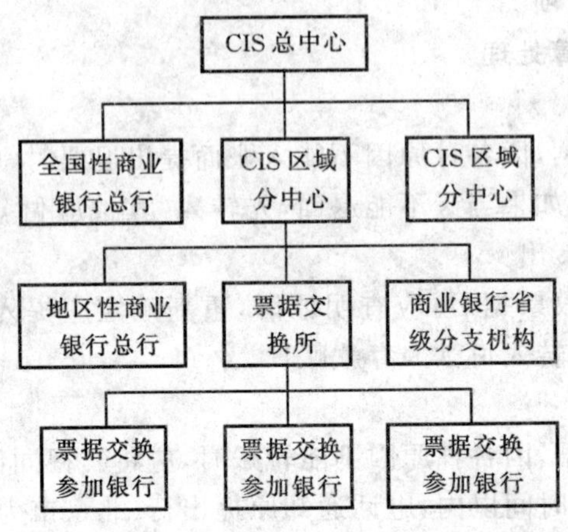

图9-9 支票影像交换系统总体结构图

(二)商业银行的接入模式

各政策性银行、国有商业银行、股份制商业银行、城市商业银行、农村商业银行、农村信用社、城市信用社、外资银行等银行业金融机构可以根据本行业务需要参加影像交换系统,选择分散接入模式或者集中接入模式向支票影像交换系统提交业务。

1.分散接入模式

分散接入模式是指商业银行未与支票影像交换系统联网,商业银行采取传递支票实物或磁介质方式,通过当地票据交换所前置机向支票影像交换系统提交业务。其业务路径为:商业银行—票据交换所—支票影像交换系统—票据交换所—商业银行。中央银行各分支机构的会计营业部门和国库部门可采取分散接入模式办理影像交换业务。

2.集中接入模式

集中接入模式是指商业银行具备影像采集条件,其所辖各级票据交换机构以省级或全国机构为单位,通过本行前置机提交支票影像交换系统处理。其中,全国性银行省级机构或地方性商业银行法人机构可集中接入分中心,全国性商业银行法人机构可集中接入总中心。其业务传递路径为:商业银行地区分支机构—商业银行省级分支机构—支票影像交换系统(分中心)—其他商业银行省级分支机构—其他商业银行地区分支机构。

在集中接入模式下,根据支票影像交换系统总中心或分中心与商业银行连接是否使用前置机,将集中接入模式划分为集中接入间联方式和集中接入直联方式。

支票影像交换系统直接与商业银行行内系统相联成为直联方式,商业银行行内系统与支票影像交换系统总中心或分中心之间按照约定的报文格式相互通讯。而支票影像交换系统与商业银行行内系统没有直接连接的称为间联方式,在间联方式下,支票影像业务通过商业银行前置机客户端以磁介质导入方式,检查通过后由商业银行前置机转发给总中心或分中心。

(三)支票影像业务种类

支票影像交换系统处理的业务主要有两类:支票业务和通用业务。

对于支票业务,影像交换系统主要处理异地的跨行和行内支票影像交换业务。根据支票的提出行和提入行所在地区不同可以分为全国业务和区域业务。全国业务指不同分中心覆盖范围内的业务,区域业务是指同一分中心覆盖范围内不同城市(县)间的业务。

通用业务是指支票以外其他支付业务,目前影像交换系统可支持其他类型借记业务包括银行汇票、商业承兑汇票、银行承兑汇票、银行本票和商业本票的影像传递处理。

(四)支票影像业务基本原理

支票影像系统的业务处理基本原理是:持票人开户行(即提出行)收到持票人提交的异地支票后,自行或委托同城票据交换所采集支票影像并制作支票影像信息,通过本行或票据交换所的前置机将影像信息传送至出票人开户行(即提入行)。提入行对收到的影像信息审核后,将审核结果通过小额支付系统告知提出行,小额支付系统负责对其中同意付款的支票影像业务完成资金轧差清算。

三、支票影像系统业务处理流程

支票影像业务处理模式分为分散接入模式和集中接入模式,按照交换区域划分为区域业务和全国业务。这里主要介绍支票影像业务处理的总体业务流程,分散接入模式和集中接入模式主要区别在于提出和接收支票影像信息的方式不同,其余业务操作基本相同。

(一)前提条件

(1)支票影像交换系统与小额支付系统共享业务要素数据、行名行号数据。

(2)未参加小额支付系统的票据交换银行需要指定本行在小额支付系统中的业务代理行。

(3)支票影像交换系统的资金清算统一通过小额支付系统处理。

(4)支票影像交换系统与小额支付系统运行时序相同。

(二)总体业务处理流程

支票业务处理按处理次序分为五个步骤:第一步提出支票影像信息;第二步支票影像信息交换;第三步支票影像信息的接收及确认;第四步支票业务回执处理;第五步提出支票业务信息归并及销记。

1.提出支票影像信息

提出支票业务报文由支票的电子清算信息和影像信息两部分组成。如果实物支票未付粘单,影像信息包括支票的正反两面;如果实物支票附带粘单,影像信息包括支票的正面和最后一首委托收款背书的粘单,支票所有背书信息在电子清算信息中记录。目前主要有三种方式:实物支票方式、磁介质方式、联网方式。

如果采取实物支票方式,商业银行应将实物支票按同城和异地分类整理后送交至票据交换所。票据交换所对同城支票按照现行同城票据交换模式处理;对于异地支票先通过清分机或扫描仪采集支票影像,在通过专用外挂软件录入支票的电子清算信息,并按照规定格式组成提出支票业务报文,转存磁介质后通过前置机客户端提交支票影像交换系统。

如果商业银行具备影像采集条件的,应负责自行采集支票影像信息,同时通过本行系统或专用外挂软件录入电子清算信息,按照规定格式组成提出支票业务报文并转存磁介质,通过票据交换所前置机提交支票影像交换系统处理。

如果商业银行采取联网方式的，由其分支机构负责自行采集影像信息并录入电子清算信息，通过行内系统上传至上级管辖行，上级管辖行负责按照规定格式组成提出支票业务报文，通过行内系统与影像交换系统的接口以联网方式提交支票影像业务。

2.支票影像信息交换

影像交换系统前置机收到提出行提交的支票业务报文后，进行合法性检查无误后实时转发至提出行分中心，分中心根据业务提入行所在区域及接入模式不同作相应转发处理：

(1)区域业务。支票业务报文属于区域业务且提入行采取分算接入模式的，分中心实时转发至提入行所在地票据交换所前置机。

支票业务报文属于区域业务且提入行采取集中接入模式的，分中心实时转发至提入行前置机。

(2)全国业务。支票业务报文属于全国业务且提入行采取分散接入模式的，经总中心、提入行分中心转发至提入行所在地票据交换所前置机。

支票业务报文属于全国业务且提入行采取集中接入模式的，经总中心、提入行分中心转发至提入行前置机。

为便于对支票业务报文的回执情况进行统计监测，影像交换系统的前置机、分中心、总中心等节点均建立支票业务登记簿，对本节点转发的支票业务报文业务状态进行管理。

3.支票影像信息的接收及确认

提入行根据自身的系统接入方式，通过适当途径从前置机接收影像交换系统发来的支票业务报文。

(1)分散接入模式。提入行为商业银行且采取分散接入模式的，当地票据交换所负责通过前置机客户端导出支票业务报文，转存磁介质文件后送交商业银行。商业银行通过专用外挂软件或行内系统对磁介质文件进行解析处理。中央银行会计营业部门和国库部门可以使用该方式从影像交换系统提回支票影像信息。

(2)集中接入模式。提入行为商业银行且采取集中接入间联模式的，商业银行前置机收到影像交换系统发来的支票业务报文后，通过前置机客户端导出支票业务报文，转存磁介质并通过专用外挂软件或行内系统对磁介质文件进行解析处理。

提入行为商业银行且采取集中接入直联方式的，商业银行前置机接收影像交换系统发来的支票业务报文后，通过系统接口自动转发至商业银行行内系统，商业银行行内系统负责对支票业务报文进行解析处理。

提入行收到支票业务报文后，对支票影像信息与清算信息是否匹配、票面信息是否合规、印鉴和支付密码是否正确等进行核验，并记录核验结果，核验成功且付款人账户余额足够时，进行扣款账务处理。需要强调说明的是，支票影像交换系统仅负责在提出行和提入行之间传递支票影像信息，其资金清算通过小额支付系统处理。

4.支票业务回执处理

提入行根据支票业务报文的检验结果相应生成支票业务回执报文，其中对核验且扣款成功的支票业务生成付款确认回执，对核验失败或扣款不成功的支票业务生成退票回执并标明退票原因。在规定的回执返回期限内，提入行根据小额支付系统的组包规则，通过行内系统或小额支付系统客户端，按照同一收款清算行组成支票业务回执包(含付款确认回执和退票回执)并送交小额支付系统处理。

小额支付系统收妥后对提入行所属的支付系统直接参与者进行净借记限额检查，净借记限额检查通过的，实时纳入双边轧差并转发至提入行，当日内完成资金清算。检查未通过的，业务包在轧差节点作排队处理。

提出行和提入行（或两者的小额支付系统代理行）共同属于同一支付系统直接参与者的（如同一分行），支付系统直接参与者必须按照小额支付系统组包规则，在行内系统或通过小额支付系统前置机客户端组成发起清算行和接收清算行均为自身的支票回执业务报。小额支付系统收到该类回执包后，不进行净借记限额检查，直接对该回执包进行轧差转发处理。

5. 提出支票业务信息归并及销记

支票影像交换系统每日日切后，各分中心需要将当日本中心转发的区域业务的电子清算信息自动归并至总中心。总中心建立支票业务登记簿，登记包括全国业务和区域业务在内的所有支票业务报文的电子清算信息。小额支付系统每日日切后将当日已轧差的支票业务回执包发送至影像交换系统总中心，总中心根据回执包信息相应更新本节点的支票业务登记簿，对已付款确认和已退票的支票业务报文作销记处理，更新完毕后将更新信息自动下发至各分中心、前置机等下级节点。各分中心、前置机相应更新本节点的支票业务登记簿。同时，总中心将当日纳入销记处理的支票业务回执明细分发至相应分中心供查询统计。

四、支票影像交换系统的账务处理

（一）提入行的处理

提入行已参加小额支付系统的，提入行行内系统根据提入的支票业务报文及核验结果（确认付款或退票），在规定的时间内自动生成小额支付系统支票回执报文，并按同一清算行组成支票回执业务包，包中附带确认付款回执和退票回执的业务明细。然后将回执包发送至小额支付系统总分中心并小销记支票业务登记簿。

提入行接收小额支付系统总分中心返回的已拒绝、已排队、已轧差、已清算通知，并修改对应业务状态。

提入行对确认付款的支票业务进行扣款，其会计分录为：

借：单位活期存款——付款人户

　贷：待清算支付款项

提入行接到小额支付发来的已清算通知时进行账务处理，其会计分录为：

借：待清算支付款项

　贷：存放中央银行款项

提入行未参加小额支付系统的，提入行接收到支票业务报文后按规定进行核验，并将核验结果（确认付款或退票）告知小额业务代理行，小额业务代理行根据提入的支票业务报文及核验结果（确认付款或退票）自动转换为小额支付系统支票回执报文。小额业务代理行的具体账务处理同上。

（二）提出行的处理

提出行（或其小额业务代理行）接收总中心发送的支票回执业务包并核验密押，无误后向总中心返回确认信息。如果核押错误，则作拒绝处理。提出行为直联方式的，支票回执业务包直接发送至行内系统进行处理；间联方式的提出行根据收到的支票回执业务包，使用中央银行规定格式的来账清单和统一印制的来账凭证打印支付信息，送行内系统进行处理。

提出行行内系统对回执确认付款的，匹配并销记支票业务登记簿后，进行账务处理，其会计分录为：

借：待清算支付款项

贷：单位活期存款——收款人户

提出行收到总中心转发的已清算通知后，行内进行账务处理，其会计分录为：

借：存放中央银行款项

贷：待清算支付款项

提出行行内系统对回执拒绝付款的，匹配并销记提出支票业务登记簿后，打印退票理由书并连同支票实物退还持票人。

本章小结

本章主要介绍了金融企业之间往来业务的核算，其中重点掌握商业银行与中央银行的往来、商业银行之间的往来、同城票据交换的基本流程和账务处理支票影像交换系统等内容。通过本章的学习，加深再贷款和再贴现是中央银行对资金进行宏观调控重要政策工具的理解，熟悉同业拆借的基本要求和同城票据交换基本原理，关注全国银行间同业拆借市场和货币市场的运作，探讨同城票据交换存在的问题，结合全国支票影像交换系统建设进展情况，思考其未来发展趋势。

关键术语

再贷款　再贴现　同业拆借　同城票据交换　全国支票影像交换系统(CIS)

思考练习题

1. 什么是金融机构往来？金融机构往来的内容和核算要求包括哪些？
2. 简述同城票据交换的基本做法和基本原理。
3. 对欠缴存款应按哪些规定进行办理？
4. 商业银行同业拆借是如何核算的？
5. 简述商业银行跨系统汇划款项的核算程序。
6. 简述全国支票影像交换系统的基本原理和业务流程。

第十章　经营成果

本章要点

1. 收入、成本、费用的概念及特征
2. 收入、成本、费用的业务核算方法
3. 利润、利得和损失的概念
4. 商业银行利润的构成
5. 所得税及其核算方法

第一节　经营成果概述

一、经营成果的涵义

商业银行的经营成果，是指商业银行在一定时期内，以发生的各项收入抵补各项支出后的最终结果。它是商业银行各项财务收入和各项财务支出相抵后的差额。若收入大于支出商业银行取得盈利，经营成果增加；若支出大于收入，商业银行发生亏损，经营成果减少。可见，各项财务收入和各项财务支出是影响商业银行经营成果的主要因素。所以，正确核算财务损益对正确核算商业银行经营成果有着重要的意义。

二、经营成果核算的要求

商业银行作为从事货币与信用业务的特殊企业法人，一方面要以股东价值最大化为经营目标，多增加盈利；另一方面还应该保证债权人的利益不受侵害。所以商业银行应追求经营成果最大化。具体的应该遵循以下要求：

（一）坚持以效益性、安全性、流动性为经营原则

"三性"原则是商业银行的经营原则，也是商业银行经营成果核算的原则。商业银行应该加强收益和成本观念，建立以经济利润为核心的绩效考核机制，在充分考虑成本、风险等因素的基础上，客观、公正地考核经营成果。

（二）按照会计原则和行业会计制度的要求正确进行财务损益的核算

商业银行在经营成果核算中，应坚持数据真实、准确，符合相关准则、制度，防止出现损益扭曲。也就是指商业银行在财务会计核算中由于主观或客观的因素影响而使财务报表反映的商业银行经营成果并不与其经营业绩相吻合，从而误导经营管理当局，给有关部门对其业绩衡量和财务评价造成偏差。否则，带来的后续损失将是无法估量的。

(三)完善考核机制,积极探索降低成本的有效途径

大多数企业的经理把获取利润作为企业的基本目标。可是对于许多部门来说,能够增加利润的方法却是很有限的,无非是增加销售额,提高价格,改变固定费用和变动费用,改变产品种类的组合和服务组合,或者是降低成本。对于今天经济领域内变化莫测的竞争形势来说,经由降低成本而达到提高利润的途径,是最实际可行的。商业银行作为经营货币和信用以及服务产品为主的企业,降低成本也应该是提高利润的最佳选择。

(四)对于经营成果的核算应坚持实施稳健的会计政策

实施稳健会计政策,对发生损失可能性较大的或有事项应在表内确认、计量或有损失和预计负债。按照财务会计与税务会计相分离的原则处理好税收与财会改革的关系,如财务核算允许采用加速折旧,但纳税时应按税法予以调整。加强对虚拟资产的审查和管理,对抵贷资产,如偿债物变现过程中形成的资产损失应从稳健角度考虑及时确认。

第二节 收入

一、收入的概念及特征

(一)收入的概念

收入,是指企业在日常活动中形成的、会导致所有者权益增加的、与所有者投入资本无关的经济利益的总流入。其包括销售商品收入、提供劳务收入及让渡资产使用权收入,不包括为第三方或者客户代收的款项。

(二)收入的特征

商业银行收入具有以下几个方面的特征:

(1)收入从商业银行日常活动中产生,而不是从偶发的交易或事项中产生。

(2)收入可能表现为商业银行资产的增加,也可能表现为负债的减少,或者两者兼而有之。

(3)收入能导致商业银行所有者权益的增加。收入能增加资产、减少负债或者两者兼而有之。故根据“资产=负债+所有者权益”,商业银行取得收入一定能增加所有者权益。这里仅指收入本身导致的所有者权益的增加。

(4)收入只包括商业银行自身经济利益的流入,不包括为第三方或者客户代收的款项。

(5)收入必须是能以货币计量的。收入作为会计要素之一,必须同其他要素一样能以货币来衡量其价值。从而为收入的确认、计量、记录和报告提供准确的依据,亦便于与其相关的费用配比,体现一定期间的经营成果。

(6)收入必须要与其相关的费用配比。

二、收入的分类及确认

(一)收入的分类

1.按照日常活动在商业银行所处的地位划分

按照日常活动在商业银行所处的地位收入可以划分为主营业务收入和其他业务收入。

主营业务收入是商业银行为完成其经营目标而从事的日常活动中的主要项目产生的经济利益的流入。如商业银行贷款和办理结算业务的收入。

其他业务收入是主营业务以外的其他日常活动产生的经济利益的流入。

2.按照收入所反映的经济内容划分

按照收入所反映的经济内容,收入可以划分为利息收入、手续费收入、投资收益、其他营业收入、汇兑收益等。

(二)收入确认

收入的确认是收入会计核算的起点,包括两个过程:一是确定某一经济事项是否符合收入的定义;二是确定该经济事项是否达到实际确认的标准。只有经过上述两个过程,该经济事项才得以真正确认为收入。

1.收入确认的标准

(1)可定义性。指应予确认的项目必须符合收入的定义。

(2)可计量性。指应予确认的项目必须能以货币来计量。

(3)相关性。指应予确认的项目所提供的会计信息必须是有用的。

(4)可靠性。指应予确认的项目所反映的信息必须真实可靠。

2.收入确认的条件

一般情况下,商业银行的利息收入、手续费收入、其他营业收入等只有在同时符合以下两个条件时,才能予以确认。

(1)与交易相关的经济利益能够流入企业。经济利益是指直接或间接流入企业的现金或现金等价物。如果与交易相关的经济利益不能够流入企业,即使其能够可靠地计量也不能加以确认。只有两个条件同时满足时,收入才能够加以确认。

例如银行因发放贷款而形成的应收利息,如果银行发放的贷款满足合同要求,同时没有其他例外情况发生,银行在未来某一时间完全能够收回利息,也就是说,银行因发放贷款而形成的应收利息所包含的经济利益很可能流入银行,满足收入确认的第一个条件。

(2)收入及相关成本费用的金额能够可靠地计量。收入能否可靠地计量,是收入确认的基本条件。收入不能可靠地计量,便不可能对其确认。同时为赚取该收入而发生的费用不能可靠地计量,也不能确认收入。因为收入和费用的确认必须符合会计核算基本原则——配比原则。

三、营业收入的核算

(一)利息收入的核算

利息收入是银行发放的各类贷款(包括银团贷款、贸易融资、贴现和转贴现融出资金、协议透支、信用卡透支和垫款等)、与其他金融机构(包括中央银行、同业等)之间发生资金往来业务、买入返售金融资产等所取得的利息收入。利息收入在整个营业收入中占有极大的比重,是银行财务收入的主要来源,是银行经营成果的重要内容。

1.会计科目的设置及使用

“利息收入”科目属损益类,专门用于核算银行向客户发放贷款按国家规定的利率计算的利息收入、银行与其他金融机构资金往来业务按让渡资金使用权的时间和适用利率确认的利息收入、银行买入返售金融资产所取得的利息收入。银行应按合同约定的名义利率计算确定的应收利息的金额,借记“应收利息”、“买入返售金融资产”等科目,按收入准则或金融工具确认和计量准则计算确定的利息收入金额,贷记本科目,按其差额,借记或贷记“贷款(溢折价)”等科目。

贷款本金逾期 90 天或贷款本金尚未逾期，但应收利息逾期 90 天的贷款，其应收利息不再计入当期损益，借记“利息收入”科目，贷记“应收利息”科目。本科目应按业务种类进行明细核算。期末，应将本科目余额结转“本年利润”，借记本科目，贷记“本年利润”科目，结转后本科目应无余额。本科目应按业务类别进行明细核算，明细有“存放同业”、“存放中央银行”、“发放贷款及垫款”、“买入返售金融资产”、“其他”。

2. 利息收入的财务处理

(1)当期收到利息的核算。银行在计息当期划收利息时，填制有关凭证，办理转账。其会计分录为：

借：单位活期存款——××户

　贷：利息收入——××利息收入户

(2)计提应收利息的核算。按权责发生制原则，凡属于银行本期应收取的利息，应确认收入的实现，并按季度计提应收利息，计提当期损益。各项贷款，无论是实行定期结息，还是利随本清，除有特殊规定外，一律以每季末月的 20 日为应收利息的计提日，计提应收利息时，编制转账借、贷方凭证各一联办理转账。其会计分录为：

借：应收利息

　贷：利息收入——××利息收入户

实际收到利息时，其会计分录为：

借：单位活期存款——××户

　贷：应收利息

(3)欠息的核算。收息日，发生单位欠息，应按规定在表外科目反映为：

收：未收贷款利息——××借款人户

另外，欠息还应按原贷款利率按季计算复利，列表外科目核算，并发给欠息单位复利通知单。计提复利的会计分录与计提应收利息相同，表外核算也与欠息核算相同。

实际收回未收贷款利息及复利时，会计分录为：

借：单位活期存款——××户

　贷：应收利息(已计提的利息)

　　利息收入(未计息部分)——××利息收入户

同时，销记表外科目：

付：未收贷款利息——××借款人户

(4)应收而收不回的利息的核算。我国现行财务制度规定，对逾期(含展期后)90 天以上的贷款不再计提应收利息，但应列表外科目核算。应收利息中因欠息人破产或者死亡，以其破产或者遗产清偿后，仍然不能收回的应收利息账款，或者因欠息人逾期未履行付息义务，超过 90 天仍然不能收回的利息，冲减原已记入损益的利息收入，转作表外核算。填制转账借、贷方凭证各一联，借方凭证作“利息收入”科目的转账凭证，贷方凭证作“应收利息”科目凭证办理转账。其会计分录为：

借：利息收入——××利息收入户

　贷：应收利息

同时，列入表外科目核算：

收：未收贷款利息——××借款人户

(5)收回已核销呆账贷款中的利息收入的核算。已核销呆账贷款中的利息收入，以后又收回时，根据有关凭证办理转账。其会计分录为：

借:应收利息

　贷:贷款损失准备

同时，

借:单位活期存款——××户

　贷:应收利息

(6)利息收入结转利润的核算。期末，利息收入结转利润时，其会计分录为：

借:利息收入——××利息收入户

　贷:本年利润

(二)手续费及佣金收入的核算

手续费及佣金收入是银行办理结算业务、咨询业务、担保业务、代保管等代理业务以及办理受托贷款及投资业务等取得的手续费，如结算手续费收入、佣金收入、业务代办手续费收入、基金托管收入、咨询服务收入、担保收入、受托贷款手续费收入、代保管收入，代理买卖证券、代理承销证券、代理兑付证券、代理保管证券、代理保险业务等代理业务以及其他相关服务实现的手续费收入等。

1.会计科目的设置及使用

“中间业务收入”科目属损益类科目。银行确认手续费及佣金收入的款项时，按应收金额，借记“应收账款”、“代理承销证券款”等科目，贷记本科目；实际收到手续费时，借记“存放中央银行款项”、“银行存款”、“结算备付金”、“吸收存款”等科目，贷记“应收账款”等科目。期末应将本科目余额结转“本年利润”，借记本科目，贷记“本年利润”科目，结转后本科目应无余额。该科目按往来手续费及佣金收入类别进行明细核算，明细有“汇款和结算手续费”、“银行卡手续费”、“代理手续费”、“顾问和咨询费”、“受托业务佣金”、“其他”。

2.手续费收入的账务处理

(1)发生并确认手续费收入时，其会计分录为：

借:应收账款——××户

　贷:中间业务收入——××收入户

实际收到手续费时

借:存放中央银行款项(或单位活期存款)——××户

　贷:应收账款——××收入户

(2)期末余额结转利润时，其会计分录为：

借:中间业务收入——××收入户

　贷:本年利润

(三)其他业务收入的核算

其他业务收入是指银行除存款、贷款、投资、证券买卖和代理业务以及金融机构外来之外的其他业务的营业收入，包括租赁收入、补贴收入、中途转让投资收入、追偿款收入、房地产开发收入、金银买卖收入、无形资产转让净收入、抵押物、质物的拍卖、变卖净收入(在取得抵押物、质物次日起一年内处分)等。银行的其他业务收入在实际收到款项时予以确认。

1.会计科目的设置及使用

“其他业务收入”科目属损益类科目。银行收到其他业务收入的有关款项时，借记“吸收存款”等科目，贷记本科目。“其他营业收入”科目应按其他业务收入的种类进行明细核算。“其他营业收入”的明细科目可以设置为：①补贴收入；②租赁收入；③无形资产转让净收入；④房地产开发收入；⑤追偿款收入；⑥金银买卖收入；⑦其他服务收入等。期末，应将本科目余额转入“本年利润”科目，结转后本科目应无余额。

2.其他业务收入的账务处理

(1)发生其他业务收入时，其会计分录为：

借：现金(或吸收存款)——××户

　贷：其他业务收入——××收入户

(2)期末结转利润时，其会计分录为：

借：其他业务收入——××收入户

　贷：本年利润

(四)公允价值变动损益

公允价值变动净收益，反映银行按照相关准则规定应当计入当期损益的资产或负债公允价值变动净收益，即核算企业在初始确认时划分为以公允价值计量且其变动计入当期损益的金融资产或金融负债(包括交易性金融资产或金融负债和直接指定为以公允价值计量且其变动计入当期损益的金融资产或金融负债)，以及采用公允价值模式计量的投资性房地产、衍生工具、套期业务中公允价值变动形成的应计入当期损益的利得或损失。

1.会计科目的设置及使用

“公允价值变动损益”科目属损益类科目。其应当按照交易性金融资产、交易性金融负债、投资性房地产等进行明细核算。期末余额转入“本年利润”科目，结转后本科目无余额。

2.公允价值变动损益的主要账务处理

(1)资产负债表日，企业应按交易性金融资产或采用公允价值模式计量的投资性房地产的公允价值高于其账面余额的差额，借记“交易性金融资产——公允价值变动”、“投资性房地产”科目，贷记本科目；公允价值低于其账面余额的差额，做相反的会计分录。

出售交易性金融资产或采用公允价值模式计量的投资性房地产时，应按实际收到的金额，借记“银行存款”、“存放中央银行款项”等科目，按其账面余额，贷记“交易性金融资产——成本、公允价值变动”科目或“投资性房地产——成本、公允价值变动”科目，贷记或借记“投资收益”科目。同时，按“交易性金融资产——公允价值变动”科目或“投资性房地产——成本、公允价值变动”科目的余额，借记或贷记本科目，贷记或借记“投资收益”科目。

(2)资产负债表日，交易性金融负债的公允价值高于其账面余额的差额，借记本科目，贷记“交易性金融负债”科目；公允价值低于其账面价值的差额，做相反的会计分录。

处置交易性金融负债时，应按其账面余额，借记“交易性金融负债”等科目，按实际支付的金额，贷记“银行存款”、“存放中央银行款项”、“结算备付金”等科目，按其差额，贷记或借记“投资收益”科目。同时，按“交易性金融负债——公允价值变动”科目的余额，借记或贷记本科目(公允价值变动)，贷记或借记“投资收益”科目。

(五)汇兑损益的核算

汇兑损益是银行经营外汇业务过程中因外币兑换、汇率变动等原因实现的汇兑收益及损失。汇兑损益应根据买入、卖出价差和汇率变动的净收益确认。

1.计科目的设置及使用

“汇兑损益”科目属于损益类科目。期末，“外汇买卖”各外币明细科目的期末余额，应按照期末汇率折合为记账本位币。按照期末汇率折合的记账本位币金额与“货币兑换——记账本位币”科目余额之间的差额，如为贷方余额，发生汇兑收益，借记“货币兑换——记账本位币”科目，贷记本科目；如为借方余额，发生汇兑损失，借记本科目，贷记“货币兑换——记账本位币”科目。另外，期末应将本科目的余额转入“本年利润”科目，结转后本科目应无余额。

2.汇兑损益的账务处理

(1)当发生汇兑净收入时，其会计分录为：

借：货币兑换(本币)

　贷：汇兑损益

当发生汇兑净损失时，其会计分录为：

借：汇兑损益

　贷：货币兑换(本币)

(2)期末结转利润时其会计分录为：

借：汇兑损益

　贷：本年利润(本币)

(六)投资收益的核算

投资收益指的是银行在规定的范围内，通过对外进行短期或长期的投资时，按照合同或协议的规定，从受资方分回利润、股利和利息等投资收入。

1.会计科目的设置及使用

“投资收益”科目属损益类科目。核算商业银行根据长期股权投资准则确认的投资收益或投资损失。银行根据投资性房地产准则确认的采用公允价值模式计量的投资性房地产的租金收入和处置损益，也通过本科目核算。银行处置交易性金融资产、交易性金融负债、可供出售金融资产实现的损益，也在本科目核算。银行的持有至到期投资和买入返售金融资产在持有期间取得的投资收益和处置损益，也在本科目核算。证券公司自营证券所取得的买卖价差收入，也在本科目核算。本科目应当按照投资项目进行明细核算。期末，应将本科目余额转入“本年利润”科目，本科目结转后应无余额。

2.投资收益的主要账务处理

(1)长期股权投资采用成本法核算的，银行应按被投资单位宣告发放的现金股利或利润中属于本企业的部分，借记“应收股利”科目，贷记本科目；属于被投资单位在取得投资前实现净利润的分配额，应作为投资成本的收回，贷记“长期股权投资”科目。

(2)长期股权投资采用权益法核算的，资产负债表日，应按根据被投资单位实现的净利润或经调整的净利润计算应享有的份额，借记“长期股权投资——损益调整”科目，贷记本科目。被投资单位发生亏损、分担亏损份额超过长期股权投资而冲减长期权益账面价值的，借记“投资收益”科目，贷记本科目(损益调整)科目。发生亏损的被投资单位以后实现净利润的，银行计算的应享有的份额，如有未确认投资损失的，应先弥补未确认的投资损失，弥补损失后仍有余额的，借记“长期股权投资——损益调整”科目，贷记本科目。

(3)出售长期股权投资时，应按实际收到的金额，借记“银行存款”等科目，原已计提减值准备的，借记“长期股权投资减值准备”科目，按其账面余额，贷记“长期股权投资”科目，按尚未领取的现金股利或利润，贷记“应收股利”科目，按其差额，贷记或借记本科目。

出售采用权益法核算的长期股权投资时，还应按处置长期股权投资的投资成本比例结转原记入“资本公积——其他资本公积”科目的金额，借记或贷记“资本公积——其他资本公积”科目，贷记或借记本科目。

四、营业外收入的核算

营业外收入是指银行发生的与其经营业务无直接因果关系但又有一定联系的各项收入，包括固定资产盘盈、处理固定资产净收益、教育费附加返还款、罚款收入(不含加息)、罚没收入、出纳长款及结算长款收入、因债权人的特殊原因确实无法支付的应付款项等。

(一)会计科目的设置及使用

“营业外收入”科目属于损益类科目。本科目核算银行发生的与其经营活动无直接关系的各项净收入，主要包括处置非流动资产利得、非货币性资产交换利得、债务重组利得、罚没利得、政府补助利得、确实无法支付而按规定程序经批准后转作营业外收入的应付款项等。本科目应当按照营业外收入项目进行明细核算。期末，应将本科目余额转入“本年利润”科目，结转后本科目应无余额。

(二)营业外收入的账务处理

1.发生各项营业外收入时的处理

根据有关凭证编制借、贷方记账凭证。其会计分录为：

借：固定资产清理(或其他应付款等科目)

　　贷：营业外收入——××收入户

2.期末本科目余额结转利润时的处理

期末结转时会计分录为：

借：营业外收入——××收入户

　　贷：本年利润

第三节　成本和费用

一、成本和费用的概念及特征

(一)成本和费用的概念

费用作为会计要素和会计报表要素的构成内容之一，是与收入相对应而存在的。费用是指企业为销售商品、提供劳务等日常活动所发生的，会导致所有者权益减少的，与分配利润无关的经济利益的流出。成本是指企业为提供劳务而发生的各种耗费。不包括为第三方或客户垫付的款项。

费用和成本是两个并行使用的概念，两者之间既有联系又有区别。成本是按一定对象所归集的费用，即所发生的特定业务归集的费用，是对象化了的费用。也就是说，成本是相对于一定的业务而言所发生的费用，是按照企业所发生的业务等成本，计算对象对当期发生的费用进行归集而形成的。而费用是资产的耗费，它与一定的会计期间相联系，与发生哪种业务无关；成本与发生的一定种类和数量的业务相联系，而不论发生在哪一个会计期间。

商业银行在从事业务活动的过程中，不仅大量吸收资金相应地支付利息，而且还支付业务经营和管理人员的工资等项费用，同时耗费一定的物品，所有这些耗费以货币价值形式表现出来，就构成了成本和费用。只有与业务经营活动有关的各项支出才能计入成本，与业务经营活动无关的支出不能计入成本。

(二)费用的特征

(1)费用是从企业日常的活动中产生的，而不是从偶发的交易或事项中产生的。费用定义中的“日常活动”，与收入定义中的“日常活动”相同，都是指商业银行为完成其经营目标而从事的所有活动，以及与之相关的其他活动。如银行的存款业务就属于日常活动。但是，有些交易或事项虽然也能使企业发生支出，但由于不是在企业的日常活动中发生的，就不能作为企业的费用，而作为营业外支出。

(2)费用可能表现为企业资产的减少，也可能表现为企业负债的增加，或者二者兼而有之。

(3)费用是因经营活动而引起的企业所有者权益的减少。一般情况下，银行的资金流入(收入)会增加银行的所有者权益；相反，银行的资金流出会减少银行的所有者权益。但是在银行经营活动过程中，并不是所有的支出都归入费用，如银行以货币资产偿付债务时，引起一项资产的减少和一项负债的减少，对所有者权益没有影响，因此不构成银行的费用。再如银行向投资者分派股利或利润，其资金流出虽然减少了所有者权益，但其属于最终的利润分配，不是经营活动的结果，也不应作为费用。

二、费用的确认和计量

(一)费用确认的原则

费用就其实质来说就是资产的耗费，但并不是所有的耗费都是费用。一般来说，费用的确认应遵循划分收益性支出与资本性支出原则、权责发生制原则、配比原则。

1.划分收益性支出与资本性支出原则

按照划分收益性支出与资本性支出原则，某项支出的效益涉及几个会计年度，该项支出应予以资本化，不能作为当期费用；如果某项支出的效益仅涉及本会计年度，就应作为收益性支出，在一个会计期间内确认为费用。划分两类支出原则为费用的确认提供了一个时间上的总体界限，保证了正确计量资产的价值和正确地计算各期的成本、费用及损益。

2.权责发生制原则

划分收益性支出与资本性支出原则，只是为费用的确认作出时间上的大致区分，而权责发生制原则规定了具体在什么时点上确认费用。金融企业会计制度规定，凡是当期已经发生或应当分担的费用，不论款项是否支付，都应作为当期的费用；凡是不属于当期的费用，即使款项已在当期支付，也不应当作为当期的费用。

3.配比原则

按照配比原则，为产生当期收入所发生的费用，应当确认为该期的费用。配比原则的基本含义在于当收入已经实现时，某些业务已经发生，已发生的业务成本，应当在确认有关收入的期间予以确认。如果收入要到未来期间实现，相应的费用就应递延分配到未来的实际受益期间。因此，费用的确认，要根据费用与收入的相关程度，确认哪些资产耗费或负债的增加应从本期收入中扣减。

另外，银行确认费用时，还应当注重重要性原则和谨慎性原则的运用。

(二)费用确认的标准

根据上述费用确认原则,在确认费用时,一般应遵循以下三个标准:

1.按费用与收入的直接联系(或称因果关系)加以确认

凡是与本期收入有直接因果关系的耗费,就应当确认为该期间的费用。这种因果关系具体体现在以下两个方面:一是经济性质上的因果性,即应予以确认的费用与期间收入项目具有必然的因果关系,也就是有所得必有所费,不同收入的区的是由于发生了不同的费用;二是时间上的一致性,即应予以确认的费用与某项收入同时或结合起来加以确认,这一过程也就是收入与费用配比的过程。例如,如果从事证券业务的金融企业代理客户买卖证券是直接与所产生的手续费收入相联系的,那么,该项代理业务的成本就可以随同本期实现的手续费收入实现而作为该期的费用。

2.直接作为当期费用确认

在企业中,有些支出不能提供明确的未来经济利益,如果对这些支出加以分摊也没有意义,这时,这些费用就应采用这一标准,直接作为当期费用予以确认,例如固定资产日常修理费等。这些费用虽然与跨期收入有联系,但由于不确定因素,往往不能肯定地预计其收益所涉及的期间,因而就直接列作当期的费用。

3.按系统、合理的分摊方式确认

如果费用的经济效益有望在若干个会计期间发生,并且只能大致和间接地确定其与收益的联系,该项费用就应当按照合理的分配程序,在利润表中确认为一项费用。如固定资产的折旧和无形资产的摊销都属于这一情况。一般情况下,我们将这类费用称为折旧或摊销。

(三)费用的计量

费用是通过所使用或所耗费的资产或发生的业务所耗用的劳动的价值来计量的,通常的费用计量标准是实际成本。《金融企业会计制度》第 95 条中规定,“企业在生产经营过程中所发生的其他各项费用,应当以实际发生数计入成本、费用”。

三、成本与费用的核算

(一)营业支出及损失的核算

1.利息支出的核算

利息支出是银行发生的利息支出,包括吸收的各种存款(单位存款、个人存款、信用卡存款、特种存款和转贷款资金等)、与其他金融机构(中央银行、同业等)之间发生资金往来业务、卖出回购金融资产等产生的利息支出以及按期分摊的未确认融资费用等。本科目应当按照利息支出项目进行明细核算。

(1)会计科目的设置及使用。为反映利息支出的增减变动情况,银行设置“利息支出”科目进行核算。资产负债表日,企业应按摊余成本和实际利率计算确定的各项利息费用的金额,借记本科目,按合同约定的名义利率计算确定的应付利息的金额,贷记“应付利息”、“卖出回购金融资产款”等科目,按其差额,借记或贷记“吸收存款——利息调整”等科目。期末本科目的余额结转利润时,借记“本年利润”科目,贷记本科目。“利息支出”科目属于损益类科目,余额应反映在借记。期末结转利润后,本科目应无余额。本科目应按业务类别进行明细核算,明细有“同业存放”、“存放中央银行”、“吸收存款”、“卖出回购金融资产”、“发行债券”“其他”

(2)利息支出的账务处理。发生利息支出时,其会计分录为:

借:利息支出——××利息支出户

　贷:应付利息(或卖出回购金融资产款等)

期末结转利润时,其会计分录为:

借:本年利润

　贷:利息支出——××利息支出户

2.手续费及佣金支出的核算

手续费及佣金支出是银行委托其他单位办理有关业务而发生的各项手续费、佣金等支出,如代办储蓄手续费、其他银行代办业务手续费等。手续费支付方式有两种:①现金支付;②转账支付。

(1)会计科目的设置及使用。为了反映手续费及佣金支出的增减变化情况,银行设置"手续费及佣金支出"科目。该科目属于损益类科目,用于核算银行委托其他单位代办业务而支付的手续费。发生的手续费、佣金等支出,借记本科目,贷记"银行存款"、"存放中央银行款项"、"存放同业"、"库存现金"、"应付手续费及佣金"等科目。期末本科目余额结转利润时,借记"本年利润"科目,贷记本科目。本科目余额应反映在借方,期末结转利润后,应无余额。本科目应按业务类别进行明细核算,明细有"手续费支出"、"佣金支出"。

(2)手续费支出的账务处理。银行参加票据交换的结算手续费,由组织清算的中央银行确定;代办储蓄手续费的总体标准,按代办机构吸揽储蓄存款年平均余额的1.2%控制;各分支行可以根据本地区、本行处的经营特点在此指标内确定内部控制比例。但在实际计算手续费时,以代办机构吸收储蓄存款的上月平均余额为基数,扣除银行职工在揽储、复核和管理工作中应分摊的数额,据此计算后予以支付。

按《金融企业财务规则》的要求手续费支出应按有关规定和付费标准如实列支,不得预提。

①发生手续费及佣金支出时,其会计分录为:

借:手续费及佣金支出——××手续费支出或佣金支出户

　贷:存放中央银行款项(或存放同业)

②期末按"手续费及佣金支出"科目余额结转时,其会计分录为:

借:本年利润

　贷:手续费及佣金支出——××手续费支出或佣金支出户

3.管理费用的核算

(1)会计科目设置和使用。"业务及管理费"科目核算银行为组织和管理银行经营所发生的管理费用,包括银行的董事会和行政管理部门在经营管理中发生的或者应由银行统一负担的经费(包括行政管理部门职工薪酬、修理费、物料消耗、低值易耗品摊销、办公费和差旅费等)、工会经费、董事会费(包括董事会成员津贴、会议费和差旅费等)、聘请中介机构费、咨询费(含顾问费)、诉讼费、业务招待费、房产税、车船使用税、土地使用税、印花税、技术转让费、矿产资源补偿费、研究费用、排污费等。

商业银行与固定资产有关的后续支出,包括固定资产发生的日常修理费、大修理费用、更新改造支出、房屋的装修费用等,没有满足固定资产准则规定的固定资产确认条件的,也在本科目核算。本科目应当按照费用项目进行明细核算。期末,应将本科目的余额转入"本年利润"科目,结转后本科目应无余额。

(2)管理费用的主要账务处理。商业银行在筹建期间内发生的开办费,包括人员工资、办公费、培训费、差旅费、印刷费、注册登记费以及不计入固定资产价值的借款费用等在实际发生时，借记本科目，贷记“存放中央银行款项”等。

行政管理部门人员的职工薪酬，借记本科目，贷记“应付职工薪酬”科目。

行政管理部门计提的固定资产折旧，借记本科目，贷记“累计折旧”科目。

发生的办公费、修理费、水电费、业务招待费、聘请中介机构费、咨询费、诉讼费、技术转让费、研究费用时，借记本科目，贷记“存放中央银行款项”、“研发支出”等科目。

按规定计算确定的应交矿产资源补偿费的金额，借记本科目，贷记“应交税费”科目。

按规定计算确定的应交的房产税、车船使用税、土地使用税，借记本科目，贷记“应交税费”科目。

4.营业税费

营业税是国家对以营利为目的的企业单位或个人就其营业收入和提供劳务收入而征收的一种税收。它是按照营业额和规定的税率计算应纳税额。根据税法规定，银行作为经营货币信用业务的特殊企业，也应向国家税务机关缴纳营业税款和其他税款，依法纳税是银行的义务。目前国家对银行营业收入中的金融企业往来收入暂不征收营业税金和各种附加，因此，银行应以其营业收入扣除金融企业往来收入为缴纳营业税的计税依据。其计算公式如下：

应纳营业税＝(营业收入－金融企业往来收入)×营业税率(5%)

城市维护建设税是国家为加强城市维护建设，扩大和稳定城市维护建设资金的来源而征收的一个税种，其性质属于附加税。银行应以缴纳的营业税为课税对象，缴纳城市维护建设税。城市维护建设税的税率按银行所在地确定：银行分支机构在市区的按7%的税率缴纳；在县城或建制镇的税率为5%；不在县城、建制镇的税率为1%。其计算公式如下：

城市维护建设税＝应纳营业税额×适用税率

教育费附加是为了加快发展地方教育事业，扩大地方教育的来源而征收的一个税种。教育费附加是以银行实际缴纳营业税额的2%计交的用于地方教育事业的费用附加。其计算公式如下：

教育费附加＝应纳营业税额×2%

(1)会计科目设置及使用。营业税金及附加科目核算企业经营活动发生的营业税、消费税、城市维护建设税、资源税和教育费附加等相关税费。

房产税、车船使用税、土地使用税、印花税在“管理费用”等科目核算，不在本科目核算。

商业银行按规定计算确定的与经营活动相关的税费，借记本科目，贷记“应交税费”等科目。

企业收到的返还的消费税、营业税等原记入本科目的各种税金，应按实际收到的金额，借记“存放中央银行款项”科目，贷记本科目。期末，应将本科目余额转入“本年利润”科目，结转后本科目应无余额。

(2)营业税金及附加的账务处理。

①商业银行期末计提应纳营业税金及附加时，其会计分录为：

借：营业税金及附加——××税户

　　贷：应交税费

②商业银行实际交纳营业税金及附加时，其会计分录为：

借：应交税费

　　贷：存放中央银行款项

③期末结转利润时，其会计分录为：

借：本年利润

　贷：营业税金及附加——××税户

5.其他业务成本的核算

其他业务成本是除了利息支出、手续费支出、汇兑损失、业务及管理费、营业税费以外的其他业务成本。银行的其他业务成本作为一个单独的费用项目，通过设置“其他业务成本”科目来核算，反映其他业务成本的增减变动情况。

“其他业务成本”科目属损益类科目，核算银行除主营业务活动以外的其他经营活动所发生的支出，包括出租固定资产的累计折旧、出租无形资产的累计摊销、出租包装物的成本或摊销额、采用成本模式计量的投资房地产的累计折旧或累计摊销等。

商业银行除主营业务活动以外的其他经营活动发生的相关税费，在“营业税金及附加”科目核算，不在本科目核算。本科目应当按照其他业务支出的种类进行明细核算。期末，应将本科目余额转入“本年利润”科目，结转后本科目应无余额。

商业银行发生的其他业务支出，借记本科目，贷记“周转材料”、“累计折旧”、“累计摊销”、“应付职工薪酬”、“存放中央银行款项”等科目。

6.资产减值损失的核算

资产减值损失是指银行按规定提取的各项准备金，包括贷款损失准备、长期股权投资减值准备、持有至到期投资减值准备、固定资产减值准备、无形资产减值准备、在建工程减值准备、抵债资产减值准备等。

为估算银行的各项资产损失，设置“资产减值损失”科目，该科目属损益类科目。提取准备金时，借记本科目，贷记“贷款损失准备”、“长期股权投资减值准备”、“持有至到期投资减值准备”、“固定资产减值准备”、“无形资产减值准备”等科目；冲减准备金时，借记“贷款损失准备”、“长期股权投资减值准备”、“持有至到期投资减值准备”、“固定资产减值准备”、“无形资产减值准备”等科目，贷记本科目。期末应将本科目余额结转利润，借记“本年利润”科目，贷记本科目，结转后本科目应无余额。

(1)资产减值损失的明细科目。商业银行按规定在“资产减值损失”科目下，按提取准备金的种类设置明细科目：①贷款损失准备；②长期股权投资减值准备；③持有至到期投资减值准备；④固定资产减值准备；⑤无形资产减值准备。

(2)资产减值损失的账务处理。

①提取准备金时，其会计分录为：

借：资产减值损失——提取××准备

　贷：贷款损失准备

②期末本科目余额结转本年利润时，其会计分录为：

借：本年利润

　贷：资产减值损失

(二)营业外支出的核算

营业外支出是指银行发生的与经营无直接关系的各项支出，包括：资产一般损失、资产非常损失、出纳短款、罚没支出、赔偿金、违约金、固定资产盘亏、固定资产清理损失、公益救济性捐赠支出、职工子弟学校经费支出，以及技校、干部培训中心经费支出等。

为了核算反映实际发生的与业务经营没有直接关系的各项支出，银行设置“营业外支出”科目。该科目属于损益类科目。发生各项营业外支出时，借记本科目，贷记“现金”等有关科目。期末本科目余额结转利润时，借记“本年利润”科目，贷记本科目。余额平日在借方，反映银行发生的营业外支出的累计数额，随着结转利润后，本科目应无余额。

1.营业外支出的明细科目

商业银行按规定在“营业外支出”科目下，按支出项目设置明细科目：①固定资产盈亏、报废、毁损和出售的净损失；②出纳短款；③院校经费；④非常损失；⑤公益救济性捐赠；⑥罚没支出等。

2.营业外支出的账务处理

(1)发生各项营业外支出时，根据有关凭证，编制借、贷方记账凭证。其会计分录为：

借：营业外支出——××支出户

　贷：现金(或有关科目)

(2)期末本科目余额结转利润时，其会计分录为：

借：本年利润

　贷：营业外支出——××支出户

第四节　利润的形成

一、利润的定义及构成

(一)利润的概念

利润是指商业银行在一定会计期间的经营成果，它包括银行在一定会计期间内实现的收入减去费用后的净额、直接计入当期利润的利得和损失。对利润进行核算，可以及时反映银行在一定会计期间的经营业绩和获利能力，反映银行的投入产出效率和经济效益，有助于银行投资者和债权人据此进行盈利预测，评价银行经营绩效，作出正确的决策。

(二)利润的构成

商业银行的利润包括营业利润、利润总额和净利润。

1.营业利润

营业利润是银行利息净收入加上手续费净收入、其他经营净收益，减去营业支出及损失后的净额。

利息净收入＝利息收入－利息支出

手续费净收入＝手续费收入－手续费支出

其他经营净收益＝公允价值变动净收益＋投资净收益＋汇兑净收益＋其他业务净收益

营业支出及损失＝营业税费＋业务及管理费＋资产减值损失

2.利润总额

利润总额是银行营业利润加上营业外收入，减去营业外支出后的金额。

营业外收入和营业外支出是指商业银行发生的与其经营活动无直接关系的各项收入和各项支出。其中，营业外收入包括固定资产盘盈、处置固定资产净收益、处置无形资产净收益、罚金净收入等。营业外支出包括固定资产盘亏、处置固定资产净损失、处置无形资产净损失、债务重组损失、计提无形资产减值准备、计提的固定资产减值准备、罚款支出、捐赠支出、非常损失等。

营业外收入和营业外支出应分别核算，并在利润表中分列项目反映。

3. 所得税

所得税是指商业银行应计入当期损益的所得税费用。

4. 净利润

指商业银行利润总额减去所得税后的金额。

综合起来，计算银行当期实收的净利润分为三个步骤：

第一步：计算营业利润

营业利润＝利息净收入＋手续费净收入＋其他经营净收益－减去营业支出及损失

第二步：计算利润总额

利润总额＝营业利润＋营业外收入－营业外支出

第三步：计算净利润

净利润＝利润总额－所得税

二、利润的账务处理

商业银行一般应按月计算利润，按月计算利润有困难的，可以按季或者按年计算利润。与此同时，银行还应计算每一会计期间的所得税费用，并按照国家的有关规定，计算交纳所得税。对于实现的利润和利润分配情况，银行应当分别核算，利润及利润分配各项目应当设置明细账，进行明细核算。银行提取的法定盈余公积、分配的优先股股利、提取的任意盈余公积金、分配的普通股股利、转作资本（或股本）的普通股股利，以及年初未分配利润（或未弥补损失）、期末未分配利润（或未弥补亏损）等，均应当在利润分配表中分别列项予以反映。

（一）所得税的核算

根据《企业会计准则第 18 号——所得税》规范，所得税在确认时，采用资产负债表债务法，这有别于旧准则采用的收益表债务法。其在计税基础上强调暂时性差异，侧重从资产、负债的角度来考虑，而不是侧重于利润收益的角度。在这种情况下，有必要先了解资产负债表法下的几个基础概念：

资产的计税基础：指商业银行收回资产账面价值过程中，计算纳税所得税额时按照税法规定可以自应税经济利益中抵扣的金额。

负债的计税基础：指负债的账面价值减去未来期间计算应纳税所得额时按照税法规定可与抵扣的金额。

在了解计税基础后，根据计税基础可以确认暂时性差异，这种暂时性差异分为应纳税暂时性差异和可抵扣暂时性差异。当资产的账面价值大于其计税基础或者负债的账面价值小于其计税基础，产生应纳税暂时性差异；资产的账面价值小于其计税基础或者负债的账面价值大于其计税基础，产生可抵扣暂时性差异；另外按照税法规定允许抵减以后年度利润的可抵扣亏损，视同可抵扣暂时性差异。按照暂时性差异与适用所得税税率计算的结果，可以确定递延所得税资产、递延所得税负债以及相应的递延所得税费用。其中，确认由可抵扣暂时性差异产生的递延所得税资产，应当以未来期间很可能取得用来抵扣可抵扣暂时性差异的应纳税所得额为限，该应纳税所得额为未来期间企业正常生产经营活动实现的应纳税所得额，以及因应纳税暂时性差异在未来期间转回相应增加的应税所得，并应提供相关的证据。

递延所得税资产、递延所得税负债的转回递延所得税负债和递延所得税资产确认后，相关的应纳税暂时性差异或可抵扣暂时性差异于以后期间转回的，应当调整原已确认的递延所得税资产、递延所得税负债以及相应的递延所得税费用。

1. 资产、负债的计税基础

(1)资产的计税基础。“资产的计税基础”是指商业银行收回资产账面价值过程中，计算应纳税所得额时按照税法规定可以自应税经济利益中抵扣的金额。通常情况下，资产取得时其入账价值与计税基础是相同的，后续计量因会计准则规定与税法规定不同，可能造成账面价值与计税基础的差异。例如，各项资产如发生减值，提取的减值准备。按照会计准则规定，资产的可变现净值或可收回金额低于其账面价值时，应当计提相关的减值准备；税法规定，银行提取的减值准备一般不能税前抵扣，只有在资产发生实质性损失时才允许税前扣除，产生了资产的账面价值与计税基础之间的差异即暂时性差异。如，会计准则规定，商业银行自行开发的无形资产在满足资本化条件后发生的支出应当资本化，确认为无形资产成本；税法规定，商业银行的研究开发支出一般可于发生当期税前扣除，由此产生自行开发的无形资产在持有期间的暂时性差异。

(2)负债的计税基础。“负债的计税基础”是指负债的账面价值减去未来期间计算应纳税所得额时按照税法规定可予抵扣的金额。一般而言，负债的确认和偿还，不会对当期损益和应纳税所得额产生影响，其计税基础即为账面价值。某些情况下，负债的确认可能会涉及损益，进而影响不同期间的应纳税所得额，使得其计税基础与账面价值之间产生差额，如商业银行因或有事项确认的预计负债。会计上对于预计负债，按照最佳估计数确认，计入相关资产成本或者当期损益。按照税法规定，与预计负债相关的费用多在实际发生时税前扣除，该类负债的计税基础为 0，形成会计上的账面价值与计税基础之间的暂时性差异。商业银行应于每个资产负债表日，对资产、负债的账面价值与其计税基础进行分析比较，两者之间存在差异的，按照重要性原则，确认递延所得税资产、递延所得税负债及相应的递延所得税费用。

2. 所得税费用的计算及账务处理

企业在计算确定当期应交所得税以及递延所得税费用(或收益)以后，利润表中的所得税费用为两者之和。即：

所得税费用＝当期所得税费用＋递延所得税费用(－递延所得税收益)

【例 10－1】 某企业 2006 年 12 月 31 日资产负债表中有关项目金额及其计税基础如表 10－1 所示。

表 10－1 资产负债表中有关项目暂时性差异汇总表

单位：元

	暂时性差异项目	账面价值	计税基础	应纳税暂时性差异	可抵扣暂时性差异
1	存货	20 000 000	22 000 000		2 000 000
2	无形资产	6 000 000	0	6 000 000	
3	预计负债	1 000 000	0		1 000 000
	合计			6 000 000	3 000 000

除上述项目外，该企业其他资产、负债的账面价值与其计税基础不存在差异，且递延所得税资产和递延所得税负债不存在期初余额，适用的所得税税率为33%。

【例10－2】 引例10－1，假定当期按照税法规定计算确定的应交所得税为600万元。该企业预计在未来期间能够产生足够的应纳税所得额用来抵扣可抵扣暂时性差异。该企业计算确认的递延所得税负债、递延所得税资产、递延所得税费用以及所得税费用如下：

递延所得税负债＝6 000 000×33%＝1 980 000(元)

递延所得税资产＝3 000 000×33%＝990 000(元)

递延所得税费用＝1 980 000－990 000＝990 000(元)

所得税费用＝6 000 000＋990 000＝6 990 000(元)

3. 递延所得税负债、资产、费用的确认与计量

(1)递延所得税负债的确认与计量。

【例10－3】 A银行购买的一台电子设备价值50万元，预计使用年限5年，净残值为0。银行采用直线法折旧。税法允许银行采用双倍余额递减法计提折旧。未折旧前的利润总额为110万元。适用的所得税税率为15%。递延所得税负债的确认与计量过程如表10－2所示。

表10－2 单位：元

项目		01年12月31日	02年12月31日	03年12月31日	04年12月31日	05年12月31日	06年12月31日
账面价值		500 000	400 000	300 000	200 000	100 000	0
计税基础		500 000	300 000	180 000	108 000	54 000	0
差额		0	100 000	120 000	92 000	46 000	0
税率		15%					
递延所得税负债余额		0	15 000	18 000	13 800	6 900	0
各年度递延所得税负债发生额		0	02年 15 000	03年 3 000	04年 －4 200	05年 －6 900	06年 －6 900
差异分录	年度	01年	02年	03年	04年	05年	06年
	借：所得税费用 贷：递延所得税负债	—	15 000 15 000	3 000 3 000	－4 200 －4 200	－6 900 －6 900	－6 900 －6 900
无差异分录	年度	01年	02年	03年	04年	05年	06年
	借：所得税费用 贷：应交税费	—	150 000 150 000	150 000 150 000	150 000 150 000	150 000 150 000	150 000 150 000
综合分录	年度	01年	02年	03年	04年	05年	06年
	借：所得税费用 贷：应交税费 贷：递延所得税负债		150 000 135 000 15 000	150 000 147 000 3 000	150 000 154 200 －4 200	150 000 156 900 －6 900	150 000 156 900 －6 900

(2)递延所得税资产的确认和计量。

【例 10-4】 A 银行购买的一台电子设备价值 50 万元，预计使用年限 5 年，净残值为 0。银行采用双倍余额递减法计提折旧。税法允许银行采用直线法折旧。未折旧前的利润总额为 110 万元。适用的所得税税率为 15%。递延所得税资产的确认和计量过程如表 10-3 所示。

表 10-3 单位:元

项目		01 年 12 月 31 日	02 年 12 月 31 日	03 年 12 月 31 日	04 年 12 月 31 日	05 年 12 月 31 日	06 年 12 月 31 日
账面价值		500 000	300 000	180 000	108 000	54 000	0
计税基础		500 000	400 000	300 000	200 000	100 000	0
差额		0	−100 000	−120 000	−92 000	−46 000	0
税率		15%					
递延所得税负债余额		0	15 000	18 000	13 800	6 900	0
各年度递延所得税负债发生额		01 年 0	02 年 15 000	03 年 3 000	04 年 −42 00	05 年 −6 900	06 年 −6 900
差异分录	年度	01 年	02 年	03 年	04 年	05 年	06 年
差异分录	借:所得税费用 贷:递延所得税负债	—	15 000 15 000	3 000 3 000	−4 200 −4 200	−6 900 −6 900	−6 900 −6 900
无差异分录	年度	01 年	02 年	03 年	04 年	05 年	06 年
无差异分录	借:所得税费用 贷:应交税费	—	150 000 150 000	150 000 150 000	150 000 150 000	150 000 150 000	150 000 150 000
综合分录	年度	01 年	02 年	03 年	04 年	05 年	06 年
综合分录	借:所得税费用 借:递延所得税负债 贷:应交税费	—	135 000 15 000 150 000	147 000 3 000 150 000	154 200 −4 200 150 000	156 900 −6 900 150 000	156 900 −6 900 150 000

(3)在采用资产负债表核算递延所得税时，如果预计转回的税率能够合理确定，发生时按预计转回的税率核算。此外，无论发生或转销期间，税率有变动，均应进行调整。

【例 10-5】 A 银行购买的一台电子设备价值 50 万元，预计使用年限 5 年，净残值为 0。银行采用直线法折旧。税法允许银行采用双倍余额递减法计提折旧。未折旧前的利润总额为 110 万元。适用的所得税税率为 15%。从第 3 年起适用税率为 20%。税率有变动，进行调整的计量过程如表 10-4 所示。

表 10-4 单位:元

项目		01年12月31日	02年12月31日	03年12月31日	04年12月31日	05年12月31日	06年12月31日
账面价值		500 000	400 000	300 000	200 000	100 000	0
计税基础		500 000	300 000	180 000	108 000	54 000	0
差额		0	100 000	120 000	92 000	46 000	0
税率		15%			20%		
递延所得税负债余额		0	15 000	18 000	18 400	9 200	0
各年度递延所得税负债发生额		01年 0	02年 15 000	03年 3 000	04年 −4 200	05年 −6 900	06年 −6 900
差异分录	年度	01年	02年	03年	04年	05年	06年
	借:所得税费用 贷:递延所得税负债	—	15 000 15 000	3 000 3 000	−400 −400	−9 200 −9 200	−9 200 −9 200
无差异分录	年度	01年	02年	03年	04年	05年	06年
	借:所得税费用 贷:应交税费	—	150 000 150 000	150 000 150 000	150 000 150 000	150 000 150 000	150 000 150 000
综合分录	年度	01年	02年	03年	04年	05年	06年
	借:所得税费用 贷:应交税费 贷:递延所得税负债	—	150 000 135 000 15 000	150 000 147 000 3 000	150 000 150 400 −400	150 000 159 200 −9 200	150 000 159 200 −9 200

(4)亏损弥补的所得税会计处理。

【例 10-6】 A银行在2001—2004年间每年的应税收益分别为:−400万、160万、140万、160万元,适用税率20%,假设无其他暂时性差异。

①2001年的会计分录为:

借:递延所得税资产 800 000

　贷:所得税费用——补亏减税 800 000

②2002年的会计分录为:

借:所得税费用 320 000

　贷:递延所得税资产 320 000

③2003年的会计分录为:

借:所得税费用 280 000

　贷:递延所得税资产 280 000

④2004年的会计分录为:

借:所得税费用 320 000

贷:递延所得税资产 200 000

贷:应交税费——应交所得税 120 000

【例 10-7】 2005 年 12 月 31 日,银行递延所得税资产的账面价值为 20 万。银行经复核,银行在未来可能获得的用以抵扣递延所得税资产的利益只有 11 万。银行应确认相应的递延所得税资产减值。

其会计分录为:

借:营业外支出——递延所得税资产 90 000

贷:递延所得税资产 90 000

若 2005 年 12 月 31 日,经复核,银行在未来可能获得的用以抵扣递延所得税资产的利益有 21 万。银行应在原减值的范围内转回减值。

其会计分录为:

借:递延所得税资产 90 000

贷:营业外支出——递延所得税资产 90 000

(二)本年利润的核算与结转

1.本年利润核算的科目设置

为了反映银行利润的形成过程和组成内容,银行应当设置"本年利润"科目,对银行每期实现的净利润(或发生的净亏损)进行核算。

"本年利润"科目属所有者权益科目。期末将各项损益类科目的余额,转入"本年利润"科目。将收入类科目的余额,转入"本年利润"科目的贷方;将支出类科目的余额,转入"本年利润"科目的借方。最后,结平各项损益类科目。结转后,"本年利润"科目如为贷方余额,表明收入大于支出,即为本期利润总额;"本年利润"科目如为借方余额,表明收入小于支出,则为本期亏损总额。

年度终了,将"本年利润"科目的余额全数转入"利润分配——未分配利润"账户,结转后,该账户无余额。

银行结转"本年利润"科目期末(月末、季末、年末)余额的方法有两种:①"账结法";②"表结法"。按照规定,银行应按季计算盈亏,年终结转损益。

2.采用"账结法"结转银行利润

账结法是指银行通过设置"本年利润"科目,核算银行当年实现的利润或亏损总额,银行利润直接在"本年利润"科目中结转并反映出来。

商业银行应于每月月末(季末)将各损益类科目的余额转入"本年利润"科目,结转后,各损益类账户余额为零。然后结算出"本年利润"科目借、贷方发生额的差额,如果是贷方差额,即为本期的利润额,以及本年累计利润总额;如果为借方差额,则为本期亏损额,以及本年累计亏损的总额。

商业银行结转损益类科目时,其会计分录为:

借:利息收入

借:中间业务收入

借:公允价值变动收益

借:汇兑收益

借:投资收益

借:其他业务收入

借:营业外收入等

　贷:本年利润

借:本年利润

　贷:利息支出

　贷:手续费及佣金支出

　贷:业务及管理费

　贷:汇兑损失

　贷:投资损失

　贷:营业税金及附加

　贷:其他业务成本

　贷:营业外支出

　贷:公允价值变动损失

　贷:资产减值损失

　贷:所得税

年终通过“本年利润”结出的利润(或亏损)总额应全数转入“利润分配”科目下设立的“未分配利润”账户。

年终决算日按规定结平“本年利润”科目时,其会计分录为:

借:本年利润

　贷:利润分配——未分配利润

或者:

借:利润分配——未分配利润

　贷:本年利润

结转后“本年利润”科目无余额。

账结法的优点是各月均可通过“本年利润”科目提供其当期利润额,记账业务程序完整。但从实用的角度来讲,采用账结法增加了编制结转损益分录的工作量。

3.采用“表结法”结转“本年利润”

采用“表结法”结转本年利润,是指银行在月末、季末计算利润(或亏损)时,不通过“本年利润”账户,而是通过编制损益表直接计算出来,反映本期现实的利润或亏损。这种“表结法”用于月末和季末对利润的反映。

如果采用“表结法”每月结账时,损益类各科目的余额,不需要结转到“本年利润”科目,只是在年度终了进行年度决算时,才用“账结法”结出损益类各科目的全年累计余额及其构成情况。所以,每月结账时,只要结出各损益类科目的累计余额,就可以直接根据这些余额,逐项填入“损益表”,通过“损益表”计算出从年初到本月末为止的本年累计利润,然后,减去上月末本表中的本年累计利润数,就是本月份的利润或亏损总额。

商业银行在采取“表结法”的情况下,每月、每季编制资产负债表时,如果平时不进行利润分配,表内“未分配利润”项目应填制“损益表”中的利润总额与“未分配利润”科目余额的合计数;如果平时进行利润分配,应根据“损益表”中的“利润总额”与“利润分配”的差额来填制资产负债表中的“未分配利润”项目。

表结法在平时直接在利润表结转，省去了转账环节并可从科目余额得出本年累计的指标，同时并不影响利润表的编制及有关损益表指标的利用。

综上所述，采用“表结法”计算利润，“本年利润”科目平时不用，年终使用；采用“账结法”，每月使用“本年利润”科目。无论采用哪种方法，年度终了时，都必须将“本年利润”科目结平，转入“利润分配——未分配利润”科目。结转后，“本年利润”科目应无余额。

年末转账，如为盈利，其会计分录为：

借：本年利润

　贷：利润分配——未分配利润

如为亏损，其会计分录为：

借：利润分配——未分配利润

　贷：本年利润

本章小结

商业银行在办理各项资产、负债业务中，必然要发生各项收入和成本费用支出。以收入抵补成本费用支出即为商业银行的财务损益，它直接关系到商业银行的经营成果。本章主要介绍了商业银行的收入、成本和费用及利润形成。通过本章的学习，要求了解商业银行收入及成本、费用的形成过程；掌握收入、成本及利润的核算处理手续。

关键术语

收入　费用　利润　营业外收入　公允价值变动净收益　营业外支出
投资收益

思考练习题

1. 营业收入包括哪些内容？
2. 收入实现的确认原则是什么？
3. 简述利息收入的含义及其核算。
4. 对成本核算与管理的要求有哪些？
5. 银行利润的构成如何？结计利润的手续如何？
6. A银行2007年度利润表中利润总额为1 200万元，该银行适用的所得税税率为25%。2007发生的有关交易和事项中，会计处理与税收处理存在的差别为：

(1)2007年1月2日开始计提折旧的一项固定资产，成本为600万元，使用年限是10年，净残值为零，会计处理按双倍余额递减法计提折旧，税收处理按直线法计提折旧。假定税法规定的使用年限及净残值与会计规定相同。

(2)向关联企业提供现金捐赠200万元。

(3)当年度发生研究开发支出500万元，较上年度增长20%。其中300万元资本化计入无形资产成本。税法规定按该企业的情况，可按实际发生研究开发支出的150%加计扣除。其中，符合资本化条件后发生的支出为300万元，假定所开发无形资产于期末达到预定可使用状态。

(4)应付违反环保法规定罚款100万元。

(5)期末对持有的存货计提了30万元的存货跌价准备。

要求计算：

(1)2007年度当期应交所得税。

(2)2007年度递延所得税。

该银行2007年资产负债表相关项目金额及其计税基础如下表(单位:元)

项目	账面价值	计税基础	差异	
			应纳税暂时性差异	可抵扣暂时性差异
存货	8 000 000	8 300 000		
固定资产				
固定资产原价	6 000 000	6 000 000		
减:累计折旧	1 200 000	600 000		
减:固定资产减值准备	0	0		
固定资产账面价值	4 800 000	5 400 000		
无形资产	3 000 000	0		
其他应付款	1 000 000	1 000 000		
总计				

(3)利润表中应确认的所得税费用。

第十一章　所有者权益

本章要点

1. 所有者权益与负债的区别
2. 所有者权益的构成
3. 实收资本的会计核算
4. 盈余公积的会计核算
5. 一般准备金的会计核算

第一节　所有者权益概述

一、所有者权益的概念

所有者权益也称股东权益，是指所有者在企业资产中享有的经济利益，其金额为资产减去负债后的余额。

商业银行业的所有者权益是指银行所有者对银行资产中享有的经济利益，在定量上，它等于银行全部资产减全部负债后的净值部分；在定性上，它主要包括银行投资人对银行投入的实收资本或股本，以及形成的资本公积、盈余公积、未分配利润等。所有者权益充分表明银行业的产权关系。一般而言，实收资本和资本公积是由所有者直接投入的，如所有者的投入资本、资本溢价等；而盈余公积是从银行税后利润中提取的。因此，盈余公积和未分配利润又被称为留存收益。

所有者权益同负债在性质上是有区别的：①所有者权益是银行投资人，如国家、股东对银行扣除负债后净资产的求偿权；负债是债权人对银行资产的求偿权。②银行业投资人具有法定管理银行和委托他人管理的权利。债权人与银行业只有债权、债务关系。③所有者权益随着银行业共生存，在经营期间无须偿还，银行只分给投资人利润；负债是有偿还期和偿还条件的。一旦偿还，债权人和债务人的关系就得到解除。所以，银行必须按期偿还，还必须按规定的时间和利率向债权人支付利息。

二、所有者权益的构成

商业银行所有者权益的构成按照不同的依据有不同的划分方法。

(一)从会计核算的角度划分

为了反映银行业所有者权益的构成，加强对所有者权益的核算，《金融企业会计制度》把银行业所有者权益分为：实收资本、资本公积、盈余公积、未分配利润四个部分。

1. 实收资本

银行业的实收资本是指投资者按照企业章程，或合同、协议的规定，实际投入金融企业的资本。

这部分是所有者初始投资的财产。具体包括：国家投资、其他单位投资、社会个人投资和外商投资等等。

2. 资本公积

资本公积是指银行业在经营过程中由于投资者或他人投入到企业而所有权属于投资人的那些资金。它在数量上等于资本溢价或股本溢价加上无偿捐赠的资产价值。它不同于投资人实际投入的资本。它是来自银行业所有者超额的投入，可供银行业无偿地无限期运用。

3. 盈余公积

盈余公积金是指银行业从税后利润中提取并形成的公积金。盈余公积金可分为法定盈余公积金、任意盈余公积金和法定公益金三部分。

4. 一般准备

按照新的《金融企业会计制度》的规定，从事存贷款业务的金融企业，必须计提一般准备。一般准备，是指从事存贷款业务的金融企业按一定比例，从净利润中提取的一般风险准备。因此，一般准备也是金融企业所有者权益的组成部分。

5. 未分配利润

未分配利润是指银行业留于以后年度分配的利润或待分配的利润。

通过以上划分，一方面可以清晰地反映出银行所有者权益的结构。投资者投入银行的初始资金，是银行业经营的原动力，是银行业发展生存的基础。资本公积是在原始投资基础上连带产生的。它与原始投资共同形成银行经营的运作资金。盈余公积和未分配利润，是银行业在经营过程中的资本增值，也称为滋生资本式累积资本，在所有者权益中，投入资本的大小，反映了银行业所有者对银行业权力的大小。而资本增值的多少，则从根本上反映出银行业经营期间经营状况的好坏和营运能力。资本增值与投入资本相比，表明银行业在经营期间的经济效益高低和经营水平的高低，表明银行业是否具有竞争的能力。另一方面还可以反映银行业在经营过程中所实现的利润。它是投入资本创业以后所滋生的财务成果，是投入资本以外，从银行业经营中所取得的溢余。银行业为了正常经营，既要考虑投资者利益即当期利润的分配，又要考虑长期持续经营即未来的利益，这是银行理财的重要原则。银行业实现的利润扣减税后，可由银行业依法或自主支配。因此，银行业必须兼顾投资者利益和银行业发展战略，明确反映对所有者权益的不同来源，分清利润分配涉及的范围。

(二)按投资主体不同划分

商业银行投资者投入的资本，包括国家投资、法人投资、个人投资和外商投资。但从我国目前现状来看，投资主体不同，资本金构成也不同。

1. 国有商业银行资本金组成

国有商业银行是指国家投资或国家控股的商业银行。我国四大国有商业银行中，农业银行目前是国家独资商业银行。其资本金构成是由有权代表国家投资的政府部门或机构以国有资产投入银行所形成的资本金。而中国工商银行、中国银行以及中国建设银行均属于国家控股的股份制商业银行，其资本金构成是多样化的。

2.股份制商业银行股本组成

股份制商业银行是以股份公司形式组建的商业银行。在股份制商业银行中,投入资本就是股权。按照股份制企业的做法,把股权分为国家股、法人股、个人股和外资股。

(1)国家股。由国务院授权的部门或机构持有,或者由国务院决定、由地方政府授权的部门或机构持有,并委派股权代表。

(2)法人股。指企业法人以其依法可支配的资产投入的股份,或具有法人资格的事业单位、社会团体以国家允许用于经营的资产投入的股份。

(3)个人股。指社会个人或银行业内部职工以个人合法资产投入的股份。

(4)外资股。指外国和我国香港、澳门、台湾地区投资者购买人民币特种股票而投入的股份。

第二节　实收资本

一、实收资本会计核算的有关规定

(一)股份制银行股本核算的规定

股份制银行的股本应当在核定的股本总额及核定的股份总额的范围内发行股票或股东出资取得。发行股票的股份银行,应按股票面值作为股本入账,即以对外实际发放股票的股数乘上每股票面额的积入账,超出股票面额发行取得的收入,其超过面值部分,作为股本溢价,计入资本公积反映。

境外上市的银行以及在境内发行外资股的上市银行按确定的人民币股票面值和核定的股份总额的乘积计算的金额,作为股本入账,按收到股款当日的汇率折合的人民币金额与按人民币计算的股票面值总额的差额,作为资本公积进行账务处理。

(二)非股份制银行实收资本核算的规定

投资者以现金投入的资本,应当以实际收到或者存入企业开户银行的金额作为实收资本入账。实际收到或者存入企业开户银行的金额超过其在该银行注册资本中所占份额的部分,计入资本公积。

投资者以非现金资产投入的资本,应按投资各方确认的价值作为实收资本入账。首次发行股票而接受投资者投入的无形资产,应按该项无形资产在投资方的账面价值入账。

投资者投入的外币,合同没有约定汇率的,按收到出资额当日的汇率折合;合同约定汇率的,按合同约定的汇率折合,因汇率不同产生的折合差额,作为资本公积进行账务处理。

(三)银行业资本(或股本)可变动的条件

符合增资条件,并经过有关部门批准增资的,在实际取得股东的出资时,登记入账。

商业银行按法定程序报经批准减少注册资本的,在实际发还投资时登记入账;采用收购本企业股票方式减资的,在实际购入本企业股票时,登记入账。

商业银行应当将因减资而注销股份、发还股数,以及因减资需要更新股票的变动情况,在股本账户的明细账及有关备查登记簿中详细记录。

股东按规定转让其出资的,银行应当在有关的转让手续办理完毕时,将出让方所转让的出资额,在资本(或股本)账户的有关明细账户及各备查登记簿中转为受让方。

除以上情况外,商业银行资本不得随意变动。

二、科目的设置及使用

为了核算商业银行实际收到投资人投入的资本金，商业银行设置了“实收资本”科目。该科目按普通股和优先股设置明细账，且期末贷方余额，反映商业银行实有的资本或股本数额。

(一)使用范围

本科目核算银行按照银行章程，或合同、协议的约定，实际收到投资人投入的资本。股份制银行的投资者投入的资本，应将本科目的名称改为“4101 股本”科目。

商业银行收到投资者投入的资金，超过其在注册资本所占的份额的部分，作为资本溢价或股本溢价，在“资本公积”科目核算，不计入本科目。

(二)使用说明

1.非股份制银行“实收资本”科目的运用

(1)投资者以现金投入的资本，应当以实际收到或者存入开户银行的金额，借记“存放中央银行款项”科目，贷记本科目和“资本公积”科目。

(2)投资者以非现金资产投入的资本，应按投资各方确认的价值，借记有关资产科目，贷记本科目和“资本公积”科目。为首次发行股票而接受投资者投入的无形资产，应按该项无形资产在投资方的账面价值，借记“无形资产”科目，贷记本科目和“资本公积”科目。

(3)外商投资银行的股东投入的外币，合同约定汇率的，按合同约定的汇率折合，银行应按收到外币当日的汇率折合的人民币金额，借记“存放中央银行款项”等科目，按合同约定汇率折合的人民币金额，贷记本科目，按其差额，借记或贷记“资本公积——外币资本折算差额”科目；如果合同没有约定汇率的，银行应按收到出资额当日的汇率折合的人民币金额，借记“存放中央银行款项”等科目，贷记本科目。

2.股份制银行“股本”科目的运用

(1)股份制银行应当在核定的股本总额及核定的股份总额的范围内发行股票。银行发行的股票，在收到现金等资产时，按实际收到的金额，借记“现金”、“存放中央银行款项”等科目，按股票面值和核定的股份总额的乘积计算的金额，贷记本科目，按其差额，贷记“资本公积——股本溢价”科目。

股东大会批准的利润分配方案中应当分配的股票股利，应在办理增资手续后，借记“利润分配”科目，贷记本科目。

(2)境外上市银行，以及在境内发行外资股的银行，收到股款时，按收到股款当日的汇率折合的人民币金额，借记“存放中央银行款项”等科目，按股票面值与核定的股份总额的乘积计算的金额，贷记本科目，按收到股款当日的汇率折合的人民币金额与按人民币计算的股票面值总额的差额，贷记“资本公积——股本溢价”科目。

3.可转换债券转为“股本”的规定

商业银行发行的可转换银行债券按规定转为股本时，按该债券的面值，借记“应付债券——债券面值”科目，按未摊销的溢价或折价，借记或贷记“应付债券——债券溢价、债券折价”科目，按已提利息，借记“应付债券——应计利息”科目，按股票面值和转换的股数计算的股票面值总额，贷记本科目，按实际用现金支付的不可转换股票的部分，贷记“存放中央银行款项”等科目，按其差额，贷记“资本公积——资本(或股本)溢价”科目。

4.商业银行减少注册资本的科目运用

商业银行按法定程序报经批准减少注册资本的，借记本科目，贷记“存放中央银行款项”等科目。

股份制银行采用收购本银行股票方式减资的，按注销股票的面值总额减少股本，购回股票支付的价款超过面值总额的部分，依次减少资本公积和留存收益，借记本科目和“资本公积”、“盈余公积”、“利润分配——未分配利润”科目，贷记“存放中央银行款项”科目；购回股票支付的价款低于面值总额的，按股票面值，借记本科目，按支付的价款，贷记“存放中央银行款项”科目，按其差额，贷记“资本公积”科目。

5.股东按规定转让出资的科目运用

股东按规定转让出资的，应于有关的转让手续办理完毕时，将出让方所转让的出资额，在资本（或股本）账户的有关明细账户及各备查登记簿中转为受让方。

三、实收资本的会计核算

（一）以货币资金投入的核算

1.人民币核算

国家、企业、外商、个人以人民币现钞或银行存款进行投资时，以实际收到的金额记账。会计分录为：

借：现金
　或活期存款
　或存放中央银行款项
　贷：实收资本——国家投资
　　　　　　——其他单位投资
　　　　　　——个人投资
　　　　　　——外商资本

2.外币核算

以外币投资时，除记录外币账簿外，资产账户还应按当日国家外汇牌价折合成人民币记账。根据合同、协议约定，在外币折合成人民币记账中，若产生了汇率折算差额，记入“资本公积”账户。

如果合同约定汇率的，按合同约定汇率折合人民币的金额并按其差额，借记或贷记“资本公积——外币资本折算差额”科目。会计分录为：

借：存放中央银行款项（或现金等）——外汇户（收到外币当日的汇率折合的人民币的金额）
　贷：实收资本——××户（合同约定汇率折合人民币的金额）
　　资本公积——外币资本折算差额

或：

借：存放中央银行款项（或现金等）——外汇户（收到外币当日的汇率折合人民币的金额）
　贷：实收资本——××户（合同约定汇率折合人民币的金额）
　　资本公积——外币资本折算差额

如果合同没有约定汇率的，商业银行应该按收到出资额当日的汇率折合人民币金额。会计分录为：

借：存放中央银行款项（或现金等）——外汇户

贷:实收资本——××户(实收数)

3.股份制银行发行股票筹集资金的核算

按照《金融企业会计制度》的规定,股份制银行应当在核定的股本总额及核定的股份总额的范围内发行股票。会计分录为:

借:存放中央银行款项(实际收到金额)

贷:股本(股票面值和核定的股份总额的乘积计算的金额)

资本公积——股本溢价(实际收到的金额与股本之间的差额)

4.留存收益增资的核算

股东大会批准的利润分配方案中应当分配的股票股利,按照《金融企业会计制度》的规定,此种情况应在办理增资手续后,会计分录为:

借:利润分配——未分配利润

贷:股本

5.按法定程序报经批准减少的注册资本

按法定程序报经批准减少的注册资本。会计分录为:

借:实收资本(或股本)

贷:现金(或存放中央银行款项)

6.股份制银行采用收购本银行股票方式减资

股份制银行采用收购本银行股票方式减资,按注销股票的面值总额减少股本。

(1)购回股票支付价款超过面值总额的部分,依次减少资本公积和留存收益时,会计分录为:

借:股本

资本公积

盈余公积

利润分配——未分配利润

贷:存放中央银行款项

(2)购回股票支付的价款低于面值总额的。会计分录为:

借:股本(股票面值)

贷:存放中央银行款项(购回股票支付的价款)

资本公积(购回股票支付价款与面值的差额)

【例 11-1】 某银行收到职工集资款 30 万元,当即入账。会计分录为:

借:现金 300 000

贷:实收资本——个人投资 300 000

【例 11-2】 某银行收到中央银行拨入的资金 50 万元,作为投资进行转账。会计分录为:

借:存放中央银行款项 500 000

贷:实收资本——国家投资 500 000

(二)以实物投入的核算

商业银行收到投资人以实物形态的投资时,需按照评估确认的价值或合同、协议约定的价值记账。当收到投资人投入的房屋、汽车、机器设备等固定资产时,应按投资人账面原始价值借记“固定资产”,按评估确认的价值,贷记“实收资本”。若账面原价高于评估确认价值,其差额贷记“累计折旧”;若评估确认价值高于投资人的账面原价,则应按评估确认的价值借记“固定资产”科目，贷记“实收资本”科目。

【例 11－3】 某银行收到国家投入的房屋 1 栋，价值 4 000 000 元。会计分录为：

借：固定资产 4 000 000

贷：实收资本——国家投资 4 000 000

【例 11－4】 某银行收到投资单位投入的汽车 2 辆，原值共计 24 万元，评估确认价为 20 万元。会计分录为：

借：固定资产 240 000

贷：实收资本——其他单位投资 200 000

累计折旧 40 000

【例 11－5】 某银行收到投资人投入的计算机 1 台，原价 5 万元，评估确认价为 6 万元。会计分录为：

借：固定资产 60 000

贷：实收资本——个人投资 60 000

(三)以无形资产投入的核算

若为首次发行股票而接受投资者投入的无形资产，应按该项无形资产在投资方的账面价值入账。会计分录为：

借：无形资产

贷：实收资本

资本公积

【例 11－6】 某银行收到某企业以土地使用权的投资，确认价值为 30 万元，会计分录为：

借：无形资产——土地使用权 300 000

贷：实收资本——法人投资 300 000

(四)资本公积、盈余公积转增资本的核算

按国家规定，不论是资本公积金，还是盈余公积金，均可转增资本。会计分录为：

借：资本公积

盈余公积

贷：实收资本

【例 11－7】 某银行按规定将“资本公积”80 万元、“盈余公积”20 万元，转增资本，会计分录为：

借：资本公积 800 000

盈余公积 200 000

贷：实收资本 1 000 000

“实收资本”应按投资人设置明细账，并设置相应备查簿，登记银行业的法定资本金、各投资人的出资比例以及认缴资本的金额等情况。

第三节　资本公积

一、资本公积的概念

资本公积是企业接受捐赠或者得到债务豁免而形成的企业的所有者权益。按照《金融企业会计制度》的规定，商业银行的资本公积主要包括以下内容：

1.资本(或股本)溢价

指银行投资者投入的资金超过其在注册资本中所占份额的部分。

2.接受非现金资产捐赠的准备

指银行因接受非现金资产捐赠而增加的资本公积。

3.接受现金捐赠

指银行因接受现金资产捐赠而增加的资本公积。

4.股权投资准备

指银行对被投资单位的长期股权投资采用权益法核算时，因被投资单位接受捐赠等原因增加的资本公积，银行按其持股比例计算而增加的资本公积。

5.外币资本折算差额

指银行接受外币投资因所采用的汇率不同而产生的资本折算差额。

6.关联交易差价

指上市的银行与关联方之间的交易，对显失公允的交易价格部分而形成的资本公积。这部分资本公积不得用于转增资本或弥补亏损。

7.其他资本公积

指除上述各项资本公积以外所形成的资本公积，以及从资本公积各准备项目转入的金额。债权人豁免的债务，也在本科目核算。

资本公积各准备项目不能转增资本(股本)。

二、资本公积的核算

(一)科目的设置及使用

为了全面反映和核算资本公积的增减变动情况，《金融企业会计制度》设置了“资本公积”科目。该科目按资本公积形成的类别设置明细账，且该科目的期末贷方余额，反映银行实有的资本公积。

1.明细科目的设置

《金融企业会计制度》在“资本公积”科目下设置了以下明细科目：

(1)资本(或股本)溢价；

(2)接受捐赠非现金资产准备；

(3)股权投资准备；

(4)外币资本折算差额；

(5)关联交易差价；

(6)其他资本公积。

2.科目使用说明

(1)商业银行收到投资者投入的资金，按实际收到的金额或确定的价值，借记“存放中央银行款项”、“固定资产”等科目，按其在注册资本中所占的份额，贷记“实收资本”科目，按其差额，贷记本科目(资本溢价)。

(2)股份制银行溢价发行股票，按实际收到的金额，借记“存放中央银行款项”等科目，按股票面值和核定的股份总额的乘积计算的金额，贷记“股本”科目，按溢价部分，贷记本科目(股本溢价)。

境外上市银行,以及在境内发行外资股的股份制银行,在收到股款时,按收到股款当日的汇率折合的人民币金额,借记“存放中央银行款项”等科目,按确定的人民币股票面值和核定的股份总额的乘积计算的金额,贷记“股本”科目,按其差额,贷记本科目(股本溢价)。

股份制银行发行股票支付的手续费或佣金、股票印制成本等,减去发行股票冻结期间所产生的利息收入,溢价发行的,从溢价中抵消;无溢价的,或溢价不足以支付的部分,作为长期待摊费用,在不超过2年的期限内分期摊销。

(3)商业银行取得的非货币性资产捐赠,应按本制度的规定确定接受捐赠非货币性资产的入账价值,借记“固定资产”、“无形资产”、“长期股权投资”等科目,接受捐赠资产按税法规定确定的入账价值,贷记“待转资产价值——接受捐赠非货币性资产价值”科目,按银行支付或应付的金额,贷记“存放中央银行款项”、“应交税金及附加”等科目。期末,如果接受捐赠资产按税法规定确定的入账价值全部计入当期应纳税所得额的,应按已记入“待转资产价值”科目的账面余额,借记“待转资产价值——接受捐赠非货币性资产价值”科目,按接受捐赠资产按税法规定确定的入账价值与现行所得税税率计算的应交所得税,或接受捐赠资产按税法规定确定的入账价值在抵减当期亏损后(包括银行以前年度发生的尚在税法规定允许抵扣期间内的亏损,下同)的余额与现行所得税税率计算的应交所得税,贷记“应交税金及附加——应交所得税”科目,按其差额,贷记本科目(接受捐赠非现金资产准备);接受捐赠的非现金资产处置时,按转入其他资本公积的金额,借记本科目(接受捐赠非现金资产准备),贷记本科目(其他资本公积)。

商业银行取得的货币性资产捐赠,应按实际取得的金额,借记“存放中央银行款项”等科目,贷记“待转资产价值——接受捐赠货币性资产价值”科目;期末,如果接受捐赠资产按税法规定确定的入账价值全部计入当期应纳税所得额的,应按已记入“待转资产价值”科目的账面余额,借记“待转资产价值——接受捐赠货币性资产价值”科目,按接受捐赠资产按税法规定确定的入账价值与现行所得税税率计算的应交所得税,或接受捐赠资产按税法规定确定的入账价值在抵减当期亏损后的余额与现行所得税税率计算的应交所得税,贷记“应交税金及附加——应交所得税”科目,按其差额,贷记本科目(其他资本公积)。

(4)商业银行接受外币资产投资时,按收到出资额当日的汇率折合的人民币金额,借记有关资产科目,按合同约定汇率或按收到出资额当日的汇率折合的人民币金额,贷记“实收资本(或股本)”科目,按收到出资额当日的汇率折合的人民币金额与按合同约定汇率折合的人民币金额之间的差额,借记或贷记本科目(外币资本折算差额)。

(5)上市银行与关联方之间的交易,如转移应收债权,出售固定资产、无形资产、长期投资和其他资产,关联方之间承担债务或费用,委托及受托经营资产或经营企业,相互占用资金等,如果没有确凿的证据表明交易的价格是公允的,对显失公允的交易价格部分,一律不得确认为当期利润,而作为关联方对上市银行的捐赠,计入资本公积,借记“存放中央银行款项”、“业务及管理费”等科目,贷记本科目(关联交易差价)等。

3. 无偿调入或调出固定资产的核算规定

按规定无偿调入或调出固定资产的银行,应在本科目下设置“无偿调入固定资产”、“无偿调出固定资产”明细科目进行核算。

(二)资本公积金的账务处理

1. 收到投资者投入资金的核算

应按实际收到的出资额或确定的价值，借记“存放中央银行款项”或“固定资产”，贷记实收资本和资本公积。会计分录为：

借：存放中央银行款项（实际收到金额）
　或固定资产（确定价值）
　贷：实收资本（在注册资本中所占份额）
　　资本公积（资本溢价）

2. 股份制银行溢价发行股票的核算

股份制银行溢价发行股票，会计分录为：

借：存放中央银行款项（实际收到的金额）
　贷：股本（股票面值和核定的股份总额的乘积计算的金额）
　　资本公积——股本溢价

3. 外资股的收款核算

境外上市的银行以及在境内发行外资股的股份制银行，在收到股款时，会计分录为：

借：存放中央银行款项（或现金等）（收到股款当日的汇率折合人民币金额）
　贷：股本（人民币股票面值和核定的股份总额的乘积计算的金额）
　　资本公积——股本溢价

股份制银行发行股票支付的手续费或佣金、股票印制成本等，减去发行股票冻结期间所产生的利息收入，溢价发行的，从溢价中抵消；无溢价的，或溢价不足以支付的部分，作为长期待摊费用，分期摊销。

4. 商业银行接受实物资产捐赠的核算

银行接受的捐赠，按确定的价值入账，会计分录为：

借：固定资产（确定的价值）
　贷：递延税款（未来应交的所得税）
　　资本公积——接受非现金资产捐赠准备（确定入账的价值扣减未来应交所得税后的余额）

在接受捐赠的非现金资产处置时，按转入资本公积的金额入账。会计分录为：

借：资本公积——接受非现金资产捐赠准备
　贷：资本公积——其他资本公积

5. 商业银行接受现金资产捐赠的核算

商业银行接受现金捐赠，按转入资本公积的金额入账，会计分录为：

借：存放中央银行款项
　贷：资本公积——接受现金捐赠

6. 上市银行交易的核算

上市银行与其关联方之间的交易，如果没有确凿的证据表明交易价格是公允的，应按显失公允的交易价格部分，作为关联方对上市银行的捐赠，计入资本公积，借记有关科目，贷记本科目（关联交易差价）。

【例 11-8】 某银行收到外单位捐赠的中型计算机 1 台，该设备评估确认价值 9 万元，接受时发生运杂费和安装调试费 1 000 元。会计分录为：

未来应交的所得税＝90 000×33％＝29 700(元)

借:固定资产 91 000

贷:递延税款 29 700

资本公积——接受非现金资产捐赠准备 60 300

存放中央银行款项 1 000

【例 11-9】 某股份制银行发行股票,普通股 4 万股,每股票面 10 元,以 12 元溢价发行,新股全部认购,并如数收到股本,全部存入银行。会计分录为:

借:现金 480 000

贷:实收资本——普通股本 400 000

资本公积——资本溢价 80 000

【例 11-10】 某银行收到捐赠人的现金捐赠 100 万元。会计分录为:

借:存放中央银行款项 1 000 000

贷:资本公积——接受现金捐赠 1 000 000

【例 11-11】 甲上市银行将部分固定资产、无形资产出售给关联方乙公司,出售固定资产的账面原价 500 万元,已提折旧 400 万元,已计提减值准备 50 万元,出售价格 300 万元;无形资产账面余额 300 万元,未计提减值准备,出售价格500 万元,款项已经收到,不考虑相关税费,没有确凿证据证明其交易价格是公允的。

①出售固定资产时的会计分录为:

借:固定资产清理 500 000

固定资产减值准备 500 000

累计折旧 4 000 000

贷:固定资产 5 000 000

借:存放中央银行款项 3 000 000

贷:固定资产清理 500 000

贷:资本公积——关联交易差价 2 500 000

②出售无形资产时的会计分录为:

借:存放中央银行款项 5 000 000

贷:无形资产 3 000 000

资本公积——关联交易差价 2 000 000

【例 11-12】 某银行按有关规定,将资本公积 6 万元转增资本。会计分录为:

借:资本公积 60 000

贷:实收资本 60 000

第四节 盈余公积

一、盈余公积的内涵

盈余公积是指银行业按照有关规定从税后利润中提取的公积金。盈余公积金既可用于弥补亏损,又可转增银行资本。根据《公司法》、《金融企业会计制度》、《金融企业财务制度》的规定,银行业必须按照当年税后利润(减弥补亏损)的 10％提取法定盈余公积金。如果历年提取的盈余公积金已达到注册资本的50%时，可以不再提取盈余公积金。任意盈余公积金，是银行业根据经营情况而从税后利润中计提的，股份制银行则由股东会议决议提取和使用。需要强制提存的，称为法定盈余公积金、法定公益金；自由提取的，称为任意盈余公积金。

商业银行的盈余公积包括以下内容：

1.法定盈余公积

指银行按照规定的比例从净利润中提取的盈余公积。

2.任意盈余公积

指银行经股东大会或类似机构批准按照规定的比例从净利润中提取的盈余公积。

3.法定公益金

指银行按照规定的比例从净利润中提取的用于职工集体福利设施的公益金。法定公益金用于职工集体福利时，应当转入任意盈余公积。

4.储备基金、企业发展基金

指外资投资银行按照法律、行政法规的规定，从净利润中提取的储备基金、企业发展基金。

商业银行的盈余公积可用于弥补亏损、转增资本(或股本)。符合规定条件的银行，也可以用盈余公积分派现金股利。

二、盈余公积的核算

(一)会计科目的设置及使用

为了加强对盈余公积金的核算和管理，设置“盈余公积”科目，用以核算银行从利润中提取的盈余公积、公益金。该科目应按盈余公积的种类设置明细账，进行明细核算，该科目的期末贷方余额，反映银行提取的盈余公积结余。

1.明细科目的设置

(1)法定盈余公积。

(2)任意盈余公积。

(3)法定公益金。

(4)储备基金。

(5)企业发展基金。

2.会计科目使用说明

(1)提取盈余公积时，借记“利润分配——提取法定盈余公积、提取法定公益金、提取任意盈余公积”科目，贷记本科目。

(2)外资银行提取的储备基金、企业发展基金，借记“利润分配——提取储备基金、提取企业发展基金”科目，贷记本科目。

(3)商业银行经股东大会或类似机构决议，用盈余公积弥补亏损时，借记本科目，贷记“利润分配——其他转入”科目。

(4)股份制银行经股东大会决议，用盈余公积派送新股时，按派送新股计算的金额，借记本科目，按股票面值和派送新股总数计算的金额，贷记“股本”科目，如有差额，贷记“资本公积——股本溢价”科目。

(5)商业银行经股东大会或类似机构决议，用盈余公积分配现金股利或利润时，借记本科目，贷记“应付利润”科目；用盈余公积分配股票股利或转增资本，应当于实际分配股票股利或转增资本时，借记本科目，贷记“实收资本”或“股本”科目。

(6)外资银行经批准将储备基金用于转增资本，借记本科目(储备基金)，贷记“实收资本”科目；在特殊情况下银行经批准用储备基金弥补亏损时，借记本科目，贷记“利润分配——其他转入”科目。

(7)外资银行用企业发展基金转增资本时，借记本科目(企业发展基金)，贷记“实收资本”科目。

(8)商业银行按规定以法定公益金用于集体福利设施的，应按实际发生的金额，借记本科目(法定公益金)，贷记本科目(任意盈余公积)。

(二)盈余公积的核算手续

(1)当银行从税后利润中提取盈余公积金时，会计分录为：

借：利润分配——提取法定盈余公积

——提取法定公益金

——提取任意盈余公积

贷：盈余公积——法定盈余公积

——法定公益金

——任意盈余公积

(2)外资银行提取的储备基金、企业发展基金，会计分录为：

借：利润分配——提取储备基金

——提取企业发展基金

贷：盈余公积——储备基金

——企业发展基金

(3)商业银行经股东大会或类似机构决议，用盈余公积金弥补亏损时，会计分录为：

借：盈余公积

贷：利润分配——其他转入

(4)股份制银行经股东大会决议，用盈余公积派送新股，会计分录为：

借：盈余公积(派送新股计算的金额)

贷：股本(股票面值和派送新股总数计算的金额)

资本公积——股本溢价(派送金额与派送新股面值总额的差额)

(5)商业银行经股东大会或类似机构决议，用盈余公积分配现金股利或利润时，会计分录为：

借：盈余公积

贷：应付利润

(6)用盈余公积分配股票股利或转增资本，应当于实际分配股票股利或转增资本时，会计分录为：

借：盈余公积

贷：实收资本(或股本)

(7)按规定以法定公益金用于集体福利设施建设，会计分录为：

借：盈余公积——法定公益金

贷：盈余公积——任意盈余公积

(8)外资银行经批准将储备基金、企业发展基金用于转增资本，会计分录为：

借：盈余公积——储备基金

——企业发展基金

贷：实收资本

【例 11－13】 某银行从税后利润中提取盈余公积 4.4 万元。会计分录为：

借：利润分配——提取盈余公积 44 000

贷：盈余公积 44 000

【例 11－14】 某银行以盈余公积 2.2 万元弥补上年度亏损。会计分录为：

借：盈余公积 22 000

贷：利润分配——其他转入 22 000

【例 11－15】 某银行将盈余公积 3.3 万元转增资本。会计分录为：

借：盈余公积 33 000

贷：实收资本 33 000

第五节 一般准备金

一般准备，是指商业银行按照一定比例从净利润中提取的、用于弥补尚未识别的可能性损失的准备。

一、一般准备金的相关规定

(一)一般准备金的计提范围

中华人民共和国财政部 2005 年 5 月 17 日颁布的《金融企业呆账准备提取管理办法》明确规定，一般准备根据承担风险和损失的资产余额的一定比例提取。商业银行应严格按照《办法》规定的范围根据承担风险和损失的资产余额提取，不得仅对贷款余额提取，也不得以扣除已计提减值准备后得资产净额作为提取一般准备的基数。提取的范围具体包括贷款(含抵押、质押、担保等贷款)、银行卡透支、贴现、信用垫款(含银行承兑汇票垫款、信用证垫款、担保垫款等)，进出口押汇、股权投资和债权投资(不合采用成本与市价孰低法或公允价值法确定期末价值的证券投资和购买的国债本息部分的投资)、拆借(拆出)、存放同业款项、应收利息(不合贷款、拆放同业应收利息)、应收股利、应收租赁款、其他应收款等资产。

对由金融企业转贷并承担对外还款责任的国外贷款，包括国际金融组织贷款、外国买方信贷、外国政府贷款、日本国际协力银行不附条件贷款和外国政府混合贷款等资产，也应当计提呆账准备。

商业银行不承担风险的委托贷款等资产，不计提呆账准备。

(二)一般准备金的计提比例

按照《金融企业呆账准备提取管理办法》规定，商业银行应当于每年年度终了根据承担风险和损失的资产余额的一定比例提取一般准备。一般准备的计提比例由商业银行综合考虑其所面临的风险状况等因素确定，原则上一般准备余额不低于风险资产期末余额的 1%。但同时也考虑了一般准备一次性到位的困难，因此一般准备 2005 年无法到位的，可以分年到位。为防范不可识别风险，金融机构应在 3 年左右提足一般准备，最长不得超过 5 年。

一般准备由商业银行总行(总公司)统一计提和管理。即一般准备金由商业银行总行集中提取,分行不用计提。总行如果有利润后,要提一般准备。比如今年有足够的利润,就先提一般准备金,然后再分红。

二、一般准备金的核算

(一)一般准备金的科目设置

商业银行为了准确核算一般准备金设置"一般准备"科目。

(1)本科目核算银行按规定从净利润中提取的风险准备。

(2)提取风险准备时,借记"利润分配——提取一般风险准备"科目,贷记本科目。

(3)银行用风险准备弥补亏损时,借记本科目,贷记"利润分配——一般风险准备转入"科目。

(4)本科目的期末贷方余额,反映银行提取的风险准备结余。

(二)一般准备金的账务处理

1. 提取一般准备金

当商业银行提取一般准备金时,会计分录为:

借:利润分配——提取一般风险准备

贷:一般准备

【例 11-16】 某商业银行从其当年度净利润为 100 万元,按 10%提取一般准备金。会计分录为:

借:利润分配——提取一般风险准备	100 000	
贷:一般准备		100 000

2. 风险准备补亏

当商业银行用风险准备弥补亏损时,会计分录为:

借:一般准备

贷:利润分配—— 一般风险准备转入

【例 11-17】 某商业银行用风险准备金 10 万元弥补本年度亏损。会计分录为:

借:一般准备	100 000	
贷:利润分配—— 一般风险准备转入		100 000

第六节 利润分配

利润分配是指企业按照一定的制度和政策对企业形成利润进行分配的过程。企业按照规定程序对利润进行分配后的剩余部分称为未分配利润。它是资产负债表中的一个累计数,表明到目前为止历年未分配的利润之和,来源于利润分配表的最后一栏数字。未分配利润与盈余公积金、公益金一起被称为留存收益。

一、商业银行利润分配概述

(一)利润分配顺序

按照新的《金融企业会计制度》的规定,商业银行缴纳所得税后,可对税后利润进行分配,但必须遵循如下顺序:

(1)抵补商业银行已缴纳的在成本和营业外支出中无法列支的有关惩罚性或赞助性支出。它包括:被没收的财物损失,延期缴纳各项税款的滞纳金和罚款,少交或迟交中央银行准备金的加息等等。

(2)弥补商业银行以前年度亏损。如银行在5年限期,不能用税前利润弥补完的部分,可用税后利润进行弥补,银行历年提取的法定盈余公积金和任意公积金也可以用于弥补亏损。

(3)提取法定盈余公积金。按照税后利润加上上年末未分配利润,减去弥补以前年度亏损和罚没支出后的余额,按规定比率的10%提取法定盈余公积金。法定盈余公积金可用于弥补亏损,也可用于转增资本金,但法定盈余公积金弥补亏损和转增资本金后的剩余部分,不得低于注册资本的25%。

(4)提取公益金。银行提取的公益金主要用于职工食堂、宿舍、浴室、幼儿园等福利设施的建设支出。国有商业银行提取公益金比例由国家核定;股份制银行由董事会、股东大会决定提取比例;有限责任公司应按税后利润的5%提取法定公益金。

(5)一般准备的提取。从事有贷款业务的银行,必须按一定比例从净利润中提取一般风险准备。一般风险准备的提取应作为金融利润分配处理。

(6)储备基金、企业发展基金、职工奖励及福利基金的提取。外商投资银行应当按照法律、行政法规的规定,按净利润提取储备基金、企业发展基金、职工奖励及福利基金。

(7)向投资者分配利润。银行按上述分配顺序分配以后的利润,应作为投资者分配的利润。其中:国有银行及国家投资并有控制权的银行,其税后利润原则上应当按国家投资比例向投资者分配利润,上交财政,但国家可将其中一部分留给企业用于补充资本金,其他银行则按公司章程或董事会、股东大会的决议进行分配。银行经征得股东或投资者同意,也可以不分配本年利润,将剩余利润作为留存收益处理,也可以把以前年度的留存收益并入本年利润一并进行分配。

(二)商业银行利润分配的法定关系

商业银行按上述分配次序进行利润分配时,必须遵循下列法定关系:

(1)商业银行以前年度亏损未弥补完,不得提取公积金和公益金。

(2)商业银行在提取公积金和公益金以前,不得向投资者分配利润。

(3)商业银行必须按照当年税后利润(减弥补亏损)的10%提取法定盈余公积金。如果银行历年提取的盈余公积金已达到注册资金的50%时,可以不再提取盈余公积金。

(4)商业银行以前年度未分配利润,可以并入本年利润统一分配。

(5)商业银行在向投资者分配利润前,经董事会决定,可以提取任意盈余公积金。

(6)商业银行没有当年利润,不得向投资者分配利润。股份有限责任公司当年无利润时,原则上不得向股东分配股利,但盈余公积金弥补亏损以后,经股东大会决议,可按不超过股票面值6%的比率,用盈余公积金分配股利。分配股利以后,银行法定盈余公积金不得低于注册资本的25%。

(7)提取盈余公积金和公益金。提取法定盈余公积金,可以用于弥补亏损或者转增资本。但商业银行留存的法定盈余公积金一般不得低于注册资本的25%。商业银行提取的公益金,主要用于商业银行的文教、职工福利设施支出。

二、利润分配的核算

(一)科目的设置及使用

商业银行为了反映利润分配的详细情况,专门设置了"利润的分配"科目。该科目核算银行利润的分配(或亏损的弥补)和历年分配(或弥补)后的结存余额。商业银行用"利润分配——未分配利润"二级科目来核算尚未分配的利润。

1. 明细科目的设置

(1)一般风险准备转入。

(2)其他转入。

(3)提取一般风险准备。

(4)提取法定盈余公积。

(5)提取法定公益金。

(6)提取储备基金。

(7)提取企业发展基金。

(8)提取职工奖励和福利基金。

(9)提取任意盈余公积。

(10)应付优先股股利。

(11)应付普通股股利。

(12)转作资本(或股本)的普通股股利。

(13)未分配利润。

2. 科目使用说明

(1)商业银行用风险准备、盈余公积弥补的亏损,借记"一般准备"、"盈余公积"科目,贷记本科目(一般风险准备转入、其他转入)。

(2)按规定从净利润中提取一般风险准备,借记本科目(提取一般风险准备),贷记"一般准备"科目。

(3)按规定从净利润中提取盈余公积和法定公益金等时,借记本科目(提取法定盈余公积、提取法定公益金、提取任意盈余公积、提取储备基金、提取企业发展基金),贷记"盈余公积——法定盈余公积、法定公益金、任意盈余公积、储备基金、企业发展基金"科目。

(4)商业银行在资产负债表日后至财务报告批准报出日之间发生的由商业银行董事会或类似机构制订的分配方案中分配的现金股利、股票股利或应分配给投资者的利润,会计上不进行核算,但须在会计报表附注中进行披露。股东大会批准利润分配方案后,应分配给投资者的现金股利或利润,借记本科目(应付优先股股利、应付普通股股利),贷记"应付利润"科目。外资银行从净利润中提取的职工奖励及福利基金,借记本科目(提取职工奖励及福利基金),贷记"应付福利费"科目。

(5)商业银行按股东大会或类似机构批准的应分配的股票股利或按规定将未分配利润转增资本时,在办理增资手续后,借记本科目(转作资本(或股本)的普通股股利),贷记"实收资本"或"股本"科目(如实际发放的股票股利的金额与股票票面金额不一致,应按其差额,贷记"资本公积——股本溢价"科目)。

3. 利润分配资金转入的核算规定

年度终了,商业银行应将全年实现的净利润,自"本年利润"科目转入本科目,借记"本年利润"科目,贷记本科目(未分配利润);如为亏损,作相反会计分录。同时,将"利润分配"科目下的其他明细科目的余额转入本科目的“未分配利润”明细科目。结转后，除“未分配利润”明细科目外，本科目的其他明细科目应无余额。

(二)账务处理

年度终了，商业银行首先将本年实现的税后利润（或亏损）总额，从“本年利润”科目转入“利润分配——未分配利润”科目。会计分录为：

借：本年利润

　贷：利润分配——未分配利润

如为亏损，则作相反的会计分录。

然后商业银行再按照上述商业银行利润分配的顺序进行会计核算。

1.抵补各项滞纳金、罚款、罚息

为了用利益机制限制和约束商业银行的违规行为，国家规定，商业银行因各种违规行为所受的处罚在其税后利润中列支，不得计入成本。支付各项罚款、罚息时，会计分录为：

借：其他应付款

　贷：存放中央银行款项（或有关科目）

2.盈余公积金补亏、盈余公积金提取

商业银行用盈余公积弥补亏损时，会计分录为：

借：盈余公积

　贷：利润分配——其他转入

商业银行从税后利润提取法定盈余公积时，会计分录为：

借：利润分配——提取法定盈余公积。

　贷：盈余公积——法定盈余公积。

商业银行在按规定提取公益金时，会计分录为：

借：利润分配——提取法定公益金

　贷：盈余公积——法定公益金

外商投资银行从净利润中提取的储备基金、企业发展基金和职工奖励及福利基金，会计分录为：

借：利润分配——提取储备基金

　　　　　　——提取企业发展基金

　　　　　　——提取职工奖励及福利基金

　贷：盈余公积——储备基金

　　　　　　——企业发展基金

　　　　　　——应付福利费

3.一般准备的提取

按照《金融企业会计制度》的规定，凡是从事存贷款业务的银行，必须按一定比例从净利润中提取一般风险准备，会计核算时用“一般准备”科目，会计分录为：

借：利润分配——提取一般准备

　贷：一般准备

4.计算向投资者分配利润

当商业银行计算应付给投资者或其他单位、个人的利润或现金股利时，会计分录为：

借：利润分配

　　贷：应付利润

当商业银行实际支付应付利润时，会计分录为：

借：应付利润

　　贷：存放中央银行款项（或现金）

5.未分配利润

经过利润分配后，如利润分配科目还有贷方余额时，即为当年的未分配利润，可作留存收益，与新年度的利润一并进行分配。

《金融企业会计制度》规定，银行提取的法定盈余公积、法定公益金（或提取的储备基金、企业发展基金）、分配的优先股股利、提取的任意盈余公积、分配的普通股股利、转作资本（或股本）的普通股股利，以及年初未分配利润（或未弥补亏损）、期末未分配利润（或未弥补亏损）等，均应当在银行利润分配表中分别列项予以反映。另外，当股东大会或类似机构批准的利润分配方案与董事会或类似机构提请批准的报告年度利润分配方案不一致时，其差额应当调整批准年度会计报表有关项目的年初数。调整增加的利润分配，会计分录为：

借：利润分配——未分配利润

　　贷：盈余公积（或其他科目）

调整减少的利润分配，作相反会计分录。

【例 11-18】 某商业银行12月31日各损益类账户余额如下：利息收入587 000元，手续费收入69 000元，金融企业往来收入32 700元，其他营业收入2 300元，营业外收入1 000元，利息支出475 000元，手续费支出53 000元，金融企业往来支出16 800元，其他营业支出46 900元，营业外支出2 100元。假设该银行按利润的30%缴纳企业所得税，按净利润的10%提取盈余公积。会计分录为：

①借：利息收入	587 000	
中间业务收入	69 000	
金融企业往来收入	32 700	
其他营业收入	2 300	
营业外收入	1 000	
贷：本年利润		692 000
②借：本年利润	546 000	
贷：利息支出		475 000
手续费支出		5 300
金融企业往来支出		16 800
其他营业支出		46 900
营业外支出		2 100

③145 900×30%＝43 770（元）

借：所得税	43 770	
贷：应交税费——所得税		43 770
④借：本年利润	43 770	

贷：所得税　43 770

⑤借：本年利润　145 900

贷：利润分配——未分配利润　145 900

⑥(14 590－43 770)×10％＝10 213(元)

借：利润分配——未分配利润　10 213

贷：盈余公积　10 213

本章小结

按照《金融企业会计制度》，商业银行所有者权益也称股东权益，是指所有者在银行资产中享有的经济利益，其金额为资产减去负债后的余额，由实收资本、资本公积、盈余公积、一般准备金、未分配利润构成。为了保证银行业正常、安全的经营，我国对金融企业实行最低实收资本额要求。所有者权益是银行会计核算的主要组成部分。通过本章的学习，要求了解商业银行所有者权益各部分的构成，理解所有者权益增加途径，掌握所有者权益的核算手续。

关键术语

所有者权益　实收资本　资本公积　盈余公积　一般准备　未分配利润

思考练习题

1. 什么是所有者权益？它和负债有什么区别？

2. 商业银行实收资本是如何核算的？

3. 按照新的《金融企业会计制度》，资本公积会计核算包括哪几个部分？

4. 按照新的《金融企业会计制度》，盈余公积的会计核算包括哪几个部分？

5. 年度终了，银行将税后利润从“本年利润”账户转入到“利润分配”账户后，将按什么顺序分配利润？

6. 商业银行一般准备金是如何核算的？

第十二章　会计报表

本章要点

1. 会计报表的概念和作用
2. 会计报表附注包括的内容
3. 各种报表的编制方法及项目解释
4. 各种报表的对应关系
5. 会计报表种类的划分

第一节　会计报表概述

一、会计报表的概念及作用

(一)会计报表的概念

会计报表是按照一定的会计方法和程序,以表格形式反映商业银行某一特定日期财务状况和某一会计期间经营成果、现金流量的文件。是对银行各项业务活动和财务收支等会计信息资料的综合反映,也是检查业务和财务计划执行情况的依据。编制会计报表是银行会计核算的一项重要内容,也是会计核算程序中非常重要的一个步骤。

会计的最终目标是向报表使用者提供决策有用的会计信息,会计报表是会计信息的主要载体。会计报表全面、综合、系统地反映了商业银行财务状况、经营成果和现金流量,不仅是最重要的会计信息资料,也是会计工作成果的最终体现。

(二)会计报表的作用

《国际会计准则第1号——财务报表列报》中规定财务报表的目的为:"财务报表是对主体财务状况和财务业绩的结构性表述。通用财务报表的目标是提供有助于广大使用者进行经济决策的有关主体财务状况、财务业绩和现金流量的信息。财务报表还反映主体管理层对受托资源经管责任的成果。"这里所说的使用者包括现在和潜在的投资者、雇员、贷款人、供应商和其他商业债权人、顾客、政府及其机构和公众。从我国的实际情况来看,会计报表已经成为包括政府部门、投资者、债权人、内部管理以及其他各个方面了解和掌握企业财务状况、经营成果和现金流量的重要的信息来源,是国家宏观经济管理、资源分配和内部管理的重要保证。商业银行会计报表的使用者主要包括五个方面。

1. 宏观经济管理者

会计信息是经济决策的依据,也是国家宏观经济管理部门制定财政经济政策、开展宏观调控的依据。由于商业银行在国民经济发展中具有举足轻重的作用,因此,商业银行会计报表所反映的各项存款、贷款、头寸等情况,为国家制定包括财政政策、税收政策、货币政策等在内的各项经济政策提供了重要依据。同时,税收是财政收入的主要来源,国家在制定税法,进行税收征管时,都以会计信息为依据,并在会计信息的基础上进行必要的调整,会计信息也是国家税收管理的重要依据。

2.金融监管机构

安全、稳健的银行体系对于国民经济的健康运行具有十分重要的作用。作为金融监管机构,需要定期或不定期地了解商业银行的经营管理情况,以便适时、有效地开展金融监管,防范金融风险,保证金融的健康运行。银行会计,作为一个向内部管理当局和外部利益相关人提供决策相关财务信息的信息系统,能否公允地表达其财务状况、经营成果及资金变动情况的同时,较为充分地披露银行经营的风险状况,是能否预警金融风险的重要因素。

3.股东和广大投资者

及时、客观、真实、准确的会计信息,确认、记录和报告了商业银行的财务状况、经营成果和现金流量,是股东和广大投资者据以投资等财务决策的重要依据。

4.内部管理层

会计报表是内部管理的直接信息来源,是各项决策的重要基础。商业银行在进行贷款营销、产品定价、资金调拨、投资等决策时,都必须以会计信息为基础,同时,在进行考核、业绩评价和资源分配时,会计信息也是最基础的信息。

5.其他有关各方

除此之外,会计报表还是国外银行信用评级机构对银行信用评级的主要依据。在资本市场上进行融资(如发行债券)时,会计报表也是基本的信息资料。

可见,会计报表要满足不同的报表使用者的信息需要。当然,对于会计报表而言,不同的报表使用者对报表信息需求是不同的。但大致来说,报表使用者可以分为外部使用者和内部使用者。向外部使用者提供的会计信息,通常称为财务会计报告。

编制会计报表是商业银行会计核算的一项重要内容,也是会计核算程序中非常重要的一个环节。为了充分发挥会计报表的作用,商业银行应当按照《企业会计准则》、《金融企业会计制度》的规定,编制和对外提供数字真实、准确,内容完整的财务会计报表。

二、商业银行会计报表的种类

依据2006年2月15日财政部颁布的《企业会计准则第30号——财务报表列报》明确规定:财务报表是对企业财务状况、经营成果和现金流量的结构性表述。财务报表至少应当包括下列组成部分:一是资产负债表;二是利润表;三是所有者权益(或股东权益,下同)变动表;四是现金流量表;五是附注。当然,在实践中,根据不同的需要和依据,会计报表的种类还会有其他划分方法。

(一)按信息使用者不同分类

按信息使用者不同划分为内部报表(对内报表)和外部报表(对外报表)两类。内部报表是各商业银行系统内根据自身特点和需要设置的,格式无统一规定;外部报表是根据《金融企业会计制度》有关规定,按统一的格式并按期向外报送的会计报表。

(二)按编报时间分类

商业银行对外提供的财务会计报告分为年度、半年度、季度和月度财务报告。月度、季度财务会计报告是指月度和季度终了提供的财务会计报告；半年度财务会计报告是指在每个会计年度的前6个月结束后对外提供的财务会计报告；年度财务会计报告是指年度终了对外提供的财务会计报告。

半年度、季度和月度财务会计报告统称为中期财务会计报告。会计报表按时间归类如表12－1所示。

表12－1 会计报表按时间归类

编 号	会计报表名称	编报期
会商银01表	资产负债表	中期报告、年度报告
会商银02表	利润表	中期报告、年度报告
会商银03表	现金流量表	(至少)年度报告
会商银04表	所有者权益(或股东权益)增减变动表	年度报告
会商银02表附表1	利润分配表	年度报告
会商银02表附表2	分部报表(业务分部)	年度报告
会商银02表附表3	分部报表(地区分部)	年度报告

(三)按反映方式分类

1.动态会计报表

动态会计报表是反映一定期间经营成果的会计报表。其主要包括利润表、现金流量表。

2.静态会计报表

静态会计报表是反映某一时点财务状况的会计报表。其主要包括资产负债表。

(四)按币种分类

会计报表按币种分类，汇总报表单位包括本币、外币和本外币并账三种报表。

三、会计报表的相关规定

(一)会计报表编制的基本要求

编制会计报表的目的，在于把各种账簿的各项资金活动的分散数字与文字资料，经过归类、整理、综合、汇总，使之成为更完整与总括反映的指标，从中总结与检查本期的经营状况，并作为制定下一个核算报告期经营计划的依据，也是上级行、党政部门对银行各项业务状况、财务收支以及资金运用、费用成本、盈利收益、税款缴纳等情况进行审查、监督的重要依据。商业银行应当按照《企业会计准则(2006)》、《企业会计准则应用指南》的规定，编制和对外提供真实、完整的财务会计报告。编制会计报表的基本要求是：数字必须真实，计算必须准确，内容必须完整，编报必须及时。具体要求如下：

(1)根据真实的交易、事项以及完整、准确的账簿记录等有关资料，按照会计制度规定的编制基础、编制依据、编制原则和方法编制财务会计报告。财务会计报告中各项会计要素，应当依据会计制度的有关规定，进行合理的确认和计量，不得随意改变会计要素的确认原则和计量标准。

(2)依据有关法律、行政法规和建行规定的结账日进行结账，不得随意提前或推迟。年度结账日为公历年度每年 12 月 31 日;半年度、季度和月度结账日分别为公历年度每半年、每季、每月的最后一天。

(3)按照会计制度规定的财务会计报告格式和内容,根据登记完整、核对无误的会计账簿记录或其他有关资料编制财务会计报告,做到内容完整、数字真实、计算准确、不得漏报或任意取舍。财务会计报告之间、财务会计报告各项目之间,凡有对应关系的项目,应当相互一致;财务会计报告中本期与上期的有关数据应当相互衔接。

(4)财务会计报告的报送要及时,各编报单位要保证在规定日期内报上级机构;同时还应按有关规定对外报送人民银行、税务等有关部门。

(5)商业银行编报的会计报表,应由商业银行法定代表人和主管会计工作的负责人、会计机构负责人(会计主管人员)签名并盖章;设置总会计师的商业银行,还应当由总会计师签名并盖章。

(6)商业银行编报的会计报表,以人民币"元"为金额单位,"元"以下填至"分"。

(二)会计报表装订和保管的基本要求

商业银行编报的会计报表,应当依次编定页数,加具封面,装订成册,加盖公章。封面上应当注明:商业银行名称、组织形式、地址、开业年份、报表所属年度、季度、月份;报出日期等。

各种财务会计报告均为内部资料,必须妥善保管,除按规定范围、种类和份数提供有关部门外,数字不得外传,报表不得外借。

装订时,应首先检查报表是否完整无缺,盖章齐全。基层行对各种财务会计报告应按年度,分别不同种类,依照月份、季度顺序装订成册;管辖行应视实际情况按月将辖属行所报送的同期报表分类装订成册;年度会计决算报表各行处均应单独装订保管;装订时应加封面和封底,并由装订人员、会计主管盖章确认。

装订成册的报表,应按册编号,并在封面标明年度、月份及报表名称,登记"记账凭证、账簿、报表保管登记簿",归档保管。

(三)会计报表的报送

商业银行会计报表报送的对象、时间及种类如第二章所述。除此之外,其他规定如下:

商业银行应当依次编定页数,加具封面,装订成册,加盖公章。封面上应当注明:银行名称、组织形式、地址、开业年份、报表所属年度、季度、月份;并由银行法定代表人和主管会计工作的负责人、会计机构负责人(会计主管人员)签名并盖章;设置总会计师的银行,还应当由总会计师签名并盖章。

四、会计报表附注

会计报表附注是为便于报表使用者理解会计报表的内容而对会计报表的编制基础、编制依据、编制原则和方法及主要项目等作的解释。

(一)会计报表附注的要求

会计报表附注更加重视信息的披露,要求披露的内容更加全面,对金融工具、关联交易、政府补助等方面的具体披露遵循相关的准则,以及提供财务报表的编制基础及具体会计政策的信息。具体要求如下:

(1)披露准则要求的,但未在资产负债表、利润表、权益变动表、现金流量表内列报的信息。

(2)披露对相关内容理解的附加信息。

(3)会计政策的披露。包括财务报表的计量基础,理解财务报表的其他会计政策。让使用者理解会计报表的计量基础,如:历史成本、公允价值、可收回金额等,管理层应当考虑披露会计政策是否有助于使用者理解交易,其他事项与交易如何在报告中反映,例如,合营者应披露是否按权益法确认其在控制主体中的权益,对不同类别的资产的计量基础、所得税的会计政策进行披露;对管理层采用会计政策过程中,对确认某些金额所作的具有重大影响的判断应当披露。

(二)会计报表附注的具体内容

会计报表附注至少应当包括以下内容:

(1)会计政策和会计估计及其变更情况的说明。

企业应当披露在选择对会计报表重要项目具有重大影响的会计政策时所做的判断、会计政策和会计估计,以及会计政策和会计估计变更的情况、变更原因及其对企业财务状况和经营成果的影响。

(2)重大会计差错更正的说明。

(3)关键计量估计的说明。

企业应当披露可能会在下一个会计年度导致资产或负债的账面金额产生重大调整的不确定因素和关键计量假设。包括这些不确定因素或假设的性质、可能受到影响的资产或负债在资产负债表日的账面金额及其可能发生的调整金额等。

(4)或有事项和承诺事项的说明。

(5)资产负债表日后事项的说明。

(6)关联方关系及其交易的说明。

(7)重要资产转让及其出售的说明。

(8)企业合并、分立的说明。

(9)重大投资、融资活动的说明。

(10)会计报表重要项目的说明。

(11)有助于理解和分析会计报表需要说明的其他事项。

第二节 资产负债表

一、资产负债表的概念

资产负债表是反映商业银行在某一特定日期的财务状况的报表。资产负债表是根据资产、负债和股东权益之间的相互关系,按照一定的分类标准和一定的顺序,把商业银行一定日期的资产、负债和股东权益各项目予以适当排列,并对日常工作中形成的大量数据进行高度浓缩整理后编制而成的。

根据我国《商业银行会计制度》的规定,资产负债表应当按照资产、负债和股东权益分类分项列示。其中资产、负债和股东权益的定义和列示应遵循以下规定:

资产是指过去交易、事项形成并由商业银行所拥有或控制的资源,该资源预期会给商业银行带来经济利益;负债是指过去交易、事项形成的现时义务,履行该义务预期会导致经济利益流出商业银行;股东权益是指投资者在商业银行资产中享有的经济利益,其金额为资产减去负债后的余额。在资产负债表上,股东权益应当按照实收资本(或股本)、资本公积、盈余公积、未分配利润等项目分项列示。

资产负债表表明商业银行在某一特定日期所拥有或控制的经济资源、所承担的现有义务和所有者对净资产的要求权。通过资产负债表，可以提供某一日期资产的总额及其结构，表明商业银行拥有或控制的经济资源及其分布情况；通过资产负债表，可以反映某一日期的负债总额及其结构，表明商业银行未来需要用多少资产清偿债务；通过资产负债表，可以反映股东权益的情况，表明投资者在商业银行资产中所占的份额，了解股东权益的构成情况。

二、资产负债表的格式

资产负债表的格式有账户式和报告式两种。根据《商业银行会计制度》，商业银行资产负债表采用账户式结构，即资产负债表分为左方和右方，左方列示资产各项目，右方列示负债和股东权益各项目，资产各项目的合计等于负债和股东权益各项目的合计。通过账户式资产负债表，反映资产、负债和股东权益之间的内在关系，并达到资产负债表左方和右方平衡，即：资产总计＝负债及股东权益总计(资产＝负债＋股东权益)。同时，资产负债表还提供年初数和期末数的比较资料。商业银行资产负债表格式如表 12－2 所示。

表 12－2　××股份制商业银行

资产负债表

编制单位：　　2006 年 12 月 31 日　　单位：百万元

资　产	行次	年初数	期末数	负债和股东权益	行次	年初数	期末数
资　产	1			负　债：	31		
现金及存放中央银行款项	2	553 572	703 245	同业存放款项	32	201 725	368 098
存放同业款项	3	16 095	14 182	同业拆入	33	29 709	30 475
贵金属	4			卖出回购款项	34	33 109	49 119
拆放同业	5	113 831	155 272	衍生金融负债	35	2 729	2 382
买入返售资产	6	89 235	39 218	客户存款	36	5 671 854	6 251 403
交易性资产	7	9 154	10 364	应解及汇出款	37		
——以公允价值计量且其变动计入当期损益的债券	8			应付利息及股利	38		
——其他交易性资产	9			应交税金及附加	39	19 219	21 788
应收利息及股利	10			其他应付款项	40	5 049	6 525
客户贷款及垫款	11	3 131 096	3 454 432	预计负债	41		
债券投资	12	2 293 217	2 850 026	应付债券	42	35 000	35 000
——持有至到期债券	13			长期借款	43		
——贷款和应收款项债券	14			其他负债	44	120 163	157 941
——可供出售债券	15			递延税款负债	45	1 418	1 262
	16			负债合计	46	6 119 975	6 923 993

续表 12-2

资　产	行次	年初数	期末数	负债和股东权益	行次	年初数	期末数
	17				47		
资产支持证券	18				48		
	19			股东权益：	49		
	20			股本	50	248 000	334 019
股权投资	21	13 307	13 735	资本公积	51	2 032	109 043
固定资产	22	109 607	103 847	盈余公积	52	375	5 461
在建工程	23	2 665	2 563	一般准备	53	1 700	12 719
无形资产	24			未分配利润	54	5 009	6 005
抵债资产	25			外币报表折算差额	55	(169)	(351)
其他资产	26	45 143	44 005	少数股东权益	56		
递延税款借项	27			股东权益合计	57	256 947	466 896
	28				58		
	29				59		
资产总计	30	6 376 922	7 390 889	负债和股东权益总计	60	6 376 922	7 390 889

补充资料：
开出信用证　　签开信用担保函
抵押品　　催收贷款利息
银行承兑汇票　　贷款承诺

行长：　主管行长：　会计机构负责人：　复核：　制表：

三、资产负债表编制的基本方法

资产负债表一般是以总账一二级科目余额为基础，进行分类归集编制而成的。资产负债表各项目数据的来源，主要通过以下几种方式取得：

（一）根据总账一级科目余额直接填列

资产负债表某些项目可以根据总账一级科目期末余额直接填列，如“贵金属”项目，根据“贵金属”一级科目的期末余额直接填列；“资本公积”项目，根据“资本公积”一级科目的期末余额直接填列等等。

（二）根据总账一级科目余额计算填列

资产负债表某些项目需要根据若干个总账一级科目的期末余额计算填列，如“应解及汇出款”项目根据“应解汇款”“汇出汇款”、“开出本票”一级科目期末余额的合计数填列；“应交税金及附加”项目根据“应交营业税及附加”、“应交所得税”、“应交代扣代缴税金”、“应交增值税”、“应交其他税金”一级科目期末余额的合计数填列等等。

（三）根据总账一级科目和二级科目余额分析计算填列

资产负债表科目某些项目需要根据总账一级科目和二级科目的期末余额分析计算填列，如在计算“现金及存放中央银行款项”项目时，需归并“现金”、“运送中现金”、“银行存款”、“存中央银行存款”、“存中央银行财政性存款”一级科目，同时抵消“代理运送中现金”一级科目和“行内经费存款”二级科目余额填列等。

(四)根据总账各级科目余额减去其备抵科目后的净额填列

如“固定资产”项目，按照“固定资产”、“经营租入固定资产改良”、“固定资产清理”科目余额之和减去“累计折旧”、“固定资产减值准备”科目余额后得到“固定资产”项目。

资产负债表“年初数”栏各项目数字，应根据上年末资产负债表对应项目的“期末数”栏内所列数字填列。如果本年度资产负债表规定的各个项目的名称和内容与上年度不相一致，应对上年度年末资产负债表各项目名称和数据按照本年度的规定进行调整，填入本表“年初数”栏内。“期末数”栏内的各项数字，按“资产负债表项目与会计科目对照表”所分类归集的会计科目期末数填列。

四、资产负债表各项目的内容

(1)“现金及存放中央银行款项”项目，反映商业银行库存现金和银行存款，以及存放中央银行的各种存款。

(2)“存放同业款项”项目，反映商业银行存放于境内、外其他银行或非银行同业的款项净额。

(3)“贵金属”项目，反映商业银行在国家允许的范围内买入的黄金、白银等贵重金属。

(4)“拆放同业”项目，反映商业银行拆借给境内外其他银行或金融机构的款项净额。

(5)“买入返售资产”项目，反映商业银行在回购协议下所持有的有价证券或其他资产，本项目根据“买入返售票据”、“买入返售票据垫款”、“买入返售债券”、“买入返售信贷资产”科目的期末余额减去“贷款损失准备”科目中有关买入返售资产的专项准备和特种准备填列。

(6)“交易性资产”项目，反映商业银行为交易而持有的资产，包括以公允价值计量及其变动计入当期损益的债券和其他交易性资产。

(7)“应收利息及股利”项目，反映商业银行贷款、存放同业、拆出资金等生息资产当期应收而未收到的利息，以及建行因债券投资应收取而未收到的利息和因股权投资而应收取的现金股利。本项目中应收债券利息和应收股利是以扣除其相应的坏账准备后的净额反映。

“应计收系统内往来利息”和“应计付系统内往来利息”科目余额轧差后若为借方余额，则在本项目中反映。

(8)“客户贷款及垫款”项目，反映商业银行发放的各种贷款。本项目根据各类贷款、垫款、贴现、转贴现等科目期末余额，减去“贷款损失准备”科目中有关贷款减值准备和“递延收益”科目中有关递延利息收入期末余额填列。

(9)“债券投资”项目，反映商业银行持有的划分为持有至到期债券、贷款和应收款项债券、可供出售债券的各类债券。本项目应按“持有到期债券成本”、“应收款项债券成本”、“可供出售债券成本”和“可供出售债券价值调整”科目期末余额扣除对持有至到期债券、贷款和应收款项债券所计提的资产减值准备后的金额填列。

(10)“股权投资”项目，反映商业银行持有的各种股权投资的可收回金额。本项目应按“长期股权投资成本”、“长期股权投资损益调整”、“长期股权投资准备”、“长期股权投资差额”、“非剥离债转股”等科目余额扣除“长期股权投资减值准备”和“非剥离债转股减值准备”科目余额后的金额填列。

(11)“固定资产”项目，反映商业银行期末各项固定资产的可收回金额。经营租入固定资产改良支出的可收回金额也在本项目内反映。本项目应分别根据“固定资产”、“经营租入固定资产改良”科目的期末余额，减去“累计折旧”、“固定资产减值准备”等科目余额填列。

因出售、报废和毁损等原因转入清理但尚未清理完毕的固定资产净值，以及固定资产清理过程中所发生的清理费用和变价收入等各项金额的差额，也在本项目反映，具体可根据“固定资产清理”科目余额反映。

(12)“在建工程”项目，反映商业银行期末尚未完工的工程实际成本以及尚未使用的工程物资的实际成本。本项目应根据“在建工程”科目的期末余额减去“在建工程减值准备”科目期末余额后的金额填列。

(13)“无形资产”项目，反映商业银行各项无形资产的原价扣除摊余后的净额。本项目应根据“无形资产”科目的期末余额减去“无形资产累计摊销”、“无形资产减值准备”科目期末余额后的金额填列。

(14)“抵债资产”项目，反映商业银行的各项抵债资产。本项目应根据“抵债资产”科目的期末余额减去“抵债资产减值准备”科目期末余额后的金额填列。

(15)“其他资产”项目，反映商业银行除以上资产外的资产，主要包括：库存物资、待摊费用、待处理资产、待处理财产损益、预拨费用与拨入费用的差额，以及系统内往来轧差、待清算建行投资款项和有关资产负债表共同类科目(如同城票据清算)轧差后的借方余额等。

(16)“递延税款借项”项目，反映商业银行期末尚未转销的递延税款借方余额。

(17)“同业存放款项”项目，反映其他银行、非银行金融机构、境外金融机构等存入商业银行的各种存款。

(18)“向中央银行借款”项目，反映商业银行向人民银行借入的款项。

(19)“同业拆入”项目，反映商业银行从境内外金融机构拆入的款项。

(20)“卖出回购款项”项目，反映商业银行按回购协议卖出证券、票据以及信贷资产等款项。

(21)“客户存款”项目，反映商业银行吸收客户(单位和个人)的各种存款。

(22)“应解及汇出款”项目，反映商业银行收到的其他行委托建行解付或支付给未在建行开户的单位及个人的汇款或其他临时性款项、建行为申请人签发银行本票所收取的款项、建行为申请人办理的委托本行系统其他行或系统外其他银行解付的汇款等。本项目根据“应解汇款”、“开出本票”、“汇出汇款”等科目的期末余额填列。

(23)“应付利息及股利”项目，反映商业银行期末尚未支付的各项利息和股利。

“应计付系统内往来利息”和“应计收系统内往来利息”科目余额轧差后若为贷方余额，则在本项目中反映。

(24)“应交税金及附加”项目，反映商业银行期末未交、多交或未抵扣的各项税金。

(25)“其他应付款项”项目，反映商业银行应付其他单位和个人的款项，包括其他应付款、应付工资、应付福利费等。

(26)“预计负债”项目，反映商业银行预计负债的期末余额。

(27)“应付债券”项目，反映商业银行为筹措长期资金而发行的金融债券和应付利息。

(28)“长期借款”项目，反映商业银行借入尚未归还的转贷款资金。

(29)“其他负债”项目，反映商业银行除以上负债以外的其他负债，包括专项拨款、待处理负债、委托贷款基金结余、待冲转利息收入、待转资产价值以及系统内往来轧差、代清算建行投资款项和有关资产负债共同类科目轧差后的贷方余额等等。

(30)“递延税款贷项”项目,反映商业银行期末尚未转销的递延税款的贷方余额。

(31)“股本”项目,反映股份制银行实际收到投资人投入的资本。

(32)“资本公积”项目,反映商业银行资本公积的期末余额

(33)“盈余公积”项目,反映商业银行盈余公积的期末余额。

(34)“一般准备”项目,反映商业银行计提的一般风险准备的期末余额。

(35)“未分配利润”项目,反映商业银行尚未分配的利润。

(36)“外币报表折算差额”项目,反映商业银行接受外币投资因所采用的汇率不同而产生的资本折算差额。

(37)补充资料:

①“代保管证券”项目,反映商业银行代保管的各种有价单证。

②“抵押品”项目,反映商业银行因办理担保贷款业务而占管的抵押物及质押物。

③“银行承兑汇票”项目,反映商业银行因办理商业汇票承兑业务而对承兑申请人可能形成的债权。

④“签开信用担保函”项目,反映商业银行应客户要求,对外开出的保函或备用信用证。

⑤“催收贷款利息”项目,反映催收贷款利息的期末余额。

⑥“贷款承诺”项目,反映商业银行因与客户签订贷款契约或意向而在一定时期内可能发放的贷款。

除以上项目以外,资产负债表中“资产支持证券”,由于政策变更或尚未开办相应的业务,因此无须填列,其含义在此不附。

具体编制资产负债表时,各个项目的填列方法主要是根据会计制度中规定的“资产负债表项目与会计科目对照表”进行。

第三节　利润表

一、利润表的概念

利润表是反映商业银行在一定会计期间经营成果的报表。利润表是把一定会计期间的收入与同一会计期间相关的成本费用进行配比,以计算出一定时期的净利润(或净亏损)。

根据我国《商业银行会计制度》的规定,利润表应当按照各项收入、费用以及构成利润的各个项目分类分项列示。其中收入、成本和费用、利润的定义及其列示应当遵循下列规定:

收入是指商业银行在销售商品、提供劳务及让渡资产使用权等日常活动中所形成的经济利益的总流入。收入不包括为第三方或者客户代收的款项,如代收的水电费等。在利润表上,收入应当按照其重要性分项列示。

成本和费用。费用是指商业银行为销售商品、提供劳务等日常活动所发生的经济利益的流出;成本是指商业银行为提供劳务和产品而发生的各种耗费。但不包括为第三方和客户垫付的款项。在利润表上,成本和费用应当按照其性质分项列示。

利润是指商业银行在一定会计期间的经营成果。在利润表上,利润应当按照营业利润、利润总额和净利润等利润的构成分类分项列示。

利润表是通过一定的表格来反映商业银行的经营成果。通过利润表所反映的收入和成本

费用情况,能够反映商业银行的收益和成本支出情况,表明经营成果;同时,通过对利润表提供的不同时期的比较数字(本月数、本年累计数、上年数),可以分析今后利润的趋势及获利能力,了解投资者投入资本的完整性。由于利润是经营业绩的综合体现,又是进行利润分配的主要依据。因此,利润表是会计报表的主要报表。

二、利润表的格式

由于不同的国家和地区对会计报表的信息要求不完全相同,利润表的结构也不完全相同。目前比较普遍的利润表的结构有多步式利润表和单步式利润表两种。根据《商业银行会计制度》规定,商业银行采用多步式利润表格式,即采用上下加减的报告式结构,将损益的计算分解为多个步骤,同时,利润表还提供本期数、本年累计数。商业银行利润表格式如表12-3所示。

表12-3 ××股份制商业银行

利 润 表

2006年度

业务标志:

编报单位: 单位:百万元

项 目	行次	本期数	本年累计数
一、利息净收入	1	161 108	
利息收入	2	267 356	
利息支出	3	(106 248)	
二、中间业务净收入	4	15 430	
中间业务收入	5	17 575	
中间业务支出	6	(2 145)	
三、其他经营净收入	7	(807)	
汇兑收益	8	(2 536)	
交易性资产形成的收益	9		
其他业务净收入	10	1 729	
四、营业费用	11	(74 407)	
业务及管理费	12	(62 996)	
营业税金及附加	13	(11 411)	
五、投资收益	14	1 092	
六、营业利润	15	102 416	
加(减):营业外收支净额	16	770	
七、扣除资产减值损失前的利润总额	17	103 186	
减:资产减值损失	18	(32 067)	
八、扣除资产损失后利润总额	19	71 119	
减:所得税	20	(21 742)	
九、净利润	21	49 377	

行长: 主管行长: 会计机构负责人: 复核: 制表:

三、利润表编制的基本方法

在编制利润表时，"利息净收入"、"中间业务净收入"、"其他经营净收入"、"营业费用"、"营业利润"和"净利润"等项目根据利润表相关项目计算填列，其他项目根据有关损益科目直接或计算填列。

(1)报表中的"本期数"栏，反映各项目的本期实际发生数，在编制年度报表时，填列上年全年累计实际发生数，并将"本期数"栏改为"上年数"栏。如果上年度利润表与本年度利润表的项目名称和内容不相一致，应对上年度报表项目的名称和数字按照本年度的规定进行调整，填入"上年数"栏。

(2)报表中的"本年累计数"栏，反映年初起至本月止的累计实际发生数。

(3)"利息收入"项目，根据各项贷款利息收入、商业银行往来利息收入、系统内往来收支科目轧差后贷方数合计填列；"利息支出"项目，根据各项存款利息支出、商业银行往来利息支出、系统内往来收支科目轧差后借方数合计填列。

(4)"营业利润"项目，根据有关报表项目计算填列，即营业利润＝利息净收入＋中间业务净收入＋其他经营净收入－营业费用＋投资收益。

(5)"净利润"项目，根据有关报表项目计算填列，即净利润＝营业利润＋营业外净收入－资产减值损失－所得税。

综上所述，利润表是年用费用功能法而不是费用性质法进行分项目填列的。

四、利润表各项目的内容

(1)"利息净收入"项目，反映商业银行经营业务取得的利息净收入。本项目应根据"利息收入"项目金额减去"利息支出"项目金额后的余额填列。

(2)"利息收入"项目，反映商业银行发放贷款、存出款项等业务的利息收入。与其他金融机构发生存借资金往来的利息收入，也在本项目反映，系统内往来资金利息收支轧差后为净收入时列入本项目反映。

(3)"利息支出"项目，反映商业银行在办理存款、借款等业务中发生的利息支出。与其他金融机构发生存贷资金往来的利息支出，也在本项目反映，系统内往来资金利息收支轧差后为净支出时列入本项目反映。

(4)"中间业务净收入"项目，反映商业银行办理各项业务取得的手续费净收入。本项目应根据"中间业务收入"项目金额减去"中间业务支出"项目金额后的余额填列。

(5)"中间业务收入"项目，反映商业银行办理各项业务收取的手续费，如结算手续费、业务代办手续费等。

(6)"中间业务支出"项目，反映商业银行委托其他单位代办业务而支付的手续费。

(7)"其他经营净收入"项目，反映商业银行除利息净收入、中间业务净收入以外的经营净收入。本项目应根据"汇兑收益"、"交易性资产形成的收益"、"其他业务净收入"等项目汇总计算填列。

(8)"汇兑收益"项目，反映商业银行在经营外汇业务过程中，因外汇兑换、汇率变动等原因实现的汇兑收益。如为损失，应以"－"号填列。

(9)"交易性资产形成的收益"项目，反映商业银行交易性资产形成的收益。如为损失，应以"－"号填列。

(10)“其他业务净收入”项目,反映商业银行的其他业务净收入。

(11)“营业费用”项目,反映商业银行各项费用的总额。本项目应根据“业务及管理费”、“营业税金及附加”等项目汇总填列。

(12)“业务及管理费”项目,反映商业银行业务经营和管理过程中所发生的各项费用,包括工资、福利费、折旧费、业务管理费、监管费等。

(13)“营业税金及附加”项目,反映商业银行按规定应由营业收入负担的各种税金,包括营业税、城市维护建设税和教育费附加等。

(14)“投资收益”项目,反映商业银行因对外投资所取得的收益。如为损失,应以“一”号填列。

(15)“营业利润”项目,反映商业银行当期的经营利润。发生经营亏损也在本项目反映,以“一”号填列。

(16)“营业外净收入”项目,反映商业银行发生的与日常经营无直接关系的各项收入净额。本项目根据“营业外收入”、“营业外支出”科目的发生额分析填列。

(17)“扣除资产减值损失前的利润总额”项目,反映商业银行扣除资产减值损失前所实现的利润总额。如为亏损总额,以“一”号填列。

(18)“资产减值损失”项目,反映商业银行按规定提取(或恢复转回)的各项减值准备,包括贷款损失准备、坏账准备、债券减值准备、固定资产减值准备、无形资产减值准备、抵债资产减值准备等。

(19)“扣除资产减值损失后利润总额”项目,反映商业银行利润总额减去(加上)提取(转回)的资产减值损失后的金额。

(20)“所得税”项目,反映商业银行按规定从本期损益中扣除的所得税。

(21)“净利润”项目,反映商业银行实现的净利润。如为净亏损,应以“一”号填列。

第四节 现金流量表

一、现金流量表的概念

现金流量是指银行在一定会计期间的现金流入和流出的数量,或者说是现金收入和现金支出的数量。

现金流量表是指反映银行在一定会计期间现金和现金等价物流入和流出的报表。通过该表反映的信息,以揭示银行的偿债能力和变现能力,进一步预测银行未来的现金流量。相对于存量报表而言,它是一张动态报表。当前西方国家的银行都编制现金流量表,我国从 1998 年要求银行编制现金流量表,以取代财务状况变动表。

现金流量表中的现金是指可以立即投入流通的交换媒介,包活现金和现金等价物。现金对银行而言,是指银行库存现金以及可以随时用于支付的各种存款,包括现金、存放中央银行款项、存放同业款项、存放系统内存款等。现金等价物是指银行持有的期限短、流动性强、易于转换为已知金额现金、价值变动风险很小的投资。我国现行《企业会计准则——现金流量表》准则中定义的现金和现金等价物不包含银行透支。

二、现金流量的格式

现金流量表的基本格式如表 12-4 所示。

表 12-4　现金流量表

编制单位：　　　　　　　　　　　　年度　　　　　　　　　　　　单位:元

项　　目	行次	金额
一、经营活动产生的现金流量：		
收回的中长期贷款	1	
吸收的活期存款净额	2	
吸收的活期存款以外的其他存款	3	
同业存款净额	4	
系统内存放净额	5	
向其他商业银行拆入的资金净额	6	
收取的利息和手续费	7	
收回的已于前期核销的贷款	9	
收回的委托资金净额	10	
收到的其他与经营活动有关的现金	12	
现金流入小计	13	
对外发放的中长期贷款	14	
对外发放的短期贷款净额	15	
对外发放的委托贷款净额	16	
支付的活期存款以外的其他存款本金	17	
存放同业款项净额	18	
存放系统内款项净额	19	
拆放其他金融机构资金净额	20	
支付的利息和手续费	21	
支付给职工以及为职工支付的现金	23	
支付的各项税费	24	
支付的其他与经营活动有关的现金	26	
现金流出小计	27	
经营活动产生的现金流量净额	28	
二、投资活动产生的现金流量：		
收回投资所收到的现金	29	
取得投资收益所收到的现金	30	
处置固定资产、无形资产和其他长期资产而收到的现金净额	32	
收到的其他与投资活动有关的现金	33	
现金流入小计	34	
购建固定资产、无形资产和其他长期资产所支付的现金	35	
债券投资所支付的现金	37	
支付的其他与投资活动有关的现金	38	
现金流出小计	39	
投资活动产生的现金流量净额	40	
三、筹资活动产生的现金流量：		
吸收权益性投资所收到的现金	41	

续表 12－4

项　　目	行次	金额
发行债券所收到的现金	42	
借款所收到的现金	43	
收到的其他与筹资活动有关的现金	44	
现金流入小计	45	
偿还债务所支付的现金	46	
分配利润所支付的现金	48	
支付的其他与筹资活动有关的现金	51	
现金流出小计	52	
筹资活动产生的现金流量净额	53	
四、汇率变动对现金的影响额	54	
五、现金及现金等价物净增加额	55	

附注：

项　　目	行次	金额
1.将净利润调节为经营活动现金流量：		
净利润	56	
加：计提的资产减值准备	57	
固定资产折旧	59	
无形资产摊销	60	
长期待摊费用摊销	61	
待摊费用减少(减：增加)	62	
预提费用增加(减：减少)	63	
处置固定资产、无形资产和其他长期资产的损失(减：收益)	64	
固定资产盘亏损失(减：盘盈收益)	65	
投资损失(减：收益)	66	
递延税款贷项(减：借项)	67	
经营性应收项目的减少(减：增加)	68	
经营性应付项目的增加(减：减少)	69	
其他	70	
经营活动产生的现金流量净额	71	
2.不涉及现金收支的投资和筹资活动：		
债务转为资本	72	
融资租入固定资产	74	
3.现金及现金等价物净增加情况：		
现金的期末余额	75	
减：现金的期初余额	76	
加：现金等价物的期末余额	77	
减：现金等价物的期初余额	78	
现金及现金等价物净增加额	80	

上表是以“现金”为基础编制的。这里所说的“现金”包括现金和现金等价物两部分。具体解释如下：

(1)主表部分是由来自经营活动的现金流量、来自投资活动的现金流量、来自筹资活动的现金流量三部分组成。

(2)各部分又分别按收入项目和支出项目分项列示，以反映各类活动所产生的现金流入量和现金流出量，展示各类现金流入和流出的原因。

(3)单账列示利润表中的利润总额与本表所要提供的来自经营活动的现金流量之间的调整，可以在主表中予以报告，也可以在附表中专门揭示。

(4)不影响现金变动的重大理财项目逐一列示，或者总括反映。

(5)现金流量表设置依据的公式为：

现金净流量＝现金流入－现金流出

(6)会计政策的揭示安排在会计报表的最后部分。关于编制基础——现金等价物的界定标准通常列示在该表的最后。

三、现金流量的具体内容

在通常情况下，银行的全部现金收支活动可概括为日常营运、投资与筹资三大类，因此现金流量也可相应地分为三类，即经营活动产生的现金流量，投资活动产生的现金流量，筹资活动产生的现金流量。而各类活动对现金流量的影响均表现为现金流入与现金流出两个方面。另外，根据会计准则还单列了一类非经常性项目产生的现金流量。下面以商业银行为例加以说明。

(一)经营活动产生的现金流量

银行的正常经营活动主要有存款、贷款(贴现)、结算、现金出纳业务等。

1. 现金流入

(1)银行发放各类贷款及与商业银行往来所取得的现金利息收入。

(2)银行实际收回发放贷款的本金。

(3)银行开展各项业务收取的手续费收入。

(4)银行进行外汇买卖或兑换所产生的汇兑收益。

(5)其他业务现金收入，如咨询收入，无形资产转让收入等。

(6)银行吸收的各项存款。

(7)应付、暂收其他单位或个人的款项(如职工未按期领取的工资、退休金等)。

2. 现金流出

(1)吸收各项存款及与金融机构往来的实际利息支出。

(2)因各项借款、发行金融债券而实际支付的现金利息。

(3)委托其他单位代办业务而支付的手续费。

(4)按照有关规定当期实际支付的各项税费。

(5)外汇买卖和外币兑换业务而产生的汇兑损失。

(6)以现金方式支付给职工的工资和其他劳动报酬、福利支出。

(7)除以上各项支出以外的、用于银行经营活动的各项费用和支出。

(8)实际对外发放的各类贷款。

(9)实际对外支付的其他单位或个人的存款本金;以及暂付其他单位或个人的款项(如垫支的职工差旅费、存出保证金及其他应收、暂付款项)。

(二)投资活动产生的现金流量

这里所说的投资活动,是指银行进行原定期限3个月以上的债券投资以及用于购置和处置固定资产、无形资产的行为。

1.现金流入

(1)以现金方式收回的债券本金。

(2)出售固定资产、无形资产而取得的现金,扣除以现金支付的有关费用和税金的现金净额。

(3)收到的股利和利息。

2.现金流出

(1)购买期限在3个月以上的债券支付的现金。

(2)购建固定资产、无形资产而支付的现金或偿付应付款。

(三)筹资活动产生的现金流量

这里所说的筹资活动,是指银行进行吸收资本、发行金融债券、借款以及还款或清算债务等这些与筹资有关的活动。

1.现金流入

(1)发行金融债券而收入的现金。

(2)发行股票而收入的现金。

(3)借入借款而取得的现金。

2.现金流出

(1)偿还借款或债券本金。

(2)当期支付给投资者的股利和利息。

(3)为发行债券、借款及其他筹资活动而以现金支付的有关费用。

(4)以现金方式支付的融资租赁固定资产的租赁费。

(四)非经常性项目产生的现金流量

这主要是指非经常性发生和特殊的现金项目。由于它是非经常性的、偶然发生的较为特殊的项目,因而不能归为经营、投资和筹资三类活动。银行的非经常性项目产生的现金流量,主要是捐赠活动的现金收支、罚款现金收支等。

四、现金流量表的编制方法

根据确定现金流量的方法不同,现金流量表分为两种:一种是以营业收入为计算起点的现金流量表(直接法编制);另一种是以利润为计算起点的现金流量表(间接法编制)。

(一)会计准则的规范

《国际会计准则第7号“现金流量表”》中第18条规定:“企业应按下列方法中的一种报告源于经营业务的现金流量:(1)直接法,即揭示现金收入总额和现金支出总额的主要类别;(2)间接法,即在净损益的基础上,调整非现金性交易的影响,调整过去或未来经营业务现金收入或支出的任何递延或应计项目,以及与源于投资与融资的现金流量有关的收入或费用项目。”即:鼓励主体采用直接法报告经营活动现金流量,但也可以采用间接法;我国会计准则规定,编制现金流量表时必须采用直接法，同时要求在附注中按间接法将净利润调节为经营活动现金流量的信息。

(二)直接法和间接法的比较

直接法编制的现金流量表，由于它的编制原理简单明了，即从现金收入中扣除现金支出得出净现金流量，报表使用者很容易理解。同时，这种方法还揭示了营业产生的现金收支总额，可以得到经营活动现金流入的来源和经营活动现金流出的用途的信息，有助于估计将来的现金流量。现金流量表反映企业一定时期内的现金流入和流出的整体情况，说明企业现金进出的来源，其中：经营活动产生的现金流量，代表企业运用经济资源创造现金流量的能力，便于分析一定期间内产生的净利润与经营活动产生现金流量的差异；投资活动产生的现金流量，代表企业运用资金产生现金流量的能力；筹资活动产生的现金流量，代表企业筹资获得现金流量能力。现金流量表辅助其他的财务信息，可以分析企业未来获取或支付现金的能力。在评价企业从经营活动中产生足够现金偿付债务、追加投资以及向股东进行分配的能力时，各类现金流入和流出的信息要比间接法下列示唯一的合计数(经营活动现金净流量)更为有用。这一信息正是其他报表所提供不了的，起到了对资产负债表、损益表的补充作用。因此，国际会计准则鼓励企业采用直接法编制现金流量表。我国新的会计准则要求现金流量表必须以直接法编制。但直接法编制缺点是：若现金流动种类多，收支渠道复杂，编制起来就比较困难，不能很好地揭示现金流量表与损益表之间的关系。

采用间接法编制的现金流量表，由于以净利润为起点，调整非现金业务收入和支出，以及过去或未来的营业性现金收支的应计额，有助于从现金流量的角度分析企业净利润的质量。编制时只找调整数，因此工作量小。整个编制过程揭示了现金流量表与资产负债表之间的内在联系，很好地反映了获利能力和偿债能力的差异。但间接法编制时未能详细列示经营活动的各项现金流入的来源和现金流出的用途。

因此，我国现行会计准则规定采用直接法，同时要求在现金流量表附注中披露将净利润调节为经营活动现金流量的信息，也就是用间接法来计算经营活动的现金流量，以更好地发挥现金流量表的作用。

对于报表使用者来说，直接法提供了更多有用信息。由于采用了电算化核算，使得直接法的编制更为方便快捷。因此本书更倾向于采用直接法编制现金流量表。两种方法的比较归纳如表 12－5 所示。

表 12－5

经营活动	间接法	直接法
产生现金流量的经营活动		
收入和费用项目	将净收益由应计制转换为现金制	将收入和费用项目逐个由应计制转换为现金制
买卖交易证券和为再出售而购入的贷款	以净额列示(增加额与减少额轧差)，作为对净收益的调整	以总额列示(增加额与减少额分别列示)

五、现金流量表具体编制口径

(一)经营活动产生的现金流量

(1)“收回的中长期贷款”项目,反映银行实际收回发放的中长期贷款本金。收取的发放中长期贷款的利息在“收取的利息”项目单独反映,不包括在本项目内。本项目可以根据“现金”、“存放中央银行款项”、“存放银行同业”、“存放境外同业”、“中期贷款”、“长期贷款”、“银团贷款”、“银团贷款出资额”等科目的记录分析填列。

(2)“吸收的活期存款净额”项目,反映银行实际吸收的活期存款减去支取的活期存款净额。包括吸收单位和居民个人的活期存款。本项目可以根据“活期存款”、“活期储蓄存款”等科目期末余额减去期初余额后的差额填列。

(3)“吸收的活期存款以外的其他存款”项目,反映银行实际吸收的活期存款以外的其他存款金额,包括吸收的单位和居民个人的其他存款。本项目可以根据“定期存款”、“定期储蓄存款”、“通知存款”、“定期储蓄存款”、“基金存款”、“银行卡存款”、“特种存款”、“证券公司转存款”、“应解汇款及临时存款”等科目的记录分析填列。

(4)“同业存款净额”项目,反映银行实际吸收的境内外银行、非银行同业的存款净额。本项目可以根据“银行同业存款”、“非银行同业存款”、“境外同业存款”等科目的期末余额减去期初余额后的差额填列。

(5)“系统内存放净额”项目,反映银行实际吸收系统内其他行的款项净额。本项目可以根据“系统内存放”科目的期末余额减期初余额后的差额填列。

(6)“向其他金融机构拆入的资金净额”项目,反映银行按规定从事拆借业务实际从境内外金融机构拆入的资金净额。本项目可以根据“同业拆入”、“票据融资”、“系统内借入”等科目期末余额减去期初余额的差额填列。

(7)“收取的利息和手续费”项目,反映银行按规定从事有关业务实际取得的利息收入和各项中间业务收入,包括银行发放贷款、拆出资金、存出款项等业务取得的利息收入以及银行与其他金融机构发生存借资金往来的利息收入,结算手续费、业务代办手续费等等。本项目可以根据“利息收入”、“商业银行往来收入”、“中间业务收入”等科目的记录分析填列。

(8)“收回的已于前期核销的贷款”项目,反映银行本期收回的已于前期核销的非应计贷款等。本项目可以根据“逾期贷款”、“非应计贷款”等科目的记录分析填列。

(9)“收到的委托资金净额”项目,反映银行收到的有关单位委托本行发放贷款或进行投资的资金净额。本项目可以根据“委托资金”、“银团贷款拨来资金”、“转贷款资金”等科目的期末余额减期初余额后的差额填列。

(10)“收到的其他与经营活动有关的现金”项目,反映银行除上述各项目外,收到的其他与经营活动有关的现金,如其他业务收入、捐赠现金收入、罚款收入等。本项目可以根据“现金”、“存放中央银行款项”、“其他业务收入”、“营业外收入”、“其他应付款”、“汇出汇款”、“开出本票”、“保证金存款”、“暂收款”、“费用周转金”、“代理业务资金”等科目的记录分析填列。

(11)“对外发放的中长期贷款”项目,反映银行按有关规定发放中长期贷款所支付的现金。本项目可以根据“中期贷款”、“长期贷款”、“银团贷款”、“特定贷款”、“转贷款”、“存放中央银行款项”、“银团贷款出资额”等科目的记录分析填列。

(12)“对外发放的短期贷款净额”项目,反映银行对外发放的短期贷款与收回的短期贷款的差额。本项目可以根据“短期贷款”科目期末余额减期初余额后的差额填列。

(13)“对外发放的委托贷款净额”项目,反映银行接受有关单位的委托而发放的贷款和进行的投资净额。银行办理委托贷款收取的中间业务收入在“收取的手续费”项目单独反映,不包括在本项目内。本项目可以根据“委托贷款及投资”、“活期存款”等科目的期末余额减期初余额后的差额填列。

(14)“支付的活期存款以外的其他存款本金”项目,反映银行实际支付的活期存款以外的其他各种存款的本金。规定支付的利息在“支付的利息”项目单独反映,不包括在本项目内。本项目可以根据“定期存款”、“定期储蓄存款”、“基金存款”、“银行卡存款”、“特种存款”、“贴现”、“协议透支”等科目的记录分析填列。

(15)“存放同业款项净额”项目,反映银行存放境内外其他金融机构的款项净额。本项目可以根据“存放银行同业”、“存放境外同业”、“存放中央银行款项”、“存放中央银行特种存款”、“买入外币票据”等科目的记录分析填列。

(16)“存放系统内款项净额”项目,反映银行存放在系统内其他行的款项净额。本项目可以根据“存放系统内款项”科目的期末余额减期初余额后的差额填列。

(17)“拆放其他金融机构资金净额”项目,反映银行拆借给境内外其他银行和非银行金融机构的款项净额。收到的拆借资金的利息,在“收取的利息”项目单独反映,不包括在本项目内。本项目可以根据“拆放同业”、“系统内借出”等科目期末余额减期初余额后的差额填列。

(18)“支付的利息和手续费”项目,反映银行实际支付的利息和各项手续费等,包括在进行存款、借款以及发行金融债券等业务中按国家规定的适用利率向债权人支付的利息,以及银行与金融机构之间发生拆借、存款等业务的利息支出,委托其他单位代办金融业务而实际支付的各项手续费等。本项目可以根据“利息支出”、“商业银行往来支出”、“发行债券”、“存放中央银行款项”、“存放银行同业”、“联行往来”、“票据融资”、“手续费支出”等科目的记录分析填列。

(19)“支付给职工以及为职工支付的现金”项目,反映银行实际支付给职工,以及为职工支付的现金,包括本期职工的工资、奖金、各种津贴和补贴等,以及为职工支付的养老保险、待业保险、补充养老保险、住房公积金、支付的离退休人员的费用等。不包括支付给在建工程人员的工资。本项目可以根据“现金”、“拨付周转金”、“业务及管理费”、“应付工资”、“应付福利费”等科目的记录分析填列。

(20)“支付的各项税费”项目,反映银行实际支付的各项税费,包括本期发生并支付的税费,以及本期支付以前各期发生的税费,如支付的教育费附加、印花税、燃油税、房产税、土地使用税、车船使用税等。不包括实际支付的已计入固定资产价值的耕地占用税等。也不包括本期退回的所得税,本期退回的所得税在“收到的其他与经营活动有关的现金”项目反映。本项目可以根据“其他应交款”、“应交税金”、“现金”、“存放中央银行款项”、“业务及管理费”等科目的记录分析填列。

(21)“支付的其他与经营活动有关的现金”项目,反映银行除上述各种项目外,支付的其他与经营活动有关的现金,如其他业务支出、捐赠的现金支出、支付的差旅费、业务招待费等现金支出。本项目可以根据“业务及管理费”、“其他营业支出”、“营业外支出”、“现金”、“存放中央银行款项”、“议付信用证款项”、“进口押汇”、“出口押汇”、“拨付周转金”、“存出保证金”、“暂付款”、“代理业务占款”等科目的记录分析填列。

(二)投资活动产生的现金流量

(1)“收回投资所收到的现金”项目,反映银行出售、转让或到期收回除现金等价物以外的短期投资而收到的现金，以及收回长期债券投资本金而收到的现金。不包括长期债券投资收回的利息，以及收回的非现金资产。本项目可以根据“短期投资”、“长期债券投资”、“现金”、“存放中央银行款项”等科目的记录分析填列。

(2)“取得投资收益所收到的现金”项目，反映银行因股权投资和债券投资而取得的现金股利、利息以及从子公司等分回利润收到的现金。本项目可以根据“其他应收款”、“投资收益”、“现金”、“存放中央银行款项”等科目的记录分析填列。

(3)“处置固定资产、无形资产和其他长期资产而收到的现金净额”项目，反映银行处置固定资产、无形资产和其他长期资产收回的现金，扣除所发生的现金支出后的净额。本项目可以根据“固定资产”、“固定资产清理”、“无形资产”、“现金”、“存放中央银行款项”等科目的记录分析填列。

(4)“收到的其他与投资活动有关的现金”项目，反映银行除上述各项以外，收到的其他与投资活动有关的现金。本项目可以根据“现金”、“存放中央银行款项”、“回购证券款”等科目的记录分析填列。

(5)“购建固定资产、无形资产和其他长期资产所支付的现金”项目，反映银行购买、建造固定资产，取得无形资产和其他长期资产支付的现金，不包括为购建固定资产而发生的借款利息资本化的部分，以及融资租入固定资产支付的租赁费，借款利息和融资租入固定资产支付的租赁费，借款利息支出在经营活动产生的现金流量中单独反映；融资租入固定资产支付的租赁费在筹资活动产生的现金流量中单独反映。本项目可以根据“固定资产”、“无形资产”、“在建工程”、“现金”、“存放中央银行款项”等科目的记录分析填列。

(6)“债券投资所支付的现金”项目，反映银行取得债券投资支付的现金，包括银行购买的除现金等价物以外的短期债券投资和长期债券投资所支付的现金，以及支付的佣金、手续费等附加费用。本项目可以根据“短期投资”、“长期债券投资”、“回售证券”、“现金”、“存放中央银行款项”等科目的记录分析填列。

(7)“支付的其他与投资活动有关的现金”项目，反映银行除上述各项以外，支付的其他与投资活动有关的现金。本项目根据“现金”、“存放中央银行款项”和其他有关科目记录分析填列。

(三)筹资活动产生的现金流量

(1)“吸收权益性投资所收到的现金”项目，反映银行收到投资者投入的现金。股份制银行以发行股票方式筹集资金而由银行直接支付的审计、咨询等费用，在“支付的其他与筹资活动有关的现金”项目反映，不从本项目内扣除。本项目可以根据“实收资本”(或“股本”)、“资本公积”、“拨入营运资金”、“现金”、“存放中央银行款项”等科目的记录分析填列。

(2)“发行债券所收到的现金”项目，反映银行发行债券实际收到的现金(发行收入减去支付的佣金等发行费用后的净额)。银行自行发行债券支付的发行费用，在“发生筹资费用所支付的现金”项目反映，不从本项目内扣除。本项目可以根据“发行债券”、“现金”、“存放中央银行款项”等科目的记录分析填列。

(3)“借款所收到的现金”项目，反映银行向中央银行借入的资金。本项目可以根据“向中央银行借款”、“存放中央银行款项”等科目的记录分析填列。

(4)“收到的其他与筹资活动有关的现金”项目，反映银行除上述各项目外，收到的其他与筹资活动有关的现金。本项目可以根据“现金”、“存放中央银行款项”和其他有关科目的记录分析填列。

(5)“偿还债务所支付的现金”项目,反映银行以现金偿还债务的本金,包括偿还中央银行的借款本金、偿还债券本金等。银行偿还的借款利息在经营活动产生的现金流量中单独反映。本项目可以根据“向中央银行借款”、“存放中央银行款项”、“发行债券”等科目的记录分析填列。

(6)“分配利润所支付的现金”项目,反映银行支付给其他投资单位的利润,股份制银行实际支付的现金股利,也在本项目反映。本项目可以根据“现金”、“存放中央银行款项”等科目的记录分析填列。

(7)“支付的其他与筹资活动有关的现金”项目,反映银行除上述各项外,支付的其他与筹资活动有关的现金。本项目可以根据“现金”、“存放中央银行款项”和其他有关科目的记录分析填列。

(四)其他现金流量

“汇率变动对现金的影响额”项目,反映银行外币现金流量,按现金流量发生日的汇率或平均汇率折算的人民币金额,与外币现金净额按期末汇率折算的人民币金额之间的差额填列。

(五)补充资料项目的内容及填列

1.“将净利润调节为经营活动的现金流量”

“将净利润调节为经营活动的现金流量”各项目的填列方法如下:

(1)“计提的资产减值准备”项目,反映银行计提的各项资产的减值准备。本项目根据“资产损失”科目的记录分析填列。

(2)“固定资产折旧”项目,反映银行本期累计提取的折旧。本项目根据“累计折旧”科目的贷方发生额分析填列。

(3)“无形资产摊销”和“长期待摊费用摊销”两个项目,分别反映银行本期累计摊入成本费用的无形资产的价值及长期待摊费用。这两个项目根据“无形资产”、“长期待摊费用”科目的贷方发生额分析填列。

(4)“待摊费用减少(减:增加)”项目,反映银行本期待摊费用的减少。本项目根据资产负债表“待摊费用”项目的期初、期末余额的差额填列;期末数大于期初数的差额,以“—”号填列。

(5)“预提费用的增加(减:减少)”项目,反映银行本期预提费用的增加。

(6)“处置固定资产、无形资产和其他长期资产的损失(减:收益)”,反映银行本期由于处置固定资产、无形资产和其他长期资产而发生的净损失。本项目根据“营业外收入”、“营业外支出”、“其他营业收入”、“其他营业支出”科目所属有关明细科目的记录分析填列;如为净收益,以“—”号填列。

(7)“固定资产盘亏损失”(减:盘盈收益)项目,反映银行本期固定资产盘亏(减盘盈)后的净损失。本项目根据“营业外支出”、“营业外收入”科目所属有关明细科目中固定资产盘亏损失减去固定资产盘盈收益后的差额填列。

(8)“投资损失(减:收益)”项目,反映银行本期投资所发生的损失减去收益后的净损失。本项目根据利润表“投资收益”项目的数字填列;如为投资收益,以“—”号填列。

(9)“递延税款贷项(减:借项)”项目,反映银行本期递延税款的净增加或净减少。本项目根据资产负债表“递延税款借项”、“递延税款贷项”项目的期初、期末余额的差额填列。“递延税款借项”的期末数小于期初数的差额,以及“递延税款贷项”的期末数大于期初数的差额,以正数填列;“递延税款借项”的期末数大于期初数的差额,以及“递延税款贷项”的期末数小于期初数的差额,以“—”号填列。

(10)“经营性应收项目的减少(减:增加)”项目,反映银行本期经营性应收项目的减少(减增加)。

“经营性应付项目的增加(减:减少)”项目,反映银行本期经营性应付项目的增加(减减少)。

补充资料中的“现金及现金等价物净增加额”与现金流量表中最后一项“五、现金及现金等价物净增加额”相等。

2.“不涉及现金收支的投资和筹资活动”

“不涉及现金收支的投资和筹资活动”反映银行一定期间内影响资产或负债但不形成该期现金收支的所有投资和筹资活动的信息。不涉及现金收支的投资和筹资活动各项目的填列方法如下:

(1)“债务转为资本”项目,反映银行本期以债务转为资本的金额。

(2)“融资租入固定资产”项目,反映银行本期融资租入固定资产计入“长期应付款”科目的金额。

第五节 其他重要报表

除资产负债表、利润表、现金流量表以外的重要报表包括:利润分配表和股东权益变动表。

一、利润分配表

(一)利润分配表的概念与格式

利润分配表是反映银行利润分配的基本情况和年末未分配利润情况的一种会计报表。它是伴随着利润的产生或亏损的形成而与损益表共存的一张表式,一般理解为损益表的附表。

利润分配表的基本格式为多步式结构,包括利润总额、税后利润、可供分配利润、期末禾分配利润四个层次。其表式如表 12-6 所示。

表 12-6 利润分配表

编制单位: 年度 单位:元

项 目	行次	本年实际	上年实际
一、净利润	1		
加:年初未分配利润	2		
其他转入	3		
二、可供分配的利润	4		
加:盈余公积补亏	5		
减:提取法定盈余公积	6		
提取法定公益金	7		
提取一般准备	8		
提取职工奖励及福利基金	9		
提取储备基金	10		
提取企业发展基金	11		
三、可供投资者分配的利润	12		

续表 12-6

项　目	行次	本年实际	上年实际
减:应付优先股股利	13		
提取任意盈余公积	14		
应付普通股股利	15		
转作资本(或股本)的普通股股利	16		
四、未分配利润	20		

(二)利润分配表编制说明(会商银 02 表附表 1)

(1)本表反映银行利润分配的情况和年末未分配利润的结余情况。

(2)本表"本年实际"栏,根据本年"本年利润"及"利润分配"科目及其所属明细科目的记录分析填列。

"上年实际"栏根据上年"利润分配表"填列。如果上年度利润分配表与本年度利润分配表的项目名称和内容不相一致,应对上年度报表项目的名称和数字按本年度的规定进行调整,填入本表"上年实际"栏内。

(3)本表各项目的内容及填列方法:

①"净利润"项目,反映银行实现的净利润。如为净亏损,应以"-"号填列。本项目的数应与"利润表""本年累计数"栏的"净利润"项目一致。

②"年初未分配利润"项目,反映银行年初未分配的利润,如为未弥补的亏损,应以"-"号填列。

③"其他转入"项目,反映银行按规定用盈余公积弥补亏损等转入的数额。

④"提取法定盈余公积"项目和"提取法定公益金"项目,分别反映银行按照规定提取的法定盈余公积和法定公益金。

⑤"提取职工奖励及福利基金"项目,反映外资银行按规定提取的职工福利及奖励基金。

⑥"提取储备基金"项目和"提取企业发展基金"项目,分别反映外资银行按照规定提取储备基金和企业发展基金。

⑦"应付优先股股利"项目,反映银行应分配给优先股股东的股利。

⑧"提取任意盈余公积"项目,反映银行提取的任意盈余公积。

⑨"应付普通股股利"项目,反映银行应分配给普通股股东的股利。

⑩"转作股本的普通股股利"项目,反映银行分配给普通股股东的股票股利。

⑪"未分配利润"项目,反映银行年末尚未分配的利润。如为未弥补的亏损以"-"号填列。

(4)银行如因以收购本行股票方式减少注册资本而相应减少的未分配利润,可在本表"年初未分配利润"项目下增设"减:减少注册资本减少的未分配利润"项目反映。

二、股东权益变动表

(一)股东权益变动表的概念

股东权益变动表是为反映所有者权益交易情况,及所有者权益组成项目增减变动和结余情况而编制的财务报表。新会计准则将商业银行主表由原来的"三大报表"规范为"四大报表",既是与国际会计准则的"趋同",也是股东权益日益受到重视的体现。又由于权益的增减变动直接反映了主体在一定期间的总收益和总费用，所以，新准则增加此部分更全面地反映了主体权益的综合变动。

(二)所有者权益变动表列报的项目

所有者权益变动表各项目应根据“股本”、“资本公积”、“盈余公积”、“利润分配”科目的发生额分析填列。

权益的增减变动直接反映了主体在一定期间的总收益和总费用，一般应单独列报以下项目：

(1)净利润。

(2)直接计入所有者权益的利得和损失项目及其总额。

(3)会计政策变更和会计差错更正的累积影响金额。

(4)所有者投入资本和向所有者分配利润等。

(5)按照规定提取的盈余公积。

(6)实收资本、资本公积、盈余公积、未分配利润期初和期末余额及其调整情况。

(三)股东权益变动表的格式

股东权益变动表的基本格式如表12-7所示。

表12-7 股东权益增减变动表

编制单位： 年度 单位：元

项目	行次	上年数	本年数
一、实收资本(或股本)：			
年初余额	1		
本年增加数	2		
其中：资本公积转入	3		
盈余公积转入	4		
利润分配转入	5		
新增资本(或股本)	6		
本年减少数	10		
年末余额	15		
二、资本公积：			
年初余额	16		
本年增加数	17		
其中：资本(或股本)溢价	18		
接受捐赠非现金资产准备	19		
接受现金捐赠	20		
股权投资准备	21		
关联交易差价	22		
外币资本折算差额	23		
其他资本公积	30		
本年减少数	40		
其中：转增资本(或股本)	41		

续表 12－7

项　　　目	行次	上年数	本年数
年末余额	45		
三、法定和任意盈余公积：			
年初余额	46		
本年增加数	47		
其中：从净利润中提取数	48		
其中：法定盈余公积	49		
任意盈余公积	50		
储备基金	51		
企业发展基金	52		
法定公益金转入数	53		
本年减少数	54		
其中：弥补亏损	55		
转增资本(或股本)	56		
分派现金股利或利润	57		
分派股票股利	58		
年末余额	62		
其中：法定盈余公积	63		
储备基金	64		
企业发展基金	65		
四、一般准备：			
年初余额	66		
本年增加数	67		
其中：从净利润中提取数	68		
本年减少数	70		
其中：弥补亏损	71		
年末余额	75		
五、法定公益金：			
年初余额	76		
本年增加数	77		
其中：从净利润中提取数	78		
本年减少数	79		
其中：集体福利支出	80		
年末余额	81		
六、未分配利润：			
年初未分配利润	82		
本年净利润(净亏损以“－”号填列)	83		
本年利润分配	84		
年末未分配利润(未弥补亏损以“－”号填列)	85		

本章小结

会计报表编制是会计决算不可缺少的重要工作。会计报表数据是相关信息使用者所需要的重要资料。也是商业银行管理者分析决策的依据。本章主要介绍商业银行会计报表的种类、资产负债表、利润表、现金流量表、利润分配表和股东权益变动表的编制依据、编制方法等内容。通过本章的学习，要求学生掌握商业银行会计报表的编制方法；了解商业银行会计报表的意义及作用。为分析商业银行经营情况打好基础。

关键术语

会计报表　会计报表附注　资产负债表　利润表　现金流量　现金流量表　利润分配表　股东权益变动表

思考练习题

1. 什么是会计报表？其作用有哪些？
2. 简述会计报表附注包括的内容。
3. 试述资产负债表及编制方法。
4. 试述利润表及编制方法。
5. 试述现金流量表及编制方法。
6. 简述会计报表的种类。
7. 简述商业银行利润分配表。
8. 请谈谈各种报表之间的关系。

第十三章　年度决算

本章要点

1. 年度决算的意义及步骤
2. 年度决算的先决条件及准备工作的具体内容
3. 年度决算日的工作
4. 会计报表的种类及编制
5. 会计调整的内容及方法

第一节　年度决算概述

一、年度决算的意义

按照《会计法》的规定，每年的12月31日为商业银行的年终决算日。在这一天，凡独立核算的会计单位(如总行、分行、支行)都应办理年度决算。附属会计单位(如分理处、营业所)则应以并账或并表方式由管辖行合并办理。各独立核算的会计单位的决算报表编制完毕后，应逐级汇总全行数字上报上级行。最后由总行汇总全国各分行上报的决算报表，办理全行的汇总决算。会计决算的主要内容包括：清理资金、核对账目、盘点财产和核实损益、结转全年账簿记录、编制决算报表等。

所以，商业银行的年度决算，是根据日常会计记录，运用会计数据，总结全年银行资产、负债及所有者权益等业务活动和收入、支出等财务收支状况的一项综合性工作。准确、及时、真实、完整地做好这项工作，对总结经验，摸索规律，发现问题，改善经营管理，更好地发挥银行的职能作用，都具有重要的意义。

(一)做好决算工作，有利于提高会计工作质量

商业银行会计部门在办理年度决算过程中，要对一年来的资金、财产、账务、损益，进行全面的核实和整理。在核实、整理的基础上，编制数字真实和内容完整的年度决算报表，在编表以后，还要将账、表数字核对相符，保持两者之间完全一致。因此，从核实、整理日常核算资料到编制决算报表的全过程，实际上就是对日常会计工作进行总结检查的全过程。通过总结检查，肯定日常会计工作的成绩，找出差距，针对存在的问题加以改进，从而不断提高会计工作的质量。

(二)做好年度决算工作，可以全面反映全年各项业务和财务活动情况

商业银行的年度决算，主要是根据日常会计核算资料，加工整理成具有内在联系的年度综合指标体系，编制内容完整、数字正确、反映真实的年度决算报表，为领导和管理银行各项工作提供可靠的数据。通过对年度决算报表的分析,可以考核资金运用效益和各项经济指标的完成情况。

(三)做好年度决算工作,可以为宏观经济决策提供准确、及时的经济信息

商业银行是国民经济的综合部门,是全国信贷、结算、现金出纳、货币发行和外汇收支的中心。银行会计日常记录的各项业务活动的资料,是国民经济各部门、各单位经济活动的综合反映。通过年度决算将一年来登记的账簿资料,加以核实和整理,利用报表形式汇总起来,就能更加集中、更加系统地反映出整个国民经济资金活动情况,从中了解国民经济中农、轻、重以及商品流通部门的发展,据以掌握资金的投向和规模,为宏观经济决策提供准确、及时的经济信息。

二、年度决算的先决条件

(一)重视日常核算

年度决算是在日常核算基础上进行的,具有日常核算的总结性质。日常核算正确、及时与否,对年度决算有重大影响。如日常核算能做到每日账对表平,无任何差错,则年度决算就可顺利完成。反之,日常核算如差错不断、工作马虎、账务混乱,就很难在短期内完成决算任务。

(二)充分做好年度决算的准备工作

商业银行年度决算时间紧,任务重。为了保证年度决算工作的顺利进行,决算的准备工作一般应在每年第四季度初就要着手进行。首先要组成决算工作的临时领导机构。机构人员要统一领导,分工明确。依现行银行管理体制,人民银行、政策性银行以及各商业银行总行要根据当年国家的有关规定以及往年决算工作的经验教训,作出预测,下发决算工作的通知文件,指出本年决算中应注意的事项和问题以及与往年决算有哪些不同特点。还要按照会计制度的要求,结合银行当年会计科目的变更情况,拟定在年度决算中的处理办法,以便基层行处统一贯彻执行。各省、市、自治区分行亦应根据总行通知精神,结合辖属具体情况,下发决算工作的通知,层层布置,通过中心支行组织推动和督促检查辖内各基层行处准确及时办理。各基层行处则应按照上级行的布置安排,根据人员情况全面作出具体实施安排,明确分工,责任到人,认真检查,精心组织,确保决算工作质量和及时完成。

三、年度决算的步骤

商业银行年度决算工作过程,大体可分为三个步骤或阶段,一是决算前准备工作,二是决算日的具体决算工作,三是编报决算报表和决算说明书。

决算工作的准备阶段,除上级行的一般布置外,各会计单位都应当认真做好清理资金,盘点财产,核对账务,及时核实损益等准备工作,并根据11月份总账各科目的累计发生额编制试算表。决算日的工作相当繁重和紧张,为了保证各项工作有条不紊地进行,一般都要拟定“决算日工作安排”,对每项工作的程序和时间作出具体规定和要求。决算日以后,短期内,各行处要按规定编制决算报表及决算说明书,并及时上报。

第二节 年度决算前的准备工作

基层行处是直接办理业务的独立会计单位,是年度决算工作的基础。在年度决算前,除按照上级行的布置安排做好组织准备外，还要做好实际业务工作的准备，即“三清一核实”最后整理上报。“三清”，就是清理资金、清理账务、清理财产；“一核实”，就是指账簿记录的内容同客观实际情况核对查实，包括银行与各开户单位的对账和银行内部的账账、账款、账据、账实、账表以及利息等的核对。根据核实的结果，发现问题，查明原因，进行调整。

一、清理资金

（一）清理待结算款项

1. 清理出票业务资金

对“汇出汇款”和“开出本票”账户应逐笔进行清理，核打未销账余额，并与卡片、登记簿及总账余额进行核对，确保“账、卡、簿”三相符。对超过规定期限尚未销账的款项，应与申请单位联系，查明原因，按规定处理。

2. 清理待解付业务资金

对“应解汇款”账户应积极联系解付，对确实无法解付且超过两个月规定期限的款项，应办理退汇手续。

3. 清理承兑汇票、保函、信用证等业务

年终前，各行业务部门应做好承兑汇票、保函、信用证等业务的清理工作，并与会计部门核对，确保账实相符。对于形成垫款的，各行应进行全面清理，在有关垫款科目与台账核对一致的基础上，向申请单位签发对账单，核对垫款余额、垫款期限等项目，加紧回收。如发现未按规定存足保证金和存在挪用保证金现象的，必须及时进行纠正，存在的问题应在决算说明书中予以说明。

4. 清理托收承付、委托收款等业务资金

对待处理的托收承付、委托收款业务，各行要进行清理，属于发出逾期尚未收回的款项，要及时向对方银行查询；属于本行客户延迟付款的，要督促单位结清拖欠，对超过规定期限，客户确实无款支付的，应及时退回委托行，并按规定扣收滞纳金。

5. 清理通存通兑业务资金

12 月 31 日，信用卡、储蓄卡业务受理网点应及时将有关单据送交同级会计柜台（或管辖行、开户行会计部门）办理资金清算。对信用卡和储蓄卡异地交易及错账所形成的挂账资金，交易双方要在 12 月 15 日前进行一次认真清理。各一级分行辖内的通存通兑资金，应及时进行清算，对于发生的错账应及时组织力量进行查找，抓紧处理。

6. 清理外汇业务资金

核查结售汇、远期结售汇、外汇买卖、居民个人购汇和以人民币计价的外汇贷款抵债资产等业务。各行应在年终前对本年度结售汇、远期结售汇、外汇买卖、居民个人购汇和以人民币计价的外汇贷款抵债资产等业务进行全面清理核查，确保相关账务与有关业务部门的台账数据一致。年终外汇买卖敞口（包括全部等值 1 万美元以下的各币种）必须及时平盘，确实无法全额平盘的，应事先向总行资金部电话请示，并在决算说明书中说明原因。已平盘的外汇买卖、结售汇等业务应及时结转损益，未平盘业务应按规定进行损益重估、结转；不论平盘，还是损益重估，净收益或净损失，记入“外汇买卖损益”科目。损益结转后，综合折美元试算平衡表中“外汇调整”、“经营套汇”、“代客外汇买卖”科目应轧差为零，本外币汇总试算平衡表中“外汇结售”科目应轧差为零。

7.清理重要客户服务系统资金

重要客户服务系统和证券业务系统当天日终前发生的业务，应在当天与上、下级行进行资金清算，并销记“待处理结算款项”账户，确保该账户年终余额为零；对于年前已发生的错账，应积极组织力量查找，按规定进行处理。对实行由储蓄部门代对公出纳，并于日间由双方进行挂账待清算的行处，应于日终前在核对一致的情况下，办理资金清算，确保双方挂账账户年终余额清算为零。对人民币业务使用“运送中现金”科目核算现金调缴的行处，应采取措施，在年终日做到在途现金款项入账，确保人民币运送中现金科目账户余额为零。

(二)清理其他应收、应付款项和待处理结算款项

各行要认真清理本外币“其他应付款”、“其他应收款”和“待处理结算款项”科目，该收回的要抓紧收回，应支付的要及时支付，凡不属于该类科目核算范围的款项，要及时纳入正确的会计科目核算。经清理后“其他应付款”、“其他应收款”仍有余额的，应填列本外币“其他应付款”、“其他应收款”科目余额表，逐级汇总上报，其中，对应收外单位款项，应逐笔做出详细说明并报一级分行备查。“待处理结算款项”科目年末余额较前11个月平均余额增长超过30%的，应在决算说明书中予以说明。

各行要认真做好出纳长、短款的清理工作。按财务制度要求，对符合核销条件的出纳长、短款要及时进行核销。

二、清查账务

(一)清理、核对对外资金账务

1.办理本外币存、贷款和账户透支业务对账

年度终了，会计部门应按照《中国商业银行对账办法》要求，签发对账单，与客户办理年终对账。对于本级财务的经费存款账户，也应比照客户存款认真与本级财务的“银行存款”科目账户进行核对。两者不符的，要查明原因，并由本级财务编制银行存款余额调节表。对本外币存款、贷款业务，各行要严格按照会计核算制度规定，根据业务的性质和种类使用正确的会计科目，规范存、贷款本金和利息的核算。

2.核查抵债资产核算情况

各行应在年终前对抵债资产核算情况进行全面清理核查，确保抵债资产核算的各个环节都能够按照制度规定进行计量和确认。

3.检查非应计贷款核算情况

各行应严格按照非应计贷款确认标准办理贷款划转，年终前应将正常类贷款和逾期贷款中符合非应计条件的贷款，全部转入非应计贷款类科目核算，并执行先本后息的还款原则。

4.清理、核对商业汇票贴现和回购业务

各行要严格区分贴现、买断式转贴现、回购式转贴现和再贴现，按照新制度要求正确办理会计核算。年终前，各行业务部门应做好商业汇票贴现和回购业务的清理工作，并与会计部门核对，确保账实相符、账簿核对一致。对于形成的贴现垫款，各行要全面清理，并在会计账务与业务台账核对一致的基础上，向客户签发对账单，办理对账。

5.核查发债及对外担保情况

各行应在年终前对本行发债及对外担保情况进行全面清理核查，重点核查“商业借款转贷款资金”、“发行债券转贷款资金”等各类外债科目余额与相应的境外借款协议、境外发债协议

以及台账是否相符。对目前发行长期债券类科目(包括“发行长期债券面值”、“发行长期债券溢价”、“发行长期债券折价”和“发行长期债券应计利息”科目)有余额的分行,要在12月31日以前进行一次彻底清理。经清理其核算内容不属于本行发行的金融债券资金的,应纳入正确的会计科目进行核算。

6.核查对外投资

核查各项投资业务是否存在,投资收益是否按规定计提。各行、有关部门要结合《商业银行债券投资业务会计核算规定》,全面核查债券投资相关科目,核实追溯调整相关账务处理是否正确。

7.核查贸易融资

各行应在年终前对本行尚未结清的贸易融资项下的各类业务情况进行全面清理核查,“信托收据贷款”、“信用证议付款项”、“信用证下汇票贴现”、“信用证下应收款买入”和“福费廷”科目余额应与相关登记簿核对一致。尤其应注意核对远期进、出口信用证项下以及贸易融资项下的逾期贷款的余额,对单个客户超过等值50万美元的贸易融资项下的逾期贷款及其他重大情况,应及时查明原因,并在决算说明书中说明。

8.核查信用证

各行应在年终前对本行尚未结清的远期信用证进行全面清理,将“开出远期进口信用证”余额与信用证开立登记簿进行核对,并核查对应的保证金余额。在核对清楚基础上,各行应统计本年度办理的国内信用证业务(分别开证、议付、通知列明)的笔数、金额,随决算逐级汇总上报总行。对截至12月31日已开证未到期、已议付未收回、已到期未注销的国内信用证业务应逐笔列明:开证申请人、受益人名称、开证日期、付款到期日、开证行、通知行、议付行名称、开证、议付金额等;发生垫款的,要对垫款原因及相关保全措施做出简要说明。

9.核查转贷款

各行应在年度终了前核查转贷款与相应转贷款合同、提款确认书、转贷款台账是否相符,并向项目单位签发对账单,认真核对正常转贷款余额、逾期及非应计转贷款余额以及应收转贷款利息等项目。

10.清理、核对国内、国际保理业务

对开办国内、国际保理业务的分行,要严格按照会计核算制度的要求,办理有关表内、外科目的会计核算,并切实加强会计账务与相关业务部门台账之间的核对工作。已办理保理业务但未纳入保理有关科目进行核算的分行,要按规定进行账务调整。年度终了,与业务台账核对无误后,会计部门要按照“保理预付款项”、“保理担保付款”、“应收保理预付款利息”、“买方保理信用风险担保额度”等科目各账户年末余额签发对账单,与客户办理对账。

11.清理核对同业往来账务

年度终了,各级行会计部门要依据各类往来类科目账户年末余额签发对账单对账,并与资金计划部门的台账、协议进行核对,如发现不符,必须及时查明原因,并按规定进行处理。同时,各行应及时向人民银行索取对账回单,认真核对“存中央银行存款”和“存中央银行财政性存款”科目账户。已经与人民银行现代支付系统连接的分行,在与人民银行核对“存中央银行存款”科目各账户余额后,应及时完成信息清理工作,以保证银行清算系统年结的如期进行。

12.清理核对睡眠户业务

睡眠户即长期不动户。包括本外币活期存款长期不动户和本外币长期未解付款项。

(1)本外币活期存款长期不动户。活期存款长期不动户是指超过一定期限未发生收付款活动(结息、收取账户管理费等非客户主动发起的款项收支除外,下同)的本外币活期存款账户。其中:

单位存款不动户是指1年及1年以上(对年对月对日计算)未发生收付款活动的单位活期存款账户,包括单位活期存款账户、单位准贷记卡账户。

个人存款不动户是指存款余额在等额人民币100元以下(不含100元,下同)、3年及3年以上(对年对月对日计算)未发生收付款活动的个人活期存款账户,包括个人存折、储蓄卡账户以及准贷记卡账户。

(2)本外币长期未解付款项。本外币长期未解付款项是指在"汇出汇款"、"应解汇款"等科目下核算、挂账时间2年以上(含2年、对年对月对日计算)的汇出汇款、应解汇款、开出本票等款项。

各行对符合规定条件的账户应及时纳入长期不动户核算和管理;年终前对长期不动户转出应进行合法合规性检查,杜绝内部案件的发生;对已经纳入长期不动户的对公、储蓄账户应逐户梳理,符合条件的应及时转入营业外收入。

(二)核对系统内账务

1.核对本外币清算资金往来

12月31日,汇出行会计部门及个人电子汇款清算部门必须在19:00以前将应汇出的汇划款项全部送交清算中心(组),清算中心(组)应将昨日待汇出电子汇划款项和当日电子汇款业务全部发送完毕,并在人行支付系统开始年结停止发送汇划信息后,将接收的汇划业务全部送达汇入行会计部门和个人电子汇款清算部门及时入账,不得跨年度处理。

经清算后,各行本币"清算资金往来"和"待汇出汇划款项"科目年终余额应为零,若不为零,应在决算说明书中说明有关情况。通过"清算资金往来"科目反映资金头寸的,往来双方必须逐笔勾对,核对相符,双方余额轧差为零。同时,各行还应加强外汇清算资金往来的核对工作,决算日"清算资金往来"科目有余额的,应及时向总行查询、结清。

2.核对本外币内部往来

12月31日工作结束前,签发行应将所有内部往来报单送达收受行,收受行应及时入账。同时,各行要做好本外币内部往来账务的核对工作。实现计算机自动勾对的,要打印出对账结果;采用人工对账的,往来双方应互发副本账页和对账单,换人逐笔勾对。内部往来双方账户的年终余额必须核对一致,如不一致,应在决算说明书中列明具体的网点及原因。

3.核对本外币系统内往来资金及有关收支等科目

年终工作日结束后,各行应办理各类系统的科目账户的对账签证工作。

对系统内往来资金,实现计算机自动勾对的,要打印出对账结果;采用人工对账的,由管辖行(或存入行)向辖属行(或存出行)签开对账单,辖属行(或存出行)向管辖行(或存入行)发送副本账页,办理对账。往来双方应根据勾对结果编制"系统内往来业务余额调节表",逐笔调整未达账项,调整后双方余额应相等,否则要及时查明原因,立即更正。

年前,对系统内往来利息收支、内部转移收支及管理费收支,由管辖行(或存入行)向辖属行(或存出行)签发对账单办理对账,保证辖内系统内往来利息收支及管理费收支相等。辖内收支轧抵不为零的,应及时查明原因,由错账方在年前按规定进行账务调整。

12月31日"应计收系统内往来利息"和"应付系统内往来利息"科目计提应计利息后,辖属行(或存出行)应先以管辖行(或存入行)计提数为准入账,以保证年终辖内系统内往来利息收支余额轧差为零。年度终了后,由管辖行(或存入行)就计提利息金额向辖属行(或存出行)签发对账单办理对账,往来双方计提利息金额不相等的,应及时查明原因,由错账方按规定进行账务调整。

在办理机构间对账的同时,各行还应做好本行同级部门间的对账。年终日,会计部门"系统内存放活期款项——清算中心存款户"或"清算资金往来——清算组往来户"与同级清算部门"存放系统内活期款项——本级会计户"或"清算资金往来——会计往来户"应换人逐笔勾对,并由存入资金部门向存出资金部门签发对账单。上述账户年终余额必须相等,如不等,各行应认真查清原因,及时调整,并在决算说明书中予以说明。

12 月 31 日,会计部门应将内部资金类科目余额抄列清单,经会计主管签字确认后,送同级资金管理部门核对台账;资金管理部门核对后,要及时反馈对账结果。

4.核对预拨费用与拨入费用

12 月 31 日,由拨出行向拨入行签发对账单,办理预拨费用对账签证,"预拨费用"和"拨入费用"科目双方余额必须核对一致。

三、盘点、清查实物

年终前,计划财务、会计部门应会同行内其他有关部门,对固定资产、库存物资、库存现金、代保管物品、担保物、偿债物、有价单证、重要空白凭证等进行清查核对;会计部门应会同个人银行业务等部门对发行、兑付的各种债券进行清理核对,做到账证、账账、账表、账卡、账实相符。清查工作要留有核对清单,加盖经办人员、会计主管、实物保管部门主管名章,随决算报表妥善保管。

对办理代商业银行签发汇票业务的各行,在盘点、清理财产物资时,还需对由其他商业银行保管使用的本行空白汇票凭证、代理汇票专用章、电子密押器、压数机等重要空白凭证和重要机具进行清查,确保与本行发出的实物(领用、使用、结存情况)及机具核对一致。

各行要按《出纳制度》和《金库管理办法》的要求进行一次年终查库,检查面要达到100%。除常规检查外,年终检查还应对贵金属核对库存,做到账实相符。在盘点核实库存现金的同时,各行在年前应积极做好库存残损人民币集中交库工作,合理压缩库存,降低现金备付率。

四、核实损益与试算平衡

(一)核实损益

1.检查与核实各项存、贷款的利息

存、贷款利息是银行财务收支的主要内容,利息计算的是否正确,直接关系到国家利息政策的贯彻落实,涉及国家、企业、银行三者的经济利益。因此,要求做到内容真实、数字准确。对存、贷款利息计算应根据计算范围、利率、积数和调整等内容,进行逐户复查或抽查。发现问题要立即纠正,以确保利息收支的完整与正确。对联行往来和金融机构往来利息收支,也应按存贷款利息检查的程序办理。

2.认真检查各项费用开支

对各项业务费用,应按照开支范围和费用标准进行复查。对超过范围和标准开支的,应查明情况,若发现差错或问题,应及时进行更正。

3.清理贷款的利差补贴

认真清理贷款的利差补贴,并按规定时间及时上划。

(二)试算平衡

为了检查账务的正确与否,保证年度决算工作的顺利进行,各基层行处应于每年 11 月底根据总账各科目累计发生额和借贷方余额编制试算平衡表,并与同年十一个月的月计表发生额合计数进行核对。这样,如有差错可及早发现以便采取措施,在决算前加以解决,从而为正式编制年度决算报表奠定基础。

第三节 年度决算日的工作

我国银行每年的 12 月 31 日为年度决算日,无论是否属假日,均应办理年度决算。年度决算工作是在年终决算准备工作的基础上进行的。具体工作主要包括:一是及时处理好当天的账务;二是对决算前的准备工作再检查;三是结转损益;四是编制决算报表。对于决算报表的编制,在本书第十二章已进行详细介绍,本章不再赘述。

一、当日业务全部入账

为完整反映全年经营成果和财务状况,应及时处理当天业务。决算日收到凭证、往来报单应及时入账,不得跨年处理。如,在传统手工联行业务处理中,当受理客户 12 月 31 日来行办理汇往异地结算业务时,发报行本年登记往账,但收报行会在次年登记来账。按规定,对这笔业务,对账表必须用“13 月”表示。其目的通过人为划分会计年度,实现一年账务的结清轧平。同城业务资金、电子汇划资金以及各种往来资金应当日清算,不允许产生未达账项,做到账账相符。

(一)做好票据交换及托收入账

决算日票据交换所应延长工作时间,增加同城票据的交换次数。参加同城票据交换的行处,凡当天柜面受理的票据、凭证,应按时提出交换,做到不遗漏、不误递、不误场。

提回的交换票据、凭证,全部入当日账,托收票据如有退票,应电话通知对方行,说明票据退回的时间、场次,并须在当日解。已核实的托收票据,应于当日全部入单位账户。

(二)及时处理异地结算业务

当日受理的各种结算凭证,必须通过有关联行全部划收(付)对方行。需通过人民银行转汇的大额汇款,应按时办理转汇手续。

(三)现金收付全部入当日账

当日现金收付、各类外币收付及延长营业时间的收款,均全部纳入当日账。

(四)及时处理并结平当天的账务

决算日各项业务凭证的核算处理要及时办理并互相衔接,营业终了,应将各科目总账与所属分户账进行总、分核对,做到发生额、余额完全一致,以保证账务绝对正确,顺利轧平当日全部账务。

二、检查库存实物与调整账务

(一)检查库存实物

决算日应检查银行的业务库和发行库中保管的现金和各种有价值品,如各类外币、金银、国债等各类有价证券、待发行的定额存单、空白重要凭证，并应作到账实相符。

(二)调整账务

1.调整金银、外币的记账价格

应根据年末日牌价或上级行规定的年末价格调整账面余额。

2.全面处理和核对账务

对一些遗留的待处理账务，尽量解决全部入账在决算期核对账务的基础上于决算日所有账务纳入核算处理结束后，仍应将各科目总分类账与明细分类账作全面、细致的核算，要求两者之间绝对相符，以保证当日账务绝对正确。

3.核对营业税额

对外办理业务的行处，决算日营业终了后，应按规定的税率计算营业税。

三、结转损益与结转新旧账簿

(一)结转损益

决算日对外营业终了，各独立核算的行处，内部账务全部处理完毕后，应将收入与支出各科目总账、分户账的账面余额核对相符，然后根据分户账余额逐户分别编制转账借方传票和转账贷方传票，转入本年利润科目，给出全年利润。其会计分录为：

1.结转收入科目

借：利息收入

借：中间业务收入

借：其他业务收入

借：公允价值变动收益

借：汇兑收益

借：投资收益

借：营业外收入

　贷：本年利润

2.结转支出科目

借：本年利润

　贷：利息支出

　贷：手续费及佣金支出

　贷：管理费用

　贷：营业税金及附加

　贷：其他业务成本

　贷：公允价值变动损失

　贷：汇兑损失

　贷：投资损失

　贷：资产减值损失

　贷：营业外支出

　贷：所得税

转账后，损益类各科目应无余额。本年利润科目如为贷方余额，即为利润(纯益)；反之，则为亏损。年度终了，各行应将本年收入和支出相抵后结出本年实现的利润总额，全部转入“利润分配”科目，借记本年利润，贷记“利润分配——未分配利润”科目。结转亏损分录相反。

(二)新旧账簿的结转

新年度开始各行必须启用新账。因此在办完决算当日事项后，就要办妥所有总、分类账的新旧账簿的结转和更换新账页的工作。但套写的卡片账不宜结转；储蓄、农贷等分户账，因数量多、工作量大，也允许继续使用。现将结转方式按类别分述于下：

1.一般分户账结转

甲、乙、丙三种格式的一般分户账，结转时，在旧账页最后余额下加盖“结转下年”戳记，将余额过入新账页第一行余额栏内，写明×年1月1日，摘要栏加盖“上年结转”戳记。对余额已结清的账户，则在账页上加盖“结清”戳记。

2.记入式账页的结转

对逐笔销账的记入式丁种账簿，先在旧账页上未销各笔的销账日期栏逐笔加盖“结转下年”戳记，再将未销款项逐笔过入新账页，结出余额与总账本科目余额核对相符，在摘要栏加盖“上年结转”戳记，并将原户名及发生日期按旧账转抄正确，在日期栏写明×年1月1日。

3.总账的结转

平时按月更换一次，年终结转时，只将旧账余额过入新账的“上年底余额”栏即可。

四、决算报表及其说明书的编制

(一)决算报表的编制和审查

年度决算报表的编制是年度决算的重要内容，具体编制过程本书第十二章已经进行详细介绍。决算报表的审查是年度决算的重要环节。会计决算报表在上报前，为防止差错和遗漏，及时发现问题，及时更正和补充，保证会计决算报表的准确性，就必须对会计决算报表进行系统的审查。决算报表审查的具体内容如下：

1.完整性审查

在决算报表编完后，首先应进行完整性审查，即比照决算文件核查报表种类是否齐全、报表内容是否完整、决算说明是否符合要求等。

2.与月报的核对

各行决算报表(主要指试算平衡表)要与月报进行认真核对后上报。所有应与月报核对一致的数字必须核对一致，对于在决算工作中发现的核算错误，不得随意调整决算报表数据，而是应在下一年度使用错账更正的方式进行调整。

3.报表勾稽关系审查

主要是指对决算试算平衡表进行审查。包括：科目使用情况是否正确，是否存在混用、错用科目的情况；科目的余额方向是否正确；过渡性科目余额是否为零；科目间勾稽关系是否相符，具体审查要求可参照《报表审查》章节内容进行。其他报表的勾稽性审查应根据当年决算文件中的报表编制要求进行。

4.报表衔接审查

主要审查：报表相关上年末余额与本年初余额是否衔接，报表自身相互关系是否衔接，各种报表之间的数据是否衔接，报表与报表补充资料是否衔接等。

(二)决算说明书的编制

年度决算报表在汇总上报时应编写决算说明书。决算说明书是年度决算报表的文字说明。目的在于对表列数字的形成情况或变化原因,补充用数字不能表达的内容,以便深入分析研究银行业务及财务盈亏情况。决算说明书的编写,要求内容扼要,文字简练,说明实质。

至少包括以下内容:

1.决算工作基本情况

包括决算报表编制情况、决算报表中不符事项的说明;对账签证以及财产清理工作中发现的账款、账实不符情况及其原因;决算报表中有关项目的说明;年终总账传输数据核对情况;决算工作中存在的问题及其建议等。

2.财务分析报告

重点分析资产总额、利润、机构户数、职工人数、工资总额、不良贷款等前后年度变动较大的指标数据,并列表详细说明。其他分析内容包括:按部门、按产品、按人均分解的盈利能力分析;分部门、分产品的边际利润分析;信贷收支、成本开支、资产质量、负债结构、呆账核销、应收利息冲减等方面对利润的影响;贷款利息实收及催收情况分析;主要财务指标如资产利润率、收入费用率等情况分析;对固定资产购建指标执行情况的分析说明;投资结构及收益情况分析;拆出拆入资金和同业往来资金结构情况及利息收支的分析等。对没有完成预算指标和增减幅度较大的指标,要通过较详细的数据资料进行重点分析。

(三)决算报表及其说明书的上报

各级行应在上级行规定的时间内上报会计决算报表和决算说明书,并由上级行进行审查和验收。总行会计部审查、汇总全行会计决算报表,并在此基础上编报财政部要求的决算报表。

第四节　会计调整

会计调整,是指商业银行因按照国家法律、行政法规和会计制度等的要求,或者因特定情况下按照会计制度规定对银行原采用的会计政策、会计估计,以及发现的会计差错、发生的资产负债表日后事项等所作的调整。

一、会计政策及其变更

(一)会计政策概述

1.会计政策的概念

会计政策,是指商业银行在会计核算时所遵循的具体原则以及商业银行所采用的具体会计处理方法。

2.会计政策的特点

(1)会计政策包括不同层次,涉及具体会计原则和会计处理方法。会计政策定义中所指的具体原则是指,商业银行按照《企业会计准则》和有关会计制度制定的企业内部会计制度中所采用的会计原则;具体会计处理方法是指,商业银行在诸多可选择的会计处理方法中所选择的、适合于企业具体情形的会计处理方法。这体现了会计政策的不同层次。例如,长期投资的具体会计处理方法、坏账损失的核算方法等。

(2)会计政策是在允许的会计原则和会计方法中作出的具体选择。由于商业银行经济业务的复杂性和多样化,某些经济业务可以有多种会计处理方法,即存在不止一种可供选择的会计政策。例如,固定资产折旧方法可以有平均年限法、工作量法、双倍余额法以及年数总和法等。商业银行在发生某项经济业务时,必须从允许选用的会计原则和会计处理方法中选出适合商业银行实际情况的会计政策。

(3)会计政策是商业银行会计核算的直接依据。显然,具体会计原则不同于一般会计原则。如客观性、及时性、可比性、一贯性等,就不属于具体原则,而是一般会计原则,不属于会计政策。商业银行进行会计核算时,应当以一般会计原则为指导,根据具体原则和会计处理方法进行确认、计量和报告。

在我国,会计准则和会计制度属于行政法规,上述具体原则和具体会计处理方法大多数是由会计准则或会计制度规定的。商业银行基本上是在会计准则和会计制度所允许的范围内选择适合自己实际情况的会计政策。

3.会计政策的披露要求

商业银行在会计核算中所采纳的会计政策,通常应在会计附注中加以披露,需要披露的主要项目有:

(1)合并政策,即编制合并会计报表所采纳的原则。如,母公司与子公司的会计年度不一致的处理原则;确定合并范围的原则;

(2)外币折算,即所采用的外币折算方法以及汇兑损益的处理。如,外币报表折算是采用现行汇率法,还是采用时态法或其他方法。

(3)收入确认,即收入确认的原则和方法。如建造合同是按照完成合同法确认收入,还是按照完工百分比法或其他方法确认收入。

(4)所得税的核算,即商业银行所得税的会计处理方法。如,所得税是采用应付税款法,还是采用纳税影响会计法;在纳税影响会计法下,是债务法,还是采用递延法。

(5)存货的计价,即存货的计价方法。如,是采用先进先出法,还是采用加权平均法或其他所允许的方法;是采用历史成本法,还是采用成本与可变现净值孰低法。对于商业银行而言,较为少见此类项目。

(6)长期投资的核算,即长期投资的核算方法。如长期股权投资是采用成本法,还是采用权益法核算。长期债权投资的折溢价,是采用直线法,还是采用实际利率法摊销。

(7)坏账损失的核算,即坏账损失的核算方法。如对坏账损失是采用直接转销法,还是采用备抵法。

(8)借款费用的核算,即借款费用的处理方法。如,借款费用是资本化还是计入当期损益。

(9)其他,指无形资产的计价及摊销办法、财产损益的处理、研究与开发费用的处理等。

(二)会计政策的变更

1.基本概念

会计政策变更是指商业银行对相同的交易或事项由原来采用的会计政策改用另一会计政策的行为。也就是说,在不同的会计期间执行不同的会计政策。商业银行应当按照会计准则和会计制度规定的原则和方法进行核算,各期采用的会计原则和方法应当保持一致,不得任意变更。若确实需要变更会计政策,则应当将变更的情况、变更的原因及其对商业银行财务状况和经营成果的影响,在财务报表中说明。会计政策变更,并不意味着以前期间的会计政策是错误的，只是由于情况发生了变化，或者掌握了新的信息、积累了更多的经验，使得变更会计政策能够更好地反映商业银行的财务状况、经营成果和现金流量。如果以前期间会计政策的运用是错误的，则属于会计差错，应按会计差错更正的会计处理方法进行会计处理。

2. 会计政策变更的条件

在下述两种情形下，商业银行可以变更会计政策：

(1)法律或会计准则等行政法规、规章要求变更。即，制定了新的会计准则或会计制度，或修订了原有的会计准则或会计制度，要求变更会计政策。比如，发布实施了收入和投资会计准则，对收入确认、短期投资计价采用新的会计政策；实施了《商业银行会计制度》，要求商业银行对固定资产、无形资产、在建工程等计提资产减值准备。

(2)变更会计政策后，能够使所提供的商业银行财务状况、经营成果和现金流量信息更为可靠、更为相关。商业银行选择会计政策，总是根据商业银行当时所处的特定经济环境以及某类业务的实际情况做出选择，但是随着经济环境和客观情况发生变化，继续采用原来的会计政策不能保证会计信息的可靠性和相关性时，就需要改变会计政策。例如，商业银行原来对固定资产采用直线法计提折旧，随着技术进步，采用加速折旧法更能反映商业银行的财务状况和经营成果。由此表明，只有改变原来采用的会计政策，才能提供更为可靠、更为相关的信息。对会计政策变更的认定，直接影响着会计处理方法的选择。

因此，在会计实务中，商业银行应当分清哪些情形属于会计政策变更，哪些情形不属于会计政策变更。

3. 不属于会计政策变更的情形

以下两种情形看似属于会计政策变更，但并不属于会计政策变更。

(1)当期发生的交易或事项与以前相比具有本质差别，而采用新的会计政策。这是因为，会计政策总是针对特定类型的交易或事项，如果发生的交易或事项与其他交易或事项有本质区别，那么，商业银行实际上是为新的交易或事项选择适当的会计政策，并没有改变原有的会计政策。例如，商业银行以往租入设备都是为了满足临时经营需要，按合同条款将其确认为经营租赁，并采用了经营租赁会计处理方法。当年租入新的设备，或者续租原设备，从租赁期、租金的计算以及租赁期满时设备的处理等因素考虑，都属于融资租赁，因而采用了融资租赁会计处理方法。由于新的租赁合同或续租合同与以前的合同相比，已经发生了本质变化，从经营租赁变为融资租赁，在这种情况下改变会计处理方法，则不属于会计政策变更。

(2)对初次发生的或不重要的交易或事项采用新的会计政策。与上述第一种情况相类以，初次发生某类交易或事项，采用适当的会计政策，并没有改变原有的会计政策。例如，商业银行以前没有建造合同业务，当年承接的建造合同则属于初次发生的交易，商业银行采用完工百分比法进行核算，并不是会计政策变更。至于对不重要的交易或事项采用新的会计政策，不按会计政策变更作出会计处理，并不影响会计信息的可比性，不影响会计信息质量。所以，也不作为会计政策变更。

(三)会计政策变更的会计处理方法

发生会计政策变更时，有两种会计处理方法，即追溯调整法和未来适用法。这两种方法适用于不同情形。

1. 追溯调整法

追溯调整法是对某项交易或事项变更会计政策时，如对该交易或事项初次发生时就开始采用新的会计政策,并以此对相关项目进行调整。即应当计算会计政策变更的累积影响数,并相应调整变更年度的期初留存收益以及会计报表的相关项目。如果提供比较会计报表,对于比较会计报表期间的会计政策变更,应当调整比较期间各期的净损益和有关项目,就像该政策在比较会计报表期间一直采用一样;对于比较会计报表期间以前的会计政策变更的累积影响数,应当调整比较会计报表最早期间的期初留存收益,会计报表其他相关项目的也作相应调整。

2.未来适用法

未来适用法,是指对某项交易或事项变更会计政策时,新的会计政策适用于变更当期及未来期间发生的交易或事项。即,不计算会计政策的累计影响数,也不必调整变更当年年初的留存收益,只在变更当年采用新的会计政策。根据披露要求,商业银行应计算确定会计政策变更对当期净利润的影响数。

二、会计估计及其变更

(一)会计估计及其变更概述

商业银行为了定期、及时地提供有用的会计信息,将延续不断的经营活动人为地划分为一定的期间,并在权责发生制的基础上对商业银行的财务状况和经营成果进行确认、计量和报告。为此,商业银行需要对尚在延续中、其结果尚未确定的交易或事项予以估计入账,这种行为称为会计估计。会计估计是指商业银行对其结果不确定的交易或事项以最近可利用的信息为基础所作的判断。会计估计具有以下特点:

(1)在会计核算中,有些经济业务本身具有不确定性,需要根据经验作出估计;同时,采用权责发生制原则编制会计报表这一事项本身,也使得有必要估计未来交易或事项的影响。可以说,在会计核算和信息披露过程中,会计估计是不可避免的。例如,按备抵法计提坏账准备时,需要根据债务单位的财务状况,运用以往经验,对坏账准备作出估计;确定固定资产折旧年限和净残值,需要根据固定资产消耗方式、性能、技术发展等情况进行估计等。

(2)进行会计估计时,往往以最近可利用的信息或资料为基础。由于经营活动内在的不确定性,商业银行在会计核算中,不得不进行估计。某些会计估计的目的是为了确定资产或负债的账面价值,例如,坏账准备、担保责任引起的负债;另一些会计估计的目的是确定将在某一期间记录的收益或费用的金额,例如,某一期间的折旧、摊销的金额,某一期间内采用完工百分比法核算建造合同已获取收益的金额。商业银行在进行会计估计时,通常应根据当时的情况和经验,以一定的信息或资料为基础进行。但是,随着时间的推移、环境的变化,进行会计估计的基础可能会发生变化。由于最新的信息是最接近目标的信息,以其为基础所作的估计最接近实际。所以,进行会计估计时应以最近可利用的信息或资料为基础。

(3)为了保证会计信息的质量,必须合理地进行会计估计。进行会计估计是商业银行会计不可避免的,是会计核算的重要一环。需要进行会计估计的项目通常有:坏账;存货遭受损失,全部或部分陈旧过时;固定资产的使用年限与净残值;无形资产的收益期限;长期待摊费用的分摊期间;或有损失和或有收益。

(二)会计估计变更的披露

对于会计估计变更,商业银行除按前文所述进行会计处理外,还应在会计报表附注中披露以下事项:

(1)会计估计变更的内容和理由，主要包括会计估计变更的内容、会计估计变更的日期以及会计估计变更的原因。

(2)会计估计变更的影响数，主要包括会计估计变更对当期损益的影响金额、会计估计变更对其他项目的影响金额。

(3)会计估计变更的影响数不能确定的理由。

三、会计差错更正

(一)会计差错概述

商业银行应当建立、健全内部稽核制度，按照会计制度的规定进行会计核算，保证会计资料的真实、完整。但是，在会计核算中，也可能由于各种原因，发生会计差错。

1. 会计差错的概念

会计差错是指，在会计核算时，由于确认、计量、记录等方面出现的错误。重大会计差错是指商业银行发现的使公布的会计报表不再具有可靠性的会计差错。

2. 发生会计差错的原因

通常情况下，商业银行可能由于以下原因而发生会计差错：

(1)会计政策使用上的差错。商业银行应当按照会计准则和会计制度规定的原则和方法进行会计核算。但是，商业银行在具体执行过程中，有可能由于各种原因而采用了会计准则等行政、规章所不允许的原则和方法。例如按照国家统一的会计制度规定，为购建固定资产而发生的借款费用，如果是在固定资产达到预定可使用状态前发生的，在满足一定条件时应予资本化，计入所购建固定资产的成本；在固定资产达到预定可使用状态后发生的，计入当期损益。如果商业银行的固定资产达到预定可使用状态后发生的借款费用，也计入该项固定资产的价值，予以资本化，则属于采用了法律或会计准则等行政法规、规章所不允许的会计政策。

(2)会计估计上的差错。由于经济业务中不确定性因素的影响，商业银行在进行会计核算时经常需要作出估计。但是，由于种种原因，会计估计会发生错误。例如，商业银行在估计固定资产的使用年限和残值时，发生错误。

(3)其他差错。在会计核算中，商业银行有可能发生除以上两种差错以外的其他差错。例如，错记借贷方向；错记账户；遗漏交易或事项；对事实的忽视和误用等等。

(二)会计差错更正的会计处理

对于发生的会计差错，商业银行应当区别不同情况，分别采用不同的方法进行处理。

1. 当期发现的属于当期发生的会计差错

当期发现的属于当期发生的会计差错，应当调整当期相关项目。对于年度资产负债表日至财务会计报告批准报出日之间发现的报告年度及以前会计年度的非重大会计差错，应当按照资产负债表日后事项中的调整事项进行处理。对于年度资产负债表日至财务会计报告批准报出日之间发生的报告年度重大会计差错，应调整以前年度的相关项目。

2. 以前期间发生的非重大会计差错

商业银行发生的会计差错有重大会计差错和非重大会计差错之分。其中重大会计差错是指使会计报表不再具有可靠性的会计差错。对于以前期间发生的非重大会计差错，如影响损益，应直接计入发现当期的净收益，其他相关项目也应一并调整；如不影响损益，应调整发现当期相关项目。

3.以前期间发生的重大会计差错

以前期间发生的重大会计差错，如果影响损益，应将其对损益的影响数调整发现当期的期初留存收益，会计报表其他相关项目的期初数也应一并调整；如不影响损益，应调整会计报表相关差错，并调整各该期间的净损益和其他相关项目，视同该差错在产生的当期已经更正；对于比较会计报表期间以前的重大会计差错，应调整比较会计报表最早期间的期初留存收益，会计报表其他相关项目的数字也应一并调整。

(三)会计差错更正的披露

商业银行除了按前文所述进行会计处理外，还应在会计报表附注中披露以下内容：

(1)重大会计差错的内容，包括重大会计差错的事项、原因和更正方法。

(2)重大会计差错的更正金额，包括重大会计差错对净损益的影响金额以及对其他项目的影响金额。

对于前例所述情形，应在会计报表附注中作如下说明：本年度发现 2001 年漏记了一项固定资产的折旧 15 万元，在编制 2001 年和 2002 年比较会计报表时，已对这笔差错进行了更正。改正后，调减 2002 年净利润和留存收益 1.005 万元，调增累计折旧 15 万元。

四、资产负债表日后事项

(一)资产负债表日后事项定义

资产负债表日后事项是指自年度资产负债表日至财务报告批准报出日之间发生的需要调整或说明的事项(中期财务报告另有规定的除外，下同)。资产负债表日通常指年度资产负债表日，即每年的 12 月 31 日结账日。资产负债表日后事项限定在一个特定期限内，即资产负债表日至财务会计报告批准报出日之间发生的事项，它是对资产负债表日存在状况的一种补充或说明。这里的财务会计报告是指对外提供的财务会计报告，不包括为商业银行内部管理部门提供的内部会计报表。在理解这个定义时，还需要明确以下几个问题。

1.年度资产负债表日的不变性

我国年度资产负债表日为 12 月 31 日，但如果母公司在国外，或子公司在国外，无论国外母公司或子公司如何确定会计年度，其向国内提供的会计报表均应按照我国对会计年度的规定，提供相应期间的会计报表，而不能以国外母公司或子公司确定的会计年度作为依据。

2.财务会计报告批准日

会计报表批准报出日是指董事长或行长(经理)会议或类似机构批准财务会计报告报出的日期。通常是指对财务会计报告的内容负有法律责任的单位或个人批准财务报告向商业银行外部公布的日期，这里的“对外财务报告的内容负有法律责任的单位或个人”一般是指所有者、所有者中多数、董事会，或类似的管理单位。根据《公司法》的规定董事会有权制订公司的年度财务预算方案、决算方案、利润分配方案和弥补亏损方案，董事会有权批准对外公布的财务会计报告。因此，对于商业银行而言，财务会计报告批准日是指董事会或行长(经理)会议或类似机构批准财务会计报告报出的日期。

3.资产负债表日后事项处理

资产负债表日后事项包括所有有利和不利的事项，即对于资产负债表日后有利或不利事项在会计核算中采取同一原则进行处理。

不是在这个特定期间内发生的全部事项，而是与资产负债表存在状况有关的事项，或虽然与资产负债表日存在状况无关，但对商业银行财务状况具有重大影响的事项。

4.资产负债表日后事项定义中不包括的内容

资产负债表日后事项定义中不包括中止营业的议题。中止营业是指商业银行出售或放弃一项营业，如商业银行营业的某一个分部、某一种主要产品等。这里所讲的营业，代表着商业银行一个独立、主要的业务种类，并且该营业的资产、净损益和活动能够从物质上、经营上和会计报告目的等方面区分开。由于某项营业中止涉及运用的政策，如已不适用于持续经营的会计假设，对资产的计量等方面与在持续经营的会计假设前提下所使用的会计政策不同，需要作出特殊的会计处理规定。因此，资产负债表日后事项准则不涉及资产负债表日前、资产负债表日或资产负债表日后确定的中止营业。

(二)资产负债表日后事项涵盖的期间

资产负债表日后事项涵盖的期间是指资产负债表日后至财务会计报告批准报出日之间。对上市公司而言，在这个期间内涉及几个日期，包括完成财务会计报告编制日、注册会计师出具审计报告日、董事会批准财务会计报告可以对外公布日、实际对外公布日等。资产负债表日后事项涵盖的期间应当包括：

(1)报告年度次年的1月1日至董事会或行长(经理)会议或类似机构批准财务会计报告可以对外公布的日期。

(2)董事会或行长(经理)会议或类似机构批准财务会计报告可以对外公布日，与实际对外公布日之间发生的与资产负债表日后事项有关的事项由此影响财务会计报告对外公布日期的，应以董事会或行长(经理)会议或类似机构再次批准财务会计报告对外公布的日期为截止日期。如果由此影响审计报告的内容的，按照独立审计准则的规定注册会计师可以签署双重报告日期，即保留原定审计报告日，并就改期后事项注明新的审计报告日；或更改审计报告日期，即将原定审计报告日推迟至完成追加审计程序时的审计报告日。

(三)资产负债表日后事项的内容

资产负债表日后事项的内容包括两类，一类是对资产负债表日存在的情况提供进一步证据的事项；一类是对资产负债表日后发生的事项。前者称为调整事项；后者称为非调整事项。

1.调整事项

所谓调整事项，是指由于资产负债表日后获得新的或进一步的证据，以表明依据资产负债表日存在状况编制的会计报表已不再具有有用性，应依据新发生的情况对资产负债表日所反映的收入、费用、资产、负债以及所有者权益进行调整。

调整事项的判断标准为“资产负债表日获得新的或进一步的证据，有助于对资产负债表日存在状况的有关金额作出重新估计，应当作为调整事项，商业银行应当根据调整事项的判断标准进行判断，以确定是否属于调整事项。”调整事项的特点：

(1)在资产负债表日或以前已经存在，资产负债表日后得以证实的事项。

(2)对按资产负债表日存在状况编制的会计报表产生重大影响的事项。

2.非调整事项

所谓非调整事项，是指在资产负债表日该状况并不存在，而是期后才发生或存在的事项。资产负债表日后才发生或存在的事项，其事项不涉及资产负债表日存在状况，但为了对外提供有用的会计信息，必须以适当的方式披露这类事项，这类事项作为非调整事项。

非调整事项的判断标准为“资产负债表日以后才发生或存在的事项，不影响资产负债表日存在状况，但不加以说明，将会影响财务会计报告使用者作出正确估计和决策，这类事项应当作为非调整事项。"非调整事项的特点是：

(1)资产负债表日并未发生或存在，完全是期后才发生的事项。

(2)对理解和分析财务会计报告有重大影响的事项。这两类事项的区别在于：调整事项存在于资产负债表日或以前，资产负债表日后提供了证据对以前已存在的事项所作的进一步说明；而非调整事项是在资产负债表日尚未存在，但在财务会计报告批准报出日之前发生或存在。

这两类事项的共同点在于：调整事项和非调整事项都是在资产负债表日日后至财务会计报告批准报出日之间存在或发生的，对报告年度的财务会计报告所反映的经营状况、经营成果都将产生重大影响。

(四)资产负债表日后事项的会计处理

1.调整事项的处理方法

资产负债表日后发生的调整事项，应当如同资产负债表所属期间发生的事项一样，作出相关账务处理，并对资产负债表日已编制的会计报表作相应的调整。这里的会计报表包括资产负债表，利润表及其相关附表和现金流量表的补充资料内容，但不包括现金流量表正表。由于资产负债表日后事项发生在次年，上年度的有关账目已经结转，特别是损益类科目在结账后已无余额。因此，资产负债表日后发生的调整事项，应当分别以下情况进行账务处理；

(1)涉及损益的事项，通过"以年度损益调整"科目核算。调整增加以前年度收益或调整减少以前年度亏损的事项，以及调整减少的所得税，记入"以年度损益调整"科目的贷方；调整减少以前年度收益或调整增加以前年度亏损的事项，以及调整增加的所得税，记入"以年度损益调整"科目的借方。"以年度损益调整"科目的贷方或借方余额，转入"利润分配——未分配利润"科目。

(2)涉及利润分配调整的事项，直接在"利润分配——未分配利润"科目核算。

(3)不涉及损益以及利润分配的事项，调整相关科目。

(4)通过上述账务处理后，还应同时调整会计报表相关项目的数字包括：①资产负债表日编制的会计报表相关项目的数字；②当期编制的会计报表相关项目的年初数；③提供比较会计报表时，还应调整相关会计报表的上年数；④经过上述调整后，如果涉及会计报表附注内容的还应调整会计报表附注相关项目的数字。

2.非调整事项的处理方法

资产负债表日后发生的非调整事项，是资产负债表日以后才发生或存在的事项，不影响资产负债表日存在状况，不需要对资产负债表日编制的会计报表进行调整。但由于事项重大，如不加以说明，将会影响财务会计报告使用者作出正确的估计和决策，因此应在会计报表附注中加以披露。

资产负债表日后发生的非调整事项，应当在会计报表附注中说明事项的内容，对财务状况、经营状况的影响；如无法估计，应当说明无法估计的理由。非调整事项的主要有：

(1)股票和债券的发行。这一事项是指商业银行在资产负债表日以后发行股票、债券等。商业银行发行股票或债券是比较重大的事项。虽然这一事项与资产负债表日的存在状况无关，但应对这一事项作出披露，以使财务会计报告使用者了解与此有关的情况及可能带来的影响。

(2)对一个商业银行的巨额投资。这一事项是指商业银行在资产负债表日后决定对一个企业的巨额投资。这一事项与商业银行发行的股票或债券相同,也属于商业银行的重大事项,虽然这一事项与资产负债表日存在状况无关,但应对这一事项进行披露,以使财务会计报告使用者了解对一个企业的巨额投资可能会给投资者带来的影响。

(3)自然灾害导致的资产损失。这一事项是指资产负债表日后发生的,由于自然灾害导致的资产损失。自然灾害导致的资产损失,不是商业银行主观上能够决定的,是不可抗力所造成的。但这一事项对商业银行财务状况所产生的影响,如果不加以披露,有可能使财务会计报告使用者产生误解,导致作出错误的决策。因此自然灾害导致的资产损失应作为一项非调整事项在会计报表附注中进行披露。

(4)外汇汇率发生较大变动。这一事项是指在资产负债表日后发生的外汇汇率的较大变动。由于商业银行已经在资产负债表日,按照当时的汇率对有关账户进行调整,因此,无论资产负债表日后的汇率如何变化,均不影响按资产负债表日的汇率折算的会计报表数字。但是如果资产负债表日后汇率发生较大变化,如我国 1994 年汇率并轨,应对由此产生的影响在会计报表附注中进行披露。

(5)资产负债表日后董事会制定的利润分配方案中包含的股票股利。由于发放股票股利及涉及变更股本等事宜,需要经过工商行政管理部门变更登记等,程序比较复杂。因此,资产负债表日后事项准则规定,在董事会制定利润分配方案时,对其中的股票股利不进行会计处理,等到股东大会批准后,于实际发放时进行相应的会计处理。对于资产负债表日后董事会制定的利润分配方案中包含的股票股利,应作为非调整事项在会计报表附注中进行披露。

本章小结

商业银行的年度决算,是根据日常会计记录,运用会计数据,总结全年银行资产、负债及所有者权益等业务活动和收入、支出等财务收支状况的一项综合性工作。本章内容主要包括:年度决算概述、年度决算前的准备工作、年度决算日的工作和会计调整等内容。通过本章的学习,使学生对商业银行年度决算有一个直观的了解并能对相关技术系统掌握。

关键术语

年度决算　会计调整　会计政策　会计差错　重大会计差错　追溯调整法

未来适用法　资产负债表日后事项

思考练习题

1. 商业银行为什么要办理年度决算?
2. 商业银行年度决算的内容有哪些?
3. 商业银行年度决算前要做好哪些准备工作?
4. 商业银行年度决算日要做好哪些工作?
5. 什么是会计调整?会计调整的依据是什么?

第十四章　会计内部控制

本章要点

1. 会计岗位控制的具体内容
2. 会计岗位设置
3. 会计重要事项控制的内容
4. 会计重要物品和单证控制的内容
5. 会计监督检查的方法和重点领域

第一节　会计岗位控制

一、岗位制约

(一)岗位制约的含义

会计岗位制约制度是指通过建立岗位设置、岗位分工和岗位职责的界定,在岗位间形成职责分离、相互制约的关系,避免一人兼任不相容的岗位或独立操作会计业务全过程。有效的岗位制约是以一定数量和质量的人员为基础的。

(二)不相容岗位的具体内容

目前,商业银行的不相容岗位主要有:

1. 会计岗位人员和出纳岗位人员不得混岗

出纳人员不得兼任稽核、会计档案保管和收入、支出、费用、债权债务账目的登记工作;会计资料保管员又不得从事记账,反之亦然。

2. 记账岗、复核岗不得混岗

记账人员不能同时又担任复核人员,反之,复核人员也不能同时兼任记账人员。另外,为保证会计核算安全和稽核工作的独立性,稽核人员不得兼会计核算方面岗位。

3. 汇票业务中印、压(押)、证三岗人员不得混岗操作

即:汇票签发岗位,汇票压数(编押)岗位,汇票章岗位不能相互混岗;保管使用重要空白凭证岗位与业务章岗位不能相互混岗;票据印鉴实行双人审核制度,验印人员、复核验印人员不得使用同一印鉴卡进行印鉴的审核(使用电子验印和支付密码的从其规定);记账操作员不得保管使用汇票印章和业务密押。

4. 记账岗(接柜岗)、票据清算岗、票据交换岗不得混岗

票据交换员专司票据交换所与本行之间的票据传递之职,不得兼管重要空白凭证及票据交换专用印章;票据清算人员负责提出票据的审核,整理提出清单的填制及提入票据的清点复

核等，不得顶替票据交换员之职。同城票据交换专用章保管者不得经办同城票据交换与清算工作；同城清算人员不得与电子汇划录入、电子汇划复核岗位混岗；

5. 授权人员与经办人员不得混岗

授权人员一般由会计主管人员担任，而不应由会计经办人员来承担。

对于以上岗位应坚持“四眼原则”，不同程度进行分离。

二、岗位设置

岗位设置没有固定模式，也不是固定不变的。商业银行应按照业务需要和风险控制的必要性设置会计岗位，达到防范和控制风险的目的。具体可参考表 14－1 模式。

表 14－1　会计结算部岗位设置示意图

<table>
<tr><td colspan="5">正副总经理</td></tr>
<tr><td colspan="5">会计规章制度建设委员会</td></tr>
<tr><td colspan="5">会计风险防范委员会</td></tr>
<tr><td>会计制度处</td><td>会计结算处</td><td>业务开发处</td><td>会计核算处</td><td>会计清算处</td></tr>
<tr><td>正副处长</td><td>正副处长</td><td>正副处长</td><td>正副处长</td><td>正副处长</td></tr>
<tr><td>会计制度管理</td><td>结算业务管理</td><td>系统需求审订</td><td>综合管理</td><td>SWIFT 业务管理</td></tr>
<tr><td>现金出纳业务管理</td><td>会计检查辅导</td><td>系统业务支持</td><td>系统账务管理</td><td>SWIFT 系统维护</td></tr>
<tr><td>系统业务参数管理</td><td>业务培训</td><td>系统业务推广</td><td>会计档案管理</td><td>SWIFT 电文确认</td></tr>
<tr><td>会计报表分析</td><td>密押（压数机）、支付密码管理</td><td>项目开发</td><td>账务核算</td><td>SWIFT 电文复核</td></tr>
<tr><td>系统会计档案管理</td><td>结算专用章和汇票专用章管理</td><td></td><td></td><td>境外账户管理</td></tr>
<tr><td>综合管理</td><td>重要空白凭证管理</td><td></td><td></td><td>资金交易后台管理</td></tr>
<tr><td></td><td>外币票据管理</td><td></td><td></td><td>代理行密押</td></tr>
<tr><td></td><td>服务督导</td><td></td><td></td><td>本币资金清算管理</td></tr>
<tr><td></td><td></td><td></td><td></td><td>后督管理</td></tr>
</table>

三、重要岗位轮换

（一）基本概念

岗位轮换，是指营业机构柜面人员从事某一会计重要事项或某些会计重要事项，连续工作时间达到规定期限时，须在同机构不同岗位或不同机构之间进行岗位调换。所谓柜面人员（以下简称柜员）是指营业机构的柜员、综合员和业务主管，不包括委派会计主管和储蓄所所长。委派会计主管的轮岗按照委派会计主管相关管理规定执行，储蓄所所长的轮岗按照机构负责人相关管理规定执行。

岗位轮换又称轮岗，包括同机构轮岗和跨机构轮岗二种基本形式。但无论哪种形式，对轮岗工作均可采取定期和不定期相结合的方式。

定期轮岗是指对经办某种业务达到一定期限的柜员实行岗位轮换。不定期轮岗是指根据内控制度要求和实际工作需要，临时进行岗位轮换。

（二）必须轮岗的规定

营业机构内凡从事以下重要会计事项的柜员必须实行轮岗：

(1)审核及开立对公账户。

(2)柜面业务授权。

(3)集中处理汇划业务。

(4)公积金核算。

(5)调拨营业现钞。

(6)集中调拨和出售重要空白凭证。

(7)集中处理同城票据交换业务或交换清算同城票据。

(8)保管印鉴卡。

(9)上门收款或送款、收单或送单。

(10)对私临柜业务。

(11)其他重要会计事项。

其中：从事柜面业务授权、集中处理汇划业务、集中处理同城票据交换业务或交换清算同城票据、对私临柜业务的人员必须进行跨机构轮岗。

对于以上岗位的轮换，还可根据轻重缓急，采取强制轮换、适当轮换和强制休假(强制休假时间原则上控制在5到10个连续工作日之间)等制度。

（三）轮岗的频率要求

(1)从事公积金核算、调拨营业现钞、集中调拨和出售重要空白凭证、保管印鉴卡的人员每年轮换一次。

(2)从事审核及开立账户、会计业务授权、集中处理汇划业务、集中处理同城票据交换业务或交换清算同城票据的人员每两年轮换一次。

(3)从事对私临柜业务的人员每三年轮换一次。

(4)上门收/送款、收/送单人员每半年轮换一次。

第二节　会计重要事项控制

一、错账冲正控制

（一）错账冲正的原则

(1)错账冲正分为当日错账冲正和隔日错账冲正，其处理依据均为原始记账凭证。

(2)当日错账冲正经会计主管授权后由记账员和复核员在计算机中进行调整冲正。

(3)隔日错账冲正必须填制错账冲正凭证，经会计主管审核签字后，才能进行冲正。

(4)对于存、贷款账户、需计息的往来账户进行错账冲正时应同时调整积数。

（二）当日错账冲正的规定

1.会计当日错账冲正

(1)当日错账属于记账员操作有误的，经会计主管授权后，由记账员删除错误的处理；复核发现的错账，应退回记账员处理，复核员无权修改账务，记账员按规定处理后，交复核员进行再复核。

(2)当日日终通过数据正确性检查发现的错账,应查明原因,按规定进行调整和挂账处理,无法删除或修改的错账,按系统提供的故障后援功能进行恢复处理。

(3)当日已经复核入账,并已办日终结账后发现的当日错账,按隔日错账处理。

2.储蓄当日错账冲正

(1)开户、销户错误。开户时如果姓名、金额、存期等错误或打印存单(折)严重错位、不清楚时,应取消开户,作废原存单(折),重新办理该笔业务的开户。重新开户时,产生新账号,对于作废的存单(折)应加盖“作废”戳记。

储蓄存款账户错销户若已打印了凭条、存折(单)和利息清单,则可选择相应交易恢复原账户后,重新办理销户。对于当日错误的内部往来业务冲正手续比照储蓄存款账户错销户办理。

(2)续存续取错误。当续存续取录入错误时,应填制同方向同金额的红字记账凭证,并注明原因,冲正时必须由所主任或综合柜员监督复核。

(3)储户离所后发现的错误,如涉及储户手中的存单(折)冲正,一经发现应立即止付账户,并设法通知存款人来所更正。如当日储户无法来所更正,待客户来所后按隔日错账冲正办法解决。

(三)隔日错账冲正的规定

(1)隔日发现的错账,填制一式两联错账冲正凭证,其中一联错账冲正凭证金额用红字填写,属于计息账户的,还应在凭证上注明调增或调减的积数,经会计主管审核签字后交记账员。记账员以红字错账冲正凭证作原错账户记账凭证,蓝字记账凭证作正确账户记账凭证,办理错账冲正。

(2)涉及客户手中存折、存单错误,错账冲正后,一律对该账户止付,待储户来所后,属存折错误,先补打更正存折记录,后办理其他业务;属存单错误,要按规定收回原存单,重新打印新存单。

(四)跨年度错账冲正的规定

本年度发现上年度的错账,须经管辖行处批准,填制蓝字反方向冲正凭证,经会计主管签字后进行错账冲正。

二、支付环节控制

(一)双人验印制度

没有运用“图章印鉴识别系统”或“支付密码系统”的行处,应坚持双人验印制度。每笔支付凭证上的单位预留印鉴,必须经过初审人员和复审人员两次审核。初审人员和复审人员不得使用同一份印鉴卡验印,不得将印鉴卡正、副卡交叉使用。

(二)大额支付授权制度

对单笔金额在一定额度(如 100 万元)以上的银行汇票、汇款、内外部转账等大额支付凭证,由经办人员逐笔登记“大额支付审批登记簿”,由会计主管审核,并在登记簿上签字。未经审核签字的上述记账凭证,会计人员不得记账,不得提出交换或办理电子汇划。储蓄所办理支付业务,储户通过转账方式办理储蓄存取款业务时,对单笔转账金额在 10 万元以上的,营业网点要逐笔登记,严格审查,由储蓄所负责人和直接管辖行储蓄部门负责人共同签字,对金额超过 50 万元的,由储蓄所负责人报直接管辖行储蓄部门负责人审核后,经直接管辖行分管行长(主任)签字后处理。

（三）大额现金支付备案制度

开户单位一天一次或数次累计提现超过（含）5 万元的，应逐笔登记“大额现金支付登记簿”并按月向当地人民银行备案；个人一次性支取或者一日数次支取累计超过 50 万元（含以上的，开户银行应单独登记，并于次日向人民银行当地分支机构备案；个人从储蓄机构或银行卡部门提款 5 万元（不含）以上的，经办人员应请取款人提供有效身份证件，并经部门负责人审核后予以支付，同时要执行双人签字制度，即由经办人与综合柜员（复核员）或所长同时在取款凭条上签字；签发 30 万元（不含）以上现金银行汇票或现金银行本票或一日对同一收款人签发两张（不含）以上现金银行汇票或银行本票，须经开户银行上级行批准并报当地人民银行分支机构备案。

三、会计人员权限控制

会计人员权限控制，是指通过对不同会计人员授予其经办不同会计业务的权限、明确承担的相应责任，从而达到预防和化解风险目的的一种内控制度。

（一）会计主管权限控制

拥有 5 名会计人员以上（含 5 名）的会计主管不得经办具体业务，经办会计业务的，其经办的会计业务必须由部门分管领导复核。

（二）会计业务授权控制

会计人员应按章操作，严禁越权操作，对于重要会计事项必须由会计主管或授权经办人审查签字后方可办理，这些重要会计事项主要有：开销户、大额支付、自制或补制凭证、查询查复、内部往来报单签发、现金出入库及提缴款、账户查询冻结扣划（单位分管领导审批）、账务调整、错账冲正、应收应付及投资款项核算等。

四、会计账务核对控制

及时核对会计账务既可以保证会计核算的准确、预防和化解风险的发生，又可有效地维护银行资产权益的法律时效。会计账务核对应遵循“及时准确、逐笔勾对、换人复核”的原则。

（一）日终对账

每日营业终了，会计人员应逐项进行账簿核对，账、证（实）核对，证（实）、簿核对，确保会计现金账与出纳库存现金登记簿、实际库存现金三者相符，每日的库存现金登记簿必须经会计人员签章确认；银行汇票底卡与汇出汇款科目、银行承兑汇票底卡与表外银行承兑汇票科目、重要空白凭证库存与表外重要空白凭证科目核对相符。

（二）对外账户的核对

对外账户的核对采取不定期对账与定期对账相结合的方式，其中不定期对账根据客户要求和各行内部管理需要办理。

1. 存款账户的对账

（1）对单位活期存款、财政性存款、同业存放款项，应按月将对账单和副本账页寄送存款人对账。与存款人另有约定的，按双方书面约定办理。

（2）信用卡存款和透支账户按月办理对账，与客户另有约定的除外。

（3）单位定期存款、单位通知存款和单位保证金存款账户应于销户或转存时向存款人签发对账单对账。

2.贷款账户的对账

(1)对正常贷款、应收贷款利息(含表外部分)、代理贷款、拆放同业,应按季签发对账单寄送借款人对账,与借款人另有约定的,按双方书面约定办理。但上述贷款中,分期贷款的个人贷款及相应的挂账利息按年与借款人进行对账。

(2)不良贷款及相应的利息账户每年与客户至少对账一次。

(3)已核销但保留追索权的贷款及相应的利息账户,应积极与借款人取得联系,每年至少对账一次;因借款人破产等原因确实无法取得联系的,应改为与业务部门进行对账。

(4)代理贷款基金和转贷款资金的对账方法按照本行与委托人的约定办理。

3.往来类账户的对账

(1)对开户人民银行和其他金融机构送来的副本账页,应及时换人(所核对的账户记账和复核人员以外的其他人员)逐笔勾对,并由对账人员和会计主管在副本账页上签名。各行处应主动与同业往来行处核对往来账,按月寄发对账单及副本账。

(2)采用计算机系统自动对账的行,由会计后台进行系统内往来账务的按日核对。采用人工对账的行,由各行换人核对。①“存放系统内清算款项”、“系统内存放清算款项”科目所属明细账户,每旬末要办理对账签证工作。每旬后两日内,由管辖行(或存入行,下同)向辖属行(或存出行,下同)签开对账单一式三份,逐联加盖业务公章,一联留存,两联寄辖属行。辖属行收到后应于两日内核对完毕,并在两联对账单上加盖业务公章后寄回一联。如核对不符的应立即查明原因,及时冲正。②定期勾对副本账页。副本账页满页后,辖属行要及时打印(月末未满页的账页应按月打印),送管辖行办理对账。管辖行会计部门应指定专人将副本账页和明细账页逐笔进行勾对,并在账页上签章确认。同时根据勾对结果编制“系统内往来业务余额调节表”,逐笔调整未达账项,调整后往来双方的余额应相等,不等的,应及时查明原因,如属于记账差错,应立即更正。

(3)认真核对内部往来。采用计算机系统自动对账的行,由系统按日进行核对。采用人工对账的行,要按旬办理对账签证,按月勾对明细账页。每旬后次日内,往来双方互发对账单办理对账签证;每月后两日内往来双方互发副本账页,换人逐笔勾对。各行应不定期核对内部往来账项,每月不定期对账不得少于两次。

(4)电子汇款业务应及时入账,凡属当日汇划款项,不得无故留待次日处理。当日因故无法汇出的,应暂挂“待汇出汇划款项”科目,次日及时处理。每日清算工作结束后,应对“清算资金往来”和“待汇出汇划款项”双人逐笔勾对,往来双方必须核对一致。

(5)定期核对预拨费用和拨入费用。月末,拨出行会计部门应向拨入行签发对账单,办理预拨费用对账签证,“预拨费用”和“拨入费用”科目双方余额必须核对一致。

(6)系统内往来业务收支类科目应与相应的资金类科目相互匹配,包括“存放系统内活期款项利息收入”、“系统内存放活期款项利息支出”、“存放系统内定期款项利息收入”、“系统内存放定期款项利息支出”、“系统内借出利息收入”、“系统内借入利息支出”、“系统内管理费收入”、“系统内管理费支出”等科目。收到利息清单时,应会同有关部门详细核对金额、起息日、天数、积数和利息等,发现错误的,应及时向对方行查对确认。

每季后两日内,由管辖行向辖属行签开对账单一式三份,逐联加盖业务公章,两联寄辖属行。辖属行收到后应在两日内核对完毕,在两联对账单上加盖业务用公章后寄回一联。如核对不符的应立即查明原因,及时冲正。

4.与业务部门的对账

(1)会计部门应按月与同级业务部门核对系统内往来资金。月末,会计部门将系统内往来业务资金类科目及其所属各账户的余额抄列清单,经会计主管签字确认后,送同级业务部门核对。同级业务部门应将审核结果经业务部门负责人签字确认后于两日内退回会计部门。下列科目及其所辖明细账户,会计部门应按月签发对账单,交业务部门核对台账。

①"外汇调整"、"经营套汇"、"代客外汇买卖"、"外汇结售"、"特别折算"等科目;

②"开出信用证"、"信用证出口款项"、"出口托收款项"、"进口代收款项"、"开出保函"、"买入买权"、"买入卖权"、"卖出买权"、"卖出卖权"、"买入利率上限"、"买入利率下限"、"卖出利率上限"、"卖出利率下限"、"利率互换协议"、"货币互换协议"、"卖出远期合约"、"买入远期合约"、"远期结售汇"、"收到保函"、"贷款承诺"、"银行承兑汇票"、"表外授信业务预计垫款"、"呆账核销"、"已核销呆账贷款利息"等表外科目。

(2)会计部门应按季与同级业务部门核对台账记录业务。对于下列业务部门已建立台账的账户,会计部门应按季签发对账单,交业务部门核对台账(对于不经常发生业务的代理贷款及相应基金台账,可按年核对):①同业拆放款项;②贷款及相应的应收利息、催收利息账户;③债券投资的入账价值(含债券面值和及相应的应计利息账户,但不含国库券买卖);④买入返售债券和卖出回购债券;⑤代理贷款;⑥代理贷款基金;⑦转贷款资金;⑧待处理抵债资产;⑨代理财政拨付资金存款;⑩其他按规定应建立台账的账户。

(三)对账资料的保管

对账单、副本账页、系统内资金往来余额调节表要专夹保管,年末装订,随会计资料归档保管。采用计算机自动对账的,计算机打印的勾对结果应比照对账签证单和副本账页保管。

五、会计电算化控制

会计电算化控制指通过建立计算机操作、维护人员的操作规程、明确有关人员的职责权限、利用系统的先进技术加大监控的力度,从而达到规范核算、防范风险目的。

(一)日常维护管理制度

设专人专岗负责计算机及机房的日常管理及维护,对计算机的运行情况应做好记录,对出现的计算机运行故障,要按照有关故障等级向上级行和科技部门报告;加强机房的管理,保证机房的安全、整洁,严格履行机房的出入登记手续。

(二)职责权限控制制度

1.操作员代码和口令管理

会计操作人员与其口令和代码应一一对应,会计操作人员应做好口令、代码的保密工作,定期更换并做好登记,两次更换口令的时间间隔不得超过一个月。操作员离开工作岗位时必须退出操作系统。新增的操作员其初始口令应由系统管理员逐个装入密封信封,并按规定交接手续传递到操作员。在交接过程中应严格登记重要物品交接登记簿。操作员接到操作代号和密码后,应首先修改本人密码,然后才能进行业务操作。

2.操作权限控制

不同岗位的会计操作人员授予其经办不同业务的操作权限,由系统自动控制。

3.不相容岗位分离管理

计算机软件开发、系统设计人员不得担任会计操作人员,会计前台操作人员和后台操作人员不得兼岗、混岗操作。

(三)系统软件确认制度

会计系统软件业务需求制定、系统测试与确认等必须有会计部门参与，会计核算软件必须符合内控制度需要和会计核算规定；新的支付结算手段、支付结算工具等会计软件必须报上级行审批后方可推行。

(四)后台数据修改制度

数据修改必须后台统一负责。对于需修改的数据，必须有前台机构提出书面申请说明原因，并由分管领导签字，经后台人员、科技人员共同审查核实后修改，修改完毕后，应做好有关登记手续。

(五)自动控制制度

建立计算机的自动稽核和自动示警功能，充分发挥计算机的技术优势，提高科技管理和风险控制的时效性和准确性。

(六)数据备份制度

1.数据备份时点

(1)每日日间应按软件设计要求做好各种备份。

(2)每日营业终了办理"日结"后，按软件要求做好日终备份。

(3)每月末及四个结息日办理"日结"后，做好所有数据文件的备份。

(4)年度终了后做好所有数据文件的双备份。

2.磁记录等电子文件保管

(1)为恢复到当日某一阶段数据的各种日间备份，保留到次日。

(2)日终备份至少保留 7 天。

(3)月末、年终及 4 个结息日的所有数据文件备份暂定保管 2 年。

(4)对日终备份、月末及 4 个结息日的所有数据文件备份应做到异地存放，并确保安全，建立严密的交接、保管、领用登记制度，不得随意复制；确需要复制或调用的，须经会计主管签字同意。对超过保管期限的各种磁记录，应及时清理。

六、会计档案管理

商业银行会计档案是各级行在办理各项业务活动中形成的具有查考利用价值的会计凭证、会计账簿、财务会计报告等会计核算与管理方面的专业材料。是记录和反映商业银行经济业务活动的重要史料，是商业银行档案的重要组成部分。

(一)商业银行会计档案的内容

商业银行会计档案分为会计凭证类、会计账簿类、财务会计报告类以及其他类四种。会计凭证和会计账簿的具体分类详见第一章有关内容；其他类会计档案主要包括会计档案移交清单(册)、会计档案保管清册、会计档案销毁清册及其他应归档的会计核算与管理方面的专业材料。

(二)会计档案的保管期限

商业银行会计档案的保管期限分为永久和定期保管两种，定期保管期限分为 5 年、15 年、25 年三档。会计档案的保管期限，从会计年度终了后的第一天算起。

各级行可根据本行需要、库房条件等实际情况，适当延长会计档案的保管期限，但原则上不得缩短。

(三)会计档案的整理立卷

1.会计档案管理人员职责

各级行的会计档案形成部门应设专门的会计档案管理人员,负责本部门形成的全部会计档案的收集、整理和移交归档工作。

2.会计综合人员职责

各级行会计综合人员负责会计档案的装订工作。会计档案装订要牢固、整齐、美观,不得压字、掉页。装订前对其中破损的部分应进行修补。会计账簿及财务会计报告装订前要抽出空白页,并对有文字的页面编写页号。每一册会计档案的封面项目均应填写清楚,并在相应位置加盖骑缝章。会计档案装订厚度不得超过5厘米。

会计综合人员应及时将装订好的会计凭证、会计账簿、财务会计报告等会计核算专业材料移交给本部门会计档案管理人员,并登记“会计凭证、账簿、报表保管登记簿”。

3.会计档案整理的方法

各部门会计档案管理人员应按照下列方法,对本部门形成的会计凭证、会计账簿、财务会计报告等会计核算专业材料进行加工整理:

(1)检查每一册会计档案封面项目是否填写完整,对填写不完整的应进行补充填写,或责成经办人员补充填写。

(2)将本部门形成的全部会计档案按照“年度－业务类别－形式”的顺序进行排列,其中,“业务类别”指独立核算的业务种类,如财务会计、业务会计等;“形式”指会计档案自身存在的特定形式,如会计账簿、会计凭证等。

在同一年度内,先将本部门全部会计档案按业务类别分开,每一业务类别内再按会计报表、会计账簿、其他、会计凭证的顺序排列。

(3)按照会计档案排列顺序逐卷编制案卷号,并按照案卷号的顺序编制《会计档案案卷目录》一式两份,使本部门每一年度形成的全部会计档案拥有一个大流水案卷顺序号。

(4)按照案卷号顺序将会计档案依次装入档案盒,并填写档案盒脊背各项目。

(5)计算机打印输出的应归档会计核算专业材料必须符合会计制度规定。其归档整理要求及管理办法与手工形成的会计档案相同。

(6)具有查考利用价值的电子、声像载体的会计核算专业材料,分别按照电子档案、声像档案管理规定进行整理归档。

(四)会计档案的保管

1.会计档案的入库保管

(1)当年形成的各类会计档案,在会计年度终了后,可由形成部门保管二年。期满后,由形成部门会计档案管理人员填写会计档案移交清单,与会计档案及其案卷目录一并移交给本行档案部门。移交清单应加盖会计档案形成部门的公章,移交部门负责人、经办人和档案部门接收人均应在会计档案移交清单上签字。

(2)档案部门对于接收的会计档案应逐卷清点,并区分不同的归档部门,分别按照案卷号顺序将会计档案排列上架,入库保管。

(3)档案部门应保持会计档案原卷册的封装。个别确需拆封重新整理的,应会同部门会计档案管理人员或经办人员共同进行拆封整理,并认真进行登记,以分清责任。

(4)会计档案分类与排列不体现保管期限特征，如遇会计档案保管期限期满需要销毁时，可在相应案卷目录中加盖“销毁”戳记，并注明销毁日期。

(5)各级行应严格执行各项会计档案管理制度，对会计档案库房及会计档案保管情况定期进行检查、记录，发现问题要及时解决。对破损、变质的会计档案应及时修复或作其他相应技术处理。

2. 会计档案的调阅

(1)已有会计档案电子版和已将会计档案制作成光盘的，应尽量采用电脑查询。

(2)档案人员对会计档案借阅、复制情况应作详细记录。会计档案除作为诉讼或仲裁依据，经分管行长或办公室主任批准可以借出外，其余一概不得借出档案室。

(3)调阅者要自觉维护会计档案的完整与安全。不得损毁、丢失、拆封、抽调会计档案。

3. 会计档案的鉴定销毁

(1)对保管期满的会计档案，应由本行档案部门和会计业务部门共同组成的鉴定小组进行鉴定，提出存毁意见。对经鉴定需销毁的会计档案，应按照《中国商业银行档案管理办法》中的相应规定执行；对保管期满但尚未结清债权债务或涉及其他未了事项的会计档案，应继续保管至债权债务结清或未了事项完结五年以后，方可进行销毁。

(2)会计档案移交清单及移交清册、会计档案鉴定意见、销毁清册及相关材料应纳入本级行全宗卷永久保管。

第三节　重要物品和重要单证控制

重要物品包括会计印章、密押器、压数机等。重要物品的保管和使用，实行“专人使用、专人保管、专人负责、章证分管，证押分管”的原则。重要物品使用人员必须做到：专匣保管，固定存放；临时离岗，人离物收(锁)；不得私自使用重要物品；非经办人员严禁动用；非营业时间必须入库或保险箱保管。重要空白凭证和有价单证应指定专人管理，属于银行签发的重要空白凭证和有价单证，必须实行“印、押、证分管”。

一、印章管理控制

(一)印章的种类

1. 会计印章

会计印章分为：会计专用章、业务用公章、结算专用章、票据清算专用章、受理他行票据专用章、现金讫章、转讫章、汇票专用章、电子汇划专用章、本票专用章等。

2. 储蓄印章

储蓄使用的印章分为：业务用公章、现金讫章、转讫章。

3. 外币印章

外币会计印章分为：外汇财务专用章、外汇会计专用章、外币现金收讫章、外币现金付讫章、外币转讫章、外汇票据清算专用章、受理他行外汇票据专用章。

(二)印章的管理

1. 领用控制

印章的领用实行逐级负责，双人押运，由使用行派专人持单位介绍信、本人身份证或工作证到上级行办理领用手续，同时在预留印模和登记簿上签字。

2. 启用控制

经办行在启用各种印章前必须在“印章及重要物品保管使用登记簿”上预留印模，填写启用日期，领用保管人要签名盖章。

3. 使用控制

(1)印章使用和保管坚持“谁保管谁使用谁负责”的原则，分清保管使用责任，不得在空白凭证、空白表格、空白公文用纸上加盖印章，个人之间不得私自授受会计业务专用章。

(2)保管和使用电子汇划专用章的人员不得同时保管和使用业务密押、电子汇划专用凭证。

(3)使用汇票专用章、电子汇划专用章、会计专用章，应用红色印泥，签章要清晰。

(4)没有实行综合柜员制尚不具备使用“现金讫章”的行处，可仍使用“现金收讫章”、“现金付讫章”，使用“现金讫章”的行处应报一级分行备案。

(5)会计人员临时离岗时印章必须装箱上锁，不得任意放置。

(6)每日营业终了，必须进行认真清点，印章入保险柜(库)保管，会计主管每日应进行检查监督；各种会计印章均不得携带出本单位、本部门使用。

(7)印章的保管人员调离岗位或临时请假时，应办理交接手续，并由会计主管人员监交。交接时，交接人员和会计主管人员均应在登记簿上签章。

4. 停用和销毁控制

由于机构撤并、磨损等原因或上级行通知停止会计印章的使用时，应在“印章及重要物品保管使用登记簿”上注明停止使用的日期和原因，并由接收人在登记簿上签字。汇票专用章还应编制清册连同印章逐级上缴一级分行，由一级分行封存保管、销毁，并报总行备案；其他会计业务专用章在停止使用后，应编制清册连同印章上缴至二级分行，由各二级分行切角或熔化销毁，并作好记录归档保管。

(三)印章的刻制及用途控制

1. 会计印章刻制及用途

(1)会计印章的刻制。汇票专用章由总行统一刻制；本票专用章由当地人民银行负责刻制；其他会计印章均由一级分行、二级分行按规定的尺寸，统一在公安机关批准的保密性好、质量高的印章刻制单位刻制，基层行不得自行刻制会计印章。印章可根据业务的需要刻制多枚，但必须编号。

(2)会计印章的用途。主要有：①会计专用章：用于向上级行和人民银行缴存、支取现金和转账划转资金，是在上级行和人民银行的预留签章(或根据当地人民银行要求，预留“财务专用章”)。会计专用章只能刻制一枚。②业务用公章：用于挂失申请书、信汇(转汇时加盖)查询和查复账务联系书、存款开户证实书、印鉴卡单位留存联、委托收款和托收承付回单以及有关内部凭证等。③结算专用章：用于委托收款、托收承付的发出，结算业务的查询、查复以及贴现、转贴现银行向承兑银行提示付款。④票据清算专用章：用于提出票据交换的凭证(执行当地人民银行的有关规定)。⑤受理他行票据专用章：用于受理开户单位存入他行票据时，签盖进账单回单。该章须刻有“收妥后入账”或“收妥抵用”字样。⑥现金讫章：用于现金收、付款凭证。⑦转讫章：用于银行汇票解讫通知划回、信汇和电汇回单、单位收账通知及已处理的内部转账凭证等。⑧汇票专用章：用于签发银行汇票、承兑银行承兑汇票，银行承兑汇票的转贴现、再贴现。一个汇票机构刻制一枚。⑨电子汇划专用章：用于会计部门与清算部门相互提送的有关汇划的原始凭证、专用凭证、清单、补充报单及电子汇划业务的查询查复。⑩本票专用章：用于签发银行本票。

2.储蓄印章刻制及用途

(1)储蓄印章的刻制。储蓄业务用公章由省、直辖市、自治区、计划单列市分行统一制定格式(文字为：中国商业银行××管辖行(处)名称××储蓄所)由地、市、州支行统一刻制，出纳、记账人员应有字迹清晰的名章一枚。刻制业务用公章和个人名章，不得使用易变形材料。

(2)储蓄印章的用途。主要包括：①业务公章：用于签开存单、存折，发售的各类债券、定额存单，内部往来报单和业务查询(查复)书，异地托收凭证和挂失申请书，编制的储蓄营业日(月、年)报表；②现金讫章：用于现金收、付款凭证；③转讫章：用于转账业务凭证。

3.外币会计业务印章刻制及用途

(1)外币会计业务印章的刻制。外币业务用章统一名称、统一用途、统一规格、统一图样。各种用章均由总行命名并统一冠名“中国商业银行××分(支)行”。

(2)外币业务印章的用途。主要包括：①外汇财务专用章：用于当地金融同业往来预留印鉴(当地另有规定的除外)；②外汇会计专用章：用于外汇会计部门对外出示的各种业务通知书、对账单、确认书、“中国商业银行存款开户证实书”和客户开户申请书；③外币现金收讫章：用于外币现金收款凭证；④外币现金付讫章：用于外币现金付款凭证；⑤外币转讫章：用于银行汇票解讫、汇款回单、单位收账通知以及已处理的内部转账凭证；⑥外汇票据清算专用章：用于提出外汇票据交换凭证；⑦受理他行外汇票据专用章：用于受理开户单位存入他行票据时，签盖进账单回单。

二、压数机控制

(一)启用和增加压数机的审批

新增汇票机构经总行批准后才能领取压数机，汇票机构增加压数机需经一级分行批准。配发压数机时，必须指定专人负责，采取安全的方式发送或自提，严防中途丢失。启用前应登记“印章及重要物品保管使用登记簿”，填写启用日期，领用保管人要签名盖章。

(二)压数机的保管使用

压数机限于银行汇票和银行本票的出票时压印票面小写金额。压数机应由专人保管使用。经管压数机的人员不得同时经管汇票专用章和银行汇票。在营业过程中，非经办人员一律不得使用压数机。经管人员在不办业务及临时离岗必须锁机。每日上午营业结束和下午营业终了，必须将压数机加锁入库(或保险柜)保管。经管人员请假或调动，需由会计主管人员另行安排人员经管，同时办理好交接手续。对库存和备用的压数机要定期清点，与登记簿核对相符。同时，对于压数机的报废情况也应进行检查。严防报废后的压数机继续使用。

三、重要空白凭证控制

(一)重要空白凭证的检查

对于重要空白凭证，各级使用行应定期不定期检查，确保重要空白凭证的安全。具体可采取二级分行每季对辖属机构的凭证库房进行一次全面检查，经办行的分管行长(主任)每月查库一次、会计主管每旬查库一次，储蓄所主任每周查库一次，巡回检查辅导员每月查库一次，核查、核实重要空白凭证出入库手续是否严密、账实是否一致,保管和使用是否符合规定,核查核实情况应在"重要单证查库登记簿"上记录并签字。

营业终了必须进行清点核对,入保险柜(库)保管,做到日清日结,做到每日"账、证、薄"三相符,月末要"账、证、薄、表"四相符。

(二)重要空白凭证核算手续

1.重要空白凭证的入库

(1)收到领回或上级行委托印刷厂运送的重要空白凭证时,管库人员按发送单证清单逐类核对无误后,在回单联加盖公章和经办人名章,分别退厂家和上级行会计部门;另填制四联"重要单证出/入库单",其中两联留存,凭以登记"重要空白凭证登记簿"和表外科目账,另外两联退上级行。

收:重要空白凭证——××在库户

(2)领用行从上级行领回重要空白凭证时,应认真核对起止号码、数量,相符后由保管人员根据"重要单证出/入库单"(回单联)填制"重要单证出/入库单"一式二联办理入库手续,一联凭以登记"重要空白凭证登记簿"并由管库员留存,另一联和管辖行退回的回单联送会计部门登记表外科目账并随凭证装订。

收:重要空白凭证——××在库户

管库人员在验收入库时,如发现凭证数量或号码不符,经会计主管核对证实后,可先按实际数量、号码登记入账,同时向管辖行查询。

2.重要空白凭证的领用

(1)各行向上级行领用重要空白凭证时,应持介绍信和领取人的工作证、身份证,填制三联"重要单证出/入库单",加盖本行在上级行的预留印章后,双人领取,保卫人员押运。

(2)前台领用重要空白凭证的处理手续:前台经办人员从库房领用重要空白凭证,要填制"重要单证出/入库单",经会计主管签字后交库房保管人员,在清点数量、核对号码无误后,分别登记"重要空白凭证登记簿",并及时进行表外核算,确保账实相符。登记时要分类别按序号详细登记领入凭证的时间、数量、冠字号、号码等。

3.重要空白凭证的出库

管辖行审查三联"重要单证出/入库单"和介绍信、领取人的工作证、身份证,无误后,在领用单上填明凭证数量、号码等凭以发给实物。第一联送会计部门凭以登记表外科目账;第二联连同单位介绍信交由管库人员留存,凭以登记"重要空白凭证登记簿"并详细注明领用日期、数量、起止号码;第三联由管库人员签章后,退领用单位。

付:重要空白凭证——××在库户

4.柜台出售重要空白凭证

柜台出售重要空白凭证的核算手续详见"第五章支付结算业务的核算"。

(三)重要空白凭证的销毁

1.回收、作废

(1)经办行收到单位销户时交回的剩余空白凭证,必须做到当面逐号查验,按单位账号、单位经办人、交回日期、凭证种类、号码等登记"作废重要单证(卡)登记簿",并切角或打孔,加盖"作废"戳记,入库保管,并进行表外科目核算,集中销毁。

(2)经办人员填写错误作废的重要凭证,应切角作废并加盖"作废"戳记,按凭证的种类与号码及时登记“作废重要单证(卡)登记簿”后,将作废的重要凭证装订在当天的同类重要单证(后一凭证号码)之后;对于作废的印鉴卡等没有留底记账联的重要单证作相关表外付出凭证的附件;对于填写错误作废的银行汇票加盖“作废”章后装订在“汇票申请书”后面。

(3)因改版作废的重要空白凭证,在新版正式使用后,各行应立即对作废的重要空白凭证进行认真清理,登记“作废重要单证(卡)登记簿”,并立即切角或打孔,加盖“作废”戳记,入库保管,集中二级分行保管。

(4)因印刷质量问题而不能使用的重要空白凭证,要及时通知管辖行,并登记“作废重要单证(卡)登记簿”,与有关的账簿核对相符后,逐级上交至一级分行。

2.上缴

(1)经办行上缴管辖行作废的凭证,应填制“重要单证出/入库单”一式四联,详细列明凭证的名称、号码、数量等与有关的账簿核对、复点无误后,上缴上级行。一联由管库人员登记“作废重要单证(卡)登记簿”,一联交由会计部门作表外科目付出凭证,另两联随销毁凭证上缴。

付:重要空白凭证——××待销毁户

(2)上级行收到辖属机构上缴的需销毁的凭证时,要认真核对凭证的名称、号码、数量并经复点无误后,将一联出/入库单盖章退回(由上交行作表外科目付出凭证附件),凭另一联填制三联“重要单证出/入库单”,一联登记“作废重要单证(卡)登记簿”,一联登记表外科目账,一联交管理部门。

收:重要空白凭证——××待销毁户

3.销毁

除银行汇票、银行承兑汇票、商业承兑汇票由一级分行组织销毁外,其他重要空白凭证由二级分行统一组织进行销毁。销毁时,应由组织销毁部门填制一式二联“重要单证(卡)销毁清单”,报主管行长批准,由会计主管人员或结算专管员会同审计部门、保卫部门核实并监督销毁。各种重要空白凭证在销毁前,除原封的未开的重要空白凭证可采取抽点外,其余应全部复点。如发现账实不符,应立即追查,在未查对落实之前,一般不得销毁,情节严重的应将有关情况和处理意见及时向上级行报告。销毁完毕,必须由监毁人员在“作废重要单证(卡)登记簿”上注明销毁日期和在监毁人签章处签章。将一份“重要单证(卡)销毁清单”报一级分行备案。另一份销毁清单和“作废重要单证(卡)登记簿”按年装订,随会计档案一同保管。

付:重要空白凭证——××待销毁户

四、有价单证控制

有价单证是指待发行的印有固定面额的特定凭证,主要包括:国库券、金融债券、代理发行的各类企业债券、定额存单、定额本票以及印有固定面值金额的其他有价单证等。

(一)基本规定

1.有价单证的日常管理

(1)有价单证必须由专人负责保管。实行“证账分管”原则,对需要加盖会计业务印章的有价单证,要严格实行“证、印”分管。

(2)有价单证要视同现金管理。设立“有价单证登记簿”,通过表外科目核算,确保账实相符。

(3)建立查库制度。对有价单证的查库与现金查库相同,会计出纳主管人员必须每旬查库一次，主管行长(主任)必须每月查库一次，核查情况在“重要单证查库登记簿”上作好记录并签章。

2.有价单证交接的有关规定

有价单证经管人员工作变动，应按规定办理交接手续，有价单证登记簿、表外科目、实物三者核对相符并办妥交接手续后方可离岗。

3.有价单证的日结工作

有价单证必须日清日结。当日领用、出售的要当日销账，营业终了保管人必须进行盘库清点，与登记簿、表外账核对并由会计人员在登记簿上签章，作到表外账、登记簿、实物三相符。

另外，对有价单证的样本和暗记，比照人民币票样管理。

(二)有价单证出、入库及销毁的处理

1.有价单证出入库的处理

商业银行将代理发行的债券押运回行后，有关业务部门应根据有关债券领用单据(包括上级行签发的债券调拨单、出库单)填制“重要单证入库单”一式三联，加盖有关印章和经办人名章，连同债券一并交金库管库员。管库员审核入库单、清点债券无误后，加盖个人名章办理入库手续。一联入库单留存，凭以登记“有价单证登记簿”；一联入库单退业务部门；一联入库单送会计部门。

会计部门根据一联入库单填制表外科目收入凭证，入库单及有关债券领用单据核对无误后作表外凭证的附件，登记表外科目明细账。

收：有价单证——××金库××债券××年度××期次××期限在库户

债券发行前，下级行根据上级行业务部门的债券发行通知单，填制“重要单证出库单”一式四联，并加盖“业务用公章”，凭本行行政介绍信和领券人有效身份证件到上级行办理领券手续。上级行业务部门审验领券人出具的出库单及有关证件无误后，在介绍信上登记证件号码，在出库单上签章后交金库。金库管库员审核四联出库单，在出库单“凭证号码”栏内填入债券起止号加盖个人名章，并配发债券，办理出库手续。一联出库单留存，凭以登记“有价单证登记簿”；一联出库单送业务部门；一联出库单送会计部门；一联出库单退下级行领券人持单押券。

会计部门根据一联出库单填制表外科目付出凭证，出库单作表外凭证的附件，登记表外科目明细账。

付：有价单证——××金库××债券××年度××期次××期限在库户

2.有价单证销毁的处理

(1)销毁债券应根据上级行的销毁通知，先由金库根据未发行债券、已兑付债券的库存情况，提出销毁债券清单交业务部门，业务部门填制“重要单证销毁清单”一式四联，列明销毁债券的种类、数量、金额，加盖有关印章和经办人名章，金库凭以办理债券出库。销毁时按照重要单证销毁的有关规定组织责任部门的人员监销。

(2)销毁结束后，主管行长、个人银行、审计、保卫、出纳、会计及有关业务部门的债券监销人在“重要单证销毁清单”上分别签章。一联销毁清单金库留存，凭以销记“有价单证登记簿”；一联销毁清单连同销毁报告一并送业务部门；一联销毁清单连同销毁报告交上级行业务部门备案；一联销毁清单送会计部门。

会计部门填制表外科目付出凭证，销毁清单作表外凭证的附件，登记表外科目明细账。

付：已兑付债券——××债券××年度××期次××期限户

第四节 会计监督检查

会计监督检查是商业银行实施内部控制的一个重要的手段，同时也是《会计法》赋予会计机构和会计人员的一项重要职责。通过实施会计监督和会计检查，有利于加强操作风险的防范，规范会计核算和减少风险隐患，构建全面风险防范体系。

一、商业银行会计监督

商业银行会计监督是指会计机构和会计人员凭借经授权的特殊地位和职权，依照国家法规和银行各种制度，对银行经济活动过程及其资金运动进行综合、全面、连续、及时地监察和督促，以确保各项经营活动的合规性、合理性，保障会计信息的真实、可靠和可比，从而达到提高银行会计工作效益和效率的目的。历史和现实均表明，会计监督与会计核算是相辅相成的，会计的核算职能是实施会计监督的基础，没有会计核算，会计监督就成了“空中楼阁”，会计监督职能必须依附于会计的核算职能而存在；没有会计监督，会计核算将失去方向。

（一）会计监督的主要原则

1.成本效益原则

会计监督作为银行的一项重要的内部管理活动，是需要成本的，对某一经济事项是否进行监督，如何进行监督，其决定因素很大程度上在于会计监督的成本效益比，在于其能否以合理的成本取得较大的管理效益。

2.全面性和系统性原则

会计监督的全面性，一是指会计监督要涵盖银行的各项业务和各个操作环节；二是指会计监督的对象应包括内部所有员工。系统性，一方面指会计监督是会计内控系统的一个子集，要服从并服务于会计内部控制的整体要求；另一方面则是指会计监督本身即为系统监督，通过运用各种监督手段发挥整合作用来达到提高银行整体经营效益和效率。

3.相对独立的原则

独立性是指为更好地做好会计监督工作，会计监督主体与被监督对象之间要有防火墙，从经济利益、人事任免等各方面做到独立。独立性是会计机构或会计人员充分发挥会计监督作用的保障。但是由于银行经营管理是一个开放的系统，会计监督主体的独立地位只能是相对的。

（二）会计监督的形式

1.按监督内容分为核算监督、自我监督及外部再监督三种形式

核算监督，其实质是通过会计手段在核算过程中对本单位发生的经济事项进行监督，对有关风险因素进行事前、事中、事后全过程的控制。商业银行发生的几乎所有业务，均需要会计的参与，在业务经营活动中同步实施全过程的会计监督。

相对于核算监督这种直接的监督方式，会计自我监督及外部主体对会计机构和会计人员的再监督主要采取间接监督的方式，即通过监督会计以实现对单位经济事项的监督。

会计自我监督是单位会计机构和会计人员对本单位会计核算的自我管理和自我完善，会计自我监督包括建立会计内控制度以防止会计人员舞弊、实施会计检查和会计稽核以对会计核算与管理情况进行控制等几个方面的内容，在实施方法上，则包括不相容岗位相分离、授权

批准控制、预算控制,会计系统控制、财产保全控制等手段。

外部再监督,在这里外部主体既包括银行内审部门这一相对银行会计部门而言的外部主体,也包括财政税务等相对于整个银行而言的外部主体,其中,银行内审部门主要根据本单位有关管理制度对银行会计部门实施监督,财税审计等政府主管部门、银监会作为监管部门、会计师事务所等作为中介结构对银行实施会计监督

2.按照监督与核算的过程分为事前监督、事中监督和事后监督

事前阶段的会计监督主要是从完善银行内部管理流程的角度进行制度控制。在事中阶段,会计部门通过对有关原始资料的审核,对不合规事项拒绝办理或向有权部门举报等形式对正在发生的经济事项进行会计监督。这种监督是以是否进行会计核算为最终结果的监督。事中阶段的会计监督,往往是一个企业风险控制的最后一道防线,这道防线一旦逾越,对一个银行来讲,所谓的潜在风险往往就会转化成事实上的损失。在事后阶段,会计部门一般是通过对会计核算结果即会计信息来实施会计监督。在事后阶段,经济事项已然发生,但这并不表明此时的监督或控制没有必要,通过对会计信息的分析和研究,会计部门往往能够总结出经济事项发生的规律和趋势、效益与效率、优势与不足,从而为企业的经营管理提供预警或为下阶段的监督控制指明方向。

3.按监督的要求不同,可以分为政策性监督和技术性监督

政策性监督是检查单位的经济活动是否符合国家有关政策、法规,着眼于经济活动的真实性和合法性。技术性监督是检查单位的经济活动是否符合财务会计的核算技术要求,着眼于经济活动的准确性、完整性和全面性。

(三)会计监督措施

会计监督是防范操作风险的重要手段,会计监督重点要抓好职责、重要岗位和重要事项的监督检查。

一是构筑防范操作风险“三道防线”。在支行建立营业经理委派制,严格营业经理和监督检查员的管理,在基层机构建立第一道防线;加强会计部门等专业部室对操作风险的防控和管理,完善第二道防线;充实、深化内控合规部门的职能,强化对操作风险的独立监督检查,提升第三道防线的效力。

二是突出抓好重要岗位和薄弱环节管理。逐项分析各专业领域风险发生的机理、特征以及解决问题的方法,完善对重点要素、重点岗位、重点环节、重点交易的制度约束。建立对账与业务处理分离的内外对账机制。重新界定重要岗位,对于关键人员制定准入标准,明确岗位职责,坚持岗位轮换,加强行为动态分析。

三是深化操作风险的检查。集中检查资源,加强高风险点的监督检查,提高检查的有效性。建立风险内控制度的评价体系,评价制度的完备性和有效性,防止因制度漏洞引发的系统性风险。改进检查方式,依托科技力量,运用国际通用的审计软件,深化非现场审计。

二、商业银行会计检查

会计检查是商业银行实施内部控制的基本方式之一,也是加强经营管理、防范操作风险的基本手段。会计检查的目的就是通过对银行机构的业务活动、财务活动和管理活动的检查和处理,确保银行机构正确核算,会计报表、统计资料的真实性,促进银行机构审慎经营,维护银行营运安全。同时,会计检查也在经营管理活动中发挥着纠错查弊、警示威慑和评价指导作用。

(一)会计检查种类

会计检查按其检查的范围和内容来划分,可以分为全面检查与专项检查两种;按其检查的周期来划分,可分为定期检查和不定期检查。

1. 全面检查

全面检查是银行为全面系统评价被检查机构的经营管理状况而实施的对受查机构某一时期内所有业务活动进行逐一检查的一种现场检查方式。这种检查方式优点是检查全面,可以全面掌握情况,便于对被查机构做出全面评价。缺点是实施这种地毯式检查,需要花费大量成本,而且耗时长。

2. 专项检查

专项检查是指银行针对受查机构那些容易出现问题的业务或已经出现问题的业务进行详细检查的一种现场检查方式。这种检查方式优点是重点突出,节省成本和时间、人力。缺点是检查面不够全面,对可能存在问题或即将爆发问题的业务或机构给以忽略。专项检查又可以按照业务种类进一步细分为:内部控制检查、贷款业务检查、存款检查、现金检查、账户管理检查、反洗钱检查等。

3. 定期检查

定期检查是银行对被查机构的业务经营管理状况确定每隔一定时期进行一次现场检查的检查方式。一般来说,经营状况正常的银行机构间隔的时间要长些;对于经营状况较差的银行机构间隔要短些。对问题严重的银行机构必要时派驻专班,实行跟踪检查。

4. 不定期检查

不定期检查是银行对被查机构开展的时间不固定的现场检查。不定期检查多数情况是专项检查,视银行机构经营状况不同而决定是否实施检查。

(二)会计检查方法

要提高会计检查的效率和效果,就必须注重检查方法。常用的会计检查方法有:

1. 查账

查账主要检查被查银行机构的账务,审核银行账务处理的准确性和账表等会计资料的真实性以及会计核算的准确性。查账主要有三种方法:一是把银行机构所有发生的业务记录包括账簿记录与会计凭证进行核对,检查账务处理方法是否正确,业务手续是否完备,记账金额是否准确,是否存在账外经营,确保所有业务纳入正确的会计账簿控制之下;二是将银行的内部账户与外部客户账户进行核对,检查资金流动是否真实合法;三是将会计账务与实物账进行核对,看账实是否相符。通过查账,判断被查机构的合规经营和内部控制状况,发现存在的隐蔽问题。

2. 问卷调查

针对会计账务很难反映而且对银行经营管理影响较大的问题采取书面的问卷调查的办法来检查,从中发现一些疑点和关注点。问卷调查的内容侧重于银行内部控制状况、内部管理情况、经营决策情况等。一般来说,回答意见比较集中的,结果较为肯定;答案分散的,就值得怀疑,有待深入调查。

3. 座谈提问

检查人员通过组织银行机构负责人、部门负责人或重要岗位的业务人员进行座谈,就各自负责的工作进行提问来寻找经营管理中存在的弱点和问题。通过回答每个具体问题,就可以对银行的业务状况有基本了解和评价。

4.质询

检查人员针对被查机构业务经营的异常变化和特别情况，向银行机构的高管等人员进行询问，让其作出书面或口头解释，从中判断银行经营管理中存在的缺陷或不足。

5.测试

测试就是检查人员根据查账、问卷、提问及质询中发现的问题或疑点，根据掌握的情况判断需要深入探究的进一步检查核证，将问题查清查透。测试分为两种情况：实质性测试和符合性测试。实质性测试是仅对业务运作的结果进行检查，反映银行业务风险状况和管理的缺陷，如检查不良资产真实状况。符合性测试是对银行在业务操作和业务管理过程中执行有关的监管要求和管理规定、控制措施和控制标准等情况进行核对，如检查不良资产产生的原因、核销是否符合流程规定等。

(三)会计检查程序

会计检查包括准备、实施、报告、处理和归档五个阶段。

1.准备阶段

在实施检查前，需要拟定检查方案，主要内容包括检查的对象、内容及重点、目标和任务、检查期限、检查人员及分工等。然后组织人员成立检查组，检查组设组长1人，主查人1～2人，其他检查人员若干人。检查人员还可根据检查内容分成若干专项小组，收集被查机构等有关资料，进行分析整理，掌握以往存在的主要问题。根据收集的资料，制定现场检查实施方案，拟定谈话提纲，制定和发送会计检查通知书。

2.实施阶段

检查组人员按照会计检查通知书确定的时间进入被查机构实施现场检查工作。检查组长首先向被查机构表明检查目的和身份，组织被查银行机构有关人员座谈，调阅现场检查的有关资料，进行账务资料的检查核验和分析评价，制作检查工作底稿。在检查过程中，检查组组长应及时掌握检查工作进度和检查情况，查看检查人员的检查记录，及时调整分工，把问题查清查透，同时注意对被查机构的商业秘密等保密。现场检查结束后，检查组应全部归还借阅的有关资料，并经双方签章确认后，检查人员退出被检查机构。

3.报告阶段

现场检查结束后，检查组应就检查的基本情况和检查查证的事实和问题进行全面的梳理核实，进行总结形成检查报告进行反馈。首先，根据检查工作底稿形成初步的检查结论和基本评价，通过总结会谈或书面形式向被查机构进行反馈，形成现场检查事实意见书，然后撰写现场检查报告，其主要内容应包括会计检查开展的情况、被查机构的基本情况、检查出的问题事实、改进意见和建议、整改和处理要求。

4.处理阶段

检查机构针对会计检查中经查证的被查机构经营管理中存在的问题事实分别采取不同的处理方法。针对被查机构存在的管理缺陷，尤其内部控制缺陷，下达检查问题整改通知书，责成被查机构落实提出的整改意见或措施。针对被查机构经营管理中存在的违法和违规问题，按照规定程序进行处理。

5.归档阶段

检查人员将整个会计检查过程中所有资料按照会计档案管理的有关规定立卷归档，妥善保存,以备查考。检查档案包括:会计检查通知书、现场检查方案、问卷调查材料、会谈纪要、检查工作底稿、各种证明材料、会计检查报告、问题整改通知书及反馈情况、处理决定等等。至此,整个会计检查工作全部结束。

本章小结

会计内部控制是商业银行为实现经营管理目标,通过制定并实施系统化的政策、程序和方案,对风险进行有效识别、评估、控制、监测和改进的动态过程和机制。本章主要介绍了会计岗位控制、重要会计事项控制、会计电算化控制、重要物品和重要单证控制、会计档案以及会计检查制度控制等内容。通过学习,要认识到会计内部控制对商业银行稳健经营的重要意义,了解会计操作风险的种类,掌握会计检查和内部控制评价常用方法。通过分析银行经营失败案例,找出内部控制方面的缺陷及带来的严重后果。同时关注会计操作风险管理的进展,比较巴塞尔协议中操作风险与我国现实的差距,探讨信息技术下银行会计操作风险的新特征及有效防范措施。

关键术语

内部控制　会计岗位制约制度　岗位轮换　会计人员权限控制　商业银行会计档案
有价单证　操作风险　会计操作风险　会计监督　内部控制评价

思考练习题

1. 简述商业银行会计内部控制的主要内容。
2. 简述会计岗位控制的内容。
3. 简述会计重要事项控制的内容。
4. 简述商业银行会计监督的基本种类。
5. 如果你是检查组长,如何对一家银行进行会计检查?
6. 如何对商业银行会计内部控制作出评价?评价方法有哪些?
7. 简述会计重要物品控制的内容。
8. 简述会计重要单证控制的内容。

参考文献

[1] 中华人民共和国财政部.企业会计准则[M].北京.经济科学出版社,2006:1-2,76-110,154,176.

[2] 贺志东.企业会计准则操作实务[M].北京:电子工业出版社,2007:52-108.

[3] 程婵娟.银行会计学[M].北京:科学出版社,2004:1-18,23-43.

[4] 中华人民共和国财政部.企业会计准则——应用指南[M].2006.

[5] 王兆星.商业银行中间业务风险监管[M].北京:中国金融出版社,2004:10-25.

[6] 于希文,王允平.银行会计学[M].北京:中国金融出版社,2003:248-263.

[7] 贺瑛.银行会计[M].上海:上海财经大学出版社,2002:214-236.

[8] 杨纠苓,华增凤.银行会计实务[M].北京:高等教育出版社,2002:156-167.

[9] 卢德勇,韩俊梅.商业银行会计学[M].北京:中国金融出版社,2003:112-128.

[10] 王允平,李晓梅.商业银行会计[M].上海:立信会计出版社,2002:211-242,421-432.

[11] 沈亚鸣.金融会计实务[M].北京:高等教育出版社,2002:164-178.

[12] 郑建娜,张祥.银行会计[M].2版.北京:中国金融出版社,2000:191-207.

[13] 李明.金融企业会计制度释疑[M].北京:中国物价出版社,2003:392-415.

[14] 舒新国,林放.西方商业银行财务会计[M].北京:企业管理出版社,1997:188-196.

[15] 王敏.金融企业会计[M].2版.北京:经济科学出版社,2003:178-181.

[16] 辛基.商业银行财务管理[M].5版.北京:中国人民大学出版社,1998:26-39.

[17] 周维.资金汇划清算系统工程改革的思考与实践[J].中国金融电脑.2000(2):80-82.

[18] 康国彬.银行会计学[M].北京:清华大学出版社,2004:122-130.

[19] 陈振婷,朱红军.银行外汇业务会计[M].上海:复旦大学出版社,2004:73-95.

[20] 吴丽华.外汇业务操作与风险管理[M].福建:厦门大学出版社,2003:102-120.

[21] 才宏远,王新华.商业银行中间业务发展现状分析[J].中国金融,2005(14):42-44.

[22] 郝爱群,张显球.新会计准则主要特点及其对银行业的影响[J].北京:金融时报,2007-05-28.

[23] 第十届全国人民代表大会第五次会议通过.中华人民共和国企业所得税法[G].2007-03-16.

[24] 第十届全国人民代表大会第五次会议通过.中华人民共和国物权法[G].2007-03-16.

[25] 中华人民共和国财政部.金融企业财务规则[G].2006-12-07.

[26] 中华人民共和国财政部.银行抵债资产管理办法[G].2005-05-27.

[27] 中华人民共和国财政部.金融企业呆账准备提取管理办法[G].2005-05-27.

[28] 第十届全国人民代表大会常务委员会第六次会议通过.中华人民共和国商业银行法[G].2003-12-27.

[29] 葛家澍,刘峰.会计理论[M].北京:中国财政经济出版社,2002:5-28.

图书在版编目(CIP)数据

商业银行会计/程婵娟主编,—2版.—西安:西安交通大学出版社,2014.8(2015.12重印)
普通高等教育"十二五"金融学专业规划教材
ISBN 978-7-5605-6618-4

Ⅰ.①商… Ⅱ.①程… Ⅲ.①商业银行-银行会计-高等学校-教材 Ⅳ.①F830.42

中国版本图书馆CIP数据核字(2014)第194250号

书　　名 商业银行会计(第二版)
主　　编 程婵娟
责任编辑 魏照民　郑　伟

出版发行 西安交通大学出版社
(西安市兴庆南路10号　邮政编码710049)
网　　址 http://www.xjtupress.com
电　　话 (029)82668357　82667874(发行中心)
(029)82668315(总编办)
传　　真 (029)82668280
印　　刷 陕西江源印刷科技有限公司

开　　本 787mm×1092mm　1/16　**印张** 26.5　**字数** 636千字
版次印次 2014年9月第2版　2015年12月第2次印刷
书　　号 ISBN 978-7-5605-6618-4/F·457
定　　价 39.80元

读者购书、书店添货,如发现印装质量问题,请与本社发行中心联系、调换。
订购热线:(029)82665248　(029)82665249
投稿热线:(029)82668133
读者信箱:xj_rwjg@126.com